# FEEDBACK CONSCIENTE

Un manual para líderes, facilitadores y coaches

**Gabriel Paradiso**

3ra. EDICIÓN DE ORO

TEMAS

*He llegado a la aterradora conclusión de que soy un elemento decisivo. Es mi enfoque personal el que crea el clima. Es mi estado de ánimo diario el que determina el tiempo que hace. Poseo un poder tremendo para hacer que la vida de alguien sea miserable o dichosa. Puedo ser una herramienta de tortura o un instrumento de inspiración. Puedo humillar o dar apoyo, herir o curar.*

**Johan Wolfgang von Goethe**

Paradiso, Gabriel
Feedback consciente: un manual para líderes, facilitadores y coaches / Gabriel Paradiso. - 3a ed ampliada. - Ciudad Autónoma de Buenos Aires: Temas Grupo Editorial, 2025.
408 p.; 23 x 16 cm.

ISBN 978-631-6719-07-2

1. Comunicación. 2. Liderazgo. 3. Coaching. I. Título.
CDD 158.4


Cerrito 136 Piso 3º A, CABA (1010) Argentina
Teléfonos: (5411) 3566.7473
www.editorialtemas.com
www.editorialtemasdigital.com

**ISBN: 978-631-6719-07-2**
3ra edición, noviembre de 2025
Diseño de tapa: Marcela Caruso y Betiana Cabutti

Curadores de contenidos: Marcelo Bellinzona (1ª edición) y Erika Ortiz (nuevos capítulos)
Comité TEMAS Grupo Editorial
Dirección: Jorge Scarfi
Supervisión general: Betiana Cabutti
Corrección general: Martín Scarfi

La editorial quiere agradecer especialmente a Gianluca Paradiso por su valiosa ayuda en la coordinación editorial de la primera edición.

# CONTENIDO

# *Prólogo*

Cuando comencé a escribir este prefacio descubrí que hacerlo para un libro referido al feedback en las organizaciones es una tarea más compleja de lo que pensaba. Escribir un prólogo es darle al autor y a sus lectores una opinión producida por alguien lejano, ignorante de su contexto y de sus propósitos. Un ejemplo casi perfecto de cómo no debe ser un feedback. En este momento, al iniciar esta tarea, sólo conozco mi interés en el tema y la capacidad de este libro para satisfacer mis propias preguntas. El hecho de que ahora, después de haberlo recorrido meticulosamente, pueda estar seguro y decir que la cantidad de datos, información y conocimientos teóricos y empíricos que es posible hallar en sus páginas me asombraron no disminuye la dificultad, la aumenta.

Leyendo sus capítulos, que dan testimonio de la reflexión académica y empírica que nutre y es nutrida por este tema, es imposible no preguntarse ¿cómo es qué el feedback y el coaching han dejado de ser "accesorios útiles"-más mencionados que ejecutados- de la acción gerencial, para convertirse en un eje central? ¿Cuándo antes de ahora hubiera sido posible plantearse un análisis de la organización, sus prácticas y su cultura a partir de elementos tan minúsculos, tan secundarios y tan lejanos de los modelos tradicionales como son el coaching y el feedback? ¿Dónde han quedado los líderes omnisapientes, las estrategias infalibles, los planes certeros y las estructuras organizativas garantizadas?

La respuesta fácil sería algo así como "todo esto es una moda". De esta manera la moda se convierte en un principio explicativo (algo parecido a decir "porque sí") y se obvia el hecho evidente de que la moda no es lo que explica sino lo que debe ser explicado. Entonces la pregunta más bien sería ¿por qué el feedback y el coaching son una "moda" ahora y no lo fueron antes?

Una respuesta posible y clara es porque antes los jefes le podían decir a los empleados lo que debían hacer y hoy ya casi no pueden. Si la tarea del jefe es decir con exactitud qué debe hacerse en cada momento, su tarea se limita a hacerlo primero como demostración y a verificarlo después como control. Pero ¿por qué decimos que ya casi no pueden hacerlo? Porque cada vez más se da el caso de que tenemos a nuestro cargo personas que sobre su puesto específico saben mucho más que nosotros. Porque es cada vez más evidente que se necesita gente que sepa más que lo que hace para que pueda contribuir con su experiencia al conocimiento colectivo y porque es cada vez más común que estemos manejando situaciones que nunca se habían dado antes y que era imposible prever que ocurrieran. Simplemente eso. En ese peculiar contexto que hubiera sido una pesadilla para Frederick Taylor, y que es el vergel de la organización moderna, el coaching y el feedback son la base de la acción gerencial. El gerente ya no puede decirle a la persona por anticipado demasiado sobre qué deberá hacer, cuándo y cómo deberá hacerlo, pero sí puede y debe ayudarla a entender su lugar en la organización y analizar lo hecho para aprender ambos cómo y con quiénes hacerlo mejor en el futuro.

Si antes había una estrategia firme, ahora la estrategia, —como dice Ronald Heifetz—, va apareciendo entre conversaciones. Se descubre mirando lo que se ha hecho.

Karl Weick diría que la estrategia deja de estar míticamente en la cumbre para estar en los intersticios organizativos, *in the interlocked behavior* para usar una expresión muy suya. Es en los vínculos pequeños donde se juega el *management* estratégico, hablar de "vínculos pequeños" no tiene nada que ver con el *micromanagement*, estamos hablando de cómo los grandes objetivos se juegan en las acciones aparentemente simples y no de cómo la simplificación de lo complejo evita tener que pensar la realidad que tenemos delante nuestro.

Hace ya más de 50 años que David Mc Clelland planteó en Harvard tres necesidades básicas en los seres humanos: poder, logro y pertenencia. Durante años, tal vez siglos, llegaron a las posiciones de jefatura aquellos (nunca aquellas) a quienes movía la ambición de poder. Este tipo humano era especialmente útil en organizaciones cuyo motor era sólo la obediencia. Eran organizaciones que fabricaban autos de "cualquier color siempre que fuera negro", como dicen que dijo el inefable Henry Ford que, también según la leyenda, llevaba un revolver en la cintura porque "no todos tienen que pensar como yo". El problema es que la obediencia como principio único y universal puede ser hoy en día más una clave para el desastre que un motor organizativo. Puede que Elon Musk necesite de la obediencia para fabricar autos eléctricos, pero seguramente debe huir de ella si lo que hace falta es inventarlos. Generar organizaciones "ambidiestras", que sean capaces de hacer diferentes cosas en diferentes momentos, requiere de liderazgos que no busquen simplemente poder, requiere liderazgos capaces de enfrentar la complejidad y explorar en forma conjunta con el colaborador por qué lo que ayer funcionaba hoy ya no sirve y cómo podemos responder a problemas que nunca habíamos enfrentado antes.

No sólo es necesario un líder capaz de enseñar, se requiere también un líder capaz de aprender. Quien no tiene nada que aprender hoy en día no tiene nada que enseñar. El feedback consciente, bien hecho, no le permite al jefe hacer comentarios salvíficos desde lejos ni gerenciar a partir de descripciones del puesto de trabajo que ignoran que no hay trabajos fáciles. Es necesario comprender y hacerse cargo de la complejidad del trabajo para, juntos, encontrar la forma de enfrentar los problemas y entender cómo evolucionar hacia formas más efectivas y satisfactorias para todos. Este libro es un buen mapa para orientarse en las posibles peripecias de ese viaje.

**Dr. Ernesto Gore**
Profesor Emérito de la Universidad de San Andrés
Buenos Aires, Argentina
ernestogore.com.ar

# *Segundo Prólogo*

Corría el año 2005 y, al mirar atrás, recuerdo estos 20 años con orgullo y gratitud por lo vivido en una de las empresas de telecomunicaciones más importantes de todo Bolivia. Haber sido parte del primer operador de telecomunicaciones en fusionar sus operaciones móviles y fijas fue una experiencia transformadora y sigue siendo uno de los momentos más destacados de mi carrera. Liderar el departamento de recursos humanos durante esa transformación fue un privilegio, y trabajar junto a un equipo de grandes personas y profesionales hizo que fuera realmente inolvidable. Una de las colaboraciones más significativas de ese tiempo fue con Gabriel Paradiso, nuestro querido consultor argentino. El trabajo en conjunto con él dejó una huella profunda en mí y me honra compartir el prólogo para este *best seller*, "Feedback Consciente". Esta invitación no solo es un hito personal, sino también un reconocimiento al increíble trabajo que logramos en equipo. Trabajamos juntos durante años y nació una amistad y una vocación que hoy perdura. Leí y releí Feedback Consciente y compartimos diferentes puntos de vista. Un honor recibir la noticia de *Ricky* ante mi pregunta, *Ricky* ¿te gustaría hacer un prólogo de la Edición de Oro? - ¡Allá vamos! fue su respuesta.

En las organizaciones actuales, la manera en que nos comunicamos y aprendemos unos de otros es más importante que nunca. En el centro del desarrollo organizacional y del liderazgo efectivo está el lenguaje y su uso. Por ende, la práctica del feedback, es el uso del lenguaje ampliamente definido, pero no cualquier tipo de feedback. El concepto de "feedback consciente" de Gabriel Paradiso nos invita a repensar este proceso desde sus orígenes y también su implicancia.

En principio, me gustaría ampliar lo que el autor trata en una de sus primeras secciones introductorias. Para comprender a fondo el poder del "feedback consciente", es útil mirar el origen de las palabras. El término "feedback" proviene del inglés y se compone de *feed* (alimentar) y *back* (devolver), es decir, "alimentar de vuelta". Su origen surge en la ingeniería y describe un proceso cíclico donde la información regresa a su fuente para promover el crecimiento y la estabilidad. Una idea que luego se trasladó al desarrollo de personas y organizaciones.

La palabra "consciente" proviene del latín *conscire*: "con" ("con" o "junto a") y "*scire*" ("saber"). Esta raíz la comparte con la palabra "ciencia" (*scientia*), que significa conocimiento sistemático. Así, ser "consciente" es actuar con conocimiento y atención plena. De manera similar, "conciencia" (del latín *conscientia*) significa "conocimiento compartido o propio", la base tanto de la investigación científica y como también de la acción ética.

Cuando hablamos de *feedback consciente*, nos referimos a un feedback que se da y se recibe con plena conciencia, basado en el conocimiento, la reflexión y la intención ética. Es una práctica que combina el ciclo nutritivo del feedback con el enfoque reflexivo y fundamentado en el conocimiento propio de la ciencia. Así, el "feedback consciente" se convierte en una herramienta poderosa para la transformación: es un feedback que no solo informa, sino que también inspira crecimiento, confianza y cambio significativo dentro de los equipos y las organizaciones.

Para entender su origen, quiero partir entonces desde el primer estudioso de estos temas y, para eso, es necesario retroceder en el tiempo varios siglos. En el siglo XIII, Federico II Hohenstaufen (1194-1250) fue emperador del Sacro Imperio Romano Germánico. Era un hombre de extraordinaria inteligencia, políglota que hablaba nueve lenguas y escribía en siete, con un vasto conocimiento en filosofía, astronomía, matemáticas, medicina y ciencias naturales. Su obsesión por descubrir si existía una "lengua natural", una lengua adámica que pudiera haber sido utilizada por el ser humano en su estado primigenio, lo llevó a organizar un experimento. El objetivo era determinar si, en ausencia de influencia humana, los niños podrían desarrollar espontáneamente un lenguaje original, que él suponía sería el hebreo. Para ello, ordenó que se recluyeran en una sala a 30 recién nacidos, quienes recibirían los mejores cuidados de la época, pero con una condición: serían separados de sus madres y puestos al cuidado de enfermeras que los atendieran, pero no debían hablarles ni establecer ningún tipo de contacto verbal o afectivo. Federico creía que, sin la intervención del lenguaje humano, los niños hablarían el idioma que Dios había impartido a Adán y Eva. El resultado fue desastroso; todos los bebés murieron antes de poder hablar. La tragedia del experimento de este emperador sirve como un recordatorio conmovedor de la necesidad humana fundamental de interacción social y afecto, mucho más allá de la simple adquisición del lenguaje. La ciencia moderna, que combina conocimientos de la psicología, la neurociencia y la lingüística, continúa explorando estos ámbitos de manera éticamente responsable, reafirmando lo vital que son las relaciones en la vida humana.

Varios experimentos psicológicos, como los realizados por Harry Harlow con monos rhesus, han demostrado que el feedback social -el reconocimiento, el afecto y la conexión- puede ser incluso más importante que la comida. En estos estudios, las crías preferían el contacto y la calidez de una "madre" de felpa antes que el alimento que les ofrecía una "madre" de alambre. De hecho, sin ese feedback social, los animales no solo sufrían emocionalmente, sino que su desarrollo físico y mental se veía gravemente afectado, llegando incluso a morir en ausencia total de contacto y reconocimiento.

El feedback o también dicho la retroalimentación verbal es para el ser humano más importante, al final, que la comida que alimenta el cuerpo: ambos nos nutren y nos permiten crecer. Pero, así como un cuerpo no puede sobrevivir por mucho tiempo sin alimento, un ser humano privado de palabras de reconocimiento, apoyo o pertenencia puede morir mucho antes. Es como si el feedback fuera el oxígeno invisible de las relaciones humanas: puedes pasar días sin comer, pero basta un instante sin aire para que la vida se apague. En este sentido, la ausencia total de feedback -de palabras que nos validen, nos orienten o nos conecten- puede matar más rápido que el hambre, porque nos deja sin sentido, sin rumbo y sin la energía vital que nos impulsa a seguir adelante. En el ámbito humano y organizacional ocurre algo similar: sin feedback consciente, las personas pueden sentirse invisibles, desmotivadas y aisladas, lo que afecta su salud emocional y su desempeño. Así como sin alimento el cuerpo muere, sin feedback el espíritu y la motivación también pueden extinguirse. Por eso, el feedback consciente no es solo una herramienta de mejora, sino una necesidad vital para el desarrollo, la pertenencia y la transformación de las personas y los equipos.

Comparto con Gabriel Paradiso, el gusto y la vocación por la facilitación y, dado que este es un manual para tal propósito, les comparto una actividad de *team-building* para ilustrar lo que quiero decir. Como facilitador, suelo utilizar una dinámica grupal llamada “Puentes” para resaltar los componentes esenciales de la interacción humana, la colaboración y la retroalimentación. Y Gabriel hace referencia a los “puentes” en una de sus secciones del presente libro. En este ejercicio, los participantes se dividen en pequeños grupos y se les entregan materiales sencillos: 30 hojas de papel, cinta adhesiva y una regla. El reto es construir un puente que cumpla con ciertos criterios y dimensiones. La energía en la sala siempre es alta: hay risas, caos y una sana competencia. Algunos puentes se derrumban bajo el peso, mientras que otros resisten. Pero el verdadero valor surge después de la construcción. Después de la competencia, reflexionamos juntos a través de las preguntas clásicas: - ¿Qué estrategias funcionaron? - ¿Cómo se comunicó y tomó decisiones el grupo? - ¿Cómo manejaron los contratiempos o desacuerdos? - ¿Qué papel jugó la retroalimentación dentro del grupo? Y luego, hago la pregunta más importante: ¿Para qué construimos puentes? Esto abre una conversación poderosa. Los puentes no son solo estructuras físicas; son símbolos de conexión, de superar obstáculos y de unir personas o ideas. En nuestro trabajo y en la vida, construimos puentes para conectar con otros, para colaborar, para comprender diferentes perspectivas y para crear algo más grande de lo que podríamos lograr solos.

*"Feedback Consciente un Manual para Lideres, Facilitadores y Coaches"*, al igual que la dinámica de "Puentes", nos hace entender la importancia de la comunicación, la confianza y la retroalimentación para construir equipos y relaciones fuertes y resilientes. Nos recuerda que, al igual que en la actividad, los puentes en la vida real requieren planificación, cooperación, creatividad y la disposición a aprender tanto del éxito como del fracaso. Sino, las cosas se nos caen y viene el desastre.

En conclusión, el concepto de "feedback consciente" se erige como un pilar fundamental en el desarrollo organizacional y el liderazgo efectivo. Hemos visto cómo este tipo de retroalimentación no solo nutre el crecimiento individual y colectivo, sino que también establece las bases para relaciones sólidas y significativas. Así como los puentes construidos en la dinámica grupal simbolizan la unión y la colaboración, el "feedback consciente" actúa como un puente que conecta a las personas, fomenta la confianza y permite el aprendizaje continuo. En un mundo donde la comunicación efectiva es más crucial que nunca, adoptar un enfoque consciente hacia el feedback se convierte en una responsabilidad compartida que puede transformar no solo a los individuos, sino también a las organizaciones en su conjunto.

Al final, el "feedback consciente" no es simplemente una herramienta de mejora; es un acto de cuidado y atención que alimenta el espíritu humano y promueve un entorno donde todos pueden prosperar. En este sentido, al igual que en la ingeniería civil, donde cada puente es una obra maestra de colaboración y conocimiento, en nuestras interacciones diarias, cada palabra de reconocimiento y apoyo puede ser el cimiento sobre el cual se construyen relaciones duraderas y exitosas. Por lo tanto, es imperativo que, como líderes, facilitadores y miembros de equipos, abracemos la práctica del "feedback consciente" como un medio para enriquecer nuestras vidas y las de quienes nos rodean. Gabriel nos viene a recordar todo esto en sus más de 400 páginas.

**Ricardo Pereyra Costas**
Facilitador de Procesos de Liderazgo Adaptativo
La Paz – Bolivia
ricardopereyra7@gmail.com

# *Agradecimientos*

Quienes hayan leído alguno de mis libros anteriores saben muy bien que no los dedico, sino que los comparto. Dedicarlos es un mero acto "administrativo"; compartirlo lleva un sentimiento más profundo. Y es mi deseo compartir las más de setecientas horas de trabajo sentado al frente de la emocionante experiencia de escribir la primera, segunda y tercera edición de este libro.

Y hoy con la dicha de estar dando a luz "la Edición de Oro". Por ello, quiero compartirlo con todos los que han hecho posible que esta tercera y renovada obra salga a la luz; una indiscutible edición ampliada. Este compartir es para agradecer enormemente a los que colaboraron en esta rica práctica de pensar, investigar, analizar, teorizar, actualizar, reflexionar, recordar experiencias y escribir un perdurable libro sobre habilidades de liderazgo.

A través de esta obra, en su última edición, he dado todo lo que he recibido de la vida, por lo que estoy eternamente agradecido.

Entonces, gracias y más gracias a mi familia y mis amigos.
Al equipo de TEMAS Grupo Editorial.
A los prologuistas del libro.
A los curadores de contenidos y correctores literarios.
A los creadores de las diferentes tapas del libro.
Al equipo de Umana: su *back office*, sus consultores asociados, facilitadores *free lance* y a las alianzas estratégicas.
A los especialistas, profesores, managers y directivos.
A los investigadores y analistas. A los más de seiscientos profesionales que contestaron las encuestas en LATAM.
A los organizadores de los lanzamientos, presentaciones y ferias del libro.
A las asociaciones profesionales, fundaciones, federaciones económicas y librerías especializadas de los distintos países de la región.
A los diferentes diarios, revistas especializadas, programas de radios, *streamings*, *podcasts* y *lives*.

A los proyectos: Feedback consciente estuvo presente en más de veinte países a través de 150 proyectos de entrenamiento presencial y virtual, *summits*, feedback *weeks*, sesiones de *coaching*, producción de videos, *campus* educativos, foros, conferencias abiertas y programas de liderazgo a nivel nacional e internacional. Más de setenta organizaciones de todos los rincones de LATAM llevaron a cabo proyectos internos siguiendo el diseño del libro, los cuales también hemos coordinado y facilitado.

¡A los productores de la canción! El "Reggae del Feedback", disponible en Spotify y Youtube.

Millones de gracias a las empresas clientes y a los lectores ¡Qué más puedo pedir!: Gracias, organizaciones e instituciones que confiaron en Feedback consciente; una experiencia inolvidable y llena de aprendizajes.

Es un gracias a quienes confiaron en esta obra para leerla, trabajarla, capacitarse, auto desarrollarse y desarrollar a otros, utilizarla para la formación en su ámbito personal u organizacional. Las ventas de las dos primeras ediciones superaron (en papel y en formato digital) los diez mil ejemplares. Y también decir, que se lleva sensibilizados y capacitados a más de 15.000 "embajadores de feedback" en toda la región LATAM. ¡Vayamos por más!

Un manual ágil, refrescante, útil y práctico. Una obra sólida, con un contenido original y un generoso conocimiento compartido. Un libro que posee un equilibrio entre la teoría y la práctica. Un libro inspirador convertido en *best seller*. Ahora, con esta nueva edición, habrá que plantar otro árbol. Felicidad plena, ¡muchas gracias!

# *¿Cómo está organizado este libro?*

Con este "manual" de feedback, irás de lo general a lo particular. De lo cultural a lo herramental. Pero también debo decirte que estarás leyendo dos libros a la vez. Mientras lees este "manual de feedback" estarás leyendo al mismo paso un "manual de desarrollo de liderazgo". Dos libros en uno. Dos visiones que se potencian. Pasaremos de la problemática en la que estamos inmersos hoy, a pensar en qué hicieron los que lograron las verdaderas mejoras al respecto. Además, conversaremos acerca de cómo organizarnos mejor en situaciones de comunicaciones asertivas, dejando algunas ideas para pasar a la práctica concreta. Veamos la ilustración número 1. Por supuesto que no puedes dejar de leer la introducción ya que se trata de una verdadera "entrada en calor".

Una primera parte estará compuesta por capítulos destinados a **tomar conciencia de la importancia del feedback** y de para qué llevar a cabo procesos asertivos de comunicación. De cómo las habilidades interpersonales suman muchísimas millas a las competencias de conseguir resultados. También de cómo pararnos ante los cambios que el mundo de hoy y el futuro incierto nos depara en materia de comunicación, relaciones y compromisos. Y más aún, cómo prestarse responsablemente a un aprendizaje para el cambio.

**Ilustración 1. Flujo "de la conciencia a la práctica"**

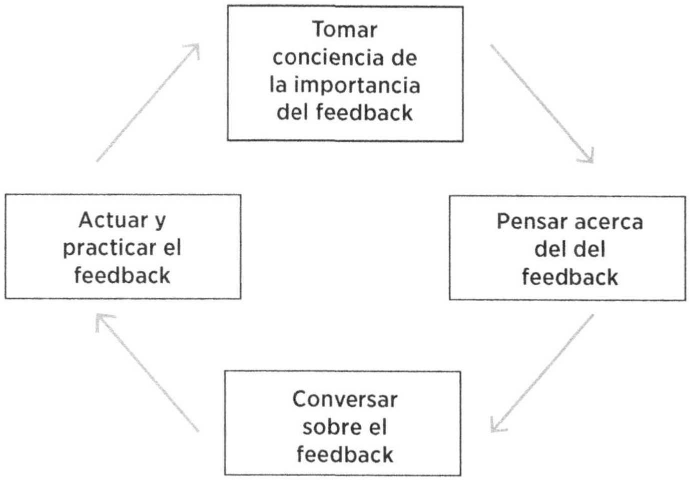

En una segunda fase, los capítulos estarán siendo abordados para **pensar acerca del feedback**. Revisaremos los resultados de una investigación exclusivamente realizada para incluir en el presente libro, y desde aquí analizaremos el impacto del ambiente laboral, la preparación de los líderes y cómo estos toman las prácticas de feedback dentro de las organizaciones. Pensaremos en qué tipo de cultura estará el caldo de cultivo para desarrollar un ambiente de comunicaciones abiertas y colaborativas, así como también qué estilos de liderazgo se acercan más a la idea de fomentar procesos de comunicaciones de ida y vuelta. Estaremos revisando, además, cómo desde la alta dirección y, sobre todo, desde las acciones de la gerencia general se pueden apalancar procesos de feedback.

Un tercer conjunto de capítulos será para **conversar sobre feedback**. Conversar acerca de cómo el liderazgo da feedback a través de los valores que pone en juego en su día a día. Asimismo, hablaremos de la importancia de un clima de confianza que debe reinar en las organizaciones para que aparezcan nuevos modelos conversacionales. Incursionaremos en los modelos mentales de las personas y en la necesidad de trabajar con sinceridad y empatía. Veremos que el feedback es una conversación difícil y para ello, habrá que prepararse aún más para hablar con "personas completas".

Y una última y cuarta parte, nos invitará a **actuar y practicar el feedback**: aquí veremos reflejados la importancia de la preparación y organización del líder para llevar a cabo feedbacks efectivos, modelos de feedbacks, momentos más importantes para practicar el feedback y revisaremos también los beneficios que obtendremos en cada caso.

Luego de cada uno de estos cuatro segmentos de contenidos, habrá ejercicios de autoaprendizaje y para ello trabajaremos bajo el modelo de David Kolb: cómo teorizar, reflexionar, experimentar y actuar, en base a lo leído.

Al finalizar, habrá por supuesto un conjunto de conclusiones finales. Recuerden: tomar conciencia + pensar + conversar + actuar. Un círculo virtuoso. Nadie hasta ahora había reunido tanta información sobre dar y recibir feedback, un tema que parece específico y hasta "escurridizo", pero siempre tan vigente.

Con todo esto, la esperanza no está solo en los conceptos, sugerencias, reflexiones y procesos que compartiremos en todas las páginas de este libro. Tengo la esperanza de que tú seas pensante y proactivo a la vez. Esta esperanza no está solo en el hecho de que este manual pueda servirte de auxilio o consejo, sino que pueda ayudarte a adquirir mayor perspectiva y a procesar formas de aprender mejores habilidades para fomentar relaciones más fuertes.

Si bien este *Feedback Consciente* conlleva un perfil enfocado en lo organizacional, espero hacer también una contribución concreta en otros ámbitos posibles de aplicación: en lo educacional, deportivo, social y familiar, entre otros.

# *¿Quieres saber un poco de feedback? ¡Entonces entremos en calor!*

El debate sobre el feedback en el mundo laboral no es nuevo desde al menos mediados del siglo pasado, la cuestión de cómo lograr que los empleados y los equipos mejoren su desempeño ha generado una gran cantidad importante de opiniones e investigaciones. Pero recientemente la discusión ha adquirido nueva intensidad, ya que a nivel organizacional se han dado cambios en todos los sentidos y a mucha velocidad. Ya no estamos viviendo un contexto caracterizado por crisis. Estamos viviendo un entorno influenciado por "rupturas".

¿La diferencia? Las crisis son problemas profundos que se resuelven tomando decisiones importantes, muchas de ellas amparadas en paradigmas que ya conocemos. Uno va al baúl de las crisis anteriores, toma las herramientas necesarias, llama a algunos especialistas y se afronta "el temporal". Con las "rupturas" no pasa lo mismo. Son problemas complejos y profundos a la vez donde también debemos tomar decisiones importantes, pero cuando vamos a buscar los paradigmas que nos sirvieron en el pasado, no nos sirve casi ninguno. La última pandemia nos puso delante de una verdadera ruptura, porque cuando quisimos tomar decisiones importantes tuvimos que salir a "reescribir" todos "los manuales" de nuevo. Nadie sabía cómo afrontar la tormenta. Algo se quebró, se rompió y las organizaciones tuvieron que salir a "reescribir" sus formas de organizarse y de trabajar. Las conversaciones, las formas de comunicarnos y el feedback comenzaron a tomar dimensiones importantes. Por eso, el cómo dar retroalimentación a las personas es uno de los temas más candentes en los negocios de hoy. ¿Cuál es el camino? ¿Es un tema de franqueza, valentía y transparencia a la hora de enfrentar "verdades" sobre el desempeño de las personas y de los equipos? ¿Si no damos feedback estamos condenados a la mediocridad como líderes? ¿Nuestra capacidad de mirar a nuestros colegas de frente y exponer sus oportunidades de mejora sin parpadear, es una medida de nuestra integridad? ¿El feedback es bueno solo para corregir errores, en los raros casos en que se pueden evaluar objetivamente? ¿Haremos cambios si quienes dan feedback son personas cuyas intenciones no son claras y nos dicen dónde estamos, qué tan buenos somos en realidad y qué debemos hacer para solucionar la brecha encontrada? ¿Solo deberíamos confiar en las personas que nos conocen y ven algo de nosotros que realmente funciona? ¿Dónde nos paramos? En el lugar del líder, del coach, del facilitador o en el lugar de quienes a través de nuestras acciones deberían recibir reconocimiento por el trabajo bien hecho o de quienes deberían hacer mejoras en su desempeño. Aprender sobre nosotros mismos puede ser doloroso. El feedback se hace difícil, tanto en un sentido individual como de equipo, cuando en el medio se pone la idea de "no somos lo suficientemente buenos en el cómo se están haciendo las cosas". Hay muchos factores, variables, pilares y como los quieran llamar, que hacen a la comprensión del feedback. También juega un rol preponderante el objetivo del mismo y con quién o quiénes lo vamos a utilizar. ¿Se trata de un asunto cultural? ¿Es una cuestión de liderazgo? ¿O una forma de comunicarnos mejor? ¿Qué les parecen estas tres cosas juntas? Con el feedback se puede apreciar a alguien. Con el feedback se puede ayudar a alguien a crecer, cambiar y mejorar. Con el feedback se puede evaluar. Con el feedback se pueden tomar decisiones. Y a todo esto, sumarle encima la complejidad que aporta la mezcla de pensamientos y sentimientos de las personas que intervienen. Por ello, lo primero que hay que dejar en claro es que el feedback "no nace de un repollo". El feedback es algo serio y lo estamos procrastinando, es decir, lo aplazamos como deber y responsabilidad, lo evadimos, lo posponemos por otras actividades que nos resultan más gratificantes, pero que son irrelevantes. Sea de carácter individual, grupal, entre pares y áreas o sea organizacional, el feedback es algo serio.

La importancia del feedback me hace venir a la mente una anécdota. Durante el año 2019 estuve viajando muchas veces, por trabajo, a países de Sudamérica. En uno de esos viajes, y recién llegado al hotel de destino, me encontré con la tripulación completa de COPA Airlines. Caminando hacia la habitación surgió una conversación espontánea con uno de los pilotos en la que me contó con mucho entusiasmo que el 2018 había sido el mejor año de la aviación comercial, ya que no habían ocurrido accidentes aéreos. Solo unas avionetas civiles habían sido víctimas de algún incidente. Aparte de felicitarlo y de conversar sobre el tema, le pregunté desde mi mirada de viajero muy frecuente –hago un promedio de 75.000 kilómetros al año por los cielos–:

¿Por qué se caen los aviones? Su respuesta fue categórica y preocupante a la vez: "El 80% de los accidentes aéreos ocurre por fallas humanas, y dentro de ese porcentaje la mayor cantidad de fallas proviene de problemas de feedback entre el piloto y la torre de control, y entre el piloto y su copiloto". Claro está que en la industria de la aeronavegación una falla en las comunicaciones entre personas puede terminar en un desastre que lleva a la muerte a cientos de pasajeros. ¿Es algo serio o no? ¿No pasa esto en las organizaciones? Sí, en ellas se hacen cosas por las cuales "se están estrellando aviones" (... o mejor dicho personas...) todos los días.

Mientras escribía el presente libro les hice algunas preguntas a dos psicólogas amigas sobre la importancia y la seriedad del feedback en la disciplina que ellas ejercen. Más allá de que ambas coincidieron en que tanto para la psicología clínica como para la laboral es fundamental el feedback, me ayudaron a repasar en voz alta algunas ideas que deseo transmitirles. Pensemos en el psicólogo clínico, aquel que recibe pacientes en su consultorio en el contexto de una terapia y escucha los padecimientos de los mismos. Pero ¿qué van a buscar estos pacientes, un "ajá", un "mmm" y solo un "vamos terminando y seguimos la próxima sesión"? Parecería que no es suficiente. El paciente quiere tener un feedback de su padecimiento. Necesita escuchar por parte del profesional que lo atiende, algunas palabras referidas a aquello que él le está contando. El paciente busca y necesita una orientación, una pregunta que le dispare nuevas miradas, una sugerencia de acción. En definitiva, el paciente busca un feedback. Estas intervenciones por parte del psicólogo brindan una nueva perspectiva al padecimiento que fue motivo de la consulta, enriqueciendo la mirada que obtiene sobre su problema y, de este modo, animándolo a bucear otras alternativas de solución.

En el ámbito de la psicología laboral, específicamente en la tarea de selección, son muchos los reclamos que se les efectúan a los reclutadores por no dar feedback a los candidatos en cada uno de los pasos del proceso de selección. Echemos una mirada a LinkedIn sobre esta cuestión y lloverán reclamos de algo que parece tan simple: *"Desearía que me digan por sí o por no si sigo participando del proceso de selección"*, *"Pasaron tres semanas y aún no tengo noticias de la búsqueda"*, *"Quiero saber cómo me fue en la entrevista para mejorar en la próxima"*. Imaginen ejemplos así en asuntos de desempeño, análisis y detección de potencial, desarrollo de carrera, coaching para avance de objetivos, mejora de procesos en la cadena de valor, atención a clientes, trato con proveedores. Bajo la luz de los nuevos conceptos de "la experiencia del candidato" y de "marca empleadora", de a poco las organizaciones se van dando cuenta de que, en la guerra del talento, ganará aquella empresa que genere una experiencia positiva a través del cuidado de las personas. ¿Y en qué se basa toda la "experiencia del empleado"? En tener un feedback constante de lo que va pensando, sintiendo y haciendo.

Una de las psicólogas entrevistadas y experta en evaluación y desarrollo de talentos, Daniela Zavalski, me expresaba que *"el feedback es la necesidad de saber cómo 'el otro' me ve. Porque la mirada de ese ´otro´ me completa. Somos sujetos en la medida en que somos mirados por ese 'otro'; por lo tanto, de ahí la insistencia, especialmente de las nuevas generaciones, de tener sobre la mesa, y siempre, el feedback sobre el desempeño por parte de los jefes, cuando no también de sus pares. Esa mirada de "los otros", va conformando nuestra identidad, como personas, como trabajadores, como profesionales. Nos enriquece, porque muchas veces difiere en forma considerable el cómo yo me veo a mí mismo del cómo el "otro" me percibe.*

En mi Diario de un consultor escribí alguna vez que *"no estamos preparados para dar, recibir y pedir feedback. No hay tiempo para comunicar las cosas importantes y no hay tiempo para escuchar muchas veces esas cosas importantes. Pensamos que, con colgar el cartelito de la visión, misión, valores y la reunión de estrategia corporativa ya está todo dicho, ya está todo listo. Luego sucede que los supervisores se quejan de los operarios, los jefes se quejan de los supervisores, los gerentes se quejan de los jefes y el gerente general se queja de toda la organización. Existe la necesidad de una comunicación circulante, y cualquier líder que la lleve a cabo es mirado en la empresa como alguien de otro planeta. No se da la suficiente retroalimentación en seguimiento de objetivos, en gestión del desempeño, relacionados con la disciplina, del clima laboral, sobre por qué la empresa va en tal o en cual sentido"*. Puedo citar decenas de ejemplos más. Estrellamos aviones con nuestros superiores, con los miembros de nuestros equipos, entre áreas de la organización. Más grave aún, estrellamos aviones con nuestros clientes. Contrariamente a la situación de los pilotos, nos salva el hecho de que lo que sucede en el momento no se transforma en una tragedia. Y seguimos alimentando los años con burocracia, ineficiencia, improductividad, mala atención, paranoia. Para el autor Chris Zook, en la investigación que da origen a su libro La mentalidad de Fundador, "el 85% de los problemas que afrontan las empresas antes de desaparecer son internos: las empresas no desaparecen por inanición, sino que desaparecen por indigestión". Como ven, el verdadero problema está en la falta de fluidez y en la inefectiva comunicación.

Es por eso que en todo este libro estaremos abordando feedback no solo como una herramienta puntual dentro de un proceso de comunicación, sino como la construcción de un ambiente y una cultura de retroalimentación que crucen toda la organización y todos los niveles de liderazgo y no liderazgos posibles. La idea es ayudar a bajar nuestro "índice de siniestralidad", colaborando en la formación de líderes, facilitadores, *coaches* y profesores, para que logren fortalecer su comunicación en 360 grados. He tomado la decisión de salir del encasillamiento sectorial que se le da al feedback al relacionarlo solamente con la gestión del desempeño o el coaching. En el presente libro abordaremos este proceso, esta herramienta –según qué objetivo conlleve–, desde un concepto mucho más amplio o abarcativo, ya que lo incluiremos en cuanto proceso comunicacional o de relaciones interpersonales necesite sumar. También debo decirlo, que no todos los problemas organizacionales se resuelven con procesos de comunicación efectiva o con la aplicación de un muy buen feedback.

Este libro es para ti. Y para que tú mejores tu estilo comunicacional. Y para que construyas confianza y armonía en tu organización. Debemos comenzar a animarnos a generar un mayor compromiso de las personas, a que nos podamos rendir cuentas entre nosotros de forma directa y transparente, a que al final de cada día estemos todos mirando cómo hemos trabajado detrás de los mismos objetivos. Los procesos comunicacionales fueron, son y serán siempre la base de los cambios. Saber dar, saber recibir y saber pedir feedback, esa es la cuestión. Si eres líder, facilitador o coach y estás dispuesto a poner de tu parte el interés, el coraje y la disciplina que se necesitan para ser un líder influyente, este libro puede ser de gran ayuda.

# *El feedback consciente*

¿Qué es esto del feedback consciente? Desmenucemos un poco el nombre de este libro. En principio, y a modo de definición, podemos decir que "feedback" es una palabra del inglés que significa retroalimentación. Se compone del verbo *to feed*, que significa alimentar, y de *back*, que se traduce en español como atrás o retorno. Su traducción, entonces, puede ser realimentación o retroalimentación. Diríamos que es un sinónimo de respuesta o reacción. De origen técnico, nos refiere a un método de control de sistemas; y en este sentido, puede ser la reacción, respuesta u opinión que nos da el propio sistema o una persona como retorno a un asunto determinado. Dentro de ese proceso, el feedback puede ser tanto positivo como negativo, dependiendo de las consecuencias que tenga dentro de su funcionamiento. Así, la realimentación positiva es aquella en la que el sistema crece o evoluciona hacia un nuevo estado de equilibrio, mientras que una retroalimentación negativa es aquella que ayuda a mantener el equilibrio en un sistema contrarrestando y regulando las consecuencias de ciertas acciones. Como tal, este término es empleado en disciplinas como la administración, la ingeniería, la psicología y el marketing, pero, por sobre todas ellas, en el liderazgo, el coaching, el *mentoring*, el *counseling* y la comunicación organizacional en general.

En segundo lugar, y uniendo los términos de manera muy sencilla, podemos decir que lo "consciente" se le designa al conjunto de vivencias de las que una persona puede dar cuenta mediante un acto de percepción interna. Y que la conciencia es la facultad humana para decidir acciones y asumir la responsabilidad de las consecuencias de algo que puede estar bien o mal. Es darse cuenta de algo importante y considerarlo. Tomar conciencia es hacer algo con aquello de lo que nos estamos dando cuenta. Al tomar conciencia, comprendemos para qué vivimos lo que vivimos. Por eso, la conciencia es un aspecto cualitativo de la vida. Y por ser una cualidad de la relación, no puede definirse en términos precisos; sin embargo, puede ser vivida. Mal que nos pese, difiere de una persona a otra y también cambia de una experiencia a otra en una misma persona. Cuántas veces hemos visto cómo, en un mismo equipo gerencial, el "nivel de conciencia" para ciertos temas no es visto por sus miembros de la misma manera. A veces se hace cuesta arriba un proceso de cambio organizacional, ya que necesitamos conocernos más a nosotros mismos, y el autoconocimiento no está dentro de los comportamientos más trabajados a nivel del liderazgo. Y es justamente la toma de decisiones de sus líderes la manera en que las organizaciones son entidades conscientes a través de las cuales fluyen la inteligencia y las emociones. Los objetivos y fines de la organización proporcionan una dirección a este flujo, mientras que las personas que allí trabajan las convierten en acciones del día a día. Hay empresas más conscientes que otras.

Ahora bien, con esta primera parte deberíamos preguntarnos: ¿hemos tomado conciencia de la importancia del feedback en las organizaciones?, ¿hemos tomado conciencia de la importancia que conlleva su preparación y su forma de llevarlo a cabo?, ¿hemos tomado conciencia de que un proceso formal o informal de retroalimentación le suma fluidez a la toma de decisiones y al cumplimiento de los objetivos?, ¿de cómo acelera la mejora de los procesos?, ¿y de cómo nos vincula mejor con nuestros clientes internos y externos? Ni hablar de cómo impacta en el desempeño y el desarrollo de las personas. La lista de beneficios es bastante robusta, por lo que me lleva a una última pregunta: ¿somos conscientes de la necesidad de mejorar nuestro estilo comunicacional?

Por eso creo que con conversaciones conscientes "de ida y vuelta" podemos apalancar resultados extraordinarios en personas, equipos y organizaciones. ¿Para qué? Para salir de lo común y marchar hacia algo sobresaliente. Para buscar lo excelente, mudar a aquello que sale de lo corriente. Hacer algo extraordinario es hacer algo excepcional, diferente, sorprendente. Todas las personas, en cualquiera de los roles que ocupamos en nuestras vidas, podemos presentar resultados extraordinarios. Ahora bien, debemos crear el contexto para que esto suceda. Debemos planificar las acciones para llevarlo a cabo. Y los resultados extraordinarios no son solo números, hay un intenso "movimiento humano" más allá de un tablero de indicadores de gestión. Hay una frase que reza: "*Managers work to see numbers grow, leaders work to see people grow*". A los resultados extraordinarios en cuestiones tangibles –ganancias, presupuesto, ventas, productividad–, que ya sabemos muy bien cómo alcanzarlos, deberemos sumarles responsablemente, y de una vez por todas, los resultados extraordinarios en cuestiones intangibles –ambiente laboral, comunicaciones y relaciones, compromiso, responsabilidad–. El accionar de un líder expresa sus prioridades; he aquí que ambas dimensiones ocuparán el lugar que este les asigne. A no olvidar que la calidad de tu liderazgo depende de la calidad de tus conversaciones; por lo tanto, de tus comunicaciones y relaciones. Por el contrario, la ausencia de conversaciones produce la pérdida del liderazgo. Por eso este libro es para ti, que deseas generar un cambio más, dar una vuelta de tuerca más a tu desarrollo como líder.

En este sentido, observemos qué dice la ley del tope, una de las veintiuna leyes irrefutables del liderazgo, de John Maxwell: "*Si la capacidad de lide-*

*razgo determina el nivel de eficacia de una persona, cuanto menor es la capacidad de dirigir de un individuo, tanto más bajo está el tope de su potencial. Cuanto más alto está su nivel de liderazgo, tanto mayor es su eficacia. Cuanto más alto desee escalar, tanto más necesita el liderazgo. Cuanto más alto sea el impacto que desee causar, tanto mayor influencia necesitará. Lo que alcance estará restringido por su capacidad de dirigir a otros".* Las organizaciones crecerán hasta el nivel de crecimiento que alcancen sus propios líderes. El qué y el cómo del liderazgo son determinantes para subir este tope. Algunos miran el crecimiento solamente por cómo les va en la obtención de los resultados. Aún más, John Zenger, en El liderazgo inspirador, determina a través de sus investigaciones que existe una combinación poderosa que apalanca en forma exponencial el desarrollo del líder, y es la siguiente ecuación: conocimientos técnicos + orientación a los resultados + habilidades interpersonales. Crecer al tope de nuestro liderazgo se verá afectado con la falta o necesidad de mejora de algunas de estas tres dimensiones. Cuántos de nosotros conocemos a líderes brillantes en materia de conocimientos y en consecución de resultados, pero que "hacen agua" en las competencias blandas. En mi caso, no concibo el crecimiento de las personas si no hay interacción con su contexto o, mejor dicho, con sus contextos. Por eso, ¿cuándo los líderes decidirán ponerse a trabajar conscientemente en elevar ese tope en temas de comunicación y relación con los demás?

El autor Yuval Noah Harari, en su libro *De animales a dioses*, ensaya con tremendo rigor antropológico cómo los *Homo sapiens* desplazaron a los neandertales hace unos setenta mil años con nuevas maneras de pensar y de comunicarse, hecho que constituyó la llamada revolución cognitiva. Esto les permitió pensar de manera diferente y comunicarse utilizando un tipo de lenguaje totalmente nuevo. Se trata de un ADN nuevo que hizo que "elevaran su tope". Miles de años atrás, nuestro lenguaje y nuestras comunicaciones evolucionaron; no puedo creer que en una organización del siglo XXI no podamos ponernos de acuerdo en cuestiones relacionadas con cómo brindar una mejor calidad de servicio.

El fortalecimiento de tu liderazgo fue, es y será un proceso consciente de creación de capacidades, es decir, de reconocer las habilidades y desarrollarlas. La mejor forma de liderazgo es ser consciente del potencial de liderazgo que uno posee para conseguir sin mayor esfuerzo que tus colaboradores digan: "Lo hemos hecho nosotros mismos". El mismo arte del mindfulness nos invita a ser conscientes de nosotros mismos. La experta en selección de ejecutivos y head hunter de SCI International, Susana Larese, me comentaba recientemente que muchos de los directivos que pasan por su oficina están "fuera de eje" porque están a las corridas. Ella decía: *"Les propongo hacer mindfulness, es decir, que se presten atención a ellos mismos de una manera especial e intencionalmente en el momento presente y sin juzgarse. Darse un feedback hacia adentro. ¿Y esto cómo se logra? Meditando y focalizando la atención hacia nuestro cuerpo, hacia nuestras emociones y luego hacia nuestros pensamientos. Esto promueve la salud y alivia el estrés, mantiene el foco y hasta mejora la calidad de los momentos fuera del trabajo. Es necesario apagar la radio interior"*. No podemos enfocarnos en el potencial de la gente que está con nosotros si primero no nos enfocamos en nosotros mismos.

Para estar bien con otros, primero tenemos que estar bien con nosotros mismos. Cuando uno es feliz y está bien con uno mismo, puede estar bien con el otro y hacérselo saber. Nos han preparado para actuar dentro de un nivel de conciencia que pasa por reconocer los errores del otro. Y no hemos evolucionado, porque todavía esta forma de trabajar no ha cambiado mucho con los años. En ese sentido, ¿han escuchado hablar de la compersión? Daniel Colombo, *top voice* en LinkedIn y entrenador de alta gerencia, nos regaló tiempo atrás un posteo que va muy de la mano con lo que estamos mencionando: *"La compersión, en el desarrollo humano, es la felicidad que sentimos por los logros de los demás. Es decir, nos hace felices la felicidad del otro. Tiene dos dimensiones. Una dimensión externa e interna (aproximadamente el 80% de lo que sentimos y vivimos en ese intercambio al sentirnos felices por el otro), donde me deleita la felicidad que el otro experimenta; y lo expreso en pensamiento, palabra y acción y nos beneficiamos ambos ('Me siento tan feliz por tu felicidad'). Y una dimensión más interna (aproximadamente el 20% de lo que siento), donde me planteo cómo me inspira la felicidad del otro, y de qué forma eso influye y puedo aplicarlo para mi propia felicidad ('Esto me inspira a mejorar y me lleva a cómo lo voy a aplicar'). Es decir, que elevo mi vibración interna de éxito. Y, como verán, ambas personas se potencian en su felicidad"*. Esto es verdaderamente una evolución, y dentro de un proceso de feedback, es altamente potenciador del presente y del futuro de la persona. Yo me preguntaría: ¿nos pone felices el logro de los demás?, ¿qué emociones produciría esto en el día a día laboral de las personas, de los equipos y de las organizaciones? Pienso que, más allá de todos los procesos y prácticas de capital humano que se han desarrollado y puesto en marcha en estos últimos veinte años, siguen presentes los celos profesionales, el cinismo, la hipocresía, la idea de que "El otro no puede ser mejor que yo", el miedo a que nos "serruchen el piso". Ya veremos la potencia que le da al compromiso y a la productividad de las personas el solo hecho de "pararnos" en sus fortalezas: *"Te felicito por tus logros, te reconozco lo bien que trabajas, te agradezco lo que has hecho por el equipo y todo eso que te hace feliz... me pone feliz a mí también".*

En el Foro Económico Mundial realizado allá por el año 2020 en Suiza, se habló de la "doble disrupción" provocada por la transformación tecnológica y digital y el efecto de la pandemia. Allí se echaron miradas a los cinco años futuros y se resaltaron cuáles serían las competencias necesarias a desarrollar para su despliegue en las prácticas cotidianas y para poder "movernos" de manera efectiva en ambientes laborales. De las veintiuna competencias que se conversaron, me animé a juntarlas o resumirlas en siete: practicar el pensamiento crítico y la innovación permanente, trabajar colaborativamente y en red para la resolución de problemas, desarrollar colaboradores resilientes y con aprendizaje activo, agilizar y flexibilizar procesos y decisiones con foco en el cliente, gestionar con diversidad e inclusión, liderar con conocimiento y razonamiento digital y empoderar para un liderazgo emocional y de influencia social. Como podemos observar, no solo que llegó el 2025, sino que, en cada una de estas siete familias de comportamientos, hay una gran "semilla" de feedback para hacer germinar o hacer brotar por muchos años más.

Por todo esto, los líderes necesitarán hacer cambios. Por un lado, con un *upskilling*, es decir, con un perfeccionamiento: para aquellas competencias que pasan a un estado de obsolescencia, que se requiera mejorarlas, actualizarlas y darles sentido en el nuevo contexto. Los líderes deberán reconocer que, para desempeñarse efectivamente en un nuevo estilo comunicacional, no alcanzará con lo que se tiene. Hay que mejorar, optimizar, incrementar; en suma, renovarse y potenciarse. También, con un *reskilling*, es decir, con un reciclaje: los líderes deberán resetearse, cambiar el "sistema operativo". Esto implica un auténtico reciclaje profesional, tomar conciencia de que aquello que fue la receta del éxito hasta el presente no lo será para el futuro. Habrá que incorporar nuevas habilidades, competencias y capacidades para el desempeño laboral. Esto será un factor crítico de éxito. Y, por último, con un *outskilling*: si bien con las dos anteriores estamos en presencia de una propuesta para potenciar el talento y que el líder pueda desplegar su potencial dentro de la propia organización, el *outskilling* se caracteriza por brindar entrenamiento y capacitación en las habilidades requeridas en los trabajos del futuro a aquellos que poseen muy altas probabilidades de ser desvinculados de la empresa cuando ya no hay posibilidades de reinserción interna. Aprender seriamente a dar, recibir y pedir feedback atraviesa estas tres propuestas de valor. *"Un verdadero ganar-ganar-ganar (persona-organiza-*

*ción-sociedad)"*, dice Alejandro Melamed. Y agrega finalmente: *"El futuro del trabajo ya llegó y depende de las actitudes que adoptemos para poder seguir siendo empleables y desplegar nuestra mejor versión"*.

Se requieren muchos más líderes que trabajen el feedback consciente. Se necesitan más equipos asertivos. Se precisan organizaciones más "directas". Ser un líder que inspire a través de la comunicación y de la inteligencia emocional es una decisión, y no es sencillo.

Este libro es para ti porque te permitirá desarrollar más aún tu estilo comunicacional bajo tres dimensiones: podrás reconocer tu potencial, estarás en condiciones de fortalecerlo y te llevarás conceptos, herramientas y prácticas para pasar a la acción inmediata. Como dice Debashis Chatterjee en *El liderazgo consciente*, para la primera necesitarás agudeza en los detalles; para la segunda precisarás un corazón de león y para la tercera, la perseverancia de una hormiga.

# *¿Chau feedback? o ¿vamos hacia el feedbackbility?*

Venimos de una "entrada en calor" y de reflexionar sobre la toma de conciencia de la práctica del feedback en las organizaciones. Y, sobre todo, desde cómo los equipos de líderes deben lograr hacerse cargo de esta responsabilidad. Responsabilidad que atañe también a los receptores del feedback. En pocas palabras, responsabilidad compartida: responsabilidad por darlo, por recibirlo y por pedirlo. Volveremos con esta "responsabilidad" en el capítulo destinado a liderazgo. También debo decir que algunos académicos, líderes organizacionales y hasta investigadores no están de acuerdo ni con la importancia ni con el impacto del feedback. Por ello y sin hacerme el distraído, quiero exponer en el presente capítulo introductorio, el pensamiento y el trabajo de algunas voces disidentes.

Comencemos por los investigadores Frederik Anseel y Elad N. Sherf de la *University of New South Wales*, Australia, que nos "tiran por la cabeza" un resumen tras 25 años de investigación: "observamos que la ciencia del feedback en el trabajo todavía no es una historia de progreso coherente y acumulativo. El feedback suele ser genéricamente definido, y las suposiciones divergen sustancialmente. Por lo tanto, los conocimientos suelen aparecer desconectados de la forma en que el feedback es practicado y experimentado en organizaciones. Así mismo, resaltamos conocimientos y limitaciones, y señalamos aparentes contradicciones y desviaciones de la realidad cotidiana de directivos y empleados. Venimos pidiendo a los académicos, explicar suposiciones y desarrollar paradigmas coherentes que reflejen las complejas realidades del feedback en la vida organizacional. Nuestros debates compartidos nos llevaron a darnos cuenta de que el término "feedback" suele ser usado de una manera genérica y ambigua. Tales definiciones permiten a los académicos hacer diferentes suposiciones, lo que resulta en distintas operacionalizaciones. En consecuencia, evolucionaron múltiples sub-corrientes, a veces contradictorias, con distintas suposiciones y diseños".

A decir verdad, tienen razón. Hubo muchas idas y vueltas, hubo muchos dimes y diretes en la ciencia del feedback, procesos mal diseñados, líderes con un uso irresponsable de la herramienta, organizaciones que trabajaron superficialmente esta práctica, profesionales que "tomaron a la ligera" esta temática. Y esto alimenta el material trabajado por los investigadores con más frases como estas:

- "Nuestra revisión de la investigación nos ha llevado a la conclusión de que la bibliografía es incoherente".
- "El feedback se define de forma amplia y genérica, lo que da lugar a incoherencias y contradicciones empíricas".
- "La investigación en varias caras del feedback asume implícitamente que están desconectadas las formas en que se practica y experimenta la retroalimentación en las organizaciones".
- "Aunque existe un acuerdo relativo en torno a mecanismos generales que subyacen a los efectos del feedback, estos mecanismos no han recibido la misma atención ni pruebas de su orden causal, y los efectos relativos sobre el rendimiento/aprendizaje son limitados, en parte debido a una plétora de operacionalizaciones sobre la marcha".

Por eso, deseo con este libro poner un manto de enfoque, coherencia y consistencia al tema.

Por otro lado, vean como comienza la noticia que llega a mis manos unos meses después de sacar la segunda edición de este libro: "La falacia del feedback: la crítica constructiva en las empresas no funciona, es una mentira". Marcus Buckingham publicó este artículo en el *Harvard Business Review*". Me quedé absorto y dije ¿qué es esto? ¡Es como si Dave Ulrich sacara una publicación sobre "es una mentira que las áreas de Capital Humano deben ser socios estratégicos del negocio"! Hace algunos años atrás, este autor escribía una obra muy importante titulada "Ahora descubra sus fortalezas", la cual me pareció tan buena que tomé un extracto y lo volqué en el capítulo diez del presente libro. En dicho texto, el mismo Marcus Buckingham establece una relación altamente beneficiosa entre un feedback enfocado en las fortalezas y el desarrollo del talento de una persona. Sin embargo, vayamos a este brusco cambio de opinión por parte del autor: "una de las herramientas más extendidas es el llamado feedback, que también puede entenderse como crítica constructiva o retroalimentación. Aunque durante mucho tiempo se consideró un método eficaz para mejorar el ámbito de trabajo, en los últimos años los expertos en empresas y personal han comenzado a cuestionar su eficacia, por lo que me refiero al feedback como una falacia. Se supone que debes cada día ser mejor y mejor en lo que haces porque otra persona te lo dice y eso, simple y llanamente, es una falacia. Una mentira. Tengo las razones por las que considero que el feedback no debe ser usado en las organizaciones". ¡Futbolísticamente hablando, esto resultó ser para mí una patada a la altura de las rodillas!

A propósito, el periodista de la *Harvard Business Review* le hace una nueva pregunta ¿Qué define usted como la "falacia del feedback"? "Es creer que alguien puede llegar a ser mejor si otra persona le dice qué está haciendo mal o bien, y además le dice cómo puede mejorar en su trabajo. Eso es una falacia. Yo comencé a interesarme en esto después de trabajar por años en distintas compañías alrededor del mundo y darme cuenta de la enorme inversión, no solo de dinero sino de tiempo y de recursos humanos, que las empresas gastan no solo en diseñar herramientas y sistemas para permitirle a los gerentes, líderes de equipo o incluso pares y colegas calificar fortalezas, debilidades y atributos, sino también en generar espacios donde se señale lo que la gente tiene que cambiar o hacer diferente con el objetivo de mejorar su desempeño laboral. Y ahí radica la falacia, en que todo este proceso es subjetivo, está rodeado de parcialidad, algo que varios expertos en psicología y en temas de recursos humanos han llamado efecto calificador idiosincrático". Me pregunto ¿Puede pasar esto? Si puede pasar, ¿pero todo el tiempo?

Como podrán observar, Marcus Buckingham se transformó con el tiempo en uno de los más críticos sobre el tema. Según él, lo que señalan sus investigaciones es que calificar a otra persona no solo es algo totalmente subjetivo, sino que además es posible que esté reflejando las propias debilidades y fortalezas del que da el feedback y no sobre el atributo que se está evaluando. Dice luego, "la gente piensa que cuando hace feedback es como si estuviera delante de un vidrio mirando cómo se comporta la otra persona, cuando en realidad está delante de un espejo, donde en parte se ve a sí mismo. Por eso, es que señalo que es humanamente imposible hacer crítica constructiva, retroalimentación o feedback, como lo quieras llamar".

En verdad, fue muy fuerte leer todo esto para mí, hasta que llegué al final de la nota. A la última pregunta que le hicieran al autor ¿Entonces, hay que redefinir la forma en que se da el feedback? La respuesta fue: "esto es un tema de fondo: no importa qué tan bien capacitada esté una persona para dar feedback. El problema es el proceso. El proceso está roto, la forma en que se hace, los resultados que se buscan. Ahí radica la dificultad de este modelo que hay que replantear totalmente".

Créanme que todo esto necesito reforzarlo con lo publicado recientemente por el Dr. Hugo Ojeda, uno de los consultores y académicos más importantes de la región que trabaja, estudia e investiga sobre procesos de desempeño, talento y cambio organizacional, autor del libro "Gestión del Desempeño: Fuegos Antiguos en Altares Modernos". Este gran "extracto" que revivo es un claro paralelismo entre lo que está sucediendo con el feedback y la evaluación del desempeño en todo el ámbito profesional: "habiéndose iniciado formalmente en los albores del siglo XX, algo comenzó a advertirse a principios del siglo XXI con la evaluación de desempeño. Hubo -posiblemente- un quiebre o un pico con los catastróficos efectos de la Pandemia, donde puede observarse una corriente de pensamiento que cuestiona muchas de las aristas de la gestión de desempeño y, en particular, de la evaluación propiamente dicha. Y hay pruebas empíricas e ideológicas para un cuestionamiento de la evaluación. Empecemos por las empíricas: el fenomenal estudio de Mercer del año 2019 a más de 1100 líderes de RRHH mostró que sólo un 2% de las compañías sostienen que sus sistemas de Gestión del Desempeño hacen una entrega excepcional de valor. En todo caso, la pregunta que queda aquí es si es una cuestión de la práctica o de sus ejecutantes. Y si apelamos a las pruebas ideológicas, varios artículos de la *Harvard Business Review* marcaron tendencia. Tenemos el ejemplo de Buckingham y Goodall que parecieran pegarle una bala de plata a la evaluación, pero en realidad, la reformulan, no es la eliminación de la evaluación de desempeño sino una simplificación de las preguntas evaluativas. Al menos en este caso, la evaluación no se eliminó".

¿Y entonces? ¿Es un tema de falacia o es un tema de procesos? Respetaré el cambio de opinión o la confusión a las que nos llevan algunos autores e investigadores. Lo haré, porque tiempo atrás, el reconocido biólogo chileno Humberto Maturana explicaba esto de tener "el derecho a cambiar de opinión". Este nuevo derecho humano al que se refirió el biólogo nos dice que "a veces a uno lo acusan: 'Usted hace veinte años dijo tal cosa, ahora está diciendo algo distinto'. Ciertamente dije cosas distintas hace veinte años, algunas de las cuales me alegra haberlas dicho, y otras no. La verdad es que hay ciertas cosas que yo quisiera no haber dicho jamás en mi vida, pero el haberme dado cuenta de que fueron indeseables me permite cambiar de opinión. Pero si el otro no me deja cambiar de opinión, ¿cómo suelto la verdad y acepto mi error? Tengo que soltar una verdad para tener otra. En fin, para moverme en un espacio de respeto al otro, necesito no ser dueño de la verdad, y para no ser dueño de la verdad necesito poder cambiar de perspectiva, es decir, necesito poder cambiar de opinión".

¡A los que no veo cambiar de opinión ni soltar "su verdad" es a los muchos que dicen "chau feedback", "chau gestión del desempeño", "chau mediciones de clima laboral"! Ahora bien, si el problema no es la herramienta en sí y todo pasa por cómo mejoramos esos procesos que están rotos o mal manejados, por qué seguimos insistiendo en esa línea. Pienso que algunos de estos profesionales se quedan alejados de la realidad y de las cosas que verdaderamente pasan dentro de las organizaciones. Y voy a bromear con esto. El Teorema de Baglini fue desarrollado por un dirigente político de los comienzos del retorno de la democracia en Argentina, allá por 1986. Según la teoría formulada por el entonces diputado Raúl Baglini dice que: "el grado de responsabilidad de las propuestas de un partido o dirigente político es directamente proporcional a sus posibilidades de acceder al poder". Y esto es lo que pasa con algunos especialistas que dicen que hay que tirar todo por la ventana. O sea, el grado de responsabilidad de esas propuestas de tirar a la basura una herramienta empresarial es directamente proporcional a sus posibilidades de que se ponga en práctica dentro de la organización. Una cosa es el "mapa" y otra cosa es el "territorio".

En un criterioso y equilibrado *posteo* en las redes, la Consultora en Aprendizaje en Organizaciones y Docente de Postgrados UBA, Marisa Vázquez Mazzini, nos entrega una mayor claridad con un: "hablábamos en estos días, con un grupo de colegas, acerca de la proliferación de *posteos* que decretan la "muerte" de diversas prácticas de gestión de personas: muerte a la evaluación de desempeño, a la evaluación de potencial, a la identificación de necesidades de aprendizaje, al feedback... ¡incluso a la agilidad! Sorprende, ¿no? A mí, en lo personal, me vienen a la mente dos hipótesis. Todas esas declaraciones de "condena a muerte" constituyen meramente un recurso "*marketinero*", que se utiliza con el propósito de generar impacto a través de un planteo disruptivo. Nuestros campos profesionales están convirtiéndose en meros generadores de modas que, cuando se apagan los fuegos artificiales que les dieron origen, lo único que se puede hacer con ellas es eliminarlas sin más. Me formulo entonces varias preguntas. ¿Por qué, en lugar de "matar", no reformulamos lo que valga la pena en función de los nuevos entornos? ¿Por qué no analizamos sin estridencias y críticamente qué mantener y qué cambiar en cada una de las prácticas que proponemos eliminar sin más? En fin, me parece que la reflexión profunda sobre estas cuestiones es indispensable para crear conocimiento de una manera sostenible". Esta experta nos propone "ir al territorio" y reformular lo que valga la pena cambiar.

Fundamentalmente, no elijamos parecernos a los chimpancés. Repasemos a José Ortega y Gasset en una cita de su libro "La rebelión de las masas": "Köhler y otros han mostrado cómo el chimpancé y el orangután no se diferencian del hombre por lo que, hablando rigurosamente, llamamos inteligencia, sino porque tienen mucha menos memoria que nosotros. Las pobres bestias se encuentran cada mañana con que han olvidado casi todo lo que han vivido el día anterior, y su intelecto tiene que trabajar sobre un mínimo material de experiencias. El hombre -como especie- en cambio, merced a su poder de recordar, acumula su propio pasado, lo posee y lo aprovecha, el hombre no es nunca un primer hombre: comienza desde luego a existir sobre cierta altitud de pretérito amontonado. Este es el tesoro único del hombre, su privilegio y su señal". ¿Por qué no hablar de ese "pasado amontonado" que nos brinda la posibilidad de mejorar el presente y proyectar el futuro? ¡Tenemos el privilegio, a diferencia de las bestias, de llegar a acuerdos partiendo de las situaciones que nos fueron sucediendo a lo largo de un período de tiempo! Por qué no conversar acerca de aquellos comportamientos que podemos mantener, aquellos necesitamos sumar y por supuesto, abordar los puntos de dolor que conlleva a conversar lo que debemos abandonar o dejar de hacer. Poseer la información y aprovecharla. Un feedback consciente te lleva a recordar y a preparar una cantidad de experiencias vividas, con lo cual y luego de mantener dicha conversación, "podemos existir sobre cierta altitud de ese pretérito amontonado". Ser mejores personas a partir de la mirada de otros.

¡Un poco de feedback todos los días! Cómo me decía el otro día el Consultor y Profesor Daniel Feige... "utilizar el efecto compuesto también para el aprendizaje del feedback". Este concepto (*The Compound Effect*) con el cuál Darren Hardy parece que te estuviese vendiendo una fórmula mágica de productividad, es de un enorme aporte para la incorporación de nuevos comportamientos: "una pequeña acción positiva sostenida en el tiempo te puede llevar a obtener resultados enormes. Pero así también hay acciones negativas que, poco a poco, te harán más daño de lo que imaginas". ¿Lo estás teniendo en cuenta para aprender a mantener feedbacks efectivos? ¡Si, un poco de práctica todos los días! ¡No le hagamos el juego a las "organizaciones chimpancés"! ¡Cambia el juego y cambiará la cultura! Si el proceso "está roto", busquemos la manera de ver cómo generamos la mejora para que funcione mejor. Muchas veces es más sencillo de lo que pensamos. No hace falta tanta burocracia para que la gente converse, para que la gente llegue a acuerdos duraderos.

El filósofo estadounidense Nicholas Butler afirmaba que "hay tres grupos de personas: los que hacen que las cosas sucedan, los que miran como las cosas suceden y los que preguntan qué sucedió". ¿En qué grupo está tu organización? ¿En qué grupo están los líderes de tu organización? ¿En qué grupo estás tú?

Daniel Pink -autor de varios *best sellers* sobre motivación- cambió el juego de "pedir el feedback" al ver que el proceso tenía sus puntos débiles, por lo que, en vez de ponerse a decir "muerte a los pedidos de feedback", reinventó la forma de hacerlo. En un video que se titula "Deja de pedir feedback y comienza a pedir consejos", explica sus tres razones:

1) A las personas les encanta dar consejos ya que los hace sentir bien y valorados.
2) A las personas, en general, les disgusta dar un feedback "no positivo" porque los hace sentir incómodos al tener que decir que es lo que no se hizo bien.

3) La razón más importante es que las investigaciones sobre feedback manifiestan que no importa tanto si el feedback es positivo o de mejora.
4) Lo que verdaderamente importa es si es accionable, por lo que pidiendo un consejo nos aseguramos qué luego de esa conversación pase algo en consecuencia. Pedir un consejo es como pedir ayuda y entra en juego la vulnerabilidad.

Al pedir un consejo y no un feedback se cancela la "sensación de crítica". Se "desdramatiza la conversación" dice este autor. Y aparte de todo esto, se "equilibra los niveles de poder" de las personas que están conversando. En vez de "maten al feedback", es "qué podemos mejorar de lo que está sucediendo con el feedback". En un resumen de Forbes publicado en el año 2022, el 62% de las personas deseaban recibir más retroalimentación de la que obtienen, y el 83% dijo que apreciaba recibir retroalimentación, ya sea positiva o crítica. ¡La gente está "deseosa de consejos", diría Daniel Pink!

Y animarnos a cambiar el juego con una nueva palabra que irrumpe en el escenario de las organizaciones: el *coachability*. Este concepto se refiere a la predisposición de una persona para ser entrenable, tener mentalidad de aprendizaje permanente, para lo cual es clave estar dispuesto a recibir retroalimentación y guía de manera efectiva y abierta. En otras palabras, es la habilidad de aprender y mejorar a través de la orientación externa. Ser *coacheable* implica estar dispuesto a escuchar, reflexionar sobre los comentarios recibidos y tomar medidas para implementar cambios positivos. En el mundo actual, donde el aprendizaje constante y la adaptación son esenciales, el *coachability* se ha convertido en una habilidad crucial, una habilidad valiosa que puede marcar una gran diferencia en el crecimiento personal y profesional. Al estar dispuestos a recibir retroalimentación, aprender de los demás y aplicar esos conocimientos, nos colocamos en una posición ventajosa para abrazar el cambio y alcanzar los objetivos.

Por favor, lean nuevamente los párrafos anteriores. Donde dice *coachability* puede decir tranquilamente *feedbackbility* y en un espectro mucho más amplio. En este sentido, la predisposición a dar, recibir y pedir feedback, porque en estos tres verbos radican las semillas de la escucha, el aprendizaje, la mejora, el desarrollo y el cambio. Saber dar, saber recibir y saber pedir feedback, me hacen *feedbackeable.*

Las organizaciones evolucionan cuando evolucionan sus conversaciones. Por lo tanto... una organización no es la suma de las conversaciones que se tienen... también es la suma de las conversaciones que no se tienen. Una empresa es todo lo que se habla y una empresa es también todo lo que se calla. ¡No hay peor feedback que el que no se da!

Esto es contundente. Pensemos a la hora de opinar ligeramente sobre la no importancia del feedback. ¿De qué falacia o de qué "chau" estamos hablando? Todo un libro te espera para ganarle a la desesperanza de algunos. ¡Que quede claro, Feedback *non-stop*!

# PRIMERA PARTE

## *Tomar conciencia de la importancia del feedback*

CAPÍTULO 1

# *Relaciones, comunicaciones y resultados*

## El VAR de las relaciones y comunicaciones

Nos decía el gran Peter Drucker que "las empresas no son procesos económicos con consecuencias sociales, sino que las empresas son procesos sociales con resultados económicos". De ahí encontraremos la razón del presente libro. Nos hemos pasado décadas y décadas aplicando modelos de organización, gestión, y ejecución efectiva, y de hecho hay mejoras visibles. No obstante, eso cuando se profundiza en la raíz de los problemas recurrentes, las causas siguen siendo las mismas que hace tantos años atrás. Se tienen muy claros los objetivos, pero no se sabe muy bien qué hacer con la gente para que los vea, los entienda, los acepte y se termine comprometiendo con ellos. Algo similar pasa con los procesos de transformación y cambio. Con todas las herramientas conceptuales existentes sobre la faz de la tierra, los miles de libros escritos por excelentes autores, la sideral cantidad de horas impartidas por escuelas de negocios y universidades, las inversiones realizadas en honorarios para consultores, facilitadores y profesores, no se logra comprometer completamente a las personas. Una investigación llevada a cabo por la firma global en consultoría BMA *Group* durante el presente año arroja que casi el 70% de los empleados no se sienten comprometidos o están activamente desconectados de su trabajo, mientras que los empleados que se sienten valorados están 60% más motivados a ser más productivos. Son pocas las organizaciones que logran tener una masa crítica de empleados comprometidos, y hasta me animo a desconfiar de algunos rankings publicados. Una cosa es el marketing que se deriva de esas publicaciones y otra cosa es cuando sumergimos en un diagnóstico honesto a esas organizaciones. Hace poco estaba releyendo un listado de quienes estaban a la cabeza de unos premios de reputación empresarial, y un cliente y un empleado de esa misma empresa me comentaban algo que se contradecía con el lugar que esa organización ocupaba en el podio: el primero me habló de la malísima atención que había recibido reiteradamente en una de las sucursales a lo largo de unos meses. El segundo, a los pocos días me ilustró cómo el centro de atención telefónica explotaba de reclamos y de cómo sus líderes intermedios "cocinaban indicadores" para que la alta gerencia no se enterara y no se enojara. En la superficie parece que todo estuviera funcionando muy bien, pero a mi modo de ver, existe una enorme falta de toma de conciencia y de compromiso para el cambio, donde la comunicación, las relaciones y el liderazgo juegan un papel fundamental.

Por eso me gustaría citar un ensayo escrito por el profesor Ernesto Gore –Universidad de San Andrés– que no tiene desperdicio y en el cual se pregunta:

¿Por qué las organizaciones son como son? "Sin duda porque nosotros, los individuos que las diseñamos y las nutrimos somos como somos. Podríamos dibujar tres círculos (véase la ilustración 2): uno representando lo que se dice, otro lo que hace y un tercero para lo que se escribe. El grado de superposición de los círculos es una buena medida del grado de salud psíquica de los individuos o de las organizaciones.

**Ilustración 2. Círculos de la salud psíquica sobre teoría de Chris Argyris**

En algunas organizaciones, como en algunas personas, el grado de distancia entre los tres círculos puede llegar a ser alarmante". Y sigue aportando a través del recordado profesor de Harvard Chris Argyris, que decía quien *"la 'teoría elegida' (lo que decimos si nos preguntan qué hacemos) no coincide normalmente con la 'teoría en uso' (la que guía realmente nuestra acción cuando hacemos algo). Para ejemplificar, si nos preguntan cómo trabajamos con nuestros colaboradores puede que digamos que lo hacemos a través del ejemplo y*

*de la inspiración (teoría elegida), pero que cualquier observador nos vea recurrir frecuentemente al miedo, a la amenaza o a la culpa como herramientas de conducción y de manipulación (teoría en uso). Entonces si los líderes dicen ´blanco´ la gente traduce ´verde´. Si dicen ´azul´, traducen ´rojo´ y así se sigue. Al poco tiempo, gran parte de la energía productiva, en vez de estar volcada a la detección y solución de problemas, estará concentrada en hacer sentido de lo absurdo".* Esto puede ser comparado claramente con el ejemplo citado: el ranking de reputación, por un lado, la realidad por el otro. Aquí también podríamos agregar cómo de esta forma le estamos agregando al día a día del mundo organizacional cuatro barreras para el aprendizaje y el cambio: no reconocemos lo que vemos, no vemos lo que hacemos, no decimos lo que pensamos y no hacemos lo que decimos.

¿Una cultura de comunicación efectiva, de relaciones responsables y de liderazgo consciente podría achicar estas brechas? Sí, pero además necesitaríamos de la ayuda del VAR. Fíjense cómo en el fútbol se necesitó alinear la "teoría elegida" con la "teoría en uso". Les guste o no a algunos amantes de la "magia" de este deporte, el video arbitraje (VAR) ha constituido un avance para el fútbol, al menos el que utiliza la UEFA. En este caso, la función de los asistentes de vídeo es ayudar al árbitro a determinar si se ha producido alguna infracción que impida conceder un gol. La gente en las empresas, está pidiendo a gritos el VAR de las comunicaciones y relaciones. ¿Por qué? Porque el *walk the talk* (el predicar con el ejemplo) está fuera de eje en este nuevo mundo de organizaciones, que además desean ser más ágiles y más productivas. Los empleados ven cómo sus líderes dicen una cosa y hacen otra, nos proponen relacionarnos de una manera y asistimos a otras vivencias laborales, y en ambos casos esas acciones incoherentes se interponen en la consecución de los objetivos trazados. Se necesita de una decisión unívoca, como en el VAR, para despejar dudas y ponernos a trabajar en virtud de las promesas que les hacemos a los accionistas, a nuestros clientes internos y externos, a la comunidad. Este VAR organizacional empieza por la alta gerencia. Son los líderes más importantes de la organización los que deben mostrar consistencia entre lo que comunican, sus relaciones y sus consiguientes actos de liderazgo. Encontrar en la cultura del feedback el gran puente para alinear las expectativas de la mayor cantidad de colaboradores posibles, que hoy parece que viajan al mismo destino, pero por caminos diferentes. Nos diría Raquel Roca en su nota "Vivir del feedback mejor que del cuento": "Todos necesitamos feedback para saber dónde estamos y adónde necesitamos ir, así como para medir nuestro progreso. Si no lo hacemos en verdad estamos viviendo del cuento".

## Decidirnos mudar a compromisos saludables

Con calidad meridiana, el autor Robert Shaw establece en su libro *Equipos extremos* que la dinámica fundamental de las organizaciones es contar con equipos que produzcan resultados mientras construyen relaciones. Cada equipo enfrenta el desafío de hacer las dos cosas. En muchos casos los resultados y las relaciones tienen una relación sinérgica: cada uno apoya al otro y producen círculos virtuosos en los cuales los resultados refuerzan las relaciones y las relaciones refuerzan los resultados. En algunas situaciones, sin embargo, los resultados y las relaciones son antagonistas, con extremos que se socavan mutuamente. Un énfasis excesivo en los resultados puede erosionar las relaciones, y un énfasis excesivo en las relaciones puede erosionar los resultados. Muchos equipos luchan por manejar el juego entre los resultados y las relaciones, manteniendo un equilibrio aceptable: suficientes resultados y suficientes relaciones para hacer avanzar al grupo sin tomar riesgos innecesarios. Luchar por mantener el equilibrio, sin embargo, es una trampa seductora. Puede producir el estancamiento, mientras un equipo busca mantener un cómodo equilibrio entre los resultados y las relaciones en un entorno que requiere más de uno. En los equipos, el verdadero tesoro está en los extremos. Los equipos de excelente desempeño y a la vez innovadores llevan el énfasis en los resultados y las relaciones hasta el punto de quiebre, entendiendo la necesidad de manejar los riesgos que implica hacerlo. Tamaño desafío, sobre todo si comprendemos qué tipo de compromisos produce pararse en cada uno de los extremos. Observemos el gráfico siguiente:

**Gráfico 1. Resultados, personas y compromisos-Consultora Umana**

Obviamente que las empresas que no se centran ni en las personas ni en los resultados no son viables. La literatura que habla de estilos de liderazgo y gestión, así como también las experiencias vividas, nos indican que las empresas que se centran principalmente en las personas y no en los resultados caen en el paternalismo; corren el peligro de extinguirse, obviamente, porque sin resultados no hay beneficios y sin estos no hay viabilidad. Sin embargo, las empresas que se centran en los resultados por encima de las personas consiguen un compromiso tóxico que termina provocando un rendimiento no acorde a las expectativas, que en el largo plazo terminará en una deficiente calidad de servicio, pobres resultados, rotación de personal, accidentes de trabajo, pérdida de clientes, y proveedores mercenarios, entre otros. Pero las empresas que se centran en los resultados a través de las personas, promocionando su bienestar mediante políticas sistemáticas y proactivas son las que obtienen resultados sostenibles a través de un compromiso saludable, consiguiendo el despliegue del talento y la excelencia en los resultados, el servicio al cliente, la mejora de los procesos, la innovación permanente y un clima laboral motivante. Los líderes que se centran mucho en los resultados, pero muy poco en la gente nunca logran resultados óptimos, porque no han sabido ganarse la confianza y el respeto de sus liderados. No obstante, aconsejar a estas personas que dejen de focalizarse en los resultados y se centren exclusivamente en la gente no es la solución. La clave es que las dos familias de comportamientos se pongan de manifiesto de manera efectiva. Hacer bien una de ellas no impide hacer bien la otra.

**Gráfico 2. Competencias combinadas/Líderes extraordinarios, Zenger y Folkman**

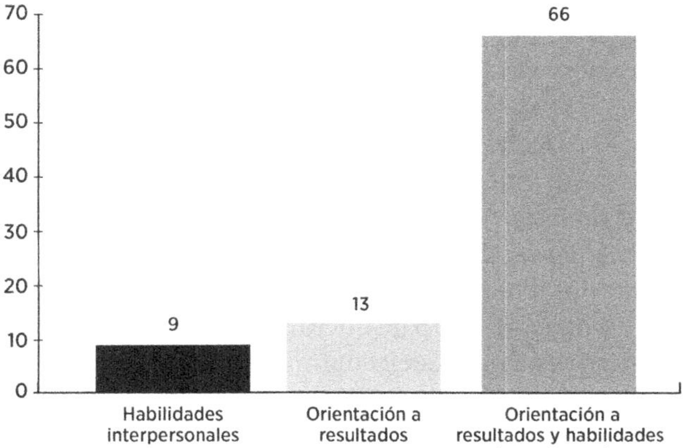

Como hemos visualizado en el gráfico 2, dentro del grupo de los "líderes extraordinarios" –son los que están en un 90% del percentil– los que combinan las habilidades en conjunto de orientación a resultados y habilidades interpersonales, conforman una masa crítica del 66%. Aquellos que poseen fuertemente orientación a resultados o habilidades interpersonales por separado, presentan el 13% y el 9% de la muestra, respectivamente. La combinación es exponencial.

Los estudios confirman que cuando "orientación a resultados" (promover la obtención de resultados, establecer metas ambiciosas, tomar la iniciativa, asumir la responsabilidad por los resultados) y "habilidades interpersonales" (comunicar efectivamente, inspirar dando y recibiendo retroalimentación, establecer relaciones empáticas, colaborar y trabajar en equipo) son áreas de puntos fuertes, se crea una combinación de competencias sumamente poderosa. Ambas, cuando se contemplan como puntos fuertes y son utilizadas a la vez, catapultan a los líderes a cotas de efectividad general aún más altas.

Como hemos visto, saber dar y recibir feedback es un comportamiento importante dentro de la "familia de las habilidades interpersonales", y conseguir un alto nivel de desempeño en el mismo, ayuda a fortalecer y desarrollar una "competencia principal", como lo es la comunicación efectiva. Aquellos líderes que son percibidos como excelentes comunicadores consiguen mayores contribuciones de los demás, alientan el aporte de ideas y de enfoque alternativos, se aseguran de compartir la visión, logran un compromiso emocional y promueven el empoderamiento de sus colaboradores.

## Todos los ADN conducen al feedback

Ahora bien, ¿se pueden crear organizaciones rentables y saludables a la vez? Como es de nuestro conocimiento, toda organización tiene su ambiente especial. Ese ambiente especial es "su ADN": esencia emocional, clima de trabajo, su cultura. El ADN de una organización está marcado por el 50% al 70% del estilo de liderazgo que se vive en el día a día. La calidad de los de arriba marca la calidad de los de abajo, y lo que pasa adentro se refleja afuera, establece un axioma, o sea, una verdad evidente. Es por eso que las organizaciones de alto rendimiento son cuatro veces más propensas a trabajar para asegurar que el comportamiento de liderazgo ejecutivo sea consistente con el comportamiento necesario para ejecutar la estrategia.

Continuando con el ADN de los líderes de una organización, podemos descubrir que existen estilos de liderazgo que "producen" organizaciones saludables y estilos que generan ambientes laborales tóxicos. Me viene a la mente una investigación de Daniel Goleman presentada en su obra *El líder resonante*, donde muestra los siguientes resultados: el clima emocional da cuenta de entre el 20% y el 30% del rendimiento global, y un aumento del 1% en el clima emocional de los servicios va acompañado de un aumento del 2% en la rentabilidad. No ha de extrañar que una variable "blanda", como la de gestionar adecuadamente los "recursos emocionales", acabe produciendo resultados "duros", como lo es el aumento de la rentabilidad. ¿Otros datos de Gallup? Un 49% menos de incidentes de seguridad, 60% menos de defectos de calidad, 37% menos de ausentismo, 18% más de productividad y 16% más de rentabilidad.

Los liderazgos saludables provocan que los colaboradores se sientan valorados, motivados, capaces, queridos, respetados y apreciados. Por el carril contrario están los líderes tóxicos, que hacen que los colaboradores se sientan desconectados, devaluados, enajenados, enojados, frustrados o culpables. Por ello:

Organizaciones saludables = resultados a largo plazo (sustentabilidad)
Organizaciones tóxicas = resultados a corto plazo (rentabilidad)

A veces me pregunto por qué algunas respuestas que nos da el conocimiento científico desde la medicina, o la ingeniería no es aprovechado para tomar en cuenta algunos aprendizajes que, con rigor científico, aportan las ciencias sociales. Contamos con investigaciones más que importantes provenientes de autores de renombre como Daniel Goleman, John Zenger, Jim Collins, Stephen Covey, Dave Ulrich, Marshall Goldsmith, John Maxwell, y Marcus Buckingham, por citar a algunos, que se han quemado las pestañas analizando decenas de miles de casos a lo largo y a lo ancho del mundo, con conclusiones incuestionables. ¿Qué más hay que averiguar para concluir que los mejores estilos de liderazgo combinan un fuerte deseo de logro y una fuerte orientación a las personas? Que lo emocional tiene un peso muy importante. ¿Qué más tenemos que conocer para concluir que los mejores líderes poseen una fuerte base de valores e integridad?

Meterse con las dimensiones "blandas" del liderazgo aporta a resultados casi exponenciales, dejando un "caldo de cultivo" para duplicar los beneficios netos y la satisfacción de los clientes, triplicar la intención de permanecer en la organización, reducir a menos de la mitad la rotación de personal, duplicar el *engagement* de los empleados, entre otros. Las experiencias nos dicen que los líderes demasiado orientados al logro tienden a dar órdenes y coaccionar, más que a enseñar y colaborar, ahogando así a sus colaboradores. Suelen tomar atajos y olvidarse de comunicar información clave, y podrían hacer caso omiso de las preocupaciones de los demás. El desempeño de sus equipos comienza a declinar, y se arriesgan a no alcanzar las mismas metas que inicialmente motivaron su comportamiento orientado al logro. Un énfasis demasiado intenso en el logro puede destruir la confianza y socavar la moral, reduciendo la productividad en el lugar de trabajo y erosionando la confianza en la gestión. Y aquí no hay lugar para un feedback participativo. Podría cruzar los modelos conceptuales de muchísimos autores, la respuesta será: no se apalancan resultados extraordinarios y sostenidos en el tiempo sin un proceso comunicacional de ida y de vuelta entre líderes y empleados, y entre estos y los clientes de la organización. Debemos estar convencidos del tipo de preparación, entrenamiento y desarrollo que nuestros líderes necesitan. "Todos los caminos conducen a Roma", o todos los ADN conducen al feedback.

## El feedback como espacio para crear influencia y credibilidad

La calidad de la comunicación entre la gente de todos los niveles es lo que mantiene unida a una organización. En la cima de las organizaciones hasta un pequeño cambio positivo puede tener un gran impacto. Desde una perspectiva organizacional, el hecho de que un directivo esté tratando de cambiar algo para mejorar –y esté siendo un modelo a seguir para el desarrollo personal y de otros– puede ser incluso mucho más importante que aquello que el directivo está tratando de cambiar. Marshall Goldsmith siempre les dice a los *CEO´s* con los que trabaja que "para ayudar a los demás a desarrollarse, empiecen con ellos mismos". El cambio empieza por cada uno de los líderes de la organización: si los líderes no presentan conductas saludables no pretendamos o exijamos organizaciones saludables. Si los líderes no comunican o se comunican bien no pretendamos que todos los empleados sepan a dónde quiere ir la organización. Si los líderes no se comprometen a trabajar en la comunicación con sus equipos y con toda la organización, habrá radio pasillo, la gente completará el futuro con fantasías, las decisiones se tomarán sobre la base de situaciones imaginarias y no toda la información fluirá alineada a los objetivos más prioritarios.

Las organizaciones hacen muchos aspavientos al lanzar procesos de cambio, nuevos productos, poner en práctica una encuesta de clima laboral, comunicar una política de reconocimientos al personal, pero se hace "mucho ruido y pocas nueces". ¿Qué significa esto? Que una organización promete muchas cosas, pero en realidad, al final, hace muy pocas. Imaginemos cuando se lanza un proceso de feedback formal en una organización. Literalmente, he visto líderes jugando a las escondidas, líderes que no han realizado la devolución del desempeño a sus empleados. Ahora sí, en las presentaciones se llenan la boca diciendo a diestra y siniestra "somos líderes de puertas abiertas".

Hace unos años atrás la especialista Natalia Kaposvari, gerente de marketing de *Great Place to Work* en Argentina me comentó cómo era el modelo de análisis del clima laboral y me informó sobre la importancia de la medición e interacción de las tres relaciones existentes que deben presentarse en cualquier lugar de trabajo: *la relación entre los empleados y sus jefes, la relación entre los empleados y su trabajo, y finalmente la relación entre los empleados y sus compañeros de trabajo.* Luego me mostró una encuesta a nivel nacional de años atrás sobre "prácticas comunicacionales y feedback" y cómo se comparó a las mejores empresas versus el mercado en general. Los resultados hablan por sí solos y dejan conclusiones categóricas: "A mayor cantidad de espacios para construir vínculo con el jefe, mejor es la percepción del clima laboral. Los jefes dan feedback a sus empleados acerca de temas y cambios importantes. Y los jefes comunican claramente sus expectativas". Revisando los números duros de dicha encuesta pude observar que "las empresas en las que sus líderes consiguen tener mayor cercanía con sus empleados aumentan su credibilidad en casi un 40% con relación a los que poseen un incipiente acercamiento". ¿Qué pasó en el medio? El rol que tomó el líder, la cantidad, alcance y calidad de las reuniones de feedback y la relación prácticas-recursos puestos en acción. Todo esto da como resultado una correlación entre dar espacios de feedback y una concreta mejora del clima laboral. El feedback es influencia. El feedback construye credibilidad.

Eduardo Braun, autor de *Las personas primero: Chief Emotions Officers,* establece claramente cinco roles clave para un nuevo modelo de liderazgo: inspirar una visión, pensar siempre en las personas, la comunicación, la toma de decisiones y gestionar la cultura. Si pasáramos este modelo por un tamiz estadístico, pude leer en el modelo de estos cinco roles veintitrés comportamientos concretos. El 75% de los comportamientos está íntimamente ligado a variables "blandas" y dentro de este mismo porcentaje, las relaciones, la comunicación y las emociones se llevan la mayor parte.

Continuando en esta línea me viene a la memoria una de las tantas lecturas semanales que el profesor Germán Retana, del INCAE *Business School* nos envía religiosamente a alumnos y lectores, a la que titula *¿Es usted un* *líder influyente? ¿Cómo lo logra?* En ella expresa que "para que un líder inspire a un equipo a actuar de determinada manera, debe contar con la credibilidad de los miembros de ese equipo. Por eso es vital que toda persona sea consciente de cuánta influencia ejerce en otras: jefes, colegas, colaboradores. Su consistencia: su palabra y compromisos valen. Se conecta con la gente a través de principios, promesas y comportamientos. Su juego es limpio, por ende, los demás saben qué esperar; predicen sus reacciones y decisiones, pues conocen el manantial de donde emanan. Equivocado o no en sus posiciones –según lo juzguen otros– hay congruencia en sus actos. Ser influyente no es un camino plano, al contrario, hay que estar dispuestos a soportar críticas y adversidades".

Aunque la comunicación no sea clara o no comprendan totalmente por qué, si confían en ti, te seguirán. Ahora si eres muy claro, y no confían en ti, no te seguirán porque no te creen. Es clarísimo que el feedback es un instrumento de influencia como pocos. Y si es de ida y vuelta, mucho más efectivo será ese proceso de influencia.

# CAPÍTULO 2

# *Relaciones y comunicaciones en el mundo de hoy: ¿otro enfoque?*

## ¿A qué nos invita este mundo de hoy? Un nuevo protagonismo para el feedback

El mundo está cambiado: más allá de lo que originaron la pandemia y la post pandemia, los clientes cambiaron, los competidores cambiaron, hay *start ups* metiéndose en tu mercado y haciendo cosas completamente de otra forma, alianzas empresariales que jamás hubiéramos pensado que se iban a reunir para hacer negocios juntos; suena radical, pero así son las revoluciones y hoy estamos viviendo una revolución histórica: la digital. *Spotify* está fundiendo a las discográficas, *Google* inutilizó a las Páginas Amarillas, *Booking.com* tiene en jaque a las agencias de turismo, *Netflix* hizo que ya casi no queden videoclubs y que vaya mucha menos gente al cine, y *AirBnb* está atemorizando a los dueños de hoteles. Las nuevas empresas que llegan hoy a la escala de *Fortune* 500 lo hacen 2 veces más rápido que hace solo 2 décadas atrás. En el 40% de los mercados competitivos, la empresa más fuerte (alta participación en las ganancias de esa industria) ya no es la más grande. Los avances tecnológicos y la creciente migración hacia la "experiencia de los clientes" están erosionando las ventajas del tamaño. Más de la mitad de los ejecutivos de todas las industrias dicen que su principal competidor dentro de 5 años será una compañía diferente de la actual. Parece que esto se expande y no para. Inclusive la tecnología y la sociedad avanzan más rápido que las empresas.

También estamos delante de un gran cambio de mentalidad organizacional; un cambio que va de cuestiones más predecibles a situaciones menos predecibles: aparte de pensar en rentabilidad se comenzó a trabajar con la idea de un propósito organizacional. Las jerarquías deberán complementarse con redarquías, el control está dando paso al empoderamiento de personas y equipos de trabajo. La planificación ya no es más a mediano o largo plazo ya que se comenzó a convivir con planes de corto alcance llenos de experimentación, prueba y error, y finalmente de un mundo donde "todo era confidencial" se pasó a un criterio de transparencia organizacional.

Por eso, el *Center for Creative Leadership* (CCL) cambió su concepción de valores y llamó a los especialistas a dejar de hablar de un mundo VICA (volátil, incierto, complejo y ambiguo) para hablar del paradigma RUPT (rápido, impredecible, paradójico y entrelazado). Según Alejandro Melamed, director general de *Humanize Consulting*, "el diagnóstico VICA tiene que ver con una prescripción del mundo como amenaza, mientras que en RUPT se habla de oportunidad". Según el experto, "estos son los valores que llevarán a cualquier ejecutivo, empresario o emprendedor a poder ejercer el liderazgo de la mejor manera posible, mientras no pierda su capacidad de adaptación y, sobre todo, de entender que el futuro es más un trabajo en equipo que una mera trayectoria individual". Por otro lado, el profesor en Management & Organización de la Escuela de Negocios de la UTDT, Andrés Hatum, expresa en una excelente nota titulada *Trabajo de ratas: cómo las organizaciones pueden arruinar la vida de sus empleados*, que "el problema es que las empresas están asustadas. Vivimos en un mundo cada vez más complejo y caótico, donde empresas e industrias enteras están colapsando. Incluso las compañías más poderosas del mundo están siendo amenazadas. Las empresas están muertas de miedo porque vieron cómo otras que parecían invencibles fueron destruidas: Blockbuster, y Tower Records, entre otras. Para sobrevivir, entonces, las viejas grandes empresas deben evolucionar y cambiar el chip que les indicaba cómo trabajar hasta el momento".

A la transformación digital hay que sumarle las nuevas generaciones que ingresan de a millones en nuevos puestos laborales, con una visión de la vida y de su proyección laboral muy diferentes de las que venimos de generaciones pasadas. A esto se le agrega el posicionamiento en lo social, familiar y laboral que están logrando las cuestiones de género e inclusión. En una pasada publicación de Infobae de este año, una nota nos aclaraba como para los *CEO's de la generación baby boomer (compuesta por los nacidos entre 1945 y 1964), el éxito estaba sustentado por producir con estándares de calidad. Para quienes nacieron entre 1965 y 1981 (Generación X) el secreto pasaba por saber comercializar con habilidades de marketing y servicio al cliente, mientras que las nuevas generaciones de CEO's (1982-1994, Generación Y) deben saber sostener una empresa bajo premisas de desarrollo tecnológico e innovación, lo que demanda nuevas capacidades, aún difíciles de definir con claridad.* Quien va cambiando de timón va modificando las perspectivas de cómo pararse a negociar y ejecutar ciertas decisiones de todo nivel y alcance.

La incertidumbre en lo político, lo económico y lo social de las diferentes regiones del planeta hacen que algunos países emergentes, y hasta algunas naciones desarrolladas, tengan que atravesar períodos de crisis. Los problemas de educación. La robotización y la inteligencia artificial. Los conceptos *fintech* y *blockchain*. Plataformas globales colaborativas, el internet de las cosas, el almacenaje en la nube, el *big data*, IA y la coordinación de la llamada economía circular o colaborativa. El futuro del trabajo. El medio ambiente y la sustentabilidad está tomando cada vez más fuerza. Nunca en la historia de la humanidad se vivieron tantas variables de cambio juntas. Y aquí, nosotros: consultores, universidades, escuelas de negocios, *coaches*, pensadores e investigadores, y hasta especialistas de RR.HH. de las mismas organizaciones tratando de crear nuevos conocimientos, respuestas, experiencias para afrontar al nuevo mundo desde un punto de vista comportamental.

*"Si queremos escapar a la atracción gravitacional del pasado, tenemos que ser capaces de reemplazar nuestras propias ortodoxias"*, dice el experto C.K. Prahalad, de la Universidad de Michigan. Entonces, querría que nos hiciéramos las siguientes preguntas: ¿qué hacemos con la multifuncionalidad y la multidisciplina que requieren algunos nuevos puestos de trabajo? ¿Qué hacemos con los empleos que desaparecerán y los que se crearán? ¿Y con la flexibilización de las jornadas laborales? ¿Estamos pensando en cómo encarar responsablemente los procesos y las prácticas ágiles que nos requiere la nueva toma de decisiones? ¿Cuántas mujeres se desarrollarán para formar parte de los directorios de las organizaciones?

Parece que para este gran momento de transformación en todos los sentidos no se trata de superar una tormenta y esperar que pase. Se trata de abrazar el cambio y ayudar a crear un futuro de manera responsable. ¿Es el fin del liderazgo, entonces? Para descubrir cómo están trabajando las organizaciones sobre esto, volvemos al *Center for Creative Leadership* (CCL) y *CorporateLeaders*: se ha encuestado a 100 vicepresidentes europeos y directores en Recursos Humanos, Desarrollo y Gestión del Talento para comprender mejor cómo las organizaciones se están preparando para todos estos cambios. La primera conclusión de este estudio es que "el liderazgo es 'más necesario que nunca' en este nuevo mundo laboral", y se hace fuerte hincapié en la necesidad de un liderazgo constante en estos tiempos de transformación. Más allá de todas las cuestiones tecnológicas y de procesos que impactarán en la reorganización de las empresas, se concluye a su vez que "la buena noticia para los líderes es que, si bien esto requiere una comprensión sólida de los cambios que ya se están viviendo, no se puede implementar sin liderazgo. En los países emergentes todavía resta cerrar algunas brechas de diversa índole para atornillar los cambios que se están dando. Dos ejemplos que nos permitirán comprender mi comentario anterior. Mientras escribía este capítulo me llega al celular un video de un turista italiano haciendo una compra en vivo y en directo desde un store de Amazon, de la ciudad de Nueva

York. Ingresó, nadie lo recibió, en tres minutos y medio no solo recorrió las góndolas y escogió sus productos, sino que escaneó los mismos desde una aplicación de su celular y pagó con solo hacer unos *clicks*. Se fue atravesando unos molinetes sin presencia de empleados y ya en la calle y a solo unos minutos, le llegaron el agradecimiento y la factura electrónica por su compra. En cambio, días atrás, una persona de mi círculo de amistades necesitó sacar un turno en una guardia médica para su hijo enfermo, a través de un sistema digital. Lo hizo apoyándose en una importante publicidad en la cual una de las mejores redes de sanatorios privados del país le ofrecía una solicitud de consulta médica online y a su vez contar con una especie de GPS que le permitiría conocer cómo se iban atendiendo los pacientes que estaban anotados previamente a su turno. La aplicación le avisó que en veinte minutos su turno estaría listo, presentándose en la sala de guardia en tiempo y forma. Cuando llegó al mostrador, la empleada le comunicó lo siguiente: "Sepa disculpar, pero estamos colapsados de urgencias. Su hijo tiene veinte pacientes por delante. Lo lamentamos, esta aplicación no funciona muy bien y además estamos médicos, enfermeros y asistentes a las corridas". Tengo entendido que una cantidad importante de empleados y profesionales de esta institución médica llevó a cabo un número importante de talleres de *design thinking* y *organizaciones ágiles*. Me pregunto, ¿estamos preparados cultural y actitudinalmente para el cambio? ¿Se está comprendiendo que la transformación digital, por ejemplo, deberá afrontarse con foco no solo en la tecnología, sino también en los procesos y en las personas?

Vuelvo a la nota "Vivir del feedback mejor que del cuento", en la cual con mucha agudeza se expresa que *"a veces lo que cuesta es directamente 'escuchar', recibir y aceptar feedback. Retroalimentación sobre la necesidad del cambio. Puede que sea porque hasta ahora nos ha ido bien y creemos no necesitar modificar nada. O quizá porque no estemos acostumbrados a ello. Si no tenemos insertado el hábito de escuchar (¡escucha activa!) otras propuestas, otras personas (incluido bottom-up), otros consejos... se nos olvida desarrollar otro hábito vital, que es el de preguntar"*. A la luz de todo lo visto ¿qué relaciones y comunicaciones se necesitan en el mundo de hoy? ¿Otro enfoque? Si. Las personas y las organizaciones necesitan comenzar a practicar seriamente un esquema de conversaciones con propósito. En palabras de Vienna Pharaon, *"detrás de todas las relaciones saludables hay conversaciones incómodas que normalmente no nos toca ver. Requieren a dos personas que se muevan a través de sus miedos, inseguridades, y hacen el trabajo sucio de ir en la dirección de una común acción"*. Veremos más adelante que las transformaciones culturales son incómodas porque habrá conversaciones incómodas. La transformación se dirige desde la alta gerencia, reuniendo a todos y trabajando hacia el mismo objetivo. Depende de los líderes definir ese objetivo, establecer el camino hacia él y enervar y entusiasmar responsablemente a toda la organización en la búsqueda de ese objetivo". En ese sentido la especialista Jimena Sainz, MCC de la *International Coaching Federation* y socia directora de Buenas Prácticas SRL de Bolivia, nos enriquece con el siguiente aporte: *"el mundo de hoy necesita más conversaciones con propósito, es decir, promover y decantar en una "acción en común" significativa y lo suficientemente movilizadora para alcanzar una meta en equipo. No es menor el tema, cuando ponemos sobre la mesa, la necesidad de movilizar emociones y percepciones en los miembros de un equipo para que en un acto de "fe comprometida" procedan a dar el salto para alcanzar un objetivo compartido. La experiencia nos dice que, si somos capaces de "remover" esa energía hacia una mirada colaborativa y donde se haga presente la premisa de compartir conocimiento, los equipos avanzarán juntos en pos del objetivo común y se sentirán responsables de los resultados compartidos. ¿Cómo funciona esto? Evocando una profunda toma de conciencia que las personas somos seres emocionales antes que racionales "emociono, luego existo" a partir de este enfoque, entendemos que la conexión emocional en base a las sensaciones producto de las percepciones sobre "el otro" puede determinar mi intención puesta en acción, vale decir "conecto contigo desde la emoción, me sumo a ti para entrar en acción". La posibilidad de conectar desde la emoción promueve una capacidad relacional que motiva mi actitud disposicional a hacer que las cosas sucedan".*

Por mi parte agregaría tener el coraje de inundar de "conversaciones pendientes" a todas las partes interesadas. Empapar todas las arterias de la empresa con la comunicación, pero teniendo muy claras las acciones que se van a realizar y mostrando todos los beneficios que se obtendrán con el cambio. En el mundo de hoy, "rentabilidades pasadas no garantizan rentabilidades futuras".

## De los desafíos técnicos a los desafíos adaptativos: no hay salida sin feedback

Una pregunta que nos deberíamos hacer es ¿el liderazgo está cambiando, o hay un cambio de época? Parece que el ambiente organizacional ha cambiado. Nuestros padres veían cambios de modelos de autos y de heladeras y hoy vemos a diario cómo cambia el mundo. Lo que hemos visto en el desarrollo del título anterior se parece más a un cambio de época. Podemos decir que el ambiente en "el afuera" y "en el adentro" de las organizaciones ha cambiado, y lo más preocupante es que no todo el liderazgo está a la altura de los desafíos de esta nueva realidad. Según Nick Petrie, profesor universitario senior miembro investigador del *Center for Creative Leadership* (CCL) y quien se ocupa del programa de desarrollo del liderazgo (LDP) concluye que *"la mayoría de los líderes se desarrollan a través de experiencias en el trabajo, entrenamiento, coaching, mentoring, feedback 360°; mientras que esto todavía es importante, los líderes no se están desarrollando lo suficientemente rápido o de la manera correcta para llegar a coincidir con este nuevo ambiente"*. En palabras de Michael Hammer, del *Massachusetts Institute of Technology*: "El secreto del éxito no es prever el futuro, sino crear una organización que prosperará en un futuro que no puede ser previsto".

En la propuesta que Ronald Heifetz nos hace en su gran obra *La práctica del liderazgo adaptativo* expresa con una fuerte lucidez intelectual que *"el liderazgo del futuro requiere humildad, transparencia y una actitud experimental. En la era de la colaboración nos enfrentamos a desafíos que no hemos visto con anterioridad y para los cuales no tenemos aún las respuestas adecuadas. Debemos superar la farsa de que nuestros líderes tienen las respuestas para todo y saben adónde van. Su plan al día de hoy es simplemente la mejor estimación que han podido realizar sobre un futuro complejo e incierto. En este nuevo escenario, la respuesta ha de ser necesariamente colectiva. Las soluciones no serán el resultado de un plan previsto por unos pocos, sino que emergerán de la acción valiente de muchas personas a todos los niveles de la organización, que han sabido adaptarse y cambiar sus modelos mentales para enfrentarse a la nueva realidad"*.

Necesitamos, pues, nuevos modelos de liderazgo y gestión que nos permitan crear valor a través de las personas; un nuevo paradigma que nos ayude a aprovechar el conocimiento y las experiencias del pasado y que, al mismo tiempo, nos permita introducir las innovaciones que necesitamos para cambiar y encontrar la respuesta a los nuevos desafíos.

Como ya hemos visto, el ADN de una organización es su cultura, y debemos ser capaces de decidir con qué ADN debemos quedarnos, cuál debemos descartar y qué innovaciones debemos introducir en el ADN para adaptarnos al nuevo entorno. Es un proceso conservador y progresista a la vez: tenemos que conservar aquello que funciona, y debemos ser capaces de cambiar para encontrar aquello que nos permitirá sobrevivir en el futuro. Es un proceso experimental en el que, muy posiblemente, la mayor parte de los cambios no dará los frutos que esperamos, pero en el que algunas de las innovaciones introducidas nos permitirán cambiar para adaptarnos y crecer en la dirección adecuada.

Tal y como explica Heifetz, en un desafío técnico conocemos tanto el problema como la solución. Es decir, nos enfrentamos a un reto para el que ya disponemos de una solución, así que nuestro trabajo como líderes consiste en coordinar y movilizar a la gente para que haga lo que ya sabe hacer, y lo haga bien. Eso no significa que los problemas técnicos sean fáciles de resolver, ni que sean poco importantes. Simplemente, significa que se pueden resolver dentro del marco de nuestra experiencia anterior, usando conocimientos, metodologías y herramientas que ya existen. *"Los problemas técnicos pueden ser complicados y de gran importancia, pero tienen soluciones conocidas, se pueden resolver con la experiencia obtenida, conocimiento experto y a través de las estructuras, procesos y métodos actuales de la empresa".*

En cambio, un desafío adaptativo exige a las personas que desarrollen una nueva forma de hacer las cosas. Y eso implica descartar algunas de las costumbres, las prácticas y las responsabilidades del pasado. Resulta evidente, por lo tanto, que los desafíos adaptativos no resultan cómodos ni sencillos de resolver. La gente espera que el líder sea capaz de dar con la respuesta adecuada. Pero eso es imposible. El líder puede plantear las preguntas adecuadas, pero no puede dar con la solución, porque la solución se encuentra en las propias personas, que deben ser capaces de cambiar y de adaptarse a las nuevas exigencias del contexto. Los problemas adaptativos surgen a partir de los cambios permanentes y complejos del entorno, para los cuales no existen respuestas conocidas. Es decir, el líder no puede eximir a las personas de su responsabilidad. *"La clave está en asumir que las personas de la organización son, a la vez, parte del problema y parte de la solución. Y en entender que ya no hay respuestas mágicas, sino preguntas capaces de hacernos avanzar en la dirección adecuada".*

Cabe agregar que todo esto está encuadrado dentro del "dominio de lo complejo", donde las relaciones causa-efecto sólo las podemos conocer a posteriori, cuando ya han ocurrido. No sabemos realmente qué les va gustar a las personas hasta que lo prueban porque no existe un patrón universal que dé cuentas de la particularidad que subyace a cada individuo. No hay respuestas correctas o incorrectas; no siempre está claro en qué contexto nos encontramos, o en qué ámbito encuadramos una situación. Por eso en este entorno se recurre a la experimentación. En las organizaciones, al estar compuestas por personas, siempre nos encontramos con una parte compleja y esto nos lleva a la incertidumbre con la que tenemos que lidiar en cada momento. Por ello, un desafío adaptativo necesita afrontarse con experimentación y una búsqueda de soluciones de carácter colectivo.

Uno de los secretos más importantes de la innovación es el siguiente: "sin colaboración, no existe la innovación". El experto Alejandro Ambrad Chalela y autor de "El Secreto de la Innovación" nos desafía con este comentario: *"desde hace muchos años, en la cultura occidental, se ha venido construyendo el gran mito de que la innovación se genera a partir de un momento de inspiración de una persona muy inteligente, "un genio". Resulta que, esto no es más que un paradigma que debemos derribar en nuestras organizaciones y nuestra vida, cuanto antes. A través de experimentos con empresas de diversos sectores, en Mentes a la Carta, empresa que actualmente dirijo, hemos demostrado que el trabajo individual no genera los mejores resultados a la hora de innovar. La única forma realmente efectiva de propiciar la innovación es a través del trabajo en equipo con compañeros, clientes, proveedores, incluso hasta con competidores. Esto ocurre por varios motivos: en primer lugar, trabajar con otras personas nos permite analizar problemas que requieren de innovación desde distintos ángulos y perspectivas. Adicionalmente, al trabajar en equipo, se genera un efecto de co-inspiración sinérgica que potencia exponencialmente la creatividad de las personas. También debemos tener en cuenta que, cuando trabajamos en grupo con personas muy distintas a nosotros, resulta más fácil darnos cuenta si una solución innovadora es viable, o si no lo es. Existen otros motivos que podría exponer, con evidencia empírica, sobre la superioridad de la tarea colectiva frente al trabajo individual a la hora de innovar. Y sí te estás preguntando, ¿qué tiene que ver la innovación con los desafíos adaptativos y el feedback? Como ya lo habrás leído en lo que va del libro, el feedback es una herramienta fundamental para que florezca la colaboración de forma armoniosa y duradera en el tiempo. Así que, si quieres ser innovador en este nuevo mundo, debes aprender a buscar soluciones y resolver problemas en equipo, y si quieres que esto suceda, no sólo debes ser capaz dar un buen feedback, sino que debes ser capaz de hacer algo aún más importante, debes estar preparado para recibir feedback sin que este, por más incómodo que sea, te desestabilice emocionalmente".*

Contrariamente a lo recientemente leído, debemos decir que nos han preparado en los colegios, en universidades y en las empresas para ser exitosos en la resolución de desafíos técnicos, y ahora comenzamos a transitar un presente y un futuro llenos de desafíos adaptativos. Este mundo VICA o RUPT resulta complicado porque genera desequilibrios, y porque para superarlo las personas deben cambiar sus hábitos o costumbres. A diferencia de la resolución de problemas conocidos o rutinarios, donde las maneras de pensar, de relacionarse y de actuar del pasado bastan para lograr un buen resultado. En el cuadro 1 podemos distinguir los requerimientos comportamentales que existen entre los desafíos técnicos y los adaptativos. Ambas formas de trabajar, por supuesto, seguirán siendo complementarias.

**Cuadro 1. De la autoridad al liderazgo/La práctica del liderazgo adaptativo. Ronald Heifetz**

| DESAFÍO TÉCNICO | | | AUTORIDAD |
|---|---|---|---|
| Problema | Solución | Recursos | Actividad requerida |
| Sí | Sí | Sí | Gestionar |
| Sí | Sí | No | Gestionar + Negociar + Motivar |

| DESAFÍO ADAPTATIVO | | | AUTORIDAD |
|---|---|---|---|
| Problema | Solución | Recursos | Actividad requerida |
| Sí | No | - | Observar + Diagnosticar + Experimentar + Aprender |
| No | No | - | |

Siguiendo esta ilustración, y cambiando las palabras, nos hemos preparado para gestionar, negociar y motivar desde una autoridad formal y jerárquica, y hemos comenzado a transitar un presente y un futuro que nos exigen sumar competencias de liderazgo orientadas a observar, diagnosticar, experimentar y aprender, donde la autoridad es más horizontal, y hasta circular. De las oficinas con silencio de santuario, escritorios prolijos y la frase “no me vengan con problemas”, pasamos al embarrarnos con los equipos para estar metidos en el bullicio de esos problemas y la búsqueda de la solución permanente. “*No podemos intervenir en un mundo que no somos capaces de observar*”, nos dice Rafael Echeverría, sociólogo y filósofo chileno. Hacer “*Gemba, Genbutsu y Genjitsu*”, dirían los japoneses de HONDA Motors. El *Gemba* es ir al lugar donde transcurre la acción. El *Genbutsu* es obtener información tocando, viendo y entrando en contacto con los elementos reales, sean técnicos o humanos. Finalmente, el *Genjitsu* es evaluar y tomar decisiones realistas con base al diagnóstico obtenido en el lugar donde ocurre y conociendo la realidad. Y esto, queridos lectores, nada tiene que ver con la pérdida del empoderamiento de la gente ni con la pérdida de autoridad de los líderes. Volvamos a las palabras de Heifetz detalladas inicialmente: “*El liderazgo del futuro requiere humildad, transparencia y una actitud experimental*”. Lo lamentamos, pero a lo sumo será un problema de ego de algunos líderes.

¿Qué tendrá que ver el feedback con el liderazgo adaptativo? Precisamente, en que si hay que movilizar a los demás fuera y dentro de nuestra área de responsabilidad para lograr comprensión y acuerdo sobre lo que hay que hacer y cómo hay que hacerlo, necesitamos facilitar de manera diferente los esfuerzos individuales y colectivos, desarrollando nuevas competencias y hábitos necesarios para adaptarnos a las nuevas circunstancias. Por eso, Heifetz aclara: *"A diferencia del liderazgo formal, en el que la autoridad deriva de nuestra posición, el liderazgo adaptativo se ejerce desde nuestra influencia personal y nuestra credibilidad. No tiene su origen, por tanto, en el puesto que ocupamos, sino en nuestra actuación proactiva como líderes, basada en nuestra pasión y constancia, nuestra autoconfianza y nuestra capacidad de decidir. Es salir a movilizar a las personas, es acercarse a ellas para orquestar las múltiples prioridades de las distintas partes interesadas, para que afronten, actúen ante desafíos difíciles y prosperen".*

Este nuevo "hacer" de las organizaciones implica convivir en una continua ausencia de estabilidad caracterizada por el aumento de los niveles de urgencia, emergencia, conflicto, "ruido" y tensión en un sistema lleno de desafíos adaptativos. El trabajo del liderazgo adaptativo es, por tanto, una responsabilidad de todos. Cualquier persona de la organización, con autoridad formal o sin ella, ha de ser capaz de enfrentarse a la nueva realidad, de identificar aquellas preguntas clave que nos permitirán anticipar el impacto de los cambios en nuestra organización y de movilizar a otras personas para que asuman la responsabilidad colectiva que nos permitirá disminuir la brecha entre la situación actual de las cosas y el escenario deseado, que al fin y al cabo debe ser un futuro mejor para la organización. Es como entrar a una era de dar y recibir feedback constante y cruzando a todos los niveles y áreas de la organización.

Hoy, más que nunca, los líderes necesitan escuchar las voces positivamente discrepantes, siempre en un marco de lealtad organizacional y asunción de riesgos. En un mundo incierto y en continuo cambio, la estabilidad es una "carga" más que un activo. Esto no sucederá si no salimos de las comunicaciones políticamente correctas o de las conversaciones de "trinchera". Sucederá si los líderes nos movemos un poco más a un estilo de conversaciones reflexivas y generativas.

## La era de las organizaciones duales: comunicaciones en jerarquías y redarquías

*"Cuanto más poder le des a un solo individuo frente a la complejidad y la incertidumbre, más probable será que tome malas decisiones. Como consecuencia, hoy en día hay muy buenas razones para que las empresas traten*

*de pensar más allá de la jerarquía*". Esta frase pertenece a James Surowiecki, el conocido columnista de la revista *New Yorker* y autor de numerosos libros relacionados con la economía, los negocios y la inteligencia colectiva. Con esta pequeña frase podemos sugerir que no debemos comprometernos con la solución de los desafíos adaptativos si no lo hacemos adentrándonos en la era de la colaboración: mucha información que nadie es capaz de manejar, interrelaciones complejas que difícilmente podemos gestionar y, así y todo, intentando seguir el ritmo de una realidad que cada día se hace más transparente, participativa y global. Venimos de un mundo de cosas y vamos a un mundo de conversaciones. Esto tendrá un impacto muy fuerte en los modelos y en las estructuras organizativas presentes, ya que se deberán crear "sistemas de trabajo" en los cuales se pueda crear y hacer cosas de forma colectiva. Se avecinan organizaciones más abiertas y participativas, que nos permitirán colaborar para dar una respuesta colectiva –según Heifetz, la única posible– a los nuevos retos.

Ahora bien, ¿estamos preparados para respondernos estas preguntas fundamentales? ¿Qué tipo de estructura deben tener estas nuevas organizaciones? ¿Sustituirá esa nueva estructura al actual modelo jerárquico o se complementarán? ¿Cómo resolvemos el choque entre las necesidades personales de autonomía e interdependencia y las necesidades organizativas de planificación y control? En términos musicales, ¿podremos complementar el formato de orquesta sinfónica con la flexibilidad de una banda de jazz? Es decir, ¿de la jerarquía a la "redarquía"? El modelo jerárquico no desaparecerá, tendrá que seguir operativo para preservar la responsabilidad, la capacidad de decisión y la rendición de cuentas. Estarán conviviendo el orden basado en una cadena de mando y el establecimiento de relaciones de autoridad formal entre los superiores y los colaboradores, con los nuevos entornos de trabajo y espacios de comunicación donde se procesará la información, se innovará y se colaborará de forma sustancialmente distinta a las estructuras anteriores. Para tener éxito en la economía de rápido movimiento de hoy, las empresas han de ser lo suficientemente innovadoras y lo suficientemente rápidas como para competir con éxito en un una economía digital y conectada. Sin embargo, las estructuras corporativas tradicionales que hemos heredado de la era industrial, hoy hace más de cien años, surgieron para resolver los problemas claves del momento, la eficiencia y la escalabilidad por lo que no fueron construidas para ser rápidas y ágiles.

¿Qué hacer, entonces? ¿Cómo responder con suficiente rapidez y agilidad en un mundo de cambios acelerados? ¿Cómo lograr la agilidad estratégica que necesitamos para crecer y ser relevantes en un mundo cambiante? *"Hay que acelerar lo que necesitamos"*, sostiene el profesor de *Harvard Business School*, John P. Kotter en su último libro "Acelerar", es un diseño de la organización que tenga no uno, sino dos "sistemas operativos". *Un sistema centrado en la consecución de los resultados del día a día de los negocios, y un segundo sistema complementario, que opere más como una red ágil, centrado en las nuevas oportunidades y demandas del futuro. Una visión dual de la organización". Completa este autor con suma agudeza: "aunque es cierto que las jerarquías basadas en una cadena de mando es el orden natural en la mayoría de las empresas, y que la estructura jerárquica sigue siendo necesaria para que una organización funcione, no es menos cierto que cada día es más evidente, ante una realidad tan compleja e incierta como la actual, que nuestras organizaciones están paralizadas por la jerarquía, el organigrama y la división entre las funciones. Las organizaciones jerárquicas pueden mejorarse y agilizar mediante la adición de más recursos, versiones más sofisticadas de gestión, proyectando a las personas más inteligentes a impulsar procesos de innovación, reduciendo los niveles del organigrama, dando más libertad a los colaboradores para actuar, reduciendo la burocracia y simplificando sus procesos de negocio".* Creo conveniente agregar que hacer frente a esta problemática —tanto desde lo táctico como de lo estratégico— se necesita un flujo de relaciones, comunicaciones y conversaciones muy diferentes al esquema organizacional que imperó durante muchos años. A esto habrá que sumarle el ingreso de las nuevas generaciones que, sin duda alguna, provocará profundas implicaciones, en la medida en que generarán nuevas formas de trabajar, de crear valor y, por lo tanto, de comunicarnos.

En el blog del profesor José Cabrera, ingeniero de la Universidad Politécnica de Cataluña, encontré un "bienvenidos entonces al mundo de la redarquía, que establece a simple vista un orden alternativo en las organizaciones. Un orden no necesariamente basado en el poder y en la autoridad formal, sino en las relaciones de participación y redes de colaboración, basadas en el valor agregado de las personas, la autenticidad y la confianza".

Cuadro 2. Jerarquías versus redarquías, Profesor José Cabrera (UPC)

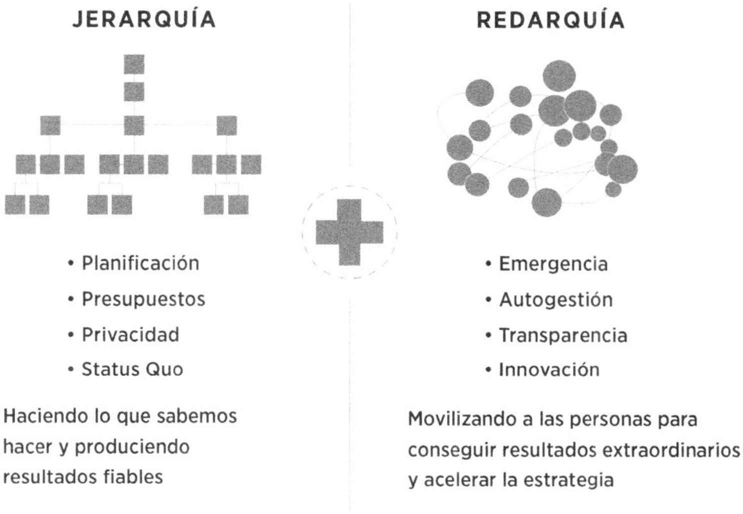


Tal como lo indica el cuadro 2, a diferencia de la jerarquía –en donde la decisión desciende desde arriba, en cascada–, en la redarquía emerge desde abajo y desde cualquier punto de la organización, fruto de las relaciones de colaboración. Este modelo asume que la solución no va a bajar de la alta dirección. Muy al contrario, aquí es la colaboración abierta de todas las personas la que genera nuevas interacciones, la que hace aflorar todas las propuestas y la que, en última instancia, hace posible que la solución emerja de forma natural. Esto es un gran cambio en materia de relaciones y comunicaciones, ya que la colaboración es tomada como una forma poderosa de crear valor. Esto conlleva un cambio de chip en la mente de los líderes, ya que hace posible que autonomía y control no sean términos antagónicos. Venimos acostumbrados a las clásicas "bajadas de línea" y a "la cacería de brujas" y pasamos a un verdadero "sistema de empoderamiento".

Recordemos: jerarquías y redarquías serán estructuras complementarias, por eso, es muy importante entender que el nuevo orden emergente no va a acabar con la autoridad formal ni con la "bajada de línea". Simplemente, va a completarlas y a mejorarlas, haciéndolas más transparentes y eficaces, aprovechando al máximo las posibilidades de colaboración y proporcionándoles un sistema de trabajo capaz de resolver los desafíos complejos, sean técnicos o adaptativos. Según el reciente estudio sobre transformación digital en

América Latina desarrollado por Panorama (asociación internacional integrada por *Glue Executive Search* en Argentina), el 93% de los encuestados afirma que *"la tecnología tiene el potencial para transformar la manera en la que se hacen los negocios, y que los perfiles más buscados a futuro deberán contar con cualidades de estrategia e innovación, balanceando los conocimientos técnicos con las esenciales habilidades 'blandas' de comunicación y relacionamiento para manejar equipos transversales"*.

Si queremos realmente acelerar la estrategia y la necesaria transformación digital debemos dotar a nuestras empresas de un sistema dual capaz de ejecutar el día a día y a la vez explorar las nuevas oportunidades y sortear las amenazas. El primer sistema, la jerarquía tradicional, conduce lo cotidiano de los negocios, mientras que el segundo sistema, la redarquía, se centra en las oportunidades y demandas del futuro, y actúa como una red ágil de dinamizadores de los cambios. Sigue Kotter con unas definiciones que habilitan al feedback como parte importante de toda esta transformación: *"la redarquía libera la información (¿feedback?), posibilita el aprendizaje organizativo (¿feedback?), elimina fronteras de silos (¿feedback?) y capas jerárquicas (¿más feedback?). La organización en red tiene que estar conectada con la jerarquía principalmente a través de las personas que pueblan ambos sistemas. La alta dirección debe lanzar la red, de forma explícita bendecirla, apoyarla, y asegurarse de que la jerarquía y la red permanecen alineadas. Esto significa que la redarquía, a diferencia de la jerarquía, no se gestiona por control sino por contexto y se lidera por influencia, no con el ordeno y mando tan común en la jerarquía. En la redarquía el liderazgo es por influencia, y el papel del líder es el de un arquitecto social. Se trata de que la información fluya entre ambas estructuras porque las dos se necesitan la una a la otra. El nivel de colaboración que se necesita es más que notable. Una empresa eficiente y ágil que gestiona bien su presente, pero con la mirada puesta en el futuro"*. Con todo esto, los procesos de retroalimentación formales y espontáneos no pueden quedar afuera. Son parte fundamental para que toda esta nueva "maquinaria de convivencia" entre ambos esquemas de organización fluyan de la mejor manera posible.

Ahora bien, y en esta transición, ¿qué podemos hacer desde el liderazgo? Involucremos a las personas correctas en la toma de decisiones. Establezcamos una mayor participación de los colaboradores en los temas importantes. Animémonos a crear un ambiente integrador para hacer sentir a los empleados como parte importante de la organización, y no como si estuvieran mirándola desde afuera. Integremos diversidad de talentos, generaciones, edades y formación académica dentro de los diferentes equipos, hagamos que la comunicación y el trabajo en equipo sean normas que tienen que establecerse en la cultura de la organización. Hagamos que los intereses de la organización estén por encima de los intereses de un área o de una persona. Si todo esto se cumple, el liderazgo se compartirá de manera más amplia en toda la estructura.

¿Qué papel tendrá el feedback en todo esto? Un papel trascendente. Cuestiones como la transparencia de la información como ingrediente fundamental, los objetivos compartidos, el aprendizaje colaborativo, la necesidad de soluciones innovadoras, la coherencia en las conversaciones para mostrar congruencia con la visión, la misión y los valores de la organización, el liderazgo compartido por todos, la interdependencia (todas las áreas están bien conectadas: lo que ocurre en un punto de la organización afecta a todos los otros), la apertura a las críticas junto con la libertad para expresar los conflictos y una cultura de confianza para generar interacciones productivas, entre otras, estarán basadas y atravesadas por una retroalimentación constante. Frente a la planificación milimétrica del *management*, y al "aquí se hizo siempre así", se impone el "hagámoslo realidad", el "menos es más", el sentido común y la capacidad de cambiar rápidamente. Vamos a tener que asumir que estas nuevas formas de tener conversaciones de ida y vuelta constituirán una forma de aprendizaje en sí mismas.

El feedback necesita de un líder que sume "comportamientos redárquicos" y con los que generará las condiciones para el despliegue del alto desempeño en un nuevo entorno organizacional. El rol de estos líderes será crear las condiciones para desarrollar una red horizontal de comunicaciones y relaciones humanas que sea confiable, empoderada, colaborativa, que forje inteligencia colectiva y creación de valor. Pasión, participación y bienestar al servicio de la organización, por lo que, insistimos, surgen nuevas formas de seguimiento y control. Un líder redárquico será un verdadero "habilitador" de prácticas efectivas de feedback.

## Conversando con la "persona completa"

En el mundo de hoy, venimos abordando un enfoque distinto en las conversaciones, en las que el feedback posee un nuevo protagonismo. Pasamos de los desafíos técnicos a los desafíos adaptativos, y navegamos las aguas de las organizaciones duales. ¿Qué habrá en el centro de todo esto? ¿Tuvo que venir un virus para decirnos que los problemas que no son laborales no los debemos dejar fuera de nuestro horario de trabajo? En todo ámbito laboral, siempre se habló de resultados, motivación, metas, procesos, acciones a seguir, coordinación de recursos, clima laboral y cómo nos sentimos trabajando con el equipo y con nuestros líderes. El confinamiento provocado por el distanciamiento obligatorio, la cuarentena propiamente dicha y los cambios en las formas de trabajo modificaron la forma de mirar al otro: en ese "otro" ya aparecen su salud, su familia, sus hijos, su tiempo personal, las tareas de su casa, interrupciones que no conocíamos y preocupaciones sanitarias de toda índole. Nos dimos cuenta de que hay "personas completas" más allá de las paredes de una oficina o de una planta. Y cuando se regrese a un nuevo estado de presencialidad o no presencialidad, o la combinación de ambos formatos, esto no cambiará. Quedan fuertemente grabados en la memoria emotiva de la gente quiénes fueron los líderes que se acercaron en los momentos más difíciles y quiénes no lo hicieron. Casi siempre que se abordó en el *management* el concepto de "persona completa", se lo asoció a las cuatro inteligencias descriptas por Stephen Covey: racional, física, emocional y espiritual. Para este autor, la persona completa tenía que tener estas cuatro inteligencias en equilibrio. Buscando otro sentido, vamos a ir más allá. Los problemas actuales que el mundo nos plantea y nos seguirá planteando no son solo problemas complicados, sino complejos. Las relaciones humanas son complejas. El feedback es complejo. Se transformó en algo complejo el solo hecho de preguntar: "¿Cómo estás?", porque no sabemos qué puede venir como respuesta a tanta sensibilidad junta. Observemos el siguiente cuadro; todo individuo es una persona completa, no solo un trabajador. Lo laboral es solo una de sus dimensiones.

**Cuadro 3: Los roles que desempeñamos en la vida, *Hudson Institute***

Como seres humanos completos que somos, llevamos toda nuestra humanidad proveniente de lo personal, de lo familiar y de lo social al trabajo, más allá de ser trabajadores. Cada individuo vive dentro de una multitud de sistemas y se pone en marcha según el "sistema" que lo moviliza. Explorar el "telón de fondo" de la vida de una persona en un proceso de feedback nos ayuda a entender al trabajador en el contexto de las otras partes de su vida. Se hace necesario mostrarse accesible y dispuesto a mantener acercamientos, contención y conversaciones para ayudar a las personas a resolver los problemas que tienen fuera del trabajo, pero que impactan en su día a día laboral y viceversa. Ya lo trabajaremos en el capítulo sobre líderes cercanos, pero decididamente estamos entrando en una era de líderes más solidarios y empáticos, que establecen de forma sistemática relaciones confiables, cercanas y estrechas con sus colaboradores y colegas.

Podemos agregar otras dos visiones más que confluyen y van de la mano con las recientemente explicadas. En una clásica visión holística y universal, podemos citar los cinco planos del ser para su desarrollo integral: el intelectual, el físico, el emocional, el social y el espiritual. Y si repasamos algunos *papers* del INCAE *Business School*, también veremos reflejado que todo líder, por ejemplo, necesita del equilibrio en ciertos ámbitos para "vivir bien". Estos ocho ámbitos, que son aplicables a cualquier persona, tienen una gran similitud con lo que venimos viendo hasta aquí; son: profesional, laboral, familiar, físico, material, social, emocional y espiritual.

Somos personas completas más allá del modelo conceptual que utilicemos. Entonces, en todo este tiempo, ¿qué hemos estado realizando para identificar y ponernos al servicio de las personas completas que conforman nuestros equipos? ¿Cómo han sido nuestras conversaciones y reuniones de feedback?

¿Qué pueden hacer los líderes para comenzar a comprender y manejar mejor las problemáticas de sus colaboradores puertas adentro y puertas afuera de la organización? Seres completos devienen en conversaciones complejas.

Existe un modelo llamado Cynefin, que fue desarrollado originalmente por David Snowden, que compara las características de cinco dominios de complejidad diferente en el abordaje de problemas: simple, complicado, complejo, caótico y desordenado. En este modelo, se representan las cinco situaciones en las que una organización puede encontrarse, y es cada una de ellas las que determinarán la manera en que deberíamos actuar. No voy a detenerme en los problemas simples, caóticos ni complicados, y menos en los de desorden. ¿Por qué? Porque el abordaje de una persona completa es un asunto complejo. Dar y recibir feedback tomando a la persona completa es muy complejo. Siempre lo fue. Pero ¿esto no debería haber sido siempre así? ¡Claro que sí! Cada individuo se encuentra en una vida que ya está en marcha. ¿Qué quiero decir con esto? Las personas con las que interactuamos tienen una vida llena de experiencias que han moldeado sus actos. Cada persona tiene una vida llena de sueños, objetivos y motivaciones únicos, repletas de roles y tareas. La actividad laboral es tan solo uno de esos roles. Tuvo que venir una pandemia para que veamos qué hay detrás de la productividad de un colaborador y tomemos conciencia de que existen múltiples dimensiones que no solo pasan por las variables de carácter laboral.

Cuando nos enfrentamos a problemas complejos, los resultados se vuelven más impredecibles. No existen ni mejores ni buenas prácticas catalogadas para las situaciones frente a las cuales nos podemos encontrar. Simplemente, no sabemos con anticipación si una determinada solución va a funcionar. Solo podemos examinar los resultados y adaptarnos. Las soluciones encontradas rara vez son replicables, con los mismos resultados, a otros problemas similares. "Cada persona es un mundo" reza la popular frase. Para poder operar en la complejidad, necesitamos generar contextos donde haya lugar para la experimentación y se requieren niveles altos de creatividad, innovación, interacción y comunicación. El proceso de feedback no escapa a esta realidad. Cuando nos encontramos en un entorno complejo, las soluciones estándares o las recomendaciones de los expertos no garantizan la solución. Este libro no es la solución a los problemas de feedback, sino que es una forma más de mejorar el feedback. La única manera de gestionar los problemas complejos es realizar ciclos de prueba y error en los que ensayamos posibles respuestas, evaluamos su impacto y actuamos según esta información. Sí, como lo han leído, ciclos de prueba y error en cada reunión de feedback que ensayemos. Por ello, este nivel de flexibilidad debe ser llevado al pensamiento de cada líder al momento de preparar un espacio de feedback: puede que no todo salga como lo planificamos, y menos aun cuando no solo hay que hablar de trabajo.

Nos interpela Germán Retana con esta pregunta: *"¿Se beneficiaría una empresa si los líderes organizacionales dedicaran tan solo veinte minutos de su tiempo diario para recorrerla? Saludar, felicitar, agradecer e interesarse por lo que hacen sus colaboradores son acciones simples para ellos o ellas; sin embargo, para esas personas, que rara vez tienen la oportunidad de conversar con quienes los dirigen, contienen un significado genuino"*. Lo que para el líder organizacional son "simples veinte minutos" para otros será "el suceso del día". *"Conozca todas las teorías. Domine todas las técnicas, pero al tocar un alma humana sea apenas otra alma humana"*, sugiere Carl

Jung en este sentido. Todos tenemos un propósito de vida: deseamos trascender, aspiramos a crecer y a hacer crecer a otros. La llave para ello son las relaciones que construimos como personas y con otras personas.

Hace poco, un importante líder de una organización transnacional me decía al respecto: *"Pero ¿cómo hacemos para escuchar y ocuparnos de los problemas de todo un equipo de trabajo?, yo tengo doce personas a cargo"*. En verdad, hay que tener cuidado de no estresarse por ser empático. Poder escuchar a todas las personas completas del equipo y empatizar con ellas tiene un costo si no lo sabemos manejar. Es el costo que pagan los líderes por ponerse en los zapatos de su equipo. Empatizar con las necesidades de los otros no es gratuito. La empatía puede producir en el que la siente un aumento de la fatiga y del estrés. Estos aspectos poseen una implicancia enorme en el ejercicio del liderazgo, y tiene que ver con lo que las organizaciones le están pidiendo al líder cuando le plantean que debe ser empático. Empatizar con una persona completa no es gratuito. El líder puede evidenciar un estrés llamado fatiga por sufrimiento empático. Esto ocurre cada vez que el líder debe hacerse cargo de lo que le pasa a cada uno de los integrantes de su equipo, sobre todo en el contexto actual que, además de complejo, hace que todos estemos preocupados por nuestra salud, trabajo, familia y situación socioeconómica. Hay que estar atentos ya que, ante un desborde, los líderes deben pedir ayuda urgente a la organización.

En año 2019, el keniata Peter Tabichi fue elegido el mejor docente del mundo. Tuve la oportunidad de compartir con él un estrado virtual en un simposio regional sobre el liderazgo en los sistemas educativos y, más aún, en medio de una pandemia. Peter hablaba de "empoderar para un liderazgo social". En esos sesenta minutos, aprendí cabalmente el concepto de la "persona completa", y me quedé con una montaña de aprendizajes sobre cómo dar y recibir feedback con ellas. Vayamos a algunas de sus frases: *"No enseñemos solo dentro de las cuatro paredes del aula, visitemos a los alumnos en sus casas para ver todo lo que les pasa"*, *"Involucrémonos con otros docentes y alumnos para comprender y manejar situaciones problemáticas nunca antes vividas"*, *"Salgamos a ayudar a otros docentes que no están en las mismas condiciones que los que sí estamos más preparados"*, *"Generemos encuentros por fuera del ámbito escolar, con participación activa de padres y alumnos para escuchar y pensar soluciones conjuntas"*, *"Conversemos con padres y alumnos para comprender las nuevas formas de trabajo y sus emociones resultantes, logrando que los alumnos no tengan miedo de aprender en el medio de esta crisis"*. Como podrán apreciar, hacer esto requiere una evolución del pensamiento y una toma de conciencia muy grande por parte del líder que lo lleve a cabo. Este gran docente "validó" con mucha empatía a las personas que tenía "de su otro lado". Utilizó las bondades de las conversaciones poderosas y el feedback para no perder de vista el objetivo final y resolver parte del complejo problema. Y lo más importante de todo es que él también fue una persona completa al servicio de otras personas completas. Es así de claro, hay tantas personas completas como redes conversacionales en movimiento.

Melina Jajamovich, *speaker* y autora del libro *Agilidad en 4 estaciones*, nos invita a pensar en que *"la agilidad es aprendizaje. En este contexto fuimos sometidos a muchas experiencias que no buscamos, que nos vinieron de prepo. El reto de hoy es darse ese tiempo para ponerle conciencia a nuestro día a día y al día a día de nuestras organizaciones. Lo primero es parar y poner en agenda un tema que aún no se está conversando demasiado y tiene que ver con la cultura. Nosotros tenemos una cultura muy individualista a nivel sociedad y también a nivel de organizaciones. ¿Qué significa esto? Que en general nos enfocamos en qué es lo que puede hacer un individuo y justamente debemos mudar del futuro del trabajo al futuro del ser"*. Un buen proceso de feedback consciente puede ayudarte con esta mudanza y a comenzar a conversar con la persona completa. Con ese "ser" y no solo con ese "individuo".

Y profundizando en el mismo sentido, Susan David, en su obra *Agilidad emocional*, nos plantea que hay que *"ser flexible con nuestros pensamientos y sentimientos para poder responder de forma óptima a las situaciones cotidianas para nuestro bienestar y éxito. La agilidad emocional puede ayudar a las personas con diversos problemas a la vez. Las personas ágiles emocionalmente son dinámicas, demuestran flexibilidad al lidiar con nuestro mundo cambiante y complejo. Son capaces de tolerar altos niveles de estrés y de superar las contrariedades mientras se mantienen comprometidas, abiertas y receptivas. Entienden que la vida no siempre es fácil pero continúan actuando de acuerdo a sus valores y persiguen alcanzar metas con sentido"*. La persona completa requiere de un líder con agilidad emocional, sin duda alguna.

Algunas palabras clave sobre esto son: cambios, problemas complejos, persona completa, humanidad, cercanía, agilidad emocional. Esta charla TED, "Más clara y menos eminencia", de Natalí Savransky, es el gran cierre de este capítulo: https://www.youtube.com/watch?v=piIqMqToolM. "Un buen feedback nos puede cambiar la vida". Y en buena hora.

# CAPÍTULO 3

# *El feedback consciente y el aprendizaje para el cambio*

## Autoconocimiento: si a mí me va bien, ¿por qué tengo que cambiar?

Todo líder debe comprometerse en dejar una huella, un legado de aprendizaje y actitudes ante quienes lo rodean. Como líder debe ser un facilitador de los resultados generados por su equipo y proporcionar coaching y feedback en forma constante en un ambiente estimulante y desafiante. Como empleado –es decir, el líder también "tiene un jefe y es empleado de la organización" – asumir plena responsabilidad de su propio desarrollo personal, sirviéndose de la empresa como un entorno fértil de aprendizaje. Pero si me va bien, así como hago las cosas, ¿Por qué tengo que cambiar? Las preguntas deberían ser: ¿Quiero seguir creciendo y aprendiendo en este camino de ser mejor líder? ¿Mi liderazgo, cómo impacta en los demás? ¿A la gente le gusta trabajar junto a mí? ¿Me puedo desarrollar como líder si primero no me "miro al espejo"? ¿Estoy realmente comprometido con mi tarea de líder? ¿Poseo un genuino deseo de auto desarrollarme para convertirme en un mejor líder? Y qué tarea difícil es conocerse a sí mismo. El primer conocimiento de uno mismo que hay que tener está muy ligado al pensamiento que Stephen Covey expresa en *El 8º Hábito* y que con mucha agudeza establece que "*los líderes deben aplicar los principios que gobiernan el crecimiento y la prosperidad de los seres humanos. Y en las organizaciones de los principios que sacan lo mejor de las personas. Esos líderes encuentran su voz propia e inspiran a los demás para que encuentren su propia voz. Es por eso que todo el mundo elige uno de dos caminos en la vida: jóvenes y viejos, ricos y pobres, hombres y mujeres por igual. Uno es el camino amplio y muy transitado hacia la mediocridad, el otro es el camino hacia la grandeza y el sentido. Las organizaciones donde una masa crítica de personas y de equipos expresen plenamente su voz serán las que darán el siguiente paso en el terreno de la productividad, la innovación y el liderazgo en el mercado y la sociedad*".

La idea de acercarnos a nuestra grandeza personal es tomar cabal conciencia de si el espejo del liderazgo nos está devolviendo, o no, una imagen enfocada o empañada. Cuando uno se conoce a sí mismo, está cómodo con sus puntos fuertes y no está perplejo por las limitaciones u oportunidades de mejora. El conocimiento propio te proporciona la capacidad para aprender de tus aciertos, así como de tus desaciertos. Te permite algo muy importante: seguir creciendo, seguir desarrollándote. Conocerse a sí mismo te llevará a saber si eres auténtico: ¿Eres real? ¿Eres un cínico? ¿Eres un hipócrita?

¿Eres un farsante? ¿Muestras tu "mejor versión"? Tu "persona exterior" es igual a tu persona interior, y no una máscara que usas. Eres coherente entre lo que haces y lo que dices. Solo la autenticidad puede forjar la confianza, porque tarde o temprano la gente detecta a los hipócritas, a los manipuladores. Los miembros de tu equipo se dan cuenta cuando tu feedback no es del todo transparente. Tus pares de otras áreas se enteran si has o no manipulado información en beneficio propio. El CEO huele a que "mejoraste" tus indicadores para llegar a los objetivos. Se puede engañar a alguien durante un tiempo, pero no se puede engañar a todos todo el tiempo. Cuando el líder se conoce a sí mismo, puede controlarse y puede asumir la responsabilidad por su propia conducta, adaptarse a los cambios, adoptar nuevas ideas y mantener sus niveles de integridad y honestidad, sin importar las condiciones.

Reconocer tus puntos de mejora te dará humildad, ya que es inevitable cometer errores; los buenos líderes los admiten y aprenden de ellos. Es por eso que tener humildad no implica ser débil. Significa reconocer el principio y colocarlo delante de uno mismo. Las personas humildes no están solas. Lo contrario de la humildad es la arrogancia, la soberbia, el orgullo y los juegos de poder. Jim Collins, en su investigación sobre la cual basó su libro *Empresas que sobresalen*, encontró en su investigación el siguiente hallazgo: "*Nos quedamos impactados al descubrir el tipo de liderazgo necesario para transformar una buena compañía en una excelente. En comparación con los líderes destacados, con personalidades arrolladoras que copan los titulares de las revistas especializadas y se convierten en figuras mediáticas, los líderes que hacen que sus empresas pasen de buenas a excelentes parecen del planeta Marte. Estos líderes constituyen una mezcla paradójica de humildad personal y voluntad profesional. El principio que subyace en todos estos estudios parece ser bastante simple: el liderazgo no es una persona, sino una relación entre las personas*". Demostrar humildad a través de hechos concretos nos hace vulnerables ante los demás, y esto inspira muchísima confianza y credibilidad en los otros. Muchas personas en posiciones de autoridad carecen de las capacidades de verdadero liderazgo: no son humildes, no son creíbles ni inspiran un auténtico respeto ni están comprometidas con su trabajo. Muchos líderes han alcanzado posiciones de poder por ambición, y no por elección. Saben más cómo impresionar, cómo manejar mejor el *powerpoint* y son maestros del juego político. Cuando la virtud y el poder no guardan un equilibrio siempre estaremos en problemas. Estar en equilibrio no es lo mismo que ser una persona equilibrada. El primero tiene que ver con las decisiones que tomamos en nuestra vida, el segundo es un rasgo de la personalidad.

Sería oportuno regresar por unos momentos a aquel viejo pero vigente modelo conceptual llamado la "Ventana de JOHARI". En el eje de la coordenada horizontal estaban situadas aquellas cuestiones que yo conozco de mí y que yo no conozco de mí. Sobre el eje de la coordenada vertical, aquellas cuestiones que otros conocen de mí y los otros no conocen de mí. La combinación daba como resultado cuatro ventanas bien diferenciadas, que hacían posible conocerme mejor y ajustarme a mi mundo exterior en términos de algún comportamiento elegido para la ocasión. La ventana "pública" (yo conozco de mí y otros conocen de mí); la ventana "ciega" (yo no conozco de mí, pero los otros sí conocen de mí); la ventana "secreta" (yo conozco de mí, pero los otros no conocen de mí); por último, la ventana "desconocida" o de "aprendizaje" (yo no conozco de mí y los otros no conocen de mí). Vayamos a un ejemplo de nuestro estilo comunicacional en estas cuatro ventanas. Veamos el cuadro 3:

Cuadro 4. Ventana de JOHARI

| | **Conocido por mí** | **No conocido por mí** |
|---|---|---|
| **Conocido por otros** | **Parte pública.** Reflejo lo que se de mí mismo a los demás. Imagen pública, lo que se ve. | **Parte ciega.** Aspectos que me cuesta aceptar pero que los demás lo notan: miedos, frustraciones. En esta zona actúan los mecanismos de defensa. |
| **No conocido por otros** | **Parte secreta.** Aspectos que conozco de mí, pero que oculto a los demás. Área de conocimiento cerrado a otras personas. | **Parte desconocida.** Parte "potencial". Cosas que ni yo logro y que los demás desconocen. Experiencias reprimidas, inconsciente. |

El liderazgo necesita "ajustar" estas ventanas para calibrar su autoconocimiento. Una clara coincidencia entre el *cómo soy y me veo, y el cómo me perciben y me ven los demás* sería un paso importante para saber dónde están mis puntos fuertes y mis oportunidades de mejora, trátese de un tema de comunicación, sea para un asunto del trabajo en equipo o fuera para ver la toma de decisiones. Cuanto mejor le dé al líder esta calibración, más auténtico lo hará en la construcción de sus relaciones. Me ha pasado conocer líderes que en privado me han dicho cosas de una forma y delante del equipo han hecho lo contrario. Otros líderes me han tratado bien en privado y mal en público o me han tratado mal en privado y bien en público. Con esta falta de calibración, no hay "ventana" que aguante. Trabajar con dar y recibir feedback es una manera de ayudar al liderazgo y a las personas a conocerse mejor. El dar y recibir feedback efectivo con otros miembros del equipo y con nuestros superiores podrá ayudarnos a ampliar nuestra "parte pública", haciendo más chicas las ventanas "secretas" y "ciegas".

El líder –antes que nada– requiere tener "calidad de persona", porque eso lo llevará a la calidad de sus conversaciones. Es por ello que una parte importante de "la mirada al espejo" que estuvimos trabajando en esta sección sobreviene de la calidad de los feedback que podemos dar y recibir, en público y en privado.

## La pirámide de mis resultados: creencias limitantes y creencias empoderantes

Entonces ¿Estamos preparados para dar y recibir feedback? ¿Hemos construido vínculos de confianza y transparencia con los miembros de nuestro equipo como para no tener que "armarnos de coraje" ante una situación de feedback? ¿Nuestros superiores saben lo que pensamos sobre el trabajo que nos delegan y la relación que nos une con ellos? ¿Las otras áreas de la organización "sacan las uñas" cuando nos ven llegar a sus oficinas?

Como ya venimos hablando, no podemos descuidar la orientación a los resultados que nos exigen las organizaciones. Nuestro puesto o nuestro rol en el que trabajamos fue creado en función del cumplimiento de ciertos objetivos con los cuales a través de una cadena ascendente se obtienen los resultados superiores o finales. Ahora bien, ¿qué "maquinaria se pone en movimiento" para apalancar la obtención de dichos resultados? La respuesta: las acciones. Son las acciones de las personas que se ponen en movimiento a través de sus comportamientos. Las acciones te llevan a los resultados. Sin embargo, esto no termina aquí. Hay cuestiones más profundas –en muchos casos de carácter inconsciente– que nos llevan a ponernos en acción y están íntimamente relacionadas con nuestras creencias o paradigmas. A veces creemos en ciertas cosas que limitan nuestro accionar. Y a veces creemos en otras que nos empoderan para la acción. Las creencias condicionan por completo nuestra vida, pero rara vez somos conscientes de que las tenemos. Al igual que las computadoras, nosotros actuamos según los programas que consciente o inconscientemente hemos instalado en nuestra mente a lo largo de nuestra vida. ¿Qué conforman nuestro "software", nuestros programas? Este "software" está compuesto por nuestras creencias y nuestros valores.

En las organizaciones hay cientos de ejemplos de mitos, paradigmas o realidades que ejercen un poder muy grande sobre la gestión y el liderazgo. Un empleado que siempre creyó que las transformaciones deben venir siempre desde lo alto de la empresa, seguramente cuando venga un próximo cambio se quedará sentado a esperar. Por el contrario, un empleado que cree que primero cambian las personas, luego los equipos de trabajo y finalmente una organización, va a pasar a tomar el cambio como propio y se pondrá a trabajar él primero en pos de la mejora necesaria. Es por eso que existen dos tipos de creencias básicas: las limitantes y las empoderantes. Hagamos de cuenta que dos empleados tienen durante unos cinco años a un mismo jefe cruel, abusivo, manipulador y coercitivo. Luego de ese lapso estos dos empleados son promocionados a supervisores dentro de la misma organización. Uno termina siendo una copia fiel del mal jefe que hemos descripto anteriormente; el otro se transforma en un ejemplo de líder a seguir. Imaginemos preguntarles a ambos, en privado, ¿Por qué han dirigido su rol de supervisión por este camino? Sorprendentemente, una misma respuesta posible de ambos pueda ser ¿En qué otra cosa podría haberme convertido, después de haber tenido un jefe así?

**Ilustración 3. La pirámide de las creencias y los resultados.**

Como podemos observar en la ilustración 3, son nuestras experiencias de vida las que construyen nuestras creencias o paradigmas. Nuestras experiencias familiares y cómo hemos sido educados, las experiencias pasadas en los colegios y en las universidades que hemos transitado, las experiencias pasadas en empleos anteriores y lo vivido con los jefes que hemos tenido. También todas las experiencias que vamos vivenciando en el presente van sosteniendo, matando o reformulando creencias. Nos marcan a fuego y eso es lo que modela nuestra forma de pensar, de hacer y hasta de decir.

Para ahondar un poco más en este tema, definiremos a las creencias limitantes como aquellas que limitan nuestro desarrollo y crecimiento como personas y las identificamos cuando asumimos que todo es siempre igual o de la misma manera, hacemos más grande algo o lo sacamos fuera de proporción o simplemente cuando vemos solo la parte negativa o positiva de una persona o hecho y borramos la otra parte. Producen estancamiento, postergación, autosabotaje, baja autoestima, falta de claridad, crisis emocionales, miedos y hasta depresión y enfermedades. Y aquí una buena noticia: las personas "somos capaces de cambiar nuestro software". El primer paso es hacer conscientes las creencias limitantes que habitan en nuestro interior y que controlan nuestros actos. Un segundo paso, cambiarlas por las llamadas creencias empoderantes, que son aquellas que nos dan poder para crecer como personas: "Es fácil, solo necesito un poco de experiencia", "el fracaso no existe, solo el aprendizaje", "soy capaz de terminar con este proyecto". No es menuda tarea esta transformación. Se necesitan nuevas y mejores experiencias. Cuando las organizaciones se embarcan en políticas de gestión del desempeño y conversaciones de desarrollo, por citar dos ejemplos, no toman en cuenta las creencias limitantes de sus líderes. Algunos creen que el feedback es necesariamente negativo y que se da solamente en la evaluación de desempeño. He conocido directivos que piensan que las personas no cambian. Alguien alguna vez me dijo; "No tengo tiempo, a mí no me pagan por dar feedback". Un gerente regional me expresó en confianza que "para obtener resultados no doy feedback, me concentro en presionar a la gente". Otro jefe, tiempo atrás, sentenció: "No me digas que la persona no se da cuenta de todo lo que tiene que cambiar". Finalmente, un CEO también aportó una frase a esta lista: "Mira la posición que he alcanzado, mis jefes nunca me dieron feedback, eso prueba que no es necesario".

En un entrenamiento de coaching que llevé a cabo en forma virtual con un facilitador italiano –una alternativa con la cual fortalezco conocimientos en el tema y aprovecho para enriquecer mi segundo idioma–, el doctor Roberto Cerè (presidente de la Fundación del MICAP *for Children* con sede en Milán) explicó una fórmula: prestación del líder = potencialidad del estilo – interferencias. La prestación del líder son los objetivos trazados y que se propone alcanzar. La potencialidad del estilo son los comportamientos que sistemáticamente lo llevarán a lograrlos de manera extraordinaria. Las interferencias son los errores cometidos por cuestiones de metodología y actitudes. En verdad, en estos últimos anida la mayor cantidad de creencias limitantes. No obstante esto, pienso que tú puedes creer en el feedback, puede transformar cada uno de los ejemplos en creencias empoderantes: creo que el feedback no es necesariamente negativo y que se da en muchas otras actividades organizacionales. Creo que las personas pueden cambiar sus comportamientos. Creo que me puedo hacer del tiempo, ya que el feedback es parte de mi rol de liderazgo. Creo que dando una buena retroalimentación no estaré pensando tanto en presionar a la gente. Creo que puedo ayudar a las personas a darse cuenta de las cosas que tienen que cambiar.

Finalmente, creo que para que alguien alcance un rol importante en la organización, ayudará mucho el hecho de escuchar a otros sobre sus fortalezas y oportunidades de mejora. Esto bajará el nivel de interferencias, potenciará tu estilo y tu prestación estará a la altura del líder que todos estamos buscando.

## Ver, entender, aceptar y comprometerse con el feedback

La ley número 14 dentro de las *17 Leyes Incuestionables del Trabajo* en Equipo, de John Maxwell, se llama la "Ley de la Comunicación", y establece entre otras cosas que "*la interacción aviva la acción. Se necesita comunicación para crear cambios positivos en una organización: este es el poder de la ley de la comunicación. Los equipos eficaces tienen colaboradores que están constantemente hablando unos con otros. La comunicación incrementa el compromiso y la conexión, lo que a su vez genera acción. El éxito de su equipo y la capacidad de sus miembros de trabajar juntos dependen en gran manera de una buena comunicación. Todo equipo debe aprender a desarrollar buena comunicación e incrementar esa conexión*". ¿Por qué hay que insistir tanto en las organizaciones con estas obviedades? Se trata de una ley casi natural y nos sentamos a esperar a ver qué pasa.

Imaginemos escenarios que no nos lleven a esta conexión tan anhelada: a) Todos los feedbacks deben generarse por los niveles superiores de la organización, hacia abajo. b) Si mi jefe no me da feedback, por qué debería hacerlo yo con mi equipo de trabajo. c) Si hasta ahora nos fue bien sin feedback, por qué deberíamos cambiar. d) Ante una intención de feedback hacia el rol que ejerzo, lo primero que me pregunto es cómo me va a afectar. e) Prefiero que otros realicen feedbacks, y yo, si me conviene, los acompaño. f) A RR.HH. les hago creer que estoy dando feedbacks a mis colaboradores. g) Muchas veces pienso que ha habido demasiados cambios, y ya los feedbacks no darán resultado. En este escenario difícilmente podremos instalar el feedback como un aspecto importante dentro de la cultura de una organización.

"*El futuro tiene muchos nombres: para el débil es lo inalcanzable, para el miedoso lo desconocido y para el valiente la oportunidad*". Así nos desafía el poeta Víctor Hugo a pensar en nuestra actitud ante el cambio. Lo mismo pasa con el feedback: para algunos es inalcanzable, para otros, algo desconocido y para pocos, una oportunidad. ¿En cuál de las categorías te ubicarías?

Nos dice el profesor Germán Retana, del INCAE *Business School*, que para "*concretar cambios toda persona que desee mejorar su desempeño transitará por tres fases: tomar conciencia, asumir la responsabilidad y entrar en acción. Sin embargo, su proceso podría quedarse a medio camino debido a la aparición de tres peligrosos impedimentos que comparten la misma letra inicial: indisciplina, inconstancia e incongruencia. Mientras no se acepte que es preciso transformar algo y que ha llegado el momento de actuar de otra forma, no habrá manera de obtener resultados diferentes. Tener profunda conciencia de la capacidad para aprovechar oportunidades, de la urgencia de cambiar y de las consecuencias de seguir igual, es el detonante para madurar y crecer. Lástima que haya líderes que se empecinan en cerrar los ojos ante una nueva realidad circundante".*

Como podemos observar en la ilustración siguiente, comprometerse con un cambio lleva por delante un proceso.

**Ilustración 4. La escalera hacia el cambio, Consultora Umana.**

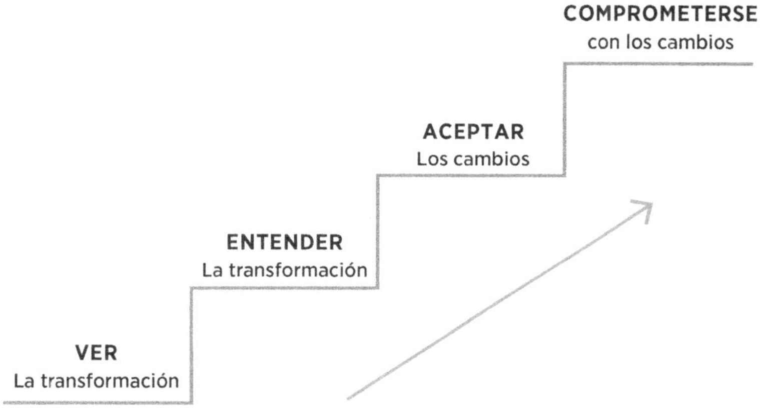


La persona debe querer cambiar y estar comprometida con el cambio. Se sabe si la persona a la que se invita al cambio no desea subirse al autobús: actitudes de negación, escepticismo, desconcierto, enojo, temor, queja, desesperación, crisis, hasta las sensaciones de tocar fondo aparecen en la superficie del desempeño. Hay personas que no piensan que tienen un problema y no tienen interés alguno en cambiar, y esto vive afectando la toma de decisiones de la organización.

En algunos de mis talleres cuento la historia del chofer del camión de gasolina, íntimamente ligada a cómo los hábitos bien encaminados nos fortalecen, nos llevan a la mejora continua, pero por sobre todas las cosas, son aprendizajes para otros. Son brújula. Son modelo, Pero para ellos necesitamos tiempo, disciplina y estar convencidos de que estamos haciendo las cosas bien. Unos meses antes de la pandemia, yo me sentía muy mal de la espalda y tenía muy próximo un viaje a Bolivia, por lo que decidí tomar un Uber para ir al médico que me "ajustaría" el tema de mi columna vertebral ya que no estaba en condiciones de manejar mi auto. Como es sabido, cuando llega la movilidad solicitada en la aplicación, el conductor conoce tu nombre y tú sabes el del chofer, por lo tanto, nos saludamos con nuestros nombres. Yo me encontraba muy dolorido y con pocas ganas de conversar, pero el conductor del auto tenía muchas ganas de hablar. Entonces me dio charla y me contaba que se había jubilado de la empresa donde trabajaba, que había estado 30 años manejando un camión de gasolina y que estaba feliz de conducir para esta aplicación porque le permitía tener una rentabilidad extra. *"En estos 30 años me premiaron como uno de los mejores choferes de la compañía de combustible, me invitaron en varias oportunidades a hacer capacitaciones para los choferes nuevos o aquellos que necesitaban mejoras. También me entregaron premios en las fiestas de fin de año y demás eventos de la empresa"*. Por mi parte, me habían comenzado las ganas de conversar con él, por eso reforcé la charla con la siguiente pregunta: ¿por qué te premiaron tantas veces? *"Y me premiaban por tres cosas: primero porque en todos estos 30 años como chofer del camión tuve cero accidentes; segundo, operaba muy bien el "control del espacio"; yo era muy consciente de quién estaba a dos metros adelante del camión, quien estaba a dos metros por detrás y quien estaba a dos metros por la derecha o la izquierda del camión. Y le cuento la tercera razón: era porque salía con tiempo. Si el viaje duraba catorce horas yo salía dos horas antes a las establecidas ya que es una gran responsabilidad conducir un camión de gasolina. La idea era ir con el tiempo suficiente por cualquier imprevisto que pudiese pasar"*. Responsabilidad y compromiso, son las palabras que me vienen a la mente. Y este relato también tiene que ver con el feedback consciente, porque justamente hay que hacer lo que hizo este chofer. "Cero accidentes", es decir, hay que cuidar a la gente y cada vez que doy feedback, debo procurar que el colaborador se vaya inspirado y no herido o humillado. En segundo lugar, es el "control del espacio". Tengo que ser responsable y comprometido para darles feedback a todas las personas que están "dentro de mis dos metros cuadrados". Es importante saber que todo vínculo que construyo alrededor de mi rol es muy significativo. Estas en mi radar, estás "dentro mis dos metros cuadrados" por lo que tengo que generar vinculo y la retroalimentación necesaria. Por último, para brindar un feedback consciente "hay que salir con tiempo", no se puede llevar a cabo un feedback a las apuradas porque se trata de una reunión en la que hay que planificar, convocar, escuchar, trabajar con el otro, disfrutar e irse con un plan de acción. Se necesita "salir con tiempo".

Lo mismo que hizo ese chofer para ser recompensado, deberíamos hacer los líderes para ser premiados cuando estamos ante instancias y posibilidades de darle feedback a nuestra gente. Los líderes deberemos ver y entender que un feedback consciente y continuo en "tus dos metros cuadrados" te pueden llevar a una mayor productividad, fortalecer la cultura de la mejora continua, producir vínculos más fuertes entre jefes y colaboradores, fomentar la creatividad y la innovación, trabajar mejor entre áreas de la organización, ayudar a desarrollar a tus proveedores, tener un ida y vuelta con tus clientes, dar empoderamiento y toma de riesgos a los equipos de trabajo.

En palabras de Eric Hoffer: "*En tiempos de cambio quienes están abiertos al aprendizaje se adueñarán del futuro, mientras que aquellos que creen saberlo todo estarán bien equipados para un mundo que ya no existe*".

## Desarrollo horizontal y desarrollo vertical: ¡a disfrutar del feedback!

A lo largo de todo este capítulo venimos reflexionando acerca del lugar que ocupa el autoconocimiento en el desarrollo del liderazgo, las creencias que lo empoderan o lo limitan en su desarrollo y la necesidad de comprender hacia dónde se dirigen lo cambios, sus cambios. A veces se nos hace muy difícil concebir la idea de que un líder que no está preocupado por su propio desarrollo no lo puede estar preocupando el desarrollo de los demás.

El mayor freno del desarrollo de los líderes es su ego. En uno de los pasados congresos mundiales de gestión de personas realizado en la ciudad de Chicago –USA– y del cual no pude participar, se vendió como "pan caliente" un libro de unas de las expositoras internacionales que allí estuvo presente: No Ego llevaba su peculiar título, y pertenece a la autora Cy Wakeman. Claro que lo hicimos traer por Amazon y lo devoramos. Compartimos algunas premisas: "*Las organizaciones pierden miles de millones al año debido al desperdicio emocional impulsado por el ego. Se invierte una gran cantidad de dinero en el compromiso de los empleados, en las iniciativas de recursos humanos y en los programas de aprendizaje y desarrollo para líderes. Eliminar el desperdicio emocional no es fácil. Para hacerlo se requiere un cambio de paradigma de liderazgo. Lleva un proceso hacia una forma nueva, más efectiva y respetuosa de gestionar a los demás. Los líderes tradicionalmente asumieron el papel de inspirar, motivar, dirigir e incluso micro gestionar. Con el cambio de paradigma, en lugar de dar a las personas las respuestas, los verdaderos líderes facilitan las conversaciones dando y recibiendo feedback, y dirigen a las personas a encontrar buenas respuestas por sí mismas. La marca de un gran líder es cuando estas prácticas mentales son también adoptadas y practicadas por los empleados, incluso en ausencia del líder. Al utilizar conversaciones y preguntas para redirigir el pensamiento de la gente, el nuevo rol de liderazgo evoluciona de un simple administrador a un facilitador. Las discusiones cambian de 'por qué no podemos' a 'cómo podemos'*". Quizás debamos repasar y ahondar un poco más en cuál de los estadios de desarrollo del liderazgo estamos. En función de ello, ver a qué escala debemos saltar responsablemente. Y donde escribimos "saltar" damos por entendido crecer. Existen etapas para evolucionar a un rol de facilitador.

Repasemos juntos el Modelo de Desarrollo de Gene Dalton y Paul Thompson, denominado de Las 4 etapas de contribución o desarrollo, y que está muy bien orientado a identificar las "etapas" en las que las personas contribuyen al desempeño organizacional. Entre los principios de este modelo hallaremos:

- Ayuda a explicar por qué las carreras no avanzan en una línea recta.
- Las carreras se desarrollan en distintas etapas, cada una diferente de la otra y requiriendo diferentes actividades, habilidades e interacción.
- El movimiento entre una etapa y otra es una transición compleja y frecuentemente difícil.
- Requiere una renegociación de expectativas y relaciones con los demás, y con frecuencia, un "giro interno" significativo en el proceso de pensamiento y aprendizaje del individuo.

Presentamos la escala de desarrollo en el cuadro 5, donde encontraremos por un lado la etapa de contribución y por otro las actividades que de allí se desprenden:

Cuadro 5. Las 4 etapas de contribución o desarrollo, Gene Dalton y Paul Thompson.

| | |
|---|---|
| **ETAPA 1:** Contribuyendo de manera dependiente | • Acepta supervisión y dirección voluntariamente<br>• Demuestra éxito en una porción de un gran proyecto o tarea<br>• Domina tareas básicas y rutinarias<br>• Demuestra creatividad "dirigida" e iniciativa<br>• Es capaz de desempeñarse bien bajo presiones de tiempo y presupuesto<br>• Aprende cómo "hacemos las cosas" |
| **ETAPA 2:** Contribuyendo de manera independiente | • Se apoya menos en la supervisión; trabaja independientemente y produce resultados significativos<br>• Asume responsabilidad por proyectos claramente definibles<br>• Crece en habilidad y competencia técnicas<br>• Desarrolla credibilidad y una reputación<br>• Desarrolla una fuerte red de contactos interna |
| **ETAPA 3:** Contribuyendo a través de otros | • Incrementa el conocimiento técnico<br>• Desarrolla una amplia perspectiva del negocio<br>• Estimula a otros por medio de ideas y conocimiento<br>• Está involucrado/a como gerente, mentor o líder de ideas para desarrollar a otros<br>• Representa de manera efectiva a la organización ante clientes y grupos externos<br>• Desarrolla una fuerte red de contactos interna y externa |
| **ETAPA 4:** Contribuyendo estratégicamente | • Provee dirección a la organización<br>• Define/impulsa oportunidades y necesidades de negocio críticas<br>• Ejerce el poder responsablemente<br>• Obtiene recursos esenciales<br>• Patrocina individuos prometedores para prepararlos para roles de liderazgo<br>• Representa a la organización en los asuntos estratégicos críticos |

Se puede tener un alto desempeño en la etapa 1, y esto no significa que este colaborador estará en condiciones de dar un "plus" en la etapa siguiente, que está relacionada con tener una clara autonomía y autogestión. Observemos que las etapas 3 y 4 agregan un valor a la organización que nos hace pensar seriamente quiénes serán desarrollables a roles de liderazgo. Desarrollar a alguien no es *"darle una categoría laboral mayor"*, solamente para mantenerlo motivado. Como vemos reflejado, el desarrollo debe estar relacionado con "situaciones de contribución" a la organización. ¿Tú no puedes dar feedback? ¿Tú no quieres dar feedback? Entontes no podrás contribuir con la organización desde la etapa 3. ¿Qué hacemos, te regresamos a la etapa 2, donde uno puede ser un gran contribuyente individual? Como se puede apreciar en la etapa 3, claramente tu rol es de estimular a otros por medio de ideas y conocimiento, así como también hacer de mentor o guía para el desarrollo de los demás. ¿Harías esto último sin tener en cuenta un proceso de dar y recibir feedback?

No es sencillo pasar de las dos primeras etapas de contribuyentes individuales a las dos segundas que están más relacionadas a contribuciones de orden grupal y organizacional. No es subir la escalera, es cambiar el chip. Por eso muchas veces fracasamos al poner como supervisor, al mejor técnico del sector. Te pedimos en el nuevo cargo que pienses como supervisor y sigas tomando decisiones con pensamiento de técnico. Explicaremos la ilustración 5:

**Ilustración 5. Desarrollo horizontal y vertical/El líder extraordinario, Zenger y Folkman**

La metáfora de los vasos de vidrio ayudará mucho a comprender el alcance de estos dos tipos de desarrollo, que son complementarios. En el "horizontal" el líder adquiere nuevos conocimientos e incorpora nuevas habilidades, y esto es como echarle año a año distintas capas imaginarias de agua que van llenando el vaso. Con capacitación y entrenamiento puedo cubrir las distintas capas de agua que este vaso necesita para llenarse. Lo que suele pasar es que seguimos llenando el vaso y llega un momento en que no hay más capacidad para seguir incorporando entrenamiento. Por eso es importante complementar el crecimiento de un líder con el llamado desarrollo "vertical". ¿Y cómo juega esto en la metáfora sugerida? Muy simple, tenemos que ayudar al líder a que agrande su recipiente, es agrandar el vaso, es agrandar el vidrio para que haya más capacidad. Hay mucho líder suelto incorporando año tras año una cantidad importante de conocimientos y luego no sabe "agrandar su frasco". "Agrandar el vaso" es tener mentes más brillantes, es aprender a tomar decisiones cada vez más importantes, es pensar estratégicamente, es ampliar la inteligencia emocional, es poseer visión global del negocio, es inspirar cada vez más confianza. A diferencia del desarrollo horizontal, el desarrollo vertical hace a la transformación del líder. Aquí el crecimiento vendrá de la mano del coaching, de la interacción con otros más experimentados, con la ayuda de un mentor tal vez. O asignándole un proyecto más importante por vez. Conozco empresas que han designado a un excelente vendedor como jefe de ventas. Siendo jefe, sigue pensando como vendedor. Pero lo más grave, conozco gerentes comerciales que siguen pensando como vendedores. Por eso las organizaciones están llenas de "líderes bonsái"; "los seguimos regando y no crecen".

¿Qué nos está pasando en las organizaciones? Creemos que con una capacitación de cuatro horas de duración y algunos *role playing*, el líder ya está listo para dar y recibir feedback. Lo que hemos hecho es ayudarlo con su desarrollo horizontal, dándole un entrenamiento para la obtención de conocimientos y habilidades. Lo que habría que planificar es cómo "agrandar su vidrio". ¿Pensó en qué actividades le podemos sumar?: recibir feedback de "mentores" o tutores corporativos con los que ya cuenta la organización, acompañando a un coach para dar un feedback de reconocimiento a una persona de alto potencial, compartiendo comités de "calibración" de desempeño con otros gerentes y/o directores, realizando actividades de formación junto a RR.HH. sobre feedback a los niveles jerárquicos que tenga a su cargo, participando de foros o simposios con expertos y con personajes que hayan pasado por las mismas circunstancias. Luego, aprendiendo en el terreno, equivocándose y volviendo a probar, recibiendo coaching nuevamente, y volviendo a aprender de otros. Camino difícil, pero no imposible. Recordemos siempre que ambos desarrollos deben estar presentes, ya que son complementarios. Me gustaría dejarles una pregunta y un mensaje. La pregunta ¿Cómo estás para ponerte a trabajar en feedback? El mensaje: prepárate y ¡a disfrutar del feedback!

# PLAN DE ACCIÓN

## *Tomar consciencia de la importancia del feedback*

El modelo de aprendizaje de David Kolb es una de las teorías de estilo de aprendizaje más conocidas y aplicadas actualmente.

El psicólogo David Kolb planteo su teoría de los estilos de aprendizaje por primera vez en 1984. Él creía que nuestros estilos individuales de aprendizaje emergen debido a tres factores causales: la genética, las experiencias de vida y las exigencias del entorno. Según este autor, el aprendizaje experiencial es un proceso de este tipo: la experiencia concreta, como objeto de la observación reflexiva, da lugar a la elaboración de teorías. De éstas se extraen, a su vez, hipótesis respecto de su aplicación en situaciones futuras que operan como guías de la acción y abren paso a nuevas experiencias concretas. Así, en el pasaje de una fase a otra durante el proceso de aprendizaje se producen cuatro tipos de conocimientos:

**EXPERIMENTAR** supone la capacidad de percibir situaciones concretas desde perspectivas diferentes y de integrarlas en una estructura significativa y novedosa.

**REFLEXIONAR** implica asimilar observaciones inconexas, incorporarlas en una explicación integradora, crear modelos y razonar de manera inductiva.

**TEORIZAR** es el producto característico del razonamiento deductivo, se centra en la aplicación de las teorías y el recorte de los problemas.

**ACTUAR** busca poner a prueba las teorías mediante su puesta en práctica.

Por tratarse de un plan de acción derivado de la lectura de un libro y para darle una mejor utilidad al presente modelo, lo usaremos con un "estilo libre", dando por hecho que mientras se cumplan los 4 modos de aprendizaje, usted estará siendo auxiliado de forma que podrá concretar un plan integral y anclar así, los conocimientos y habilidades aprendidas. Nuestra sugerencia es: TEORIZAR y REFLEXIONAR sobre lo leído; EXPERIMENTAR y ACTUAR sobre lo leído.

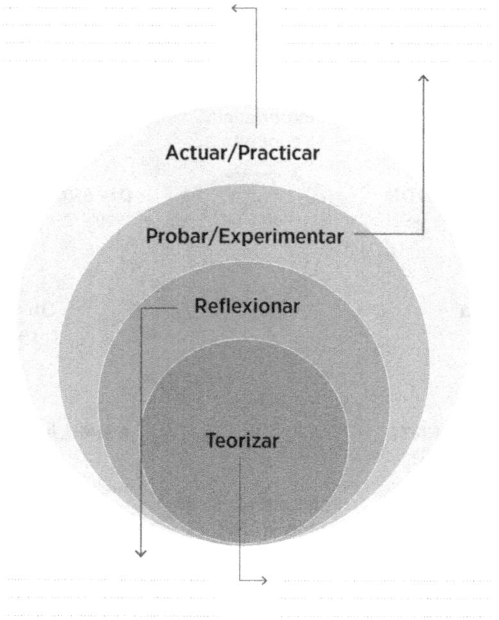


Modelo de Kolb en acción: comenzaré a partir de ....../....../......

SEGUNDA PARTE

# *Pensar acerca del feedback*

# CAPÍTULO 4

# *Pensar desde el aporte de nuestra investigación*

## Ambiente laboral, liderazgo y prácticas: ¿deshumanización del feedback?

En mi primer *Diario de un consultor* cito los resultados de una encuesta llevada a cabo por Harris Interactive, realizada a 23.000 profesionales y trabajadores de EE.UU. y Europa que trabajaban en industrias y áreas funcionales clave. A modo de ejemplo repasemos algunos de los resultados de cómo impactan algunas cuestiones ligadas a la gestión de las personas:

- Solo el 37% de las personas encuestadas dijo comprender claramente lo que su organización intentaba conseguir y por qué.
- Solo una de cada cinco dijo sentirse entusiasmada por los objetivos de su equipo y de su organización.
- Solo una de cada cinco dijo tener una alineación clara de la relación entre sus tareas y los objetivos de su equipo y de su organización.
- Solo la mitad se sentía satisfecha con el trabajo que había realizado al cabo de la semana.
- Solo el 15% creía que su organización le permitía llevar a cabo plenamente los objetivos esenciales.
- Solo el 15% tenía la sensación de trabajar en un entorno de gran confianza.
- Solo el 17% creía que su organización fomentaba la comunicación abierta y respetuosa de las discrepancias, lo cual redunda en nuevas y mejores ideas.
- Solo el 10% creía que su organización atribuía a las personas la responsabilidad de los resultados.
- Solo el 20% confiaba plenamente en la organización para la que trabajaban.
- Solo el 13% mantenía relaciones de profunda confianza y cooperación con otros grupos o departamentos.

Es decir, concluye Harris Interactive, "*que si un equipo de fútbol obtuviera estas mismas puntuaciones solo cuatro de los once jugadores de campo sabrían cuál es su meta. Solo a dos de los once les importaría. Solo dos de los once sabrían en qué posición deben jugar y qué es lo que deben hacer exactamente. Y, salvo dos jugadores, todos estarían compitiendo contra su propio equipo en lugar de enfrentarse al equipo contrario. Estaríamos en presencia de un desastre deportivo*".

El DT Mauricio Pochettino, ex jugador del seleccionado argentino de fútbol y quien dirige actualmente al Tottenham Hotspur *Football Club* –equipo de la Premier League inglesa– no estaría sorprendido con estos números y sobre todo por haber participado recientemente en la final de la Champions League 2019. ¿Qué hace que un DT pueda cambiar las cifras de Harris Interactive? Hagamos una lectura de algunos comentarios de Pochettino y saquemos nuestras propias conclusiones. "*El líder humano es el líder que triunfa*", le contestó al diario La Nación hace unos meses. "*Luchar en contra de la deshumanización del fútbol no se parece a una cruzada. Nosotros tenemos que ser gente normal, que conduce a un grupo de personas comunes y corrientes, que tienen un talento para jugar al fútbol. Pero ellos no son solo su imagen pública, ni sus egos de estrella, ni tienen por qué ser intocables. No. Nosotros sentimos que se puede vivir de otra manera. Para mí lo más importante es ver en el futbolista a gente normal. Quiero ver gente auténtica, gente que no tenga que actuar cada vez que salga a la cancha. No hago ninguna cruzada. El foco de la preparación en todo este tiempo ha sido más emocional, sobre todo porque creo que, en una final como esta, ese aspecto jugará un papel determinante. Mi responsabilidad es buscar el espíritu colectivo. No hay planteamiento táctico que valga sin sentir el deseo de la pasión. Hay que tener determinación y confianza, además, desde ya, de un claro plan de juego". Al otro día de la nota y ya en televisión, su frase fue demoledora: "Vengo haciendo reuniones frecuentemente con todo el grupo en las cuales la mitad del tiempo trabajo en temas de táctica y resultados, y la otra mitad del tiempo trabajo la parte humana de los jugadores y del equipo*".

Nosotros nos ocuparemos de qué puede estar pasando con la deshumanización, o no, del feedback. Con el título de esta sección: "*Tomar conciencia desde el aporte de nuestra investigación*", y con la colaboración de la consultora MuchaData de la Argentina pudimos hacer un estudio que comprende el procesamiento, análisis y comparación de datos en tres diferentes dimensiones y enfoques.

En primer término, dicho estudio se llevó a cabo con el objetivo de conocer cómo se está trabajando en las organizaciones a nivel de feedback, tomando el tema de la retroalimentación como algo general y no solo pensado como el momento en el cual un ejecutivo le brinda a un colaborador los resultados de su evaluación de desempeño. Los objetivos que nos planteamos para este primer trabajo estuvieron relacionados con: ambiente y cultura de feedback, liderazgo y feedback, retroalimentación entre áreas de la organización, políticas y prácticas de feedback en acción y, por supuesto, incluiremos en los distintos tramos los comentarios salientes a las preguntas abiertas.

Fueron dos meses de consultas y procesamiento simultáneo de más de 600 encuestas cumplimentadas a través de nuestra web corporativa, LinkedIn, Facebook y e-mails, y la muestra estuvo conformada por dueños de empresas, *CEO´s*, directores, gerentes, mandos medios, profesionales, analistas, técnicos y especialistas internos y externos de RR.HH. La muestra fue tomada en Latinoamérica, con lo cual han participado numerosos colaboradores de la Argentina, Bolivia, Brasil, Chile, Colombia, Costa Rica, Guatemala, Honduras, México, Perú, Uruguay y Venezuela. La idea fue que todos los que contestaran las encuestas, lo hicieran "viendo" el "qué vienen haciendo" las organizaciones y los líderes en el día a día. Los resultados de dicha investigación estarán siendo "abiertos" en roles o jerarquía, generaciones (franja etaria) y género.

Cabe mencionar que más allá de lo que signifiquen cada uno de los resultados presentados, puedo acompañar el sentido de muchas respuestas a través de mi experiencia vivida como gerente, director, consultor, facilitador y coach en estos últimos treinta años de trabajo: miles y miles de horas tomando decisiones sobre aspectos de RR.HH., miles y miles de líderes entrenados en la región, miles y miles de horas impartidas en procesos de capacitación y facilitación organizacional, y más de trescientas organizaciones a las que venimos asesorando año a año desde Umana. Estar todo el tiempo trabajando en esto agudiza la visión y el "olfato" de ciertos asuntos que necesitan solución y hace que uno pueda "testificar que estas cosas están sucediendo". Para bien o para mal, pero están sucediendo.

Me gustaron mucho algunos comentarios que de manera anónima se dejaron al pie de la encuesta, donde se celebra la iniciativa y el haber tomado este tema como parte de un estudio. También sumar el comentario de que siempre que he realizado sondeos, estudios e investigaciones ha sido con buenas intenciones. La genuina intención de ayudar a los líderes a desempeñarse mejor. Y desempeñarse mejor es, para mí, que al final de cada año la gente que trabaje con nosotros no solo sea mejor empleado, analista, supervisor, jefe o gerente, sino también mejor persona.

Comencemos entonces con la que fue la primera pregunta de la encuesta: "*¿Existe en su organización un ambiente laboral que facilite en forma sistemática y natural un proceso de feedback entre líderes y empleados?*".

Gráfico 3. Ambiente laboral para el feedback, MUCHADATA.NET / Consultora Umana

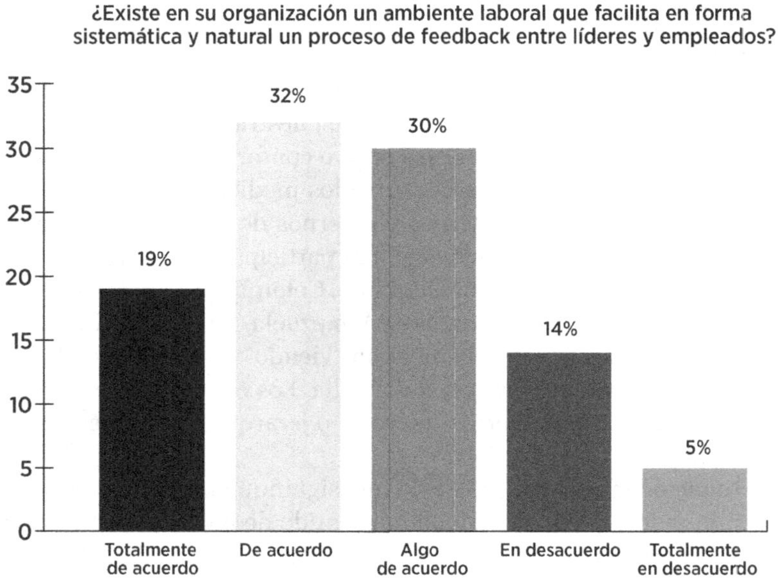


Como marca el gráfico anterior, la primera observación o conclusión es que el 51% del total de los encuestados dice trabajar en un ambiente natural de feedback y casi la otra mitad no lo percibe así. Si bien a simple vista estamos en presencia de una polarización, se trata de un número bajo: al menos en este caso, yo veo más el "vaso vacío" que el "vaso lleno". Que haya un ambiente laboral facilitador del feedback tiene que ver con la "accesibilidad" de la gente con sus líderes. Un ambiente de confianza o un ambiente de miedo marcan ese nivel de accesibilidad a la retroalimentación entre líderes y empleados. *Great Place To Work*, por ejemplo, hace dos preguntas al respecto: *¿Puedo hacer cualquier pregunta razonable a los jefes y recibir una respuesta directa? ¿Los jefes son accesibles y es fácil hablar con ellos?* Si uno bucea en los resultados que esta organización presentó públicamente años atrás, las mejores empresas para trabajar se posicionan entre el 78% y 90%. Datos que son manifiestamente más altos que nuestro 51%. Por otro lado, cualquier encuesta de clima laboral corporativa que puede llevar a cabo desde cualquier organización en forma interna, se toma a un 75% como satisfactorio. Ambiente laboral es igual a cultura, es por eso que nos gustaría compartir aquellos doce comentarios clave que fueron apareciendo en las preguntas abiertas y que están relacionados con esta dimensión:

- *El feedback será provechoso cuando quienes tienen el poder y la decisión de ejercerlo, piensen y confíen a largo plazo.*
- *Considero que el feedback es una práctica muy saludable que habría que incorporar como "cuestión de Estado" en todas las organizaciones.*
- *Para que el feedback se haga rutina los directores o más altos cargos deben habilitar dicho espacio, predicar con su ejemplo es fundamental para darle credibilidad y, por último, ser consistentes manteniéndolo en el tiempo para lograr un cambio cultural genuino.*
- *La retroalimentación debe ser un hábito positivo y saludable en la empresa.*
- *El feedback, más que una herramienta es una cultura, con el consiguiente desafío de transformación asociado.*
- *Para que tu equipo llegue a la excelencia tienes que generar compromiso, y para ello debe existir un ambiente de confianza.*
- *Si la comunicación y el ambiente de trabajo son cordiales, el feedback va a tener resultados positivos trasladados a la eficiencia y competitividad de la empresa. Sus recursos humanos van a estar motivados, colaborarán para ser más productivos y tratarán de optimizar su potencial en pos de los objetivos de la empresa.*
- *La comunicación debe ser el eje central de toda organización basado en la convocatoria al diálogo sincero de todos sus actores.*
- *Sin feedback, reina el statu quo.*
- *En las empresas se piensa en los resultados y no se le da importancia al feedback, algo fundamental para mejorar.*
- *Enfocarse en actitudes y capacidades blandas para cargos gerenciales y así fortalecer la cultura del feedback.*
- *Existen empresas que no están maduras culturalmente para estos procesos comunicacionales, y a su vez, las personas no están comprometidas para dar el máximo.*

Existe una enorme posibilidad de cambio. No estamos hablando de temas graves ni tampoco de cuestiones en las cuales no hemos trabajado en todos estos últimos años. Nos cuesta planificar acciones de cambio, se nos hace cuesta arriba armar un equipo del cambio ejemplificador y nos lleva mucho tiempo atornillar las mejoras. Claramente esto tiene que ver en cómo armar la capacidad de liderazgo de una organización desde un lugar mucho más estratégico.

Pero bien, vamos a continuar mostrando en el siguiente gráfico –y sobre la base de la misma pregunta–, pero con un corte estadístico relacionado con qué piensan del ambiente laboral y del feedback, los diferentes roles jerárquicos de la organización. Pasemos entonces al gráfico 4:

**Gráfico 4. Roles laborales versus ambiente laboral de feedback, MUCHADATA.NET/Consultora Umana**

Como podemos observar, cuanto más arriba vamos en el nivel jerárquico (79% de satisfacción los *CEO`s* y un 62% de satisfacción los directores) se percibe un ambiente más cercano a dar y recibir información y al feedback. Los gerentes quedan no muy lejos, pero por debajo del 60% de satisfacción. Ahora bien, ver cómo los jefes y supervisores junto a los técnicos, analistas y empleados caen por debajo del 45% de satisfacción es notorio. ¿Dos culturas? ¿Los de arriba con un modelo comunicacional y los de abajo con otro diferente? En realidad, con estos resultados parecerían trabajar en dos mundos distintos. La pregunta que nos deberíamos hacer es por qué la calidad de un ambiente que facilite un feedback natural se entorpece a medida que vamos bajando de la pirámide organizacional. ¿Qué les espera a los clientes entonces? Hay ruido. Siempre hay ruido. En los múltiples programas de entrenamiento de líderes que llevamos a cabo esta queja es recurrente. Los supervisores se quejan de sus jefes porque no reciben feedback. Los jefes les reclaman lo mismo a sus gerentes. Y sí, también, en algunas oportunidades los gerentes esperan más de sus directores. Es como que la conclusión a la que uno llega en todos estos años es que los directivos están convencidos que hacen de coach o dan feedback con una frecuencia muy superior a la que piensan sus empleados que realmente hacen.

Qué nos han mostrado los resultados cuando los cortes estadísticos los hicimos por diversidad generacional y de género. En los gráficos 5 y 6, que dieron un nivel de acuerdo parecido al cuadro general (rondan en un promedio al 50% de satisfacción), observaremos muy poca movilidad en los números entre generaciones, y hay solo una baja diferencia en cómo las mujeres perciben el ambiente de feedback dentro de las organizaciones (cabe aclarar que este último caso la muestra se repartió prácticamente en partes iguales, contestándola un 51% de hombres y un 49% de mujeres).

### Gráfico 5. Ambiente laboral de feedback según las diferentes generaciones, MUCHADATA.NET/Consultora Umana

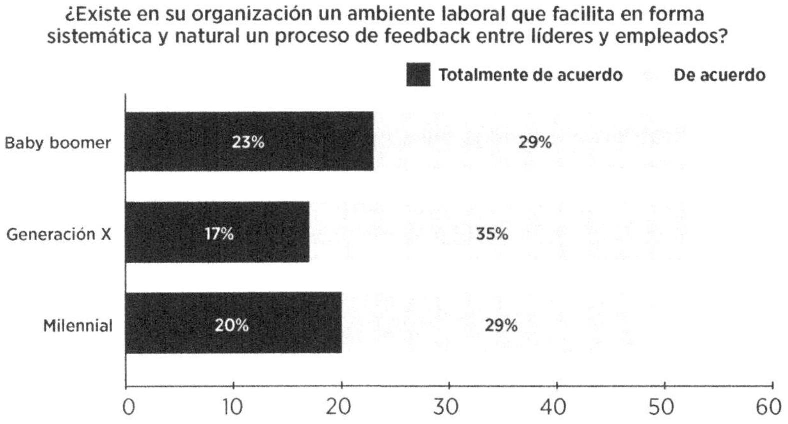


### Gráfico 6. Ambiente laboral de feedback y diversidad de género, MUCHADATA.NET/Consultora Umana

Como conclusión u observación de estos dos últimos gráficos podemos suponer el gran comportamiento aglutinador que ejercen las culturas organizacionales, que a pesar de tener edades y géneros diferentes nos hacen vivenciar y mirar lo que pasa en el día a día de una manera muy parecida. Asimismo, me animaría a distinguir dos cuestiones importantes. Para el caso de las generaciones tomar nota que tanto *millennials* (y ahora los *centennials*) están en una constante búsqueda de un "liderazgo cercano" y se vienen con una clara necesidad de feedback continuo. Para el caso de la dimensión de género, una reciente investigación realizada por la *Harvard Business Review* arrojó que las mujeres superan en liderazgo a los hombres en competencias como "desarrollo de los demás", "inspirar y motivar a otros" y "construir relaciones" (en los tres casos hay casi 5 puntos porcentuales de diferencia), por lo que a la luz de las situaciones que se están presentando, los ambientes laborales tendrán otras miradas y los números comenzarán a cambiar para aquellas consultoras dedicadas a la investigación de estas temáticas.

Iniciaremos el análisis de la segunda pregunta realizada en el estudio. "¿Su organización cuenta con líderes preparados para acompañar acciones de feedback continuo? Repasemos juntos el gráfico 7:

**Gráfico 7. Líderes preparados para el feedback continuo, MUCHADATA. NET/Consultora Umana**

El 32% de la muestra cree que cuenta con líderes preparados para acompañar acciones de feedback continuo, contra un 29% que opina lo contrario, es decir, "en mi organización los líderes no están preparados para esto". La incógnita que se nos plantea es de dónde proviene esa falta de preparación:

¿Una mala incorporación pasada que se traduce en un líder sin estas competencias? ¿Una "cero cultura" de feedback y, por ello, nada de entrenamiento al respecto? ¿No existen políticas y prácticas que facultan a los líderes a tener que capacitarse en forma obligatoria? ¿Los de arriba no son modelos con los cuales mirarse al espejo en cuestiones de feedback? Más allá de todas estas preguntas que nos hicimos recién, será ventajoso ver cómo aprovechamos el potencial del 39% que respondió "algo de acuerdo". ¿Podemos capacitarlos con especialistas de la casa matriz o de la operación? ¿Estamos en condiciones de contratar especialistas externos? ¿Iniciamos algunas sesiones de coaching con líderes que hayan sido preparados anteriormente o hayan vivido experiencias al respecto? Finalmente, "¿nos tiramos a la piscina" y nos ponemos a trabajar en el tema con alguna preparación interna que nos provea el área de RR.HH.? Si tú empiezas a cambiar el sistema en el que te encuentras, probablemente experimentarás un cierto "bloqueo" por parte de otras personas, pero debo decirte que en el campo del coaching –y en el de liderazgo– "o se paga ahora o se paga después".

Sería interesante compartir aquellos doce comentarios clave que fueron apareciendo en las preguntas abiertas y que están relacionados con este último análisis:

- Los líderes hablan de prácticas y hábitos comunicacionales que no ejercen.
- Entiendo que los errores más frecuentes que tienen los líderes en el feedback es no querer enfrentar situaciones que les puedan generar o mostrar sus propias dificultades o debilidades.
- Feedback, en liderazgo, es madurez.
- La diferencia de un líder la hace el "ser" consciente del proceso de feedback.
- Las empresas requieren líderes que inspiren y motiven a su personal, para alcanzar rendimientos excepcionales.
- El desafío para los líderes es construir espacios y contar con mecanismos que hagan de esta práctica una verdadera herramienta de desarrollo.
- Es necesario capacitar a los líderes en feedback porque no solo es perjudicial la falta de retroalimentación, sino los feedback mal ejecutados.
- Solo con líderes atados a la realidad se puede únicamente trasmitir una visión efectiva.
- No hay preocupación por el desarrollo profesional de los equipos de trabajo, y el feedback es una herramienta básica para eso.

- El acompañar, dar feedback y coaching exige compromiso y transparencia. ¿Estamos preparados para hacerlo? No creamos. ¿Se premia el ser desarrollador de equipos?
- Para dar feedback debe existir compromiso con la posición de liderazgo detentada.
- El feedback es importante, no solo de los jefes a sus empleados, también de los empleados a los jefes; muchos directores o gerentes no realizan un papel real de liderazgo.

Existe una diferencia entre formar líderes y armar la capacidad de liderazgo de una organización. Los planteamientos más recientes tienden a centrarse en el desarrollo de individuos como líderes y no en la creación de liderazgo como un proceso institucional. Aunque admiramos y aprendemos de las personas que son excelentes líderes, la prueba definitiva de la fortaleza de una organización proviene de su capacidad global para producir el liderazgo que logre la confianza de los grupos de interés en los resultados futuros. Por lo tanto, las preguntas que nos debemos hacer son: ¿Qué hace efectiva a la capacidad de liderazgo? ¿Qué puede hacerse para desarrollar un liderazgo organizacional más efectivo? ¿Cuál es el valor de desarrollar un liderazgo de alta calidad y reconocible? Para que quede más claro: una cosa es ayudar a los líderes a ser competentes en forma individual y dominen capacidades, como dar y recibir feedback. Y otra cosa es desarrollar sistemas y procesos para la gestión de las personas, haciendo que los líderes tengan una identidad grupal a través de criterios unificados de acción. En este último caso, que todos los líderes de la organización trabajen responsablemente en dar y recibir feedback en forma continua, a lo largo y a lo ancho de la organización. La pregunta que hicimos fue con un doble sentido, es decir, ver si "los líderes" están preparados y ver si "el liderazgo" está preparado. Nuestra gran pregunta sería: ¿Adónde apunta la preparación de los líderes en nuestra organización? Un taller de feedback para adquirir conocimientos y habilidades en el tema, no solucionará la gran necesidad comunicacional que vemos en las organizaciones.

Pero bien, vamos a continuar mostrando el siguiente gráfico, el cual, sobre la base de la misma pregunta, y en este caso, lo hemos provisto de un corte estadístico emparentado con qué opinión poseen los diferentes roles jerárquicos de la organización con relación a la preparación de los líderes.

Visualicemos el gráfico 8:

**Gráfico 8. Niveles jerárquicos y nivel de preparación sobre feedback, MUCHADATA.NET/Consultora Umana**

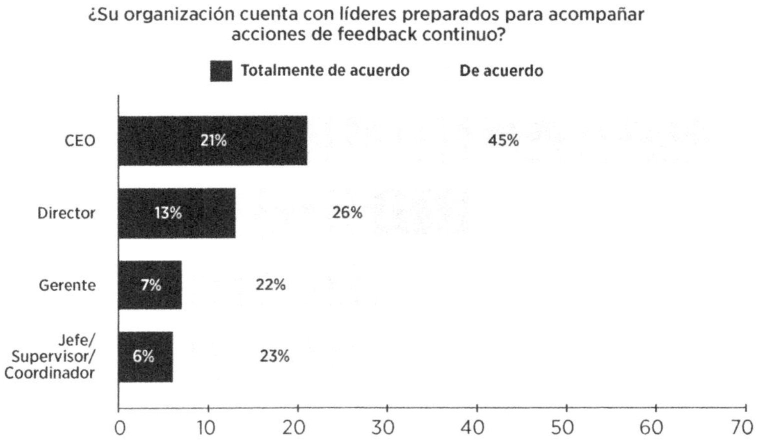


Los *CEO's* se cortaron solos en la punta y la percepción es más que beneficiosa: en un 66% se percibe que los líderes están preparados. Intuyo que ellos mismos, como *CEO's*, se ven reflejados en este nivel de preparación. Sin embargo, en los otros roles con personal a cargo bajan a un promedio del 30%. En este segundo grupo, la autopercepción es bastante baja, ya que, en este caso, la masa crítica de encuestados fue mucho mayor. La frutilla del postre es que cuando se les preguntó a los "contribuyentes individuales" o sea "liderados" (técnicos, analistas, administrativos y asesores) el número o la percepción baja al 24%. En conclusión general, más cerca de la cúspide estamos, mejor percepción de la preparación tenemos. Más abajo trabajamos, menor es la percepción sobre preparación de los líderes que poseemos.

Una "perlita" que hemos deseado incluir en la encuesta fue una pregunta relacionada a la comunicación entre pares y entre áreas: ¿Es frecuente en su organización dar y recibir feedback entre pares (áreas, colegas, colaboradores, etc.)? Vayamos al gráfico 9: a decir verdad, nos imaginábamos otra curva de distribución. Honestidad de por medio, pensábamos en que aquí también los números se iban a separar por segmentación jerárquica. Más allá de que los números son bajos en calificación, la sorpresa es que se refleja una clara "alianza" entre "los de abajo y los de medio", una especie de socios en la desgracia entre colaboradores y líderes intermedios. Vemos reflejados dos grandes bloques con miradas diferentes. Una inferencia podría ser que a mayor nivel de abstracción la mirada cambia con relación a la operación del día a día.

**Gráfico 9. Dar y recibir feedback entre áreas y pares, MUCHADATA.NET/ Consultora Umana**

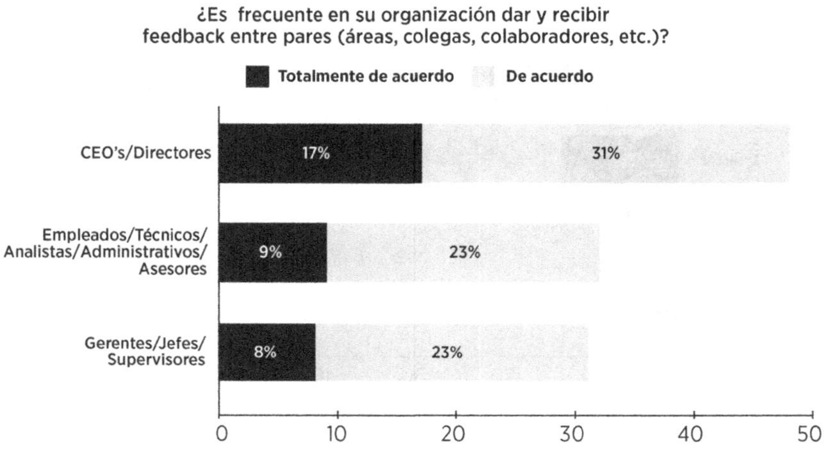


No nos hemos asombrado con los números bajos, ya que son moneda corriente en nuestros encuentros de capacitación. Se certifican normas internacionales, se realizan presentaciones a premios de calidad, se comienzan los trabajos de procesos ágiles, se implementan sistemas que atraviesan todas las áreas y toda la información de la organización, se realizan encuestas internas de servicios, se llevan a cabo talleres de integración y *family days*, pero lo cierto es que se siguen viviendo momentos de tensión, indecisión, incumplimientos, falsos testimonios, falta de sinceridad y hasta falta de respeto entre pares y áreas de la organización. Son muy pocas las organizaciones a las que no les pasa algo así. Lo expresamos con conocimiento de causa y hay mucho trabajo por hacer, ya que en estos casos los grandes perdedores son los clientes. Insistimos, no podemos ser confiables para afuera si primero no somos confiables en el adentro.

Finalmente, les estaremos presentando el gráfico 10, que contiene la pregunta: ¿Posee su organización políticas y/o prácticas establecidas para llevar a cabo procesos periódicos de feedback?

Es muy interesante el resultado que arroja esta consulta, ya que aquí existe el mayor nivel de acuerdo entre los diferentes roles organizacionales. Todos acuerdan en mayor o en menor medida (con pocas diferencias) que hay políticas y procesos en marcha. Si bien siguen siendo los niveles más bajos los que opinan con un poco menor de expectativa, parece que hay políticas, pero tanto un ambiente laboral propicio como ambiente la preparación de los líderes no estarían en la misma proporción.

### Gráfico 10. Políticas y prácticas de feedback en la organización, MUCHA-DATA.NET/Consultora Umana

Recordando lo visto en secciones anteriores, hay una "teoría elegida" y una "teoría en uso" que presentan una brecha.

Vayamos a compartir aquellos doce comentarios clave que fueron apareciendo en las preguntas abiertas y que están relacionados con esta dimensión:

- *El feedback es muy importante, pero se debe ser cuidadoso con las personas, con las acciones y con los planes a implementar.*
- *Es importante que, en primera instancia, se entienda el concepto y el porqué del feedback y que se lo comience a ver como un proceso constructivo.*
- *Es una práctica importante para hacer una revisión periódica de objetivos en entornos muy cambiantes.*

- *Se necesita trabajar fuertemente sobre el potencial de aprendizaje que genera el feedback y desterrar el miedo a cometer errores.*
- *Lo más importante es proponer acciones concretas en relación al feedback realizado. El feedback es como el GPS: sin él nos perdemos.*
- *La práctica del feedback es tomada por algunas personas como algo negativo y genera a veces resentimiento o recelo en el ambiente laboral. Por eso es importante capacitar a los líderes en cómo dar feedback, y explicarles la importancia de la herramienta para su propia calidad de gestión y plan de desarrollo personal.*
- *En la mayoría de las organizaciones no existe un adecuado proceso de feedback para que luego realmente se trace un plan de mejora.*
- *Realmente no tomamos verdadera conciencia sobre el potencial y los frutos de la técnica de feedback entre los eslabones de una organización en la dirección que sea. Si así fuera, lo implementaríamos en forma progresiva y constante. No es una pérdida de tiempo, es una inversión de mediano/largo plazo, que nivela expectativas y contribuye al crecimiento profesional y el cumplimento de objetivos.*
- *Es una pena que no podamos tener intercambios periódicos con nuestro jefe, mejoraría el clima interno si lo tuviéramos.*
- *Potenciar el feedback es trabajar cocreando y sumando potencia en la diversidad.*
- *La formación exitosa de un equipo es a través de un proceso de feedback. La formación de un líder con foco en retroalimentación latente y constante.*
- *Practicar feedback continuo favorece la adaptación y la mejora continua.*

Recuerdo los comentarios en *LinkedIn* del experto en estrategias de talento y desarrollo organizacional Claudio Nicolini –presidente de Delta Management Consulting– cuando asegura que *"no todos lo sienten y pocos lo asumen, pero gran parte del nivel gerencial y de mandos medios sufre algún tipo de incomodidad y hasta rechazo a dar un feedback. Los estudios que realizamos en diversas organizaciones nos señalan que más del 50% de gerentes siente esa incomodidad al dar feedback del desempeño, porcentaje que asciende hasta el 75% en los casos de desarrollo de carrera. Quienes tienen personas a cargo están siempre expuestos a algún tipo de retroalimentación a sus colaboradores. Muchos resuelven ese problema evadiendo la responsabilidad. Una gran parte del trabajo de un líder es dar feedback constante. Y conforme se asciende en niveles organizacionales, la comunicación comienza a ser imprescindible para lograr buenos resultados"*.

Una serie de políticas y prácticas de feedback no deberían ser responsabilidades exclusivas del área de RR.HH. Estos procesos comunicacionales entre líderes y empleados, entre empleados y líderes, entre pares y colegas, entre áreas, con proveedores y clientes, enlazan la información clave de las organizaciones para que fluya la toma de decisiones, se establezcan mejor las prioridades y se fomente una ejecución acorde a las expectativas de todos los *stakeholders*. En suma, es uno de los procesos más importantes que intervienen en "la capacidad de liderazgo de una organización".

## De la "marca de liderazgo" al feedback

En segundo lugar, nos hemos propuesto analizar y procesar la información saliente de los talleres y *focus group* llevados a cabo en los últimos diez años y con más de 60 empresas diferentes a las que hemos ayudado a armar su propia "marca de liderazgo" bajo el modelo de Dave Ulrich. En estos resultados veremos reflejado cómo luego de una intensa visualización estratégica junto a los equipos directivos y gerenciales se fueron eligiendo las matrices comportamentales, no solamente para afrontar el futuro de esas organizaciones, sino que nos hemos puesto a pensar también en las necesidades de sus clientes y del mercado. Aquí estaremos desmenuzando para saber si a partir del futuro trazado y el afuera de estas organizaciones, hicieron pensar a los ejecutivos en necesidades concretas de comunicación y feedback.

En principio daremos un marco teórico para poder comprender el alcance de esta sección. Comenzaremos redactando qué es para el autor poseer una "marca de liderazgo" en una organización. En las primeras páginas de su libro, Ulrich lanza una crítica muy ácida: *"Algunos ejecutivos simplemente no lo entienden.*

*Tal vez aseguren creer en el liderazgo, pero no actúan en consecuencia, sino que en épocas buenas invierten en él y se proclaman buenos ciudadanos corporativos, pero en las malas es una de las primeras partidas del presupuesto que se recorta". Como veremos, contar con una "marca de liderazgo" es pensar a largo plazo, es atravesar la línea de tiempo y pensar en las futuras generaciones de líderes. Debemos decir también que el autor balancea la frase anterior con un nuevo comentario: "Los directivos que sí lo entienden no solo reconocen la importancia del liderazgo, sino que demuestran su implicación mediante acciones coherentes y sostenidas en los buenos y en los malos momentos". Y sigue Ulrich con algunas definiciones más: "El porqué de la `marca de liderazgo` se basa en la proposición muy* *sencilla, y es que contribuye a que se despliegue la estrategia. Sin los líderes correctos, una organización no puede cumplir su promesa de servicio hacia sus clientes, las financieras hacia sus inversores, las sociales hacia su comunidad ni las corporativas hacia sus empleados".*

Para entregar resultados grandiosos, las personas necesitan estar superalineadas y enfocadas en las acciones de alto impacto que van a conducir a los resultados más importantes de la organización. Por eso hay que crear una estrategia, y que la misma sea apoyada por todo el equipo de liderazgo a través de un conjunto de comportamientos. Los miembros de este equipo de liderazgo deberán ser la clase de gente que personifique las promesas que les hicieron a los accionistas, a los clientes, a los empleados y a la comunidad. Resumiendo, una "marca de liderazgo" será la reputación de desarrollar a los miembros del equipo de liderazgo con un conjunto distintivo de competencias específicamente orientadas a la satisfacción de expectativas de los clientes internos y externos. Es tener un norte comportamental. Observemos la ilustración siguiente:

**Ilustración 6. Unificando comportamientos de liderazgo, Consultora Umana**

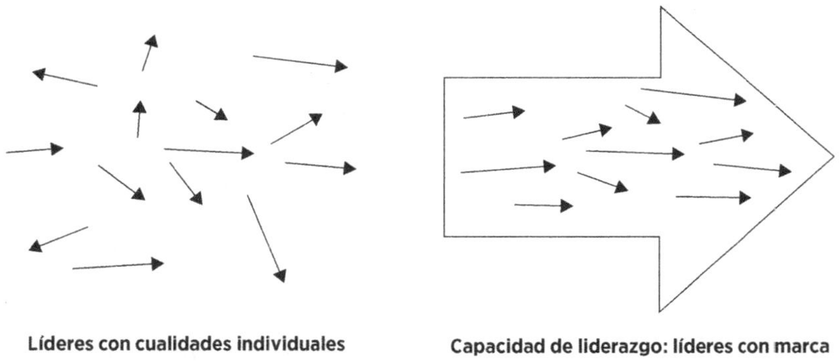


Y aquí se puede ver muy bien la diferencia entre líderes y liderazgo. Ambos conceptos son importantes, aunque no quieren decir lo mismo. Centrarse en el líder recalca las destrezas del individuo, sus valores y conocimientos y cómo esto contribuye a la forma de dirigir personas. En ocasiones un líder eficaz no es lo suficientemente capaz de crear liderazgo, es decir, de desarrollar procesos que ayuden a otros a crecer y a desarrollarse. La "calidad del liderazgo" es lo que sustenta los resultados, permite a las empresas adaptarse a estrategias cambiantes y fomenta la confianza de empleados, clientes e inversores. Una organización puede contar con buenos líderes, pero carecer de capacidad de liderazgo. Los líderes importan tanto como el liderazgo; ambos son necesarios para que el liderazgo se convierta en una capacidad organizativa.

Ahora bien. Fueron más de sesenta los talleres o focus group de "marca de liderazgo" aterrizados con jornadas completas de visualización organizacional. La idea de estos encuentros era pensar a futuro y en el afuera de la organización, y cómo luego armar "el puente comportamental" para proyectar las competencias de liderazgo y cruzar de una orilla a otra de dicho puente. Participaron en estas actividades un total de 750 directivos y gerentes de diferentes empresas de la Argentina, Bolivia y Uruguay.

Veamos las conclusiones más importantes que surgen de nuestro análisis. En primer término, indicar que la mayoría de las "marcas de liderazgo" terminaron siendo de un total de entre seis y ocho competencias.

En segundo lugar, y como lo ilustra el gráfico 11, las "marcas de liderazgo" definidas estuvieron equilibradas –en promedio– entre competencias de orientación a los resultados (55%) y orientación a las personas (45%).

**Gráfico 11. Balance de competencias en marcas de liderazgo, MUCHADATA.NET/Consultora Umana**

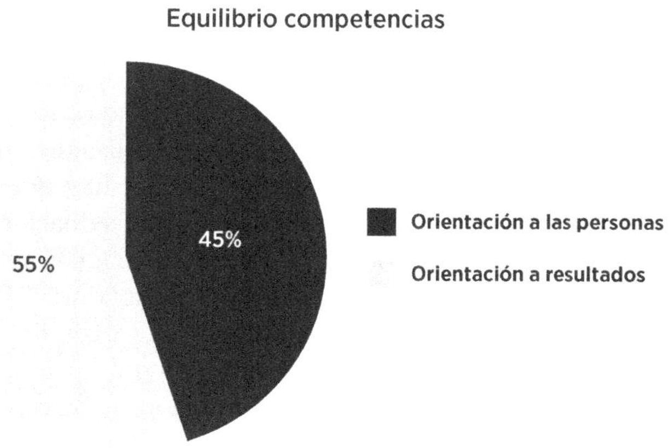


Continuando con el análisis, todas las marcas salientes fueron "pasadas" por la "prueba de Ulrich", es decir, con las competencias relacionadas a los 5 vectores que plantea el modelo: *eficacia personal, desarrollador del capital humano, gerenciador de talento, ejecutor y estratega.*

De todas las empresas participantes, y dentro del conjunto de competencias emparentado con la orientación a las personas, el 65% de los equipos presentes eligió competencias propias de la comunicación efectiva y de las relaciones interpersonales. Entre ellas, solo en el 15% se mencionó feedback como "comportamiento deseable".

**Gráfico 12. Empresas que eligieron competencias de CE y RI a su marca, MUCHADATA.NET/Consultora Umana**

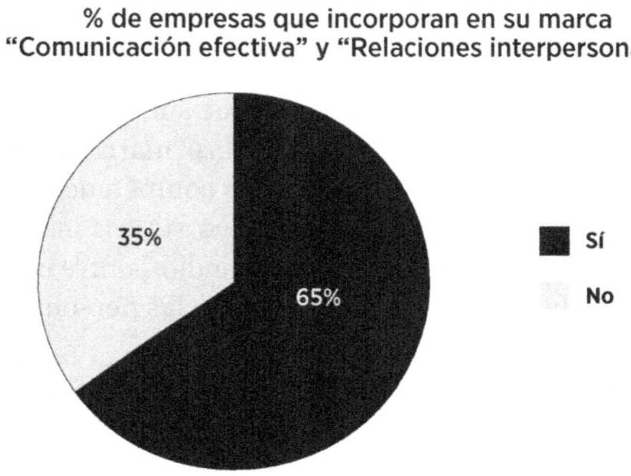


Si prestamos atención al gráfico anterior, nos pone contentos el hecho de que las competencias de comunicación efectiva y relaciones interpersonales hayan tenido un peso importante, aunque también hay que decir que hay un bajo nivel de reconocimiento de los procesos de feedback cuando se va al comportamiento específico de comunicación efectiva. Igualmente, insistimos, existe un balance en la combinación de competencias "duras" y "blandas".

Por suerte, en la mayoría de los emergentes que surgen de las distintas dinámicas grupales facilitadas en esos talleres, los gerentes y directivos muestran conciencia en la necesidad de sumar comunicaciones abiertas, escuchar más empáticamente y asumir conversaciones de calidad. Y cuando se habla de desechar hábitos malos de comunicación, estos ponen sobre la mesa aspectos como evitar los "*radiopasillos*", trabajar con más sinceridad dentro de las relaciones y tener conversaciones más directas. Supongo, y esto lo comparten conmigo muchos colegas de RR.HH. y facilitadores, que solo se habla de feedback cuando se lo comprende como parte del proceso formal de gestión del desempeño y más aún, en la etapa de seguimiento trimestral, semestral o anual que poseen algunas políticas internas de gestión del talento. Volveremos con este tema cuando abordemos cómo está cambiando no solo la amplitud, el alcance y los tipos de feedback, sino la frecuencia con la que estos se llevan a cabo. Cabe insistir en que el feedback debe ser una "marca" comportamental de todos los líderes y estar presente en el armado de la capacidad de liderazgo de toda organización.

## El feedback y "Las cinco disfunciones de los equipos"

Por último, hemos llevado a cabo un tercer análisis sobre 300 casos y bajo la lupa de un cuestionario con 30 preguntas generadas a partir de los comportamientos del modelo de "Las cinco Disfunciones de los equipos", de Patrick Lencioni. El escenario fueron los *preworks*, las encuestas (con su respectivo procesamiento y análisis de datos) y los emergentes salientes de las actividades de *teambuilding* y *teamwork* llevadas a cabo durante los últimos ocho años. Aquí podremos ver si el feedback guardó relación con la gestión de la confianza, los procesos comunicacionales dentro de los equipos y su impacto en el compromiso, la responsabilidad grupal y la atención hacia los objetivos comunes.

**Ilustración 7. Modelo de las 5 Disfunciones de los Equipos, Patrick Lencioni**

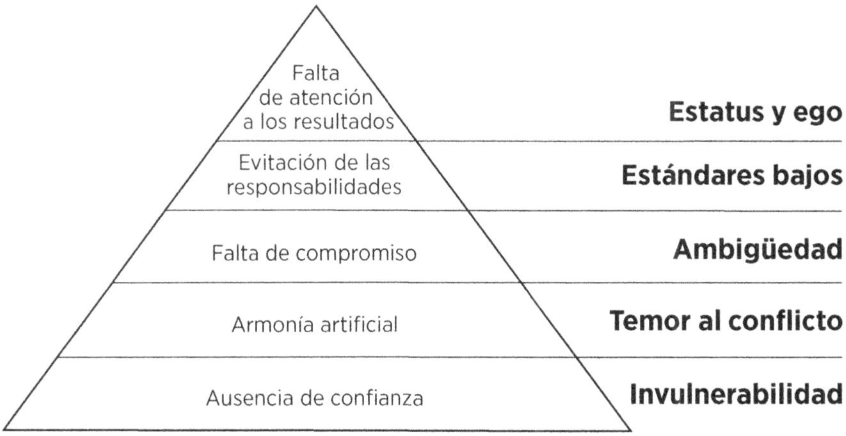


Existen organizaciones que lo tienen todo, pero como son las personas las que hacen funcionar ese todo, para bien o para mal, los resultados finales por supuesto que varían: rentabilidad diferente, satisfacción de clientes diferente, calidad de procesos diferente y clima laboral diferente (lo detallé en estricto orden de un cuadro de mando integral).

Patrick Lencioni nos ayuda a comprender cabalmente a través de "*Las cinco disfunciones de los equipos*" que es muy difícil enfocarse en una ejecución eficaz y en resultados extraordinarios, cuando una, algunas o todas estas "plagas" están presentes. Parece mentira, pero para que en el arriba de la pirámide estén todos mirando y atendiendo a los objetivos comunes, se empieza por abajo con una variable extremadamente "intangible", como lo es la confianza, siendo esta la base de todo el proceso de generación de resultados. La "*ausencia de confianza*", así se la llama a esta "primera plaga", es cuando en la organización no existe el ambiente laboral que nos permita mostrarnos vulnerables frente a los demás, de mostrarnos con los defectos, debilidades, preocupaciones y ansiedades frente al resto de los compañeros de trabajo y frente a nuestros líderes.

Cuando no hay confianza la gente no se expresa y al no hacerlo se crea todo un ambiente de "*armonía artificial*", y esta es la segunda disfunción que se traduce en temor al conflicto. No es más que un profundo miedo a discutir. Imaginemos hasta aquí cómo podría funcionar un proceso de feedback de cualquier tipo. En presencia de estas dos primeras disfunciones, ¿puedo abordar un feedback sincero en un ambiente de baja confianza y en el cual temo no estar de acuerdo con alguien? Ya con una base conceptual de estas dos primeras instancias, vayamos al análisis de algunos datos y de algunos comentarios. Por ejemplo, una de las preguntas redondas *¿los miembros de su equipo discuten los problemas con confianza y sin prevenciones?*

**Gráfico 13. Intercambio con confianza y sin prevenciones, MUCHADATA. NET/Consultora Umana**

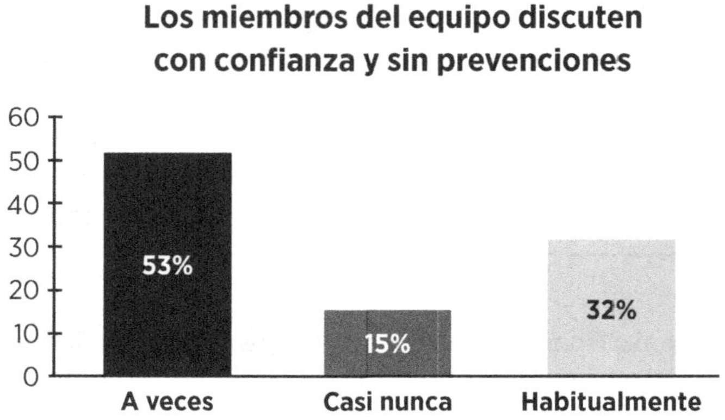

Como observarán, hay un mundo entre la suma del "a veces" y el "casi nunca" y el habitualmente. Vayamos a algunos comentarios asociados a este gráfico y que afectan la confianza y la armonía de un equipo:

- *Es necesario trabajar sobre la madurez, la confianza, el compromiso real, el profesionalismo en todo aspecto, y desde cómo todo esto se manifiesta en las conversaciones formales e informales.*
- *Mejor conocimiento dentro de los equipos. Establecer conversaciones periódicas que permitan a los diferentes miembros explicar qué hacen, y así ganar confianza.*
- *Tenemos que aumentar la confianza entre los miembros del equipo.*
- *Mejorar los niveles de motivación en el clima laboral y mayor sinceridad y confianza.*
- *Mayor empoderamiento: autonomía laboral y hacernos verdaderos partícipes de todos los temas a cargo.*

La *"tercera disfunción o plaga"* es la *"falta de compromiso"* con el equipo y para con los otros. Para ello, Lencioni se hace la siguiente pregunta, que refleja una realidad cotidiana en las empresas y que nos permitirá entender perfectamente de qué estamos hablando. ¿Le sucede que muchas veces está desmotivado para apoyar a su equipo en un proyecto, porque cuando decidieron realizarlo no lo tuvieron en cuenta? Los equipos extraordinarios no se levantan de la mesa hasta haber asegurado que todos los involucrados hubieran tenido la oportunidad de expresar sus ideas. Ojo, no significa que todos estén de acuerdo en todas las decisiones, porque esto es virtualmente imposible. Pero cuando su propuesta fue honestamente escuchada y entendida, las personas suelen dar lo mejor de sí, aunque su idea no se haya impuesto.

¿Puedo dar y recibir feedback si no tengo la posibilidad de sentirme parte de un proyecto, presentar mis ideas, escuchar y ser escuchado? Una segunda pregunta fue: *¿Los miembros del equipo se confiesan debilidades y errores?*

Gráfico 14. Apertura a expresar debilidades y errores, MUCHADATA.NET/ Consultora Umana

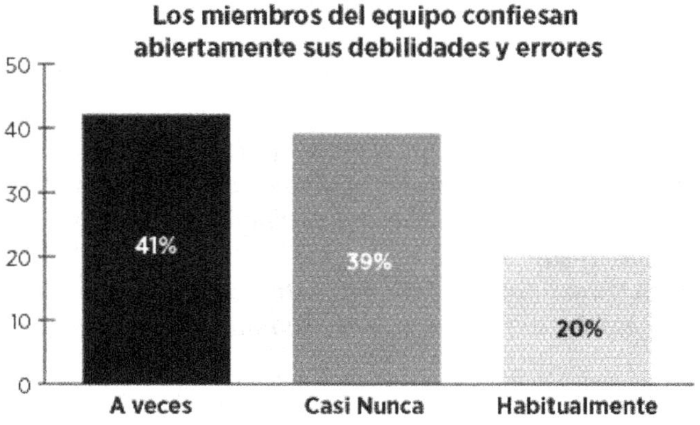


Según el gráfico 14, no perder de vista que hay poca diferencia entre el "a veces" y el "casi nunca", pero muy importante entre estos y el habitualmente. Vayamos a algunos comentarios asociados a este gráfico y que afectan el compromiso con el equipo:

- *Tenemos que tratar de escuchar la opinión de todo el equipo y poder valorar sin necesidad de molestarse en caso de no estar de acuerdo con su opinión.*
- *Hay que escuchar al equipo y que las personas puedan trabajar en conjunto en favor del trabajo que se hace en la empresa sobreponiéndolos a los intereses particulares.*
- *Se necesita mayor participación en los proyectos no solo de los jefes, esto hace que no tengamos buena comunicación, porque luego no nos informan que se ha hablado y hace que no tengamos un rumbo.*
- *La comunicación, el vínculo interpersonal y el comprender que el objetivo debe ser cumplido como un equipo y no como eslabones individuales.*
- *Establecer planes de trabajo de común acuerdo entre los empleados y los equipos, mejoraría el día a día laboral.*

La *"cuarta plaga"* que afecta los equipos de trabajo puede ser incluso la más propagada y llamada *"evitación de las responsabilidades"*. Trata sobre la incapacidad de los integrantes de un equipo para "pedirles rendición de cuentas" a los demás. A veces pensamos que es mejor hacernos a un lado. Para muchos, esto puede sonar políticamente incorrecto, pero los equipos que no están acostumbrados a "retarse" entre sí y elevar juntos sus estándares de desempeño están en graves problemas. Esta cuarta disfunción de los equipos fortalece la mediocridad, la burocracia y la inequidad con los que realmente aportan. ¿Sin coraje y espacios para la rendición de cuentas se puede alimentar la transparencia en un proceso de feedback? Mejor dicho, ¿hay feedback? Otra pregunta fue: *¿Los miembros del equipo se exigen rendición de cuentas mutuamente?*

**Gráfico 15. En el equipo se exigen rendición de cuentas, MUCHADATA.NET/ Consultora Umana**

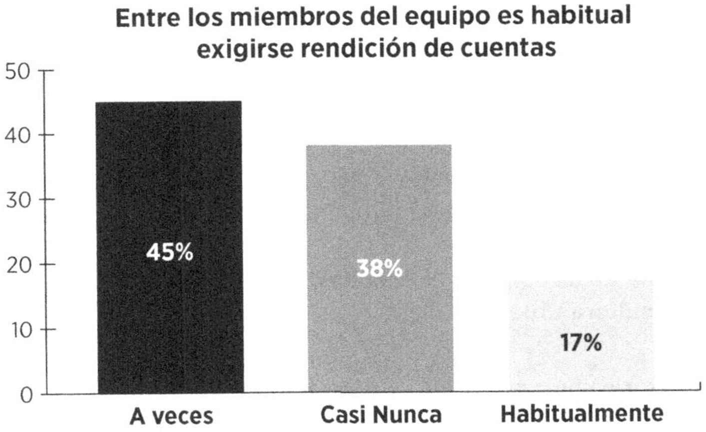


Los datos de este gráfico son muy similares a la disfunción que hemos analizado anteriormente. Como observarán, el "habitualmente" sigue siendo sensiblemente menor al resto, representando menos de la mitad del "a veces" y del "casi nunca". Vayamos a algunos comentarios asociados a este gráfico y que afectan la rendición de cuentas entre los miembros de un equipo:

- *Hay que compartir más información, eso mejora la comunicación.*
- *Debería haber mejor predisposición por parte de muchos, y no pensar solo en ellos, porque de esa manera se cometerían menos errores, ya que estaríamos mejor comunicados.*
- *Mejorar aún más ciertas cuestiones de individualismo para poder potenciar la función como equipo.*

- *Comunicación, coordinación y comprensión de las necesidades de las diferentes áreas. El conocimiento de nuestros clientes internos se traduciría en mejoramiento de nuestros estándares de productividad y eficiencia.*
- *Comprender las labores de otros grupos, estar enterados y facilitarse recursos para una toma óptima de decisiones.*

Finalmente, la incapacidad de exigir y realizar seguimiento nos lleva directamente a un *quinto mal: la "falta de atención a los resultados en equipo"*. Y aquí se hace énfasis en dos cánceres malignos de los equipos y de las organizaciones: el ego y el estatus. Esos personajes que pasan por encima de los demás con tal de mostrar sus propios resultados a costa de los del equipo en general. *"Es más importante mi powerpoint, el resto a joderse"*. Esta última disfunción es el claro ejemplo de cómo los equipos y las personas no logran mirar todos para el mismo lado, tirar todos del mismo carro. ¿Alguna relación de esta quinta disfunción con dar y recibir feedback? El líder tiene que estar comprometido con las personas y con el negocio. Pero hay maneras de comprometerse y comprometer a otros. Otra pregunta fue *¿Las metas del equipo están por sobre las metas individuales?*

**Gráfico 16. Metas de equipo por encima de metas individuales, MUCHADATA.NET/Consultora Umana**

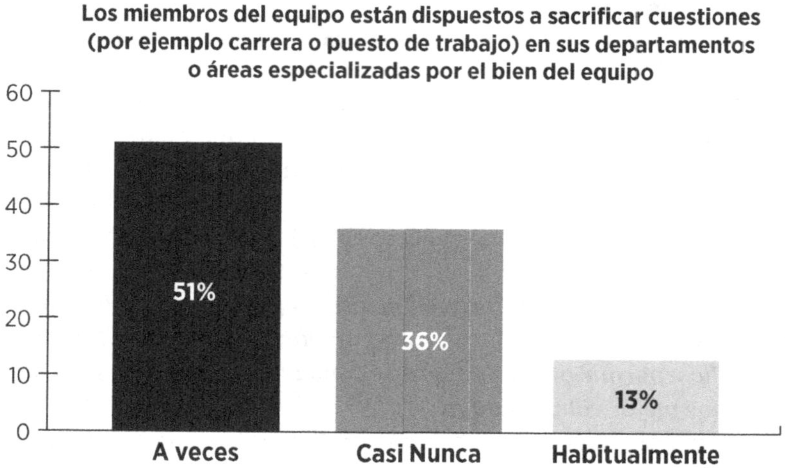

En estos datos podemos ver la dificultad de los equipos para alinearse detrás de objetivos comunes. La mitad de los encuestados establece un "casi nunca", siendo el "habitualmente" un dato tres veces menor a este y menor a la mitad del "a veces". Vayamos a algunos comentarios asociados a este gráfico y que afectan la rendición de cuentas entre los miembros de un equipo:

- *Hay que dejar de lado posiciones personales con el fin de alcanzar los resultados requeridos por el proyecto, es decir, mirar más allá de la quintita, más ownership, a veces es simplemente alinearnos, para ser más consistentes.*
- *Hay que comenzar a tener una visión más amplia de los objetivos en los que se está trabajando. Tener presente siempre que los objetivos comunes permitirán modificar y reorganizar las metas de los diferentes equipos.*
- *Deberíamos mejorar la confianza y el trabajo en equipo, la capacidad de evaluar prioridades y de relegar el propio interés con miras a un interés en común.*
- *Necesitamos trabajar en equipo, escuchar y ponernos en el lugar del otro. Tener una mirada única del negocio y no como departamentos o centros estancos. Mayor colaboración entre las áreas.*
- *Deberíamos trabajar con una comunicación fluida, tanto transversal como de abajo, hacia arriba y viceversa.*

Pienso en todos los comentarios que acabo de escribir en esta última sección y escucho las mismas cosas que vengo escuchando desde hace más de 35 años. Quisiera reunir a Patrick Lencioni con Karl Albrecht y fusionar lo visto en las cinco plagas que atacan a los equipos con lo expresado por el último autor mencionado en su obra Inteligencia Social. Albrecht suele referirse a muchos de estos comportamientos como una variedad de "*halitosis social*", es decir, el equivalente conversacional al mal aliento. Sí, como lo leíste. Y con las consecuencias que esto produce: limitación de la comunicación y mayor distanciamiento interpersonal. Hace solo cinco minutos estábamos hablando de *"tenemos que aumentar la confianza entre los miembros del equipo"*, *"hay que escuchar al equipo y que las personas puedan trabajar en conjunto"*, *"debemos promover la comunicación, coordinación y comprensión de las necesidades de las diferentes áreas"* y *"hay que dejar de lado posiciones personales con el fin de alcanzar los resultados requeridos por el proyecto"*.

¿Esto es o no halitosis social en la organización? ¡Sí, lo es! Y finiquitemos la conclusión: la halitosis social en las organizaciones trae los mismos efectos psicológicos y emocionales que en las personas, ya que limita la vida social e interfiere en las relaciones interpersonales. ¿Cómo conseguir la atención a los resultados en equipo –como establece Lencioni– con semejante "mal aliento" organizacional? Dar y recibir feedback no puede transformarse en el simple "enjuague bucal" necesario para empezar a achicar las brechas comunicacionales que hoy viven las organizaciones. Se necesita ir a la raíz de esos problemas conversacionales, y esto se logra con más y mejores conversaciones. Con más y mejores feedbacks.

Ahora bien, todo el análisis realizado en el presente capítulo nos ayudará a perfilar los capítulos siguientes. En estos, nos introduciremos en los aspectos culturales, del liderazgo y de las prácticas concretas del feedback como proceso y herramienta para todas las disciplinas en las cuales pueda estar "al servicio de las personas".

CAPÍTULO 5

# *La organización y la cultura del feedback*

## La cultura se comió a la estrategia en el desayuno

Parecería que "a esta altura del partido" ya deberíamos conocer la diferencia entre estrategia y cultura. Pero para quienes no les haya quedado claro, no hay mejor ejemplo que el siguiente: cuando Napoleón se encontraba en una habitación en París con todos sus generales alrededor de una mesa debatiendo la mejor manera de invadir Rusia, estaban preparando una estrategia. Pero hacer que un millón de soldados marcharan contentos y orgullosos a Moscú, eso fue la cultura. Por ello, los mejores lugares para trabajar tienen una cosa en común: una sólida estrategia (diseño del negocio, cómo se compite, cómo se financia la organización, qué inversiones se efectuarán en investigación y desarrollo, qué presupuesto se autorizará para funcionar, entre otros) alineada a una sólida cultura (el liderazgo, los valores, las personas, las emociones y los comportamientos). Es decir, se complementan sólidamente las variables duras y blandas del negocio. Son variables íntimamente relacionadas, es decir no son independientes. De más está decirlo, y si bien estos dos son los pilares del éxito de una organización, la mayoría de las empresas se centran en la estrategia.

Veamos algunas definiciones más. Toda cultura organizacional refiere a un sistema de "significados y códigos compartidos" entre sus miembros, que distingue a una organización de las otras. Son los modelos mentales de las personas, que se mezclan configurando generalizaciones e imágenes colectivas, que influyen en sus percepciones y en la forma de comportarse. Estos paradigmas compartidos configuran en parte la cultura de la organización, entendida como el conjunto de creencias, valores y hábitos comunes que guían la toma de decisiones y los comportamientos. Me gusta mucho una definición de cultura que leí alguna vez y que pertenece al experto en educación Ken Robinson, en la que expresa que "cultura es el conjunto de permisos que se dan o no se dan, sin necesidad de pedirlos".

Por lo tanto, la cultura cumple varias funciones fundamentales. La cohesión cultural ha resultado hasta hace poco tiempo un elemento eficaz para consolidar patrones de comportamiento y valores compartidos. Los colaboradores se alinean bajo las creencias, los valores, así como también a la estrategia, a las metas y a los procedimientos de la organización. El autor Eduardo P. Braun en su libro *Las personas primero: Chief Emotions Officer*, expresa con suma claridad que *"no solo puede pensarse que definir objetivos y metas o establecer procesos, tareas y funciones es suficiente para generar una cultura, se necesita combinar a estos con un sistema superior de creencias, pensamientos, valores y hasta sentimientos. Estas características invisibles impactan en una serie de resultados que le dan a un grupo su identidad"*. Volveremos con ideas de este autor en la sección siguiente.

Como solemos explicar en nuestras capacitaciones, los valores que predominen son el basamento fundamental de esa cultura organizacional, aquello que es importante para nosotros como individuos y como equipo. Estos son los elementos que nos mantienen unidos y nos permiten trabajar para conseguir las metas compartidas. La cultura de una organización se expresa a través de las conductas de todos sus miembros y se cristaliza en la forma en que se toman decisiones y se trabaja en el día a día. Y es aquí donde debemos destacar que son los líderes los primeros en formar valores y criterios de trabajo a través de su ejemplo diario. La calidad de los valores "de los de arriba", marca la calidad de los valores "de los de abajo". La cultura determina cómo somos dentro, y eso, se refleja afuera.

Aparte de nuestros valores, también son nuestros comportamientos los que determinan la cultura que tenemos. Este "ADN organizacional" se naturaliza con el tiempo, y con la existencia de una masa crítica de líderes que toman decisiones en un mismo sentido y cuyos colaboradores lo toman como propio. ¿No hemos conocido organizaciones culturalmente austeras, donde sus líderes son austeros y el resto de los colaboradores también lo son? Y a la inversa: ¿No hemos conocido organizaciones donde sus líderes no cuidan los gastos, y su personal tampoco lo hace? Como podemos percibir entonces, los elementos que constituyen la cultura organizacional serían el pensamiento, el liderazgo, los valores y las formas en las que se hace el trabajo. Por eso, cultura es *"lo que la gente hace cuando los líderes no están presentes"*, ya que las organizaciones no actúan, la gente sí.

De hecho, la cultura de una organización se pone de manifiesto a través del conjunto de "pensamientos automáticos" comunes entre las personas que trabajan allí dentro. Sí, como hemos leído, "pensamientos automáticos" que conducen a que la gente actúe sin pensarlo conscientemente, es parte de "cómo las cosas se hacen aquí". Recordemos aquellos conceptos que hemos abordado en capítulos anteriores sobre el tema de creencias limitantes y creencias empoderantes. Imaginemos pensamientos automáticos limitantes e imaginemos pensamientos automáticos empoderantes. Un pensamiento automático limitante podría ser "en esta empresa nunca dimos feedback y, la verdad, no nos va nada mal". Un pensamiento automático empoderante puede ser "cada vez que llama a nuestra empresa un cliente enojado, nos sentamos y hablamos con él". Estos dos ejemplos, vividos todos los días, todo el tiempo y en todo lugar de la empresa van formando una cultura que ayuda o no a que los miembros de una organización vean el feedback como algo positivo o negativo.

Por otro lado, Peter Senge habla de la cultura como *"modelos mentales compartidos"*, y Edgar Schein habla de lo mismo con diferentes palabras: *"Creencias supuestas o implícitas que un grupo ha acordado como válidas para resolver sus problemas de integración hacia adentro y de servicio e interacción con su ambiente externo (clientes, proveedores, público, gobierno). Este sistema contiene un grupo de características clave que la organización valora"*. A través de esta definición también podemos conocer el alcance de una cultura organizacional. ¿Quieren conocer qué cultura posee tal o cual empresa? Bueno, preguntémosle: ¿qué cosas valoran? Esta es la gran pregunta. Porque en el "qué valoramos" está "lo que hacemos". Por eso, la clave del éxito en las empresas es cuando la cultura permite enfocarse en los valores correctos que hacen falta, de acuerdo al contexto, a la identidad y a la estrategia diferenciadora de la organización. La cultura como "huella" ofrece una identidad y un sentimiento de orgullo a los empleados, y a los competidores se les dificulta mucho copiar la cultura. Puedo copiar una estrategia, no puedo copiar una cultura. Por eso, en palabras de Peter Drucker, "la cultura se come a la estrategia todos los días en el desayuno". Y en palabras mías, la sumerge dentro de la taza de café con leche, y luego la saborea. Con la cultura no se bromea, es hora de entenderlo, y las organizaciones deben tomar el tema cultural como dimensión clave dentro de su visión estratégica: es adónde quiero llegar y cómo quiero llegar. El autor Jim Collins redobla la apuesta con su frase *"la cultura no es parte de la estrategia. La cultura es la estrategia"*.

Ante un cambio de contexto (VICA), en la consiguiente forma de hacer negocios, se requiere un cambio de cultura, para lo cual hay que trabajar fuertemente con los líderes y la gente, involucrándolos en la transformación. Hoy en día más del 35% de las firmas han hecho cambios culturales y un 40% planifica hacerlo. Hay una fuerte correlación entre la "unidad cultural" y el desempeño organizacional. Si pensáramos solo en la transformación digital, para citar un ejemplo muy actual, podemos observar que no implica solamente la aplicación de la tecnología. La verdadera transformación, en este caso, se logra cuando esta se aborda desde tres planos: el de los procesos, el de las personas y el de la tecnología. Sin personas y sin cultura la transformación digital es imposible, ya que si no se hace una verdadera inversión en cuestiones de RR.HH. no se podrá hacer que las nuevas metodologías de trabajo permitan reformular las viejas prácticas. Para seguir con el ejemplo, lo preocupante es que hace poco estaba dando vueltas una estadística sobre cómo las diferentes áreas de una organización pasaban porcentualmente más tiempo con el CEO para hablar de transformación digital: Operaciones 56%, Desarrollo de Productos 53%, Ventas 41%, Finanzas 40% y en la cola de las áreas, RR.HH. con un 19%. Es hora de que RR.HH. se ponga fuertemente a trabajar los aspectos culturales de una organización, ya que como dijimos, a una sólida estrategia hay que unirle una sólida cultura. Es el momento oportuno para que las áreas de RR.HH. se transformen en los verdaderos socios estratégicos del negocio.

En línea con esto, Patrick Lencioni nos acerca un remedio infalible para atacar a la quinta disfunción sobre la *"falta de atención a los resultados en equipo"*. Por un lado *"tiene que haber una dosis de seguimiento y medición individual y colectiva de los desempeños y de los resultados, pero por el otro, no puede faltar una cultura de feedback"*. Ahora bien, ¿puede alcanzar el feedback un "rango" cultural? ¿Puede el feedback transformarse en una creencia, en un valor, en un pensamiento automático empoderante, en un sentimiento, en un comportamiento naturalmente compartido? Hablaremos de liderazgo más adelante.

## Jugando a las cuatro culturas: no gana ninguna, gana el feedback

En cuanto periódico o revista especializada que ande dando vueltas por ahí no falta el tema de diversidad. Un entorno diverso es central hoy para atraer y contar con los mejores talentos. "La diversidad se transformó en una causa que interpela a las empresas y beneficia al negocio", rezaba el titular de un suplemento económico que tuve en mis manos. De hecho, hay organizaciones que cuentan con un comité específico que tiene que ver con diversidad y que está liderado por el CEO y compuesto por diferentes colaboradores de todos los niveles, géneros, generaciones y proveniencia cultural. Es interesante lo que plantea Eduardo P. Braun cuando dice que *"la cultura funciona en una escala social como las creencias, costumbres, artes de una sociedad, lugar o tiempo particular. Refleja los valores generales y los comportamientos que son aceptados y esperados dentro de una comunidad y que, en muchos sentidos, subyacen a todo lo que ocurre en la sociedad. La cultura define desde los parámetros de una sociedad sobre la puntualidad y la importancia del tiempo personal hasta el modo en que las personas entienden la responsabilidad e incluso el significado de la palabra éxito".*

Ya hemos visto, y también insistido en que la cultura determina cómo somos dentro de una organización. Pero a la vez nuestros comportamientos determinan la cultura que tenemos. En efecto, hay muchas culturas diferentes, algunas basadas en el servicio y la calidad, otras basadas en el rendimiento y la productividad, otras en los procesos, en las personas y hasta podremos encontrar culturas mixtas. Vayamos a un modelo conceptual que nos puede ayudar a comprender qué valores y comportamientos están presentes en ciertas culturas, hacia dónde apuntan y que no son ni buenas ni malas. Son compatibles o no compatibles según de donde se lo mire. Hace unos años un amigo me informó que lo habían despedido de una empresa y el CEO le dijo en esa conversación que no lo despedía por incompetente (conocimientos, habilidades, destrezas para ese puesto) sino por incompatible (no haberse adecuado a las creencias, valores y códigos compartidos en esa organización). También quisiera adelantarme a una conclusión: lo sucedido con mi amigo colisiona con la idea de que la diversidad de aspectos culturales en una misma organización (y en el mundo de hoy) puede traccionar muy bien su negocio. Y veremos también que hay culturas que determinan el tipo de feedback que se pone en juego en el día a día.

Cabe aclarar que el debate que subyace detrás del análisis de muchos investigadores sobre la tipología o características de la cultura organizativa es averiguar la tipología que "contiene" una mayor cantidad de rasgos identificables con el éxito de la organización. No obstante, es necesario hacer una advertencia: no existe una cultura "ideal", la cultura ideal para cada organización será aquella que mejor responda a las necesidades internas de esta y a una gestión eficaz de su relación con el entorno. Imaginemos también que existen culturas mixtas, es decir, una combinación de valores y "significados" que pueden ir variando por las subculturas creadas por las diferentes áreas o líderes de una misma organización. Ni hablar, cuando se fusionan culturas ante un hecho de fusiones y adquisiciones. Una vez aclarado esto, pasaremos a detallar "un clásico" del diagnóstico cultural.

Siguiendo a los autores Kim Cameron y Robert Quinn, de la Universidad de Michigan, son cuatro elementos los que constituyen una cultura empresarial: su forma, su liderazgo, sus valores y su organización estratégica. Estos expertos han realizado un análisis multidimensional que presentamos a continuación: en primer lugar este esquema conceptual implementa una metodología para el estudio de la cultura organizacional basado en el modelo *Competing Values Framework* (CVF), donde se establecen dos dimensiones definiendo cuatro tipos de cultura: por un lado, *estabilidad versus flexibilidad* (esta dimensión la organización opta por ser más importante el orden y el control –estabilidad– o el dinamismo y la discrecionalidad –flexibilidad–). Por otro lado, proyecta la *orientación interna versus la orientación externa*, y aquí hace referencia a la orientación que desea tener una organización (si para afuera o para adentro de la misma).

Para muchos de los que hoy utilizamos este modelo para llevar a cabo diagnósticos de cultura organizacional resulta ser uno de los más completos, ya que presta una mejor y especial atención a algunos elementos configurativos tales como: 1) cómo se concibe la empresa, 2) las personas y sus patrones de comportamiento, 3) la gerencia y sus pautas de actuación, 4) el objetivo de la dirección, 5) los valores compartidos y 6) el éxito empresarial. Del resultado de este análisis multidimensional se desprende el cuadro 5, siendo este, una de las mejores y más logradas caracterizaciones orientada a la explicación de los siguientes tipos de cultura:

**Cuadro 6. Modelo *Competing Values Framework* (CVF), Kim Cameron y Robert Quinn**

**Cultura Clan:** también llamada cultura asiática. La empresa se concibe como una gran familia, donde sus miembros comparten interactivamente creencias y valores. El líder se convierte en referente inexcusable del comportamiento de la empresa, asumiendo el papel de tutor, consejero y hasta casi padre de todos y cada uno de sus componentes, no ya solo desde un punto de vista emocional, sino, además, en tareas directivas. El estilo de dirección que se desarrolla basa su estrategia en el consenso y participación, en una apuesta decidida por el trabajo en equipo, algo que difícilmente podría conseguirse sin contar con buenas dosis de compromiso, lealtad y confianza entre sus integrantes. A esto se le suma una mentalidad abierta, plural y participativa, y el éxito se cimienta en el desarrollo de las personas, el trabajo en equipo junto y un compromiso trabajado en el día a día.

**Cultura Adhocrática:** también llamada cultura latina. La empresa no podría entenderse sin un sentido proactivo hacia el entorno en el que se encuentra, donde el dinamismo y la rapidez de reacción a los retos del entorno da cuerpo al carácter emprendedor de sus miembros. Inevitablemente y junto a estos factores, la capacidad para asumir riesgos es una cuestión inherente a sus particulares formas de actuación, cuya expresión más clara se manifiesta en el liderazgo. El estilo de dirección queda caracterizado por la permanente convivencia del riesgo en la toma de decisiones y la innovación. En esta línea de actuación, los valores compartidos con el resto de los miembros son el compromiso con el cambio continuo y el dinamismo constante. El éxito está atado a la experimentación, la investigación de nuevos productos y servicios diferenciados que los conviertan en líderes de su actividad.

**Cultura Jerárquica:** también llamada cultura germana. Como su propio nombre sugiere, la cultura de empresa se encuentra extraordinariamente normalizada en cuanto a funciones, responsabilidades, procesos, procedimientos y tareas, remarcando su carácter burocrático. El equipo gestor se constituye como elemento directriz de la estructura, coordinando, organizando y apostando por la eficiencia. El estilo directivo se caracteriza por una atenta orientación a la seguridad en el empleo y por la reducción de incertidumbres como base para el buen funcionamiento de la organización. Los valores que se comparten con el resto de la organización se fundamentan en el respeto y acatamiento de las normas que funcionan orgánicamente a la empresa. Su éxito final, por tanto, gravita en torno a la eficiencia, lo que conduce a una adecuada planificación de las actividades, calidad de servicio y el control de costos.

**Cultura de Mercado:** también llamada cultura anglosajona. La empresa es ante todo una entidad orientada a la consecución de resultados. La propia cultura de la organización promueve y empuja a que los perfiles de sus miembros sean competitivos y, por consiguiente, enfocados a la obtención de resultados en tiempo y forma. El estilo directivo promueve la agresividad como resorte para alcanzar objetivos ambiciosos. Es por ello que los valores compartidos con sus miembros se basan en el espíritu ganador y, en última instancia, en la materialización de objetivos concretos en un mercado donde la estrategia se concibe como un juego de "suma cero". El éxito se basa en alcanzar la máxima cuota de mercado posible o, si se quiere, en una posición de liderazgo hegemónico a todas luces.

Vuelvo con la advertencia que hicimos en un comienzo: *"No existe una cultura 'ideal', la cultura ideal para cada organización será aquella que mejor responda a las necesidades internas por un lado y de su relación con el entorno, por el otro"*. No es mejor la del clan que la latina, ni esta es mejor que la germana, ni todas estas anteriores son peores que la anglosajona. Son culturas, se es o no se es compatible. John Zenger, en su impresionante obra *El líder extraordinario*, establece un concepto muy ligado a esto que estamos hablando. Según su desarrollo conceptual, un líder debe tener pasión por su rol de liderazgo. En segundo lugar, debe poseer cinco competencias diferenciadoras básicas (integridad, habilidades interpersonales, orientación a resultados, gestión del cambio y capacidad personal). Y finalmente, un líder debe comprender cabalmente la cultura de la organización en la que trabaja para sentirse a gusto con ella. Cuando estos tres elementos están unidos y en equilibrio, Zenger lo llama "zona óptima de liderazgo". Cuántos de nosotros hemos conocido profesionales con pasión y competencias comprobadas que se cambian de organización y a los seis meses –no hacen falta más para darse cuenta– deben marcharse porque no han logrado ser compatibles con los "valores compartidos" que se viven en el día a día de las organizaciones a las que se fueron.

¿Pero por qué me he remitido a estas cuatro culturas? ¿Cuáles de las cuatro culturas me aseguran una cultura del feedback? Ensayemos juntos una respuesta.

En la cultura del *clan* el feedback puede ser informal e inclusive hasta con un "toque familiar", y tal vez sin premios y ni castigos. En un feedback entre las áreas reinará la complacencia en honor al cuidado de las relaciones. Algunos resultados no aparecen, pero no importa, "somos una familia".

En la *cultura adhocrática* los feedbacks pueden transformarse por momentos en espontáneos y directos, y en otros, habrá que sentarse a esperar que pase la tormenta. En un feedback entre las áreas prevalecerá el correr detrás de "las idas y vueltas", y borrar con el codo lo que se escribió con la mano. Los resultados van y vienen, pero tienen un solo destino, acompañar los cambios constantes de timón.

En la *cultura jerárquica* estaremos en presencia de un proceso de feedback formal en tiempo y forma, con formularios y vencimientos, y quienes no lo hagan serán penalizados. En un feedback entre las áreas todo estará sólidamente documentado y hasta con argumentos de los beneficios o los riesgos que la decisión a tomar le puede traer a la organización. Los resultados tienen que estar todos ordenados. Si no se llega, "se cocinan", pero se muestran ordenados igual.

Y finalmente, ¿qué puede pasarnos en la *cultura de mercado*? Seguramente será una competencia de desempeños exitosos y reconocimientos individuales con bombos y platillos. También los feedbacks pueden ser temidos por algunos, ya que el "no cumplimiento de los objetivos no es parte de los valores compartidos". En un feedback entre las áreas será un ganar-perder. Competirán para ver quién queda mejor posicionado ante la organización, ante el CEO o el mercado. Los resultados no pueden mostrar una caída, es una cosa "de vida o muerte".

Increíblemente, debo decirles que una cultura de feedback "bien orquestada" y respaldada por la alta dirección, por un líder consciente que entienda su verdadera fortaleza, hará fluir la toma de decisiones más allá del tipo de cultura en la que estemos inmersos. El feedback como cultura, el feedback como proceso o el feedback como herramienta debería ser un instrumento transversal a todo tipo de cultura organizacional. Y, por qué no, servirnos de esa transversalidad del feedback para combinar culturas, ganar diversidad de pensamientos, potenciar valores, y asimilar los nuevos comportamientos que el mundo de hoy nos demanda. Profundizaremos esto en la próxima sección.

## Pensando en crear una cultura de feedback constante

El *Cyprinus Carpio*, conocido como "pez carpa", es una especie que crece según el tamaño del recipiente que lo contiene. Si lo dejas varios años en una pileta de jardín, seguramente medirá 20 centímetros de largo y pesará un poco más de dos kilogramos. Si a este mismo pez lo llevamos a un estanque de granja llegará a medir normalmente unos 60 centímetros de largo y su peso rondará en los 10 kilogramos. Pero hay algo particular que sucede. Si lo arrojas a una laguna llegará a medir 1,2 metro de largo y pesará hasta 40 kilogramos. Con más espacio, estos peces crecerán al doble, triple o cuádruple de su tamaño. Observando estos datos que nos trae la naturaleza ¿le encuentran alguna relación con la cultura de una organización? De volver al modelo de las cuatro culturas, hay situaciones "que agrandan" y hay cuestiones "que achican" en el diario proceder de los líderes. Y también hay que decir que hay líderes que se agrandan y líderes que se achican según la cultura en las que están inmersos. De la misma manera que el pez carpa "multiplica su valor" según el recipiente que lo contiene, con la cultura pasa lo mismo. El valor de la cultura o de ese "estanque organizacional" también tiene un efecto multiplicador. Recordemos que en el capítulo 4, cuando revisamos los resultados de la investigación, la primera conclusión a la que llegamos fue que solo el 51% del total de los encuestados dijo trabajar en un ambiente natural de feedback, y casi la otra mitad no lo percibió así. Un "estanque" que necesitaría agrandarse hacia los números que nos propone mínimamente *Great Place to Work*: arriba de un 75% de satisfacción.

La cultura es un gran activo, pero el problema es que no lo podemos medir como a las variables "duras". La cultura es el más grande de los intangibles o variables "blandas" que posee una organización. Comparto plenamente las palabras del autor Eduardo P. Braun –ya citado en otras oportunidades– cuando dice: *"La cultura es uno de los principales creadores de valor en una empresa y no siempre se la reconoce como tal, en gran parte debido a los prejuicios que tenemos al medir la creación de ese valor. Por lo tanto, existen activos intangibles que no están en los libros contables y que no tienen una manera sencilla de medirse. ¿Cómo se mide el armado de un equipo de empleados comprometidos? El departamento contable no toma esto en consideración para armar el balance. Esto conlleva a un grave error de valuación, ya que una cultura fuerte y positiva tiene un impacto enorme sobre los resultados y hasta es capaz de multiplicarlos. Pongamos un ejemplo que no aparece en los balances: con el 50% menos de rotación voluntaria de personal que el promedio de la industria, se ahorra de ese modo dinero en la contratación y capacitación de los empleados".*

Recuerdo muy bien el libro *Winning*, de Jack Welch, donde expresa en un capítulo completo todo el dinero que perdió por no darle importancia al tema cultural en las fusiones que llevó a cabo en su paso por General Electric Company. *"Pensé que, con fusionar balances contables, estructuras y procesos bastaba, pero fracasamos, porque realmente lo que se fusionan son las culturas, las personas. Cometimos graves errores".*

Con toda esta introducción me pregunto: ¿Cómo podemos crear una cultura de feedback constante dentro de una organización? Y me surge una repregunta:

¿Qué tipo de "estanque" deberíamos tener como organización para que crezca y se multiplique su valor? Una manera de responder sería aplicar algunos conceptos que fueran transversales a las cuatro culturas trabajadas y, aún más, a culturas mixtas y diversas. Me parece oportuno tomar en cuenta los conocimientos volcados por el autor José María Cardona en su *Liderazgo y gestión por 8 hábitos*, en el cual establece tres formas de medir cultura: *"organizaciones M"*, *"organizaciones I"* y *"organizaciones C"*. De la misma manera que se pueden caracterizar estas tres organizaciones a través de ciertos rasgos culturales, los autores también nos dicen que puede tratarse de tres etapas de crecimiento posible. En nuestro caso las estaremos tomando para analizar rasgos culturales y cómo estos pueden, o no, apalancar una cultura de feedback constante.

**Cultura M:** surcan la organización palabras como muro, miedo, manipuladora y monolítica. Cerrados en sí mismos, los líderes bajan órdenes y los empleados deben ser sumisos. Se buscan culpables a los errores cometidos y los colaboradores se comportan con despersonalización y resignación ante las iniciativas impulsadas "por los de arriba". ¿Podremos generar una cultura de feedback constante bajo este ambiente laboral? Definitivamente, estamos en problemas.

**Cultura I:** atraviesan la organización palabras como información, intermedia, insuficiente e impotente. Aparece la mejora continua, hay intenciones de cambiar la forma de hacer negocios y líderes mejor comunicados. Una organización donde "uno no quiere y dos no pueden". La información y la toma de decisiones fluyen un poco mejor, pero las decisiones importantes siguen centralizadas. Sensaciones de que el cambio llega, pero nunca se produce.

¿Podremos generar una cultura de feedback constante bajo este ambiente laboral? Exigiría un esfuerzo "adicional", pero hay una ventana de esperanza.

**Cultura C:** bañan a la organización palabras como confianza, calidad, comunicación y competencia. Los líderes y los colaboradores se comunican efectivamente con todos los que los rodean. Comunicación en todos los sentidos y "horizontalidad" en el trato a las personas, sin importar las jerarquías. Se le da valor a los procesos y se pone al cliente interno y externo en el centro de toda la operación. Clima de confianza general y se allana el camino para el desarrollo de las personas. ¿Podremos generar una cultura de feedback constante bajo este ambiente laboral? Estamos absolutamente convencidos de que sí.

Parecería que para mudar a una cultura de feedback constante, en **"M"** o en **"C"** todo es diferente: del estatus a la confianza y a la participación. De la conducta amenazadora de sus líderes a que todos tenemos la oportunidad de pensar. De la orientación al poder a una cuestión de *accountability*. Un cambio no solo de letra, un cambio en el estado de conciencia y de los valores de sus líderes y de los empleados. El miedo tiene un efecto devastador en la calidad, servicio al cliente y productividad de las personas, por eso aquí una cultura de feedback constante llegará con demoras. En cambio, en un entorno de responsabilidad, confianza, trabajo en equipo, compromiso, motivación y desarrollo de personas, tendremos un mejor *"caldo de cultivo"* para dar y recibir feedback en el día a día.

A Jim Collins le llevó diez años la investigación para conocer, con rigor irrefutable, que las empresas que pasaron de buenas a sobresalientes tuvieron líderes con ciertas características. Los llamó *"Líderes de Nivel 5"*. Estos mostraron en forma sostenida una férrea voluntad profesional y una fuerte humildad personal. Para lo primero, demostraron una resolución terminante de hacer lo que fuera necesario por lograr los mejores resultados a largo plazo. Para lo segundo, actuaron con confianza, motivación e inspiración. Ante el comentario "no me pagan por dar feedback", Collins hubiera contestado: *"Los líderes que iniciaron las transformaciones para pasar de empresas buenas a sobresalientes, no empezaron por resolver adónde dirigir el autobús para luego conseguir quiénes los llevarían allá. Lo que hicieron primero fue llevar a bordo a líderes competentes. Habrá ocasiones en que no podremos esperar a alguien; o está en el autobús o se queda"*. Un líder competente da y recibe feedback como parte de un "sistema de liderazgo". Por eso Collins sigue arremetiendo a través de una antigua fábula griega en la cual se clasifica a la humanidad en erizos y zorros. *"El zorro sabe muchas cosas, pero el erizo sabe una cosa muy grande. El zorro es astuto, capaz de inventar mil maneras de atacar a traición al erizo; ronda incansablemente su madriguera al acecho del momento propicio para caerle encima. Veloz, hábil, parece el seguro ganador. El erizo es feo, como un híbrido de puerco espín y una mulita; busca comida y cuida de su guarida. El zorro espera malicioso al erizo distraído hasta que hace su salto al objetivo final. Cuando el erizo menos lo piensa, se encuentra a centímetros de la boca de su enemigo. Otra vez volvemos a las andadas, piensa este último, este zorro no aprende. Y se enrolla en forma de bola erizada de púas en todas las direcciones. Ante esa defensa el zorro se detiene y se retira al bosque a proyectar alguna otra hazaña"*. Collins vuelve a su libro interpretando que existen dos tipos de líderes: zorros y erizos. Los primeros persiguen muchos fines al mismo tiempo y se mueven en muchos niveles, sin integrar ideas en un solo concepto unificador. Mientras que los segundos simplifican un mundo complejo en una sola idea organizadora. Por complejo que sea el mundo el erizo reduce los desafíos y dilemas a ideas simples. Crear una cultura de dar y recibir feedback constante es una idea simple que puede ayudarnos a reducir unos cuantos desafíos y dilemas organizacionales. Para ello, necesitamos líderes que a través de una resolución terminante hagan lo que sea necesario por lograr los mejores resultados a largo plazo. Líderes que deseen salir de las *"culturas M e I"* y pasar a una *"cultura C"*. Líderes que propongan a toda voz –y luego sean los primeros en cumplir– la instalación de una cultura de feedback. Lo repetiré incansablemente: "La calidad de los de arriba marca la calidad de los de abajo". A ti, ¿por dónde te gustaría comenzar? Esta respuesta, quizás, la encontremos a solo unos renglones de distancia.

## El gerente general como armador y formador de cultura de feedback

A decir verdad, y aunque el gerente general no sepa nada de cultura, es quien forma la cultura organizacional. El gerente general es quien nos debe ayudar a transformar la cultura organizacional a través de su *sponsoreo*, su liderazgo y sus propias decisiones diarias. Estos gerentes saben que las cosas tienen que cambiar en su empresa y necesitan el compromiso de alta gerencia. La primera pregunta que le debemos hacer al gerente de recursos humanos es:

¿Tu gerente general está realmente interesado en cambiar la cultura? Muchas veces la respuesta es: "Él sabe que la empresa necesita un cambio, pero no está con tantas cosas".

Pero cuando en el capítulo 4 revisábamos qué habían opinado los diferentes niveles jerárquicos sobre la cultura de feedback, habíamos observado que cuanto más arriba estábamos en el nivel de la estructura organizacional (los *CEO's* alcanzaron el 79% de satisfacción y un 62% los directores), se percibía un ambiente más cercano a dar y recibir información y al feedback. Luego, estos números caían en picada al 45% de satisfacción. Las preguntas que me hice en ese momento fueron *¿dos culturas? ¿Los de arriba con un modelo comunicacional y los de abajo con otro diferente?* Un 79% de satisfacción me dice que los gerentes generales conocen muy bien qué es tener una cultura de feedback, porque de hecho expresan estar presenciándola. Entonces, ¿está o no está con tantas cosas que no puede ocuparse del cambio?

Hay que repetir las veces que sea necesario que el gerente general forma cultura con cada palabra y con cada acción que toma. Sus reportes directos lo siguen, porque saben que es importante estar alineados. Así, se produce una cascada que termina bajando la cultura desde el gerente general hasta la última persona en la empresa. Por más buenas intenciones que tenga el gerente de recursos humanos, si su gerente general no está totalmente comprometido con el cambio de cultura, es poco lo que se puede hacer. El 85% de los procesos de cambio son llevados a cabo exitosamente con el respaldo de un "sponsor" interno muy efectivo, y aquí la gerencia general tiene que poseer ese rol.

Por ejemplo, si el gerente general piensa que los resultados son importantes, agenda reuniones para medir resultados, reconoce los buenos resultados, se molesta cuando no se logran los resultados, mide resultados y se involucra todo el tiempo con los resultados; entonces, nos podemos quedar tranquilos al asegurar que el "valor" orientación a resultados es parte importante de la cultura de la empresa. Ahora bien, si el gerente general hiciera lo mismo con otros valores de la organización tales como el trabajo en equipo, la orientación al servicio y el desarrollo de las personas, estaríamos seguros de que esto también sería parte de la cultura. Si deseáramos justamente mudar a una cultura de dar y recibir feedback y el gerente general no estuviera dispuesto a comprometerse, tanto como se compromete con los resultados, estaríamos en problemas con el proceso de cambio. Esto me hace acordar a una reciente nota que se titulaba "El riesgo de tener un *compliance officer* solamente para quedar bien", en la que se lee "El conocido concepto *'tone at the top'*, que quiere decir *'tono desde la cúpula'*, se ha convertido en una pieza clave para garantizar el éxito de la implementación de un programa de cumplimiento normativo". Imaginemos la dimensión de tono desde la cúpula que se necesitará para hacer un cambio cultural.

Pero cómo no mencionar la encrucijada en la que estamos, si por un lado les pedimos a los gerentes generales que den el ejemplo de ser dadores y receptores naturales de feedback y, por el otro, los aqueja la "enfermedad del CEO". Una frase muy usual puede ser: *"A menudo tengo la sensación de que no me entero de las cosas que me rodean. Eso no quiere decir que estoy pensando que me mienten o me ocultan información o disfracen los datos importantes para que no me dé cuenta. Esta falta de información fidedigna me obliga a actuar basado en ciertas conjeturas"*. Este es el ejemplo típico de la enfermedad del CEO, y tanto Daniel Goleman como Richard Boyatziz nos expresan que es una dolencia que aqueja no solo a los *CEO's*, sino que suele ser endémica en la mayoría de los puestos de alto nivel. Es una enfermedad que deriva de la situación en la cual cuanto más arriba estoy en la organización menor es el feedback fiable que se recibe de los colaboradores. Puede ser por varios motivos, agregan estos autores: *"Temor a elevar malas noticias, miedo a provocar la irritabilidad del líder, terror a 'ser ejecutado', vergüenza a que nos dejen de considerar optimistas. Una enfermedad que se origina en el impulso natural de complacer al líder, y los síntomas son todavía más patentes cuando el feedback en cuestión tiene que ver con el estilo del líder, como por ejemplo que quien se opone a sus ideas pasa a ser una especie de 'enemigo personal'. Y es que, por más difícil que resulte trasmitir al líder las malas noticias sobre la empresa, todavía es más dificultoso decirle que no a ciertas decisiones que se desean tomar".* Querer implantar una cultura de dar, recibir y pedir feedback colisiona de frente con esta enfermedad, con esta creencia o paradigma organizacional. La especialista en liderazgo, coaching y PNL, Erika Ortiz, de la consultora EOG de Ecuador nos regala una historia con un paralelismo demoledor: *"la ballena solitaria" fue encontrada en 1989 al norte del océano pacífico por la marina de EE. UU. que a través de un sistema de vigilancia sónica (hidrófonos) captó su único e inusual canto de ballena en una frecuencia muy alta de 52 Hz, mientras que las demás de su especie lo hacen entre 10 y 40 Hz, por esta razón ninguna otra ballena puede escucharla, su llamado es ignorado y su intento de comunicarse yace sin respuesta. La ballena 52 o la "52 Blue" como se la conoce, no tiene familia y no pertenece a un grupo, nunca tuvo un compañero y vaga sola por el océano o así se piensa, llamando por compañía, pero nadie aparece...aun así, ella sigue llamando. Esta enfermedad de falta de feedback hacia el top management puso a muchos CEO´s y ejecutivos de alto nivel en la situación de la "52 Blue". No encuentran respuesta a su comunicación y "vagan solos por la organización sin acompañamiento".* Aunque nos cueste decirlo, ¡hay que estar en los zapatos de ciertos responsables de RR.HH.!

En este sentido y con la intención de agregarle valentía a la necesidad de cambiar estas situaciones, me gustó mucho un posteo que realizó en las redes sociales la especialista en agilidad y cambio cultural, Cecilia del Valle: *"siempre me preguntan cómo lograr que el CEO entienda la importancia de la transformación cultural. No hay transformación cultural sin conversaciones incómodas. Construir la confianza y tener el coraje de decirle al CEO "por acá no va". Este tal vez sea el punto más difícil pero más necesario. Hoy los CEO´s necesitan partners del negocio que no le digan a todo que sí. Y las organizaciones necesitan CEO que sepan escuchar. No hay transformación cultural sin transparencia, sin honestidad y, sobre todo, sin conversaciones incómodas. Y si eres CEO o perteneces a la alta gerencia y hace mucho que no tienes una conversación incómoda, es probable que algo no te estén diciendo".* El gran desafío es trabajar codo a codo con los gerentes generales. Hacer que estos nos aporten los principios del cambio cultural a través de sus acciones, que son guías para el resto de sus reportes, y así sucesivamente todo caerá en cascada. Tenemos que ser coherentes. En un proceso de cambio podemos cometer errores, lo que no puede haber son contradicciones. Anunciar con bombos y platillos una nueva política de feedback, un programa de orientación al cliente interno o un nuevo proceso para escuchar a los clientes externos, y los primeros en no demostrar que eso tiene valor, un significado importante para "funcionar diferente" son los principales líderes de la organización, el resto de los colaboradores no les creerán. Hace poco estaba en un taller para capacitar a mandos medios sobre habilidades para dar y recibir feedback, debido a que su casa matriz les había bajado una nueva política interna sobre el tema. Todo un día hablando de feedback: para qué hacerlo, por qué hacerlo, cuándo hacerlo y cómo hacerlo. En un break un participante se me acerca y en confianza me comenta que su gerente cada vez que hay una instancia de evaluación de desempeño, lo llama un día antes de la entrega de los resultados a RR.HH. y lo "despacha" en quince minutos.

Existen organizaciones que consistentemente se desempeñan con excelencia, aun en los tiempos más impredecibles, tales como los que estamos experimentando hoy en día. Estas organizaciones no solo sobreviven durante los tiempos difíciles, sino que prosperan y aventajan a sus competidores. En el libro *Resultados predecibles en tiempos impredecibles*, escrito por Stephen R. Covey y Bob Whitman, los autores han estudiado las disciplinas de equipo de más de 300.000 personas en 17.000 sectores de trabajo en 1.100 organizaciones, para ver qué funciona y qué no, en el mundo de hoy.

¿Cuáles son las revelaciones que descubrieron? ¿Cuáles son los factores que realmente crean una empresa triunfadora? ¿Cómo pueden obtener resultados predecibles aun en tiempos impredecibles?

Aquí están los cuatro principios clave que encontraron:

1. *Ejecutar con excelencia las prioridades: las empresas triunfadoras tienen "metas simples". Revisan estas metas con frecuencia, establecen objetivos claros y tienen un fuerte y bien establecido proceso de seguimiento y retroalimentación, que incluye mediciones claras y comprobación de resultados. Todos los miembros del equipo conocen las metas, y su rol en el proceso de alcanzarlas. Los líderes de las empresas triunfadoras empoderan y los hacen responsables para rendirse cuentas en la obtención de los resultados.*
2. *Moverse con la velocidad de la confianza: la confianza baja hace que el trabajo sea más lento y que se aumenten los costos. Cuando los niveles de confianza están altos, todo se acelera y los costos bajan. Las empresas*

*triunfadoras son capaces de actuar rápidamente; son capaces de seguir el paso de los cambios rápidos en sus mercados o entornos económicos. Los líderes de las empresas triunfadoras actúan de forma tal que aumentan los niveles de confianza entre los miembros de sus equipos, lo que acelera las cosas.*

3. *Lograr más con menos: todo el mundo está tratando de hacer más con menos, pero la verdadera pregunta es: ¿Más de qué? Las empresas triunfadoras se enfocan en lo que sus clientes quieren y en crear valor en torno a ello. Los líderes de las empresas triunfadoras están ocupados en simplificar y reducir las complejidades internas, escuchando las necesidades de los clientes.*
4. *Transformar el miedo en compromiso: cuando los tiempos son difíciles, las personas se vuelven escépticas con los cambios. Pueden estar temerosas o desesperanzadas, porque sienten que no tienen control sobre lo que les está sucediendo en el entorno. Los líderes de empresas triunfadoras ayudan a las personas a vencer la desesperanza.*

Te propongo leer nuevamente estos cuatro principios clave. Y te formulo la siguiente pregunta: ¿Piensas que un gerente general se opondría a estos cuatro principios clave? Y para finalizar, te hago una segunda pregunta: ¿Ves posible mantener activos estos cuatro principios sin una cultura de feedback permanente?

Les recuerdo lo expresado en forma abierta por uno de los participantes de la investigación: *"Para que el feedback se haga rutina, los más altos cargos de una organización deben habilitar dicho espacio, predicar con su ejemplo es fundamental para darle credibilidad y, por último, ser consistentes manteniéndolo en el tiempo para lograr un cambio cultural genuino"*.

## El feedback consciente como puente hacia la experiencia de los empleados

Existen culturas organizacionales que "expulsan" y culturas organizacionales que "atraen" o incluyen. Un estudio realizado en el año 2024 por IDEA y INECO PUNTUAL sobre bienestar, salud emocional y mental en el trabajo arroja que siete de cada diez colaboradores creen que el trabajo impacta significativamente en su calidad de vida y en su salud emocional y mental. Según los resultados de la encuesta, el 85% de los participantes considera que su trabajo influye considerablemente en su calidad de vida y salud emocional. Además, el 37,2% de los encuestados aseguró haber considerado seriamente renunciar a su empleo debido a razones de salud emocional y mental. Se trata de un dato que pone en relieve la necesidad de reevaluar las condiciones laborales y el apoyo emocional disponible en las organizaciones. Cambios en el valor que las personas le asignan a variables vinculadas al trabajo, como ser, flexibilidad horaria, entorno de trabajo seguro y saludable, poder trabajar en formato híbrido, agendas de trabajo que no saturen el balance vida-trabajo y tener un buen líder, entre otros factores. Sencillamente para mí, esto no es ni nada más ni nada menos que decir que el bienestar y la salud emocional y mental en el trabajo están íntimamente ligados a la experiencia del empleado en la organización. Y es esta experiencia la que me dice al oído... "me quiero quedar acá" o "me quiero ir de acá".

Tuve la enorme oportunidad de compartir junto a Laura Lezman -especialista regional en *people* y *brand experience*- un tramo de un proyecto de *people centric* en unos de los hospitales privados más importantes de la Argentina y de la región. Fui invitado a una serie de actividades que incluían el lanzamiento de un proceso de feedback del desempeño y también a hablar de la práctica del feedback como propuesta de valor a los empleados, partiendo de las acciones que día a día llevan a cabo sus líderes. Primero necesité comprender el proyecto en términos estratégicos; palabras más palabras menos, Laura me asesoró con los siguientes conceptos:

- *"El gran desafío apunta a tratar de diseñar experiencias que cautiven la atención y los sentidos, con una propuesta de valor que, de algún modo en su diferencial, redefina el concepto de ´el ir a trabajar´.*
- *Las experiencias transformadoras tocan lo emocional, lo social y lo físico, conectando el propósito individual con el impacto colectivo.*
- *Debemos cuidar cada momento y ambiente de experiencia.*
- *Las organizaciones crecen adentro de las personas, no al revés".*

Si todo esto lo relacionamos con el presente libro, la práctica del feedback, el momento del feedback, el ambiente del feedback, son cabalmente experiencias emocionales, sociales y físicas que deben ser cuidadas.

Y luego esta especialista redobló su apuesta y me comentó que *"el feedback es un pilar estratégico si vamos a trabajar con people experience y nos exige una revisión profunda de lo que entendemos por feedback. Ya no se trata solo de una herramienta operativa que se implementa de manera lineal, ni de preguntarnos si debemos implementarlo o no; la verdadera cuestión es: ¿Cómo lo entendemos y cómo lo usamos para activar el cambio? El feedback debe trascender los límites tradicionales: no es solo top-down (de arriba hacia abajo),* sino también *bottom-up* (de abajo hacia arriba), lateral, e *incluso interorganizacional. En los ecosistemas complejos en los que operamos, el feedback es el motor que conecta, alinea y une. En el contexto de PX (la sigla para denominar a la people experience), el feedback bottom-up cobra una relevancia particular. No hay nada más poderoso que relevar cómo, por ejemplo, el colaborador que está en contacto directo con el cliente vive su experiencia en esa interacción. ¿Cómo se siente cuando recibe un cliente molesto? ¿Qué obstáculos encuentra en su trabajo diario? ¿Cómo podría mejorar la organización su capacidad para brindarles las herramientas que necesitan? Este tipo de feedback, directo de la "línea de fuego", es invaluable para tomar decisiones de impacto tanto en la cultura organizacional como en la experiencia del cliente. ¿Cómo podemos empoderar a nuestros equipos si no entendemos lo que están viviendo? Escuchar a nuestros colaboradores con este nivel de cercanía, con esta intención, nos permite no solo mejorar sus condiciones de trabajo y experiencia, sino también conectar de manera más efectiva con las necesidades y expectativas de nuestros clientes impactando, sin dudas, en las principales variables del negocio".* ¿Lo pasamos a números? El reporte *The Boss Factor* de McKinsey resalta que un buen liderazgo, fundamentado en el feedback continuo, puede reducir las tasas de rotación voluntaria en un 52%. Los líderes que escuchan y responden crean una cultura de confianza, un elemento clave para la estabilidad y el crecimiento organizacional.

Patricio Nobili, director de *People & Culture* para la División Sur de Latinoamérica en Arcos Dorados McDonald's escribió una nota en *LinkedIn* que va en una dirección de mejorar los procesos de feedback. Explica con mucha responsabilidad que *"en estos tiempos, actualizar y mejorar el modelo de feedback en las organizaciones es fundamental para fomentar un crecimiento sostenido y un entorno de trabajo positivo. Como profesional de RRHH, siempre observo de primera mano los beneficios de un feedback bien estructurado y continuo. Un informe de Workhuman muestra que el 89% de los colaboradores sienten que su desempeño laboral mejora significativamente cuando reciben feedback continuo y constructivo. Aquí está la prueba de que la retroalimentación de alta calidad está aumentando la retención de empleados".* ¿Lo decimos al revés para que suene más fuerte? Aquí está la prueba de que la retroalimentación de baja calidad está reduciendo la retención de empleados y esto es parte de las experiencias que se viven dentro de la organización.

Revisemos más números y repasemos más experiencias, y en este caso, junto a José Cerra -uno de los especialistas que lleva realizada miles de mediciones de clima laboral en la región- nos acerca una reflexión que nos interpela: *"el clima en el ámbito del trabajo está conectado a lo que percibimos y a cómo lo procesamos, la comunicación resulta ser la variable más sensible para su gestión. Pero debemos entender la comunicación en un sentido amplio, que incluye no sólo la información con que contamos, sino también cómo la comprendemos y cómo nos posicionamos frente a esa realidad a nivel personal. Es evidente la conexión que existe entre este proceso y las conversaciones directas y profundas que tenemos en el trabajo, con todas las personas con quienes interactuamos, pero muy especialmente, con los líderes. Esto quedó expuesto en la investigación realizada por Great Place to Work hace unos años atrás sobre el impacto del feedback en el clima interno, a más de 50.000 personas de 65 empresas de Argentina. Estas indagaciones refieren tanto a la cantidad como a la calidad del feedback que se brinda:*

- *En las combinaciones de cantidad y calidad de feedback se reflejan el nivel de bienestar o motivación de las personas, lo cual, además, impacta en la productividad y en los resultados de la gestión operativa.*
- *El nivel general del clima es superior en más del 150% entre quienes experimentan el mejor y el peor feedback.*
- *Se puede comprobar que en la percepción de los colaboradores incide más la calidad que la cantidad de feedback.*
- *Es más importante comunicarse bien que comunicarse mucho.*
- *Claramente las percepciones generales de los colaboradores están fuertemente influenciadas por la calidad de la información, especialmente la que surge de las conversaciones profundas y honestas entre las personas, es decir las vinculadas al feedback consciente".*

Ahora la pregunta no me la hago a mí mismo, se las hago a los lectores ¿Conseguir un nivel más alto de clima laboral por una mejor calidad de feedbacks desde los líderes hacia sus colaboradores, impacta en la experiencia de los empleados? Indiscutiblemente la respuesta es un sí.

Una vez hablando con Ricardo Pereyra -consultor en liderazgo organizacional y actual facilitador del Banco Mundial- me acercó una crítica muy interesante que se desprende del análisis que él mismo llevo a cabo sobre una investigación realizada por Deloitte (con una muestra de 65.000 empleados) y publicada por la *Harvard Business Review*. Este experto nos resume con mucha lucidez lo siguiente: *"se dedicaron dos millones de horas provenientes de las conversaciones de desempeño entre gerentes y sus empleados. Y sobre todo reuniones en las cuales se detectó que hablaron más los evaluadores que los evaluados y con una orientación mucho más basada en las cosas que habían hecho mal que en las cosas que se habían hecho bien. Dos millones de horas que no fueron destinadas a un factor determinante como es poner foco en las fortalezas. ¿Qué nuevo formato se propone al respecto? Les acerco algunas ideas esbozadas en dicho informe: preguntarnos si quisiéramos tener a este colaborador siempre en el equipo. Si se lo piensa para formar parte de un plan de sucesión o un programa de desarrollo. Menos conversaciones de "ratings" y más conversaciones orientadas a la "persona". Realizar feedback regulares, transparentes y conscientes sobre expectativas de metas y desarrollo, revisión de prioridades, correcciones de rumbo brindando nueva información para trabajar mejor, entre otras ideas. Dos detalles importantes más: comenzar a proveerles a los empleados instrumentos para identificar sus propias fortalezas y darles a ellos el espacio para que las reuniones sean gestionadas por los mismos empleados y no por sus jefes. En suma, pasar de "medir" el desempeño a "impulsar" el desempeño, conversar en vez de calificar. ¿Se imaginan el costo que representan dos millones de horas mal invertidas y además en conversaciones de desempeño?".* Y yo quisiera agregar ¿se imaginan la experiencia vivida por miles de empleados en el medio de esos dos millones de horas utilizadas unilateralmente para indicarles solamente lo que hicieron mal? Muchos líderes y, por ende, muchas organizaciones trabajan con el fenómeno del "feedback por excepción negativa". Esto es: "no nos dicen nada salvo que hagamos algo mal, porque nos pagan para que hagamos las cosas de manera apropiada". ¿Por qué bastardear una práctica como es la del feedback para impactar negativamente en la experiencia del empleado?

El Dr. Hugo Ojeda, autor del libro "Gestión del Desempeño: Fuegos Antiguos en Altares Modernos", le suma el rigor de una investigación sobre la conexión entre la gestión de desempeño y la experiencia de empleado: *"se trata de un artículo central escrito por Elaine Farndale y Clare Kelliher titulado ´Implementing performance appraisal: exploring the employee experience´. Lo más importante a señalar es que se prueba aquí, un estudio muy significativo a miles de empleados en múltiples áreas de negocio, que el liderazgo de los gerentes de línea es central para asegurar el éxito de la evaluación de desempeño y, más aún, la experiencia de los empleados. Esto termina siendo el vector principal para la construcción de compromiso y, por lo tanto, de la percepción de equidad y justicia retributiva. Si nos detenemos en el feedback conectado a desempeño, las autoras señalan que la manera en que es administrada esta noble práctica del feedback es crucial para la construcción de las ya mencionadas percepciones de equidad y justicia retributiva, dos variables clave que hacen a la efectividad de la evaluación del desempeño. La falta de conversaciones de feedback afectan aquella percepción de equidad, porque la manera en que los empleados interpretan y asimilan las decisiones post-desempeño dejarán tallado en la frente el nivel de compromiso del colaborador. Las críticas hacia prácticas como la evaluación de desempeño y el feedback, por lo tanto, no se compadecen de la real cuestión que está detrás de la mala praxis en materia de evaluación. Es como que se mata al medio (la evaluación) y no se ataca el problema de la relación entre jefe y colaborador. Esto significa: si mejoramos la experiencia del empleado (por ejemplo, en la práctica del feedback), ganaremos en precisión en la evaluación de desempeño y no al revés, como se cree en ciertos ámbitos, que eliminando la evaluación y el feedback mejoraremos la experiencia de empleado".*

Hace unos años atrás, Virginia Borrajo -*Head of HR Talen*t en Estudio Locht- llevó a cabo una simple pero entretenida dinámica en las redes sociales. La pregunta fue ¿si el feedback fuera un objeto, ¿cuál sería? Nombro algunas de las respuestas: *cinta métrica, soga, semáforo, boletín de calificaciones, oráculo, espejo, caja de herramientas, escalera, faro, balanza, molino de viento, GPS, arco y flecha, lámpara y brújula*. Por supuesto, que todos estos objetos fueron muy bien explicados por los participantes. Y créanme, que en cada una de las definiciones había "una experiencia vivida". A mí me hubiera gustado agregar un "puente". ¿Para qué sirven los puentes? Para cruzar de un lado al otro, vencer obstáculos, atravesar ríos, unir caminos, sortear barrancos o terrenos accidentados, comunicar ciudades, acortar distancias, transportarnos de un lugar a otro y podemos seguir nombrando muchos usos más. En resumen, un puente conecta, un puente une. ¿En qué medida somos puentes en nuestro equipo y dentro de la organización? ¿Qué debo hacer como líder para para construir más puentes? ¿Qué puentes vamos a construir entre las distintas áreas de la organización? ¿Con quién nos debemos un puente en el día a día del trabajo? Y un puente no solamente para hacer referencia al objeto del feedback, sino un puente que transforme al feedback en una gran experiencia del empleado. Una comunión entre feedback y la PX (experiencia del empleado), de la que creo fervientemente que funciona.

Sin duda, es el estilo conversacional y su ambiente, uno de los "puntos calientes" o de dolor, a tener en cuenta para medir PX. Ya lo he expuesto en este libro: la calidad de las conversaciones lleva a la calidad de relaciones y la calidad de relaciones lleva a la calidad de vida laboral y ello impacta directamente en el bienestar y experiencia de los empleados. Ahora bien, cómo hacer con las miles y miles de organizaciones que no pueden o tienen a su alcance mediciones de retención de personal, no pueden hacer encuestas de clima laboral y menos embarcarse en proyectos de PX. ¿Cómo le tendemos un mano? Más allá del origen o tamaño de la organización, más allá de tener o no el presupuesto para ese tipo de proyectos, necesitamos volver a las fuentes. Volver a elegir cómo necesitamos conversar dentro de los equipos y dentro de la organización. Vayamos entonces a repasar tres ideas conceptuales que nos ayudarán a mejorar la experiencia de los empleados, eligiendo -desde el liderazgo primero- la forma en como queremos conversar y que esto nos lleve a una experiencia de lo más positiva posible:

- Desde la relación: mi colega y facilitador Daniel Feige utiliza una excelente fórmula para encuadrar emocionalmente a una conversación. Es el "Modelo R+A=E". Cuando hay Rapport (sintonía) + Acompasamiento (sincronía) = tendremos Empatía. La sintonía de conectar con el otro observando "los tiempos" de ese otro. Y Sintonía + Sincronía = Cercanía. Ambientes de trabajo "más cercanos" y más empáticos nos asegurarán mayor bienestar y mejores experiencias para nuestros empleados.
- Desde la conversación: me gusta mucho el modelo de *Radical Candor* de Kim Scott. La autora nos habla de una doble preocupación al momento de conversar. Una doble preocupación (intencional) que nos lleva a un doble cuidado: cuidar los resultados y cuidar a las personas. "Me preocupo en desafiarte para decirte lo que debo decirte (te voy con la verdad), sabiendo que en ese mismo momento me estaré preocupando por cuidar el vínculo y la relación que tengo contigo (te voy con empatía, escucha, comprensión y respeto). No más conversaciones políticamente correctas. A bajar el nivel de conversaciones "familiares" o "edulcoradas" que nos llevan a una "empatía ruinosa" y por favor, aflojemos un poco con el sincericidio, o sea, esa honestidad brutal que nos lleva a una crítica dura y agresiva. Ser francos y desafiantes, pero preocupándonos por el otro, es un acto de responsabilidad. Ambientes de trabajo con conversaciones sólidas nos asegurarán mayor bienestar y mejores experiencias para nuestros empleados.
- Desde el ambiente: Timothy R. Clark, autor del libro "Los cuatro estadios de la seguridad psicológica" argumenta que en equipos y organizaciones es crucial combinar una alta fricción intelectual con una baja fricción social, lo cual es desafiante ya que la fricción intelectual a menudo conduce a fricciones sociales. ¿Qué es fricción intelectual? Es el choque constructivo de ideas para fomentar la innovación y la mejora. ¿De qué se trata la fricción social? Son los desencuentros y dificultades en la relación entre

los miembros del equipo. Este autor considera que en los sistemas humanos en los que se quiere innovar, competir eficazmente o adaptarse a los cambios es necesario que se dé una alta fricción intelectual junto con una muy baja fricción social. Los equipos que ofrecen seguridad psicológica a sus miembros no son los de «tu haz las cosas como yo digo y así nos llevaremos bien», sino aquellos en los que la discrepancia intelectual no se convierte en conflicto interpersonal. Estas personas y equipos no evitan el conflicto, no se suman a la complacencia, no confrontan emocionalmente y son conscientes del desgaste que produce el escalamiento y la lucha interna. Si nos aseguramos de trabajar a partir de la sinergia y la colaboración para poseer ambientes de trabajo con estos dos tipos de fricciones equilibradas nos asegurará un mayor bienestar y mejores experiencias para nuestros empleados.

¿Y si volvemos a los puentes? Laura Lezman habla del "feedback como pilar estratégico" y para ello nos invita a la idea de la co-construcción que exige la revisión profunda de lo que entendemos por feedback. Hacer de este "puente renovado" un lugar seguro para cruzar, para conectar, para unir. ¡Pero, metafóricamente hablando, "se necesitan dos orillas" para construirlo! Es saber dar, saber recibir y reiteramos por enésima vez, es saber pedir feedback. En parte la PX también es de responsabilidad compartida. ¿Se imaginan realizar un *focus group* con los empleados para que nos ayuden a diseñar el mismísimo proceso de feedback o de sus propias herramientas de autoevaluación? O establecer, junto a ellos, cuál sería un tiempo adecuado para un feedback continuo. ¡No se necesita inversión alguna! ¡No pongamos toda la carga en la espalda de los líderes, eduquemos al soberano! Sensibilicemos, capacitemos, participemos a todo el personal para que sepa pedir feedback y recibir feedback. Creo, fervientemente, que la práctica del feedback consciente es una parte importante de la mejora de la experiencia de los empleados en la organización. Cuando digo empleados, hablo también de los directivos, gerentes, mandos medios e inclusive del gerente general.

La capacidad que tiene una organización para reinventarse nunca debería depender de la capacidad que tengan sus altos directivos para aprender y desaprender, y esto es lo que, en una empresa burocrática o negada a hacer cambios, suele ocurrir. Una organización se reinventará a sí misma cuando sus empleados tengan la libertad de reinventarse a sí mismos. El feedback siempre es un regalo ¿Podremos hacer un esfuerzo para reinventarlo? ¡O para reinventarnos!

CAPÍTULO 6

# *El liderazgo consciente nos invita al feedback consciente*

## Gerenciar no es igual que liderar: *micromanagement*, bicicleta y feedback

Me gusta redundar en la comparación que hago en mi libro *Diario de un consultor* sobre la diferencia entre el rol de "gerenciar" y el de "liderar": un gerente maneja recursos "finitos", que tienen que ver con la administración y la organización de los recursos, el control y el seguimiento. Mientras que un líder maneja recursos "infinitos", transmite un sentido de cambio y crea un entorno donde las personas quieren formar parte de la organización y no solo trabajar para esta. El rol de liderazgo se inclina en las relaciones, emociones y desarrolla el talento dentro de su equipo. Gerenciar y liderar son complementarias, como las dos ruedas de una bicicleta. La ilustración que presento a continuación tiene que ver justamente con eso. Una rueda de adelante que fija dirección y una rueda de atrás que da impulso. Ambas ruedas son necesarias. En una tenemos el *qué* y en la otra tenemos el *cómo*. Es hora de comprender que con la "rueda de adelante" conseguiremos cumplimiento, mientras que con la "rueda de atrás" sumaremos compromiso. Dos caras de una misma moneda, que deben estar equilibradas.

Ilustración 8. Liderazgo, gerenciamiento y feedback

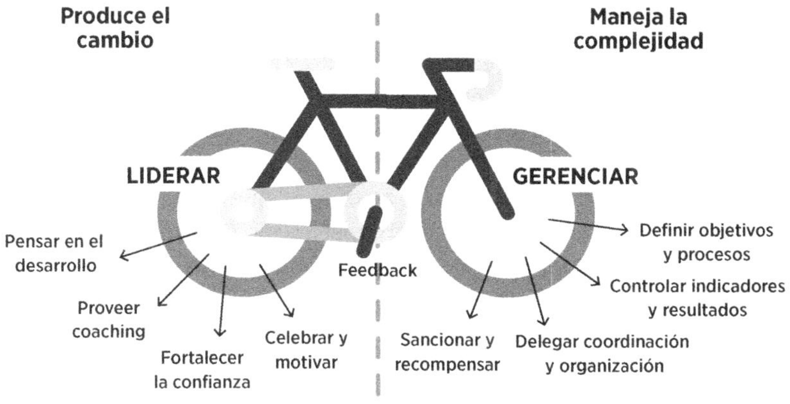

El mismo Warren Bennis amplía sobre esta diferencia: "La gestión está para que la gente haga lo que hay que hacer; el liderazgo, para que la gente 'quiera' hacer lo que hay que hacer. El feedback, en este caso, son los pedales de la bicicleta; es el puente perfecto entre estos dos roles. Los resultados se retroalimentan de las personas y las personas se realimentan de los resultados. Los pedales de esta bicicleta la ponen en movimiento.

Como dice Stephen Covey en su 8º hábito: "Es un valor empresarial crear ese entorno" de querer hacer. Tomar conciencia del papel que juegan las relaciones interpersonales y las comunicaciones en toda la capacidad de liderazgo con la que cuenta la organización es fundamental. No bajar con claridad los objetivos, no ampliar la confianza para que exista un ambiente laboral motivante, no gestionar el desempeño de los colaboradores, no escuchar a los clientes, no celebrar los logros, le restan capacidad de liderazgo a la organización.

Cuando estuvimos trabajando sobre el estudio que hicimos acerca de las "marcas de liderazgo" definidas, los resultados fueron que estuvieron equilibradas entre competencias de orientación a los resultados, es decir, *gerenciar* (con un 45%), y la orientación a las personas, es decir, *liderar* (con un 55%). En estos casos, las marcas de liderazgo establecidas tuvieron las "ruedas de la bicicleta" bastante balanceadas. Podemos decir que estamos bien encaminados, ya que el líder debe actuar sobre esos dos niveles de responsabilidad: responsabilidad por el hacer (gerenciar para que el grupo produzca resultados) y responsabilidad por el ser (liderar para que las personas crezcan).

Escucho a gerentes decir *"me la paso trabajando al lado de ellos tratando todo el tiempo de ayudarlos a que hagan mejor su trabajo, por lo que vivo dándoles feedback"*. Un feedback efectivo y continuo nada tiene que ver con el *micromanagement*, que justamente se trata de descarrilar por la presión que le ponemos a la rueda de adelante. Definir constantemente las tareas de los colaboradores, darles el qué, cómo, cuándo y por qué lo tienen que hacer, y además supervisándolos de cerca y reconociéndoles su cumplimiento, eso no es feedback. Si la micro gestión prospera, en su organización no habrá un ambiente de confianza. Estará mirando hacia abajo del barril de una cultura de trabajo tóxica. En una cultura tóxica como la que genera el *micromanagement*, las nuevas ideas no pueden prosperar, las personas no pueden ser honestas y, desafortunadamente, a los líderes se les sube el poder a sus cabezas y alimentan sus egos, haciendo que los empleados de alto rendimiento abandonen la organización. Los empleados de mejor desempeño quieren feedback, no desean micro gestión. Muy distinto es plantear los objetivos y estar disponible para responder las consultas del colaborador y ofrecerle apoyo, pero sin decirle a cada rato cómo hacer su trabajo. Ayudarlo a examinar las alternativas y los recursos que tiene a su disposición a través de una retroalimentación efectiva, tanto para reforzar lo que se está haciendo bien como para redireccionar alguna mejora. Eso sí es feedback.

Cuando uno confunde dar feedback continuo con estar todo el tiempo encima, en realidad hace referencia a gestionar intentando controlar todos los detalles, hasta el más pequeño, sin capacidad de delegación o de confianza. Esto técnicamente se llama *micromanagement*. No es momento para ahondar en el modelo de *Liderazgo situacional,* de Ken Blanchard, pero muchos líderes piensan que están trabajando desde un cuadrante de *empowerment,* pero lo están haciendo desde un cuadrante de micro gestión. Y lo más importante de esto es que la gente crecerá y saldrá de esa situación con un líder que le provea coaching y feedback a lo largo de su desarrollo, para que llegue el día en el cual el colaborador decidirá cuándo y cómo estará implicado su superior.

¿Es importante que esté presente el gerenciamiento? Sí. Pero también es importante balancearlo con el liderazgo. Insistimos, el feedback es el puente. Para llegar al empoderamiento de las personas en las organizaciones la primera clave es compartir información con todos, y esto, sin feedback continuo, es imposible. El mismo Blanchard nos enumera, en su libro *Empowerment,* la importancia de tener información de ida y vuelta y compartida con todos: *"Es la primera llave para facultar a las personas, permite a los empleados entender su situación actual en términos claros, crea confianza en toda la organización, ayuda a las personas a ser más responsables y las estimula para actuar como si fueran dueñas de sus proyectos".* Ahora bien, cuando las organizaciones poseen una cultura extremadamente orientada a los resultados, el gerenciamiento se transforma en una adicción. Bajar línea es un deporte, y esto no es dar y recibir feedback. Si no damos y recibimos retroalimentación, no estamos delegando bien. Estaremos trabajando en próximas secciones cuáles son los estilos de liderazgo más propicios para dar y recibir feedback, pero el primer y gran test que nos debemos hacer es reconocer si somos, o no, *micromanagers*: ¿Cree que ser jefe es tener más conocimientos o habilidades que sus empleados? ¿Cree que puede verificar mejor las cosas, su calidad, sus fechas de cierre, mejor que su equipo? ¿Es extremadamente crítico, siempre está buscando y señalando al menos un error, nunca ve lo positivo? ¿Permite a los miembros de su equipo aprender de sus errores? ¿Se irrita si alguien de su equipo toma decisiones sin consultarle? ¿Pocas veces dice estar orgulloso o satisfecho con los miembros de su equipo? ¿Su equipo no toma iniciativas, porque deben chequear cada cosa y hasta cada idea contigo, antes de poder hacer nada? Si las respuestas a la mayoría de estas preguntas es un *sí*, te puedes reconocer como un *micromanager* y estarás en problemas para dar y recibir feedback. Recordemos, las dos ruedas de la bicicleta tienen que estar balanceadas. El feedback son los pedales que la ponen en movimiento.

## Se necesitan líderes cercanos

Hace unos años tuve en mis manos una investigación sobre el desarrollo de líderes en América Latina realizada por la prestigiosa organización *Center for Creative Leadership* (CCL), que mostraba qué estaba pasando con el Descarrilamiento Gerencial. La investigación estaba basada en distintos patrones del comportamiento disfuncional de la población gerencial, agrupados en cinco factores:

- Problemas con las relaciones interpersonales.
- Dificultad para liderar a los equipos de la organización.
- Dificultad para cambiar o adaptarse a su entorno o a su jefe.
- El no cumplir con sus objetivos de negocio.
- Una orientación funcional demasiado estrecha (poca visión global del negocio).

Para medir cómo los gerentes de la región estaban afectados en su potencial de descarrilamiento, se estudió una muestra de alrededor de 500 referentes gerenciales latinoamericanos que fueron evaluados en 40 ítem que componían los cinco factores mencionados anteriormente. Los resultados generales arrojaron el siguiente ranking:

1. Una orientación funcional demasiado estrecha (poca visión global del negocio).
2. Dificultad para construir y liderar a los equipos de la organización.
3. Problemas con las relaciones interpersonales.
4. El no cumplir con sus objetivos de negocio.
5. Dificultad para cambiar o adaptarse a su entorno o a su jefe.

Qué más nos aportan los autores de dicha investigación: "*La conclusión inicial habla del riesgo de tener una visión totalmente sectorial, o, mejor dicho, focalizada en su función. Una segunda observación fue que los evalua-*

*dores de nuestra región desplegaron una evaluación de sus gerentes más negativamente que sus contrapartes de EE.UU., asimismo los gerentes en América Latina tendieron a considerarse más positivamente que los gerentes en los EE.UU. Dos factores en particular: los problemas con las relaciones interpersonales y el fracaso para cumplir con los objetivos de negocio, fueron significativamente mayores para los directivos latinoamericanos. Una cuarta conclusión, y muy interesante, es que los gerentes de América*

*Latina se enfrentan a una brecha de percepción, entre como ellos se ven y como los ven los demás. A mayor discrepancia entre el gerente y los evaluadores en América Latina significa una desconexión entre dos conjuntos de percepciones, y parecen revelar una falta de conciencia de sí mismo por parte de los gerentes latinoamericanos. Esto puede estar reflejando cierta inhibición en la práctica de retroalimentación y, en consecuencia, resultar en una falta de conciencia de sí mismo.*

¿Leemos nuevamente esta última frase? "Esto puede estar reflejando cierta inhibición en la práctica de retroalimentación y, en consecuencia, resultar en una falta de conciencia de sí mismo", tema del presente libro.

El *CCL* sugiere, para este diagnóstico, las siguientes acciones: 1. Prevenir el descarrilamiento asegurando que en su organización sea una prioridad mantener reuniones para definir, comunicar claramente y efectuar seguimiento de los objetivos. 2. Proporcionar capacitación sobre "la comunicación para arriba", comenzando también a romper la distancia de poder, sobre todo quienes han vivido en los paradigmas anteriores de liderazgo jerárquico. 3. Ayudar a desarrollar las relaciones entre los directores, gerentes y jefes para centrarse en el desarrollo y la retroalimentación. 4. Invertir en la autoconciencia, apoyando la creación de una cultura organizacional que promueva la búsqueda y una ejecución efectiva de la retroalimentación. 5. Proporcionar oportunidades y orientación al personal para la reflexión y la evaluación de las fortalezas y debilidades. Parece que aquí también, todos los ADN conducen al feedback.

Recuerden los resultados de nuestra investigación esbozados en el capítulo cuatro a partir de la pregunta: ¿Su organización cuenta con líderes preparados para acompañar acciones de feedback continuo? Los *CEO's* percibían que los líderes estaban preparados. Sin embargo, en los otros roles con personal a cargo bajaba sensiblemente esa percepción de preparación. Cuando se les preguntó a los "contribuyentes individuales" (técnicos, analistas, administrativos y asesores), la percepción bajaba aún más. Una sensación de que cuanto más arriba se está, mejor percepción de la preparación de los líderes tenemos. Al igual que la conclusión del CCL, ¿hay *"una desconexión entre dos conjuntos de percepciones y una falta de conciencia de sí mismo?"*.

Nuestra gran incógnita sería: ¿qué tipo de liderazgo necesitamos en nuestras organizaciones? Se necesitan líderes cercanos. El asesor empresarial en dinámica estratégica y operacional Alberto Levy hace una diferencia en el tipo de organizaciones, llamando a algunas "morgue de almas" y a otras "banda de hermanos". Las primeras son empresas "*chimpancé*" y las segundas, dice, *"son las organizaciones que aparte de crear valor económico generan valor social, emocional y las hace más sostenibles y sustentables. Estas organizaciones privilegian lo humano de lo humano"*. Esto vuelve obsoletos a los managers tradicionales del mundo corporativo. El mismo Ronald Heifetz habla de "la era de los gerentes sociales", es decir, líderes metidos con la gente. Para potenciar una cultura de feedback, implementar sus procesos y utilizar en forma efectiva las herramientas que nos provee –y al mismo tiempo acompañar a las personas en estos tiempos de cambio, de incertidumbre y de alta complejidad–, se necesitan líderes "con cercanía". Pero no es cualquier tipo de cercanía. El título de "líder con olor a oveja" es la expresión: *"Sean pastores con olor a oveja, pastores en medio de su rebaño"*. Las personas que dirigen tu organización, ¿huelen a oveja? Cuanto más desafiante es el entorno, tanto más cercano debe ser un buen líder. Y esa cercanía tiene tres dimensiones fundamentales.

En principio describir la **cercanía física:** puede que tengamos un cargo jerárquico superior o inferior, que nuestras responsabilidades sean diferentes, pero en el fondo somos lo mismo, con roles diferentes. Somos uno. La cercanía física empieza por la oficina de puertas abiertas, la de transparencia de los cristales (en lugar de paredes), la de sillas y escritorios iguales. La del comedor y otros espacios comunes compartidos.

Continuamos con la **cercanía emocional:** nos interesamos por las personas, las escuchamos, las entendemos y empatizamos, nos comunicamos desde la comprensión, y esto no implica que debamos estar de acuerdo. La cercanía emocional empieza por la autenticidad de lo que pensamos, sentimos y decimos. Cómo nos comportamos y la profunda conciencia acerca de qué emociones generamos en los demás a través de nuestros actos. Cercanía emocional con el bien, con la excelencia, con el servicio y con aporte a nuestro entorno.

Finalmente enunciar la **cercanía espiritual:** por ser la más intangible, es la más importante. La irradiación de la cercanía espiritual es la que trasmitimos a través de nuestra autenticidad, integridad y conexión con los demás. Es la conciencia de que todos tenemos las mismas necesidades básicas, disfrazadas con diferentes egos, mañas y profesiones. Cercanía espiritual es la buena voluntad subyacente en nuestras comunicaciones y contrato con la verdad. Es la que permite que haya un nosotros.

Los líderes cercanos, los líderes con "olor a oveja" crean espíritu de equipo, compromiso y sentido de pertenencia. ¿Cuál es el grado de cercanía que se respira en tu organización? ¿Los líderes, huelen a oveja? ¿Todos? De la respuesta que se desprenda, estarán más cerca o más lejos de una cultura de feedback. Tendrán que estar dispuestos a preparar más o a preparar menos a sus líderes para ser consistentes con este tipo de retos comunicacionales. Desafiemos las investigaciones de CCL, cambiémosles el ADN a los líderes latinoamericanos. Un líder cercano puede tranquilamente seguir y pasar a la acción las cinco sugerencias de mejora realizadas por esta prestigiosa institución.

## Los estilos de liderazgo que comulgan con el feedback consciente

El liderazgo es tal vez uno de los conceptos más utilizados en los análisis sobre la situación de las organizaciones y de nuestras sociedades, en particular cuando estas enfrentan crisis o situaciones de cambio. ¿Quién no ha escuchado reclamar que lo que falta en nuestra organización o en nuestra sociedad para que las cosas mejoren es más o mejor liderazgo? Por lo general, este diagnóstico propicia una mirada indagadora hacia las personas con autoridad, sea este el gerente en una empresa, la directora de una escuela o el ministro en una repartición pública, a quien se le reclama "liderazgo". Pedido que, la mayoría de las veces, conlleva a la demanda de que estas personas se hagan cargo de la situación y "resuelvan" los problemas que enfrentan la organización o la sociedad. En la medida en que estas personas no hagan lo que se espera de ellas, esta línea de diagnóstico conduce a cuestionar la "falta de líderes".

Como dice Heifetz, el liderazgo "suscita pasión", porque se ven involucrados nuestros valores. Por ende, entender qué queremos decir por liderazgo y cómo se relaciona con la autoridad y su capacidad de resolver problemas es vital. El concepto de autoridad es central en el ejercicio del liderazgo y, ya lo hemos visto cuando hemos diferenciado el "cumplimiento" (rueda de adelante) del "compromiso" (rueda de atrás). En este caso, la diferencia en la autoridad es que una proviene del ejercicio del poder y la otra del ejercicio de la relación. Como hemos visto en los primeros capítulos sobre los cambios que se están presentando en el mundo, la "autoridad racional y legal" que descansa sobre una estructura burocrática y jerárquica está siendo cuestionada y –sin dejarla a un costado, porque es necesaria– se está transitando al concepto y a la práctica de "autoridad como relación e intercambio". De líderes basados y preparados en el poder y en las jerarquías, estamos pasando a preparar líderes basados en el poder de las relaciones. Un verdadero cambio de paradigma que se dará cuando esto verdaderamente pase. Entonces, podemos ver una evolución del concepto de "autoridad de propiedad" (aquellas que poseen bases en el poder del cargo) a "autoridad de relación" (aquellas que tienen bases en el poder de las personas). Por eso, cuando hablábamos en la sección anterior de la idea de Heifetz de mudar a un estilo de "gerentes sociales" o líderes cercanos, está basada en la función social de autoridad. Si volvemos a los desafíos técnicos y adaptativos y si volvemos al modelo de la bicicleta, deberán convivir la autoridad formal (acompañada por los diversos poderes del cargo) con la autoridad informal, que dependerá de la credibilidad, el respeto, la legitimidad y la confianza que otorga el nuevo poder: el de influir en la actitud y la conducta de las personas sin obligarlas a que hagan su trabajo. Estos serán los estilos de liderazgo que comulguen con un feedback consciente.

Se precisarán solo diez renglones por cada uno de los seis autores que he elegido para presentarles las bases comportamentales con las cuales acompañan el ejercicio de la *función social de la autoridad*, y de paso, alimentan los pilares de un liderazgo cercano:

**El Líder Coach (Daniel Goleman)**: estos líderes se asientan en el *coaching* y en las competencias de la inteligencia emocional, que posibilitan que el líder actúe con conciencia emocional de uno mismo y empatía. Los líderes conscientes de sí mismos suelen ser personas sinceras, personas capaces de brindar desinteresadamente su ayuda e ir más allá de los simples consejos que hacen que un empleado se sienta manipulado. Estos líderes escuchan, empatizan antes de proporcionar feedback. Existe un considerable impacto emocional positivo del coaching, ya que su accionar se deriva de la empatía y de las relaciones que establece. El mensaje es "yo creo en ti, por eso me preocupo y espero que des lo mejor de ti". El vínculo que se establece hace que las personas se sientan respaldadas por el líder y asumen más responsabilidades para alcanzar niveles superiores de actividad. Se crea un ambiente laboral altamente nutritivo.

**El Liderazgo Ejemplar (Barry Posner)**: estos líderes abren las puertas para que los demás puedan ver el panorama más amplio y se mantienen en permanente contacto con personas y organizaciones que lo ayuden a lograr mejoras. Fomentan la colaboración, promoviendo objetivos colectivos y generando confianza para que ello se logre. Se ponen como ejemplo ante los demás, comportándose de modo congruente con los valores que pregonan, marcando el camino de las "reglas claras". Celebran regularmente los logros de sus colaboradores y de su equipo. Brindan retroalimentación cuando es necesario, escuchan genuinamente las necesidades de la gente, ayudándolos a crecer como personas y como colaboradores. Fortalecen a los demás, compartiendo información y poder. Comunican los objetivos con claridad, sin ejercer su poder jerárquico, y ayudan a comprender un futuro más elevado.

**La Práctica del Liderazgo Adaptativo (Ronald Heifetz)**: estos líderes movilizan a la gente para que enfrente sus problemas, encare decisiones dolorosas y aprenda nuevas formas de ser. Construyen autoridad formal e informal que permiten la búsqueda de progreso al asumir que las personas de la organización son, a la vez, parte del problema y parte de la solución. Edifican una cultura que valora la diversidad de puntos de vista. Fortalecen el ambiente de contención, logrando que la gente asuma mayores responsabilidades. Establecen los valores orientadores, desarrollando una autoridad informal basada en la confianza. Cuentan con una capacidad emocional para tolerar la incertidumbre, la frustración y el dolor. Generan influencia para que la gente reconozca que se es parte del problema y que se debe cambiar y que el aprendizaje que esto requiere es complejo.

**Líderes Multiplicadores (Liz Waseman)**: estos líderes preservan como materia prima la inteligencia de su gente, motivando a su equipo a que manifiesten sus ideas y aportes. Buscan el camino para resolver problemas, permitiendo el diálogo y la discusión activa. No dan órdenes, ya que dirigen con diálogos basados en preguntas clave. Reúnen a las personas para crear el entorno y así liberen su potencial natural. Estos líderes esperan grandes cosas de sus colaboradores y los guían para lograr resultados extraordinarios. La gente se vuelve más capaz al estar cerca de un líder multiplicador. Crea un ambiente intenso que requiere de las personas sus mejores ideas y trabajo. Organiza espacios de comunicación en los cuales cambian la proporción entre escuchar y hablar. Impulsa decisiones sólidas al cultivar el debate riguroso entre los miembros del equipo. Les entrega a otras personas la propiedad de los resultados.

**Liderazgo del Servicio (Robert Greenleaf)**: los líderes de este estilo saben que hay ocasiones en que los intereses y necesidades personales pasan a segundo plano en nombre del bien común. Se destacan por su empatía para conectar y hacer sentir es importante a las personas con las que trabajan. Se trata de líderes que no solo piensan en sí mismos y convierten su servicio en poder e influencia. Tratan a todo el mundo con respeto, al margen del estatus que tienen dentro o fuera de la organización. Sienten la necesidad de servir a los demás con el sentimiento natural de hacerlo primero, y atado a las prioridades de la gente. Saben que un grupo unido, que habla y arregla sus conflictos, puede lograr grandes metas. Poseen la sensibilidad para detectar las preocupaciones de los demás y la inquietud por obtener su bienestar. Tienen la disponibilidad para ayudar a otros y para estar a su lado cuando lo necesiten.

**El Líder Inspirador (John Zenger)**: estos líderes son conscientes de sus estados de ánimo y transmiten a las personas un sentimiento de confianza y optimismo. Crean un clima de libertad y promueven un ambiente en el que florecen los comportamientos positivos, comunicando con claridad que las personas y los equipos son los que cuentan. Establecen una visión y una dirección y las comunican a todos con fuerza. Son excelentes modelos a seguir, ejemplificando los valores de la organización. Son catalizadores del cambio basándose en las relaciones con los demás, comprendiendo sus miedos y sus dudas. Se centran en las prioridades y las comunican claramente para luego delegar. Usan las emociones como el ADN de su inspiración y sintonizan con las emociones de los que los rodean. Aumentan los niveles de interacciones para influir y conocer qué sienten los demás y afrontan los problemas de manera colaborativa.

Si a través de los resúmenes de estos seis autores tú no ves reflejado el ejercicio de la *"función social de la autoridad"*, por un lado, y si de los comportamientos que de allí se desprenden no encuentran la semilla de *"liderazgo cercano"*, por el otro, pido disculpas por haberme equivocado de autores. Pero sabes muy bien que no es así, no me equivoqué.

En cada uno de estos "modos de liderazgo" hay una clara alusión a lo que John Maxwell establece como frase de cabecera en muchos de sus libros: *"El liderazgo es influencia"*. De hecho, en una de sus obras, *Las 21 leyes irrefutables del liderazgo*, una de ellas se llama así. Tratemos de hacer un "doble *click*" sobre esta ley: "La verdadera medida de liderazgo es la influencia, nada más, nada menos. Los líderes añaden valor por medio del servicio a los demás. Se apoyan más en la influencia que en el título o en el cargo para hacer que otras personas lo sigan. Se estriban en las relaciones con los demás, más que los sistemas organizativos y los procedimientos. Si no se tiene influencia no se podrá dirigir a otros. El verdadero liderazgo no puede ser otorgado, nombrado ni asignado. Solo procede de la influencia, y esta no puede imponerse. Debe ser ganada.

También cabe agregar que en cada uno de estos seis "modos de liderazgo" hay una despejada intención de "ponerle valor" y "poner en valor" a las personas. Estos líderes perciben que quienes los rodean son valiosos. La consultora especializada en felicidad organizacional, Laura Isanta, llama a esto "apreciatividad" y de hecho es la creadora de este concepto: *"es el arte de percibir lo valioso. Significa reconocer y estimar el mérito a alguien o de algo, como también, sentir afecto o estima hacia alguien. Percibir debidamente la magnitud y las cualidades de alguien. El principal problema que tenemos las personas es que no solemos hacer un alto para reconocer, descubrir y apreciar las cosas, los sucesos y personas que nos rodean, incluidos nosotros mismos. Es la observación deliberada de lo mejor y lo preciado, y sentir una conexión emocional con ello. Lo contrario de apreciatividad es el desprecio y la desvalorización".* ¿Recuerdan la frase de Goethe con la que inicio este libro? ¿La repasamos? *"Poseo un poder tremendo para hacer que la vida de alguien sea miserable o dichosa. Puedo ser una herramienta de tortura o un instrumento de inspiración. Puedo humillar o dar apoyo, herir o curar".* El verdadero líder debe estar preparado para percibir la abundancia y el potencial que lo rodea.

El feedback es un canal de comunicación muy importante para acceder a la función social de la autoridad. El feedback es una competencia de liderazgo cercano. El feedback es influencia. Hay mucha gente en niveles gerenciales y directivos que no tiene intenciones de mejorar esta competencia. Malas noticias: tendrán que salir a desarrollarla. Si no, las nuevas generaciones, la incorporación de procesos ágiles, la transformación digital y la humanización de las organizaciones se encargarán de "ponerlos en vereda".

## Del 70/20/10 al 40/35/25

Todo líder debe ver el desarrollo en forma "tridimensional": en principio como persona, comprometiéndose en dejar una huella, un legado de aprendizaje y actitudes ante quienes lo rodean. En segundo lugar, como líder mismo, siendo un mejor facilitador de los desempeños generados por la gente, proporcionando feedback y coaching en forma constante dentro, un ambiente estimulante y desafiante. Finalmente, como empleado, ya que el líder también "tiene un jefe" y es empleado de la organización, asumiendo plena responsabilidad de su propio desarrollo personal, sirviéndose de la empresa como un entorno fértil de aprendizaje y con muchos recursos disponibles.

Los grandes líderes no nacen, se hacen, y "hacerlos" es todo un "proyecto". En el pasado, se aceptó trabajar para el desarrollo de líderes con una idea del *Corporate Executive Board*, bajo la conocida "Regla 70/20/10" de Dave Ulrich. Si bien este concepto todavía está muy vigente, sigue siendo revisado por otros autores y especialistas a la luz de los nuevos cambios que se están suscitando en el mundo social y laboral. Si el mundo cambia, el liderazgo cambia, las herramientas para observar, evaluar y desarrollar también cambian. Lo bueno de este modelo es que según el "juego" de proporciones establecido por la regla, la experiencia laboral constituye el 70% del entrenamiento del líder, mientras que el otro 20% proviene de trabajar con coaching y mentores, y el 10% restante procede de las capacitaciones formales. Por lo que conocemos, la regla del 70/20/10 está balanceada de una manera en la que prevalece la experimentación por sobre la capacitación formal. o sea, la adquisición de conocimientos. Esta simple regla ha puesto contra la pared a muchos líderes y algunos ejecutivos permanecieron "en penitencia", ya que cuando les tocó armar algún plan de autodesarrollo solo se ocuparon de inscribirse en costosos cursos de capacitación, algunos en el exterior. Nuestros grandes esfuerzos de desarrollo se deben enfocar en que los líderes experimenten situaciones desafiantes y nuevas, en buenos procesos de mentoría y coaching y con una sólida base de capacitación formal.

Ahora bien, ¿qué paradoja se nos presenta? Los líderes necesitan desarrollar habilidades para dar y recibir feedback en forma consciente y efectiva, y dentro de su plan de desarrollo deben recibir de otros coaching y feedback. Necesitan aprender a partir de los propios "los remedios" que les están suministrando "para su mejoría".

La consultora internacional Aberdeen *Group*, dedicada al *Business Intelligence*, viene insistiendo desde el año 2015 con modificar los porcentajes del modelo de Ulrich. Ellos comenzaron a hablar del "modelo 40/35/25", que pasaremos a observar y a analizar a partir del siguiente cuadro:

## Cuadro 7. Modelo 40/35/25, Consultora Aberdeen *Group*

| 40% Experiencial | SOCIAL<br>17,5% Referencial | 17,5% Relacional | 25% Formal |
|---|---|---|---|
| **Aprendizaje experiencial**<br>Ocurre en el trabajo. Esto significa, no solo el aprendizaje por hacer el trabajo, sino también el aprendizaje que puede ser obtenido mediante actividades tales como proyectos de estiramientos, proyectos multifuncionales, interacciones con los clientes así como también rotaciones de asignaciones | **Aprendizaje referencial**<br>El feedback, coaching y mentoring para acompañar y moldear capacidades, a través de la interacción de los participantes con sus entrenadores, tutores, mentores. | **Aprendizaje relacional**<br>El aprendizaje con los jefes y los pares toma lugar en contexto a través de actividades, tales como prácticas de comunicación (en línea o no), compartir conocimientos, colaboración a través de la tecnología y las redes sociales. | **Aprendizaje formal**<br>Los programas formales y cursos diseñados para desarrollar los conocimientos y habilidades de liderazgo, que ponen al colaborador en condición de "hacer". |

Esto es más que interesante, y les digo más, me gusta mucho más este modelo para el desarrollo de liderazgo que el anterior. ¿Por qué? Porque lo experiencial baja al 40% y se remite a experiencias en proyectos especiales y de impacto. Se aumenta al 35% la porción del aprendizaje social, teniendo el acento puesto en dos enfoques: el "referencial" a través del feedback, el coaching o el *mentoring* y el "relacional", que son las actividades de aprendizaje compartido con pares y a través de redes. Y, a decir verdad, era hora de que la capacitación formal para el desarrollo de liderazgo tuviera un poco más de impronta. Un cirujano necesita muchas horas de prácticas y coaching de expertos con experiencia que lo guíen, pero deben estudiar mucho para mantenerse enfocado en un alto nivel de especialización. Con los líderes pasa lo mismo. Entonces, ¿le dejaremos todo en manos de la experimentación en el mundo del aprendizaje para líderes? Bajo este concepto Malcolm Gladwell, autor de *Fueras de serie*, incluye la famosa "*teoría de las diez mil horas*" que, según muchos, es necesario experimentarlas para alcanzar la "maestría". Como él nos indica: "*la práctica no es lo que uno hace cuando es bueno, es lo que uno hace para volverse bueno. Muchos de los fuera de serie analizados, desde Bill Gates a Los Beatles, tuvieron la oportunidad de practicar sus talentos de manera prácticamente ilimitada*". Insisto, y más allá de que me seduce la teoría de las 10.000 horas, me parece muy bien haber aumentado la incorporación de capacitación orientada a la obtención de conocimientos a un 25% y mudar a un 35% el aprendizaje a través de otros. En las organizaciones hay "mucho líder tocando de oído", y esto en algún momento había que ponerlo sobre el tapete. Pero ojo, esta es una moneda con dos caras: mientras tú recibes el beneficio del 35% de coaching y feedback, tus colaboradores te estarán pidiendo lo mismo a ti. Si cuando te lo pedían en un 20% no lo hacías, la mala noticia es que la brecha ahora se te amplió.

En muchas de las capacitaciones que facilito, alguien se me ha acercado para decirme: "*Me gusta lo que usted enseña sobre el liderazgo, pero me es difícil aplicarlo. Yo no soy el líder más importante de la organización, y la persona que supervisa mi trabajo apenas muestra un liderazgo promedio". Mi respuesta es siempre: "Tenemos que ser mejores jefes a pesar de nuestros jefes: clarifique expectativas, mida y muestre resultados, sea permanentemente el gerente de su propio desarrollo, anímese a crear conexiones, expanda sus conocimientos, manténgase informado y participe todo lo que pueda. Hay tantas cosas para hacer y ser mejores que nuestros jefes. Esto es actuar con un doble fin: su jefe lo estará observando, usted le estará haciendo de espejo; él aprende y usted también, y la organización termina ganando. Si su jefe no le da feedback en tiempo y forma, su equipo no tiene por qué recibir el mismo trato de su parte*".

Ayuda a tu superior a que te dé feedback. Anima a tu equipo a dar y recibir feedback entre las diferentes áreas de la organización. Exige ese 35% de retroalimentación que te corresponde: tú necesitas saber si lo estás haciendo bien o no; es la única forma de alinear tus prioridades con las de tu jefe. Y comprométete a dar feedback en la misma proporción. Establece metas para tu desarrollo personal y profesional que contenga la mejora de esta competencia. Todo lo que puedas hacer por tu autodesarrollo te hará tomar conciencia y te comprometerás con tu equipo. Los líderes que estén comprometidos con su autodesarrollo lo estarán con el desarrollo de su gente. Cuando uno recibe feedback constante, se predispone a dar feedback constante. En el capítulo cuatro alguien que había contestado a la investigación nos comentaba que "*el desafío para los líderes es construir espacios y contar con mecanismos que hagan de esta práctica una verdadera herramienta de desarrollo*".

El concepto de aprendizaje continuo es parte del progreso profesional de cada persona; no obstante ello, el líder lleva en sus espaldas una mayor responsabilidad sobre esta cuestión. Cuando tú te esfuerzas por aprender y mejorar, no solo vas a poder crecer y prosperar dentro de tu organización, sino que también esta actitud te ayudará a sobresalir entre la multitud. Dar y recibir feedback debe ser parte de tu plan de desarrollo, sea experimentándolo desde el 40%, sea recibiéndolo desde el 35%, o sea, capacitándote dentro del 25%. Tú tienes que prepararte para un mundo lleno de desafíos adaptativos. El liderazgo consciente nos invita al feedback, a un feedback permanente.

# *Pensar acerca del feedback*

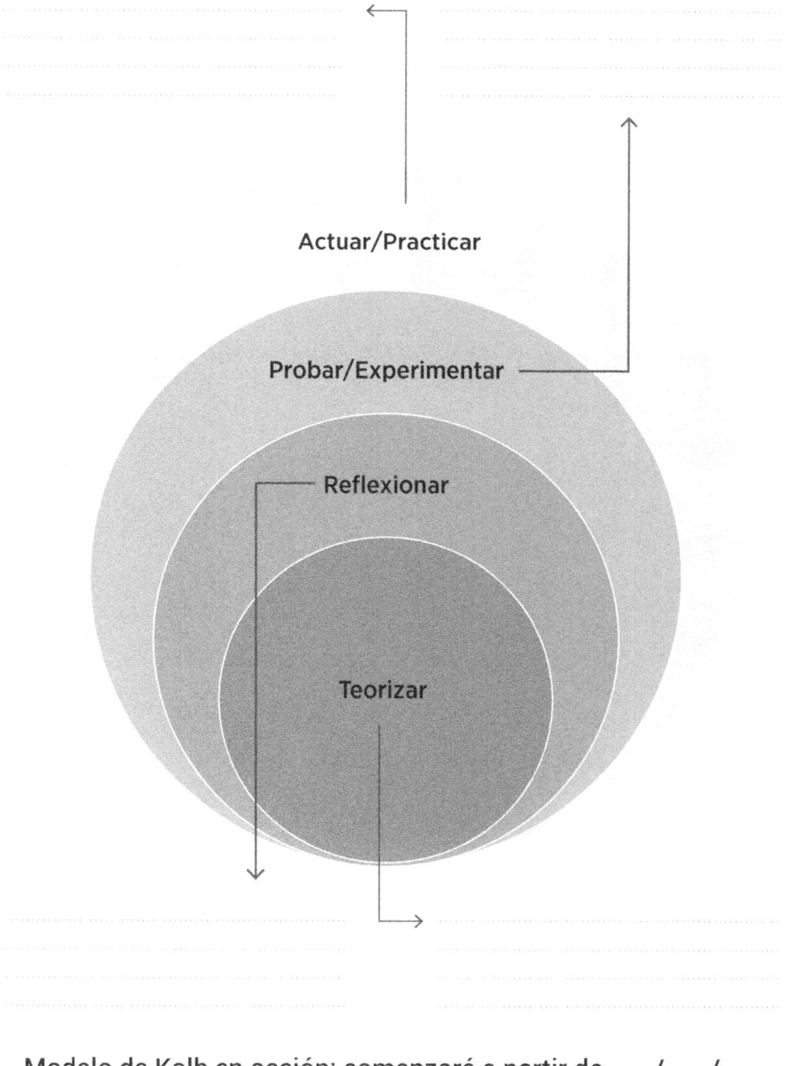


Modelo de Kolb en acción: comenzaré a partir de ....../....../......

TERCERA PARTE

# *Conversar sobre feedback*

CAPÍTULO 7

# *Las bases para un feedback consciente*

## El poder de los valores: el mejor de los feedback

Una sociedad o una organización que realmente es *administrada* por sus valores no tiene más que un líder: esos valores. Son el núcleo fundamental de la efectividad del liderazgo y es lo que sostiene a las demás competencias de cualquier modelo comportamental que exista sobre la Tierra. Liderar con el ejemplo a través de un conjunto de valores cimienta un alto grado de Integridad y honestidad.

Durante una cálida noche del año 2002 en San Miguel de Tucumán, mientras transcurría el partido preparatorio para el mundial de Australia en el que se enfrentaban las chicas del hockey sobre césped –*Las Leonas*– con el equipo de Alemania, el DT argentino –Cachito Vigil– le advirtió al árbitro que la pelota en realidad había ingresado en el propio arco de Las Leonas, por lo que correspondía convalidar el gol que había sido ignorado por el árbitro Jun Zhang, de China. Ese reconocimiento implicó la derrota del seleccionado de nuestro país por 2 a 1, pero dejó un mensaje inmenso que continúa hoy, después de muchos años, sirviendo como un faro que ilumina el deporte. Consultado inmediatamente después del hecho, Cachito Vigil afirmó: "*No entiendo el deporte ni la vida de otra manera*", quitando trascendencia a algo muy natural para quien transcurre en la vida con coherencia y fidelidad a sus principios y valores.

La "Ley de la Identidad", la número 13 de "*Las 17 Leyes Incuestionables del Trabajo en Equipo*", de John Maxwell, habló de cómo los valores compartidos definen a un equipo: "*Los valores organizacionales influyen y guían el comportamiento del equipo del mismo modo en que los valores personales influyen y guían el comportamiento de un individuo. Los valores compartidos pueden ser como un pegamento: cuando llegan tiempos difíciles mantienen unidas a las personas. Asimismo, son un fundamento: todo equipo necesita estabilidad para actuar bien y para crecer. Y también una regla: los valores ayudan a establecer la norma para el desempeño de un equipo*". Por eso, la mayoría de las investigaciones muestra que los valores compartidos marcan la diferencia en la vitalidad de las organizaciones, y que los valores forman parte de su cultura.

El gran problema que veo es que esos valores que se expresan a menudo en el mundo corporativo como una declaración de misión y se pegan en carteles a lo largo y a lo ancho de la organización, no son respetados por todos. Ken Blanchard nos dice: "*Los valores significan algo solamente cuando se puede ver cómo se comportan en realidad las personas. Alinear los valores con las prácticas diarias, con las prácticas individuales, grupales y organizacionales. Las organizaciones no hacen funcionar la administración por valores, la hacen funcionar las personas*". Por ello, el primer gran feedback que se da en las organizaciones es a través de la brecha que se forma entre lo que dicen sus directivos y gerentes y lo que posteriormente hacen. El personal no mira lo que "los de arriba dicen", sino que observa lo que realmente hacen. No hay peor forma de recibir feedback que ver cuando los valores no se cumplen. Los líderes deben dar feedback sobre si las personas se apartan del camino de los valores, ya que, de no ser así, es un "vale todo". Uno a diario puede ver cómo existen líderes con miedo a dar un feedback de desempeño, imagínense cuando hay cuestiones de valores de por medio. Un mal desempeño vaya y pase, para un problema de valores es innegociable el hecho de dar un feedback. He trabajado en empresas donde los feedback sobre valores no respetados, los daba la gerencia de auditoría. Un problema de valores es un problema de todo el liderazgo, no solo de una gerencia. El carácter de un líder marca el tono moral del liderazgo. Las pautas que establece y el legado que deja se convierten en patrones por los que se rigen otras personas y equipos de trabajo. En todo momento, el líder da muestras con sus propios actos de la conducta que prefiere. A través de su ejemplo, los líderes aprovechan cada oportunidad para demostrar que están comprometidos con los principios que abrazan. Insisto, primero las personas escuchan las palabras y luego observan los actos. Clarificando los valores se orientan las decisiones. El feedback como proceso continuo por parte de los líderes debe determinar qué hacer y qué no, porque cuando los individuos adoptan valores firmes, obtienen una brújula moral que les ayuda a tomar decisiones. Exprese los valores, compare valores con lo que pasa en el día a día, enseñe los valores, practique los valores. De esta manera se institucionalizarán.

Alguna vez le preguntaron a Jack Welch cómo clasificaría a los líderes en esta situación, y reconoció cuatro tipos de hacer negocios: "*Los líderes que obtienen resultados y viven respetando los valores se deben conservar y ascender. A los líderes que no obtienen resultados ni respetan los valores se les debe abrir la puerta para que se marchen. A los líderes que respetan los valores, pero no logran obtener los resultados se los puede formar, asesorar, trasladar a otros sectores o que desempeñen otra función. Los líderes más difíciles de tratar son los que logran unos elevados resultados, pero no respetan los valores de la organización. Consiguen el objetivo, pero lo ha-*

*cen sirviéndose de métodos que desafían abiertamente estos valores. Según este autor, estos líderes deben aprender a actuar con arreglo a los valores o se les debe permitir marcharse, a pesar de los resultados. Mantenerlos es perjudicial para la organización y destruye la credibilidad y la confianza*". Existen dos tipos de valores: los *fundamentales* y los *operativos*. Los primeros son los valores que se relacionan directamente con las condiciones básicas de la vida en sociedad y de ética empresarial, y actúan apalancando el largo plazo: la integridad, la honestidad, la humildad, el respeto. Los valores operativos son más de corto plazo y en general se relacionan con los factores clave del negocio que se necesitan para operar o para competir. Por ejemplo, el trabajo en equipo, el servicio al cliente, la innovación, la calidad, entre otros. Los valores fundamentales son difíciles de desarrollar, los valores operativos se pueden entrenar. Más allá de esta clasificación, que hace más o menos profundos los valores, lo bueno es que los valores se traducen en comportamientos. Por ejemplo, el valor "humildad" va de la mano con los comportamientos "ser capaz de pedir ayuda", admitir que no sabemos" o incluso "dar reconocimiento a otros". Es por eso que los valores de una organización determinan el modo en que se trata y se cuida a las personas. En este sentido, también podemos dar feedback sobre valores, y hasta lo podemos hacer en 360°.

Ahora bien, este libro nos habla de la importancia y relevancia de dar y recibir feedback. En mi caso, el "*valor operativo*" elegido para un líder sería la "comunicación efectiva". El feedback sería uno de los comportamientos subyacentes a esta competencia. Puedo desarrollarlo, puedo practicarlo y la gente puede observar si se pone o no de manifiesto en el día a día. Por otro lado, en un tema tan central como lo es el de los valores, hay feedback que no serían negociables. Los valores organizacionales nos dan infinidades de posibilidades de marcar el camino mediante el feedback continuo. Los feedbacks sobre valores son indelegables e impostergables. Estamos asistiendo a un mundo laboral no solo con problemas de desempeño, sino con cuestiones atadas a valores. En ambos casos tiene que estar el líder "apuntalando el camino". De la misma forma en que le daré retroalimentación a un vendedor cuando no llegue a las ventas, lo tendré que hacer cuando un empleado me trae un certificado médico falsificado o un área de la organización me miente con indicadores de gestión que no son ciertos. El feedback debe ser la herramienta para actuar coherentemente con los procesos, pero también con los valores. En estos pequeños ejemplos se ve cómo actúa la brújula moral del líder y de la organización. Para toda la organización: los directivos de la empresa deben ser los primeros en vivenciar los valores.

Stephen Covey nos contribuye con una frase final muy interesante: "*Una vida y un liderazgo centrados en principios modelan a otras personas, creando e inspirando confianza. En otras palabras, la autoridad moral hace que la autoridad formal surta efecto*". Trabajar con feedback conduce a achicar las brechas entre la autoridad moral y la autoridad formal. Ayuda a achicar las brechas entre lo que se dice y lo que se hace.

## La confianza organizacional como gran comienzo

Hemos tocado la confianza cuando hablamos de ambiente laboral, lo volvimos a tomar cuando vimos cultura y recientemente lo hicimos abordando el tema de los valores organizacionales. En esta sección conversaremos sobre la confianza en general, sobre la confianza organizacional como "contenedora" de todas las acciones de liderazgo. En alguno de los próximos capítulos estaremos puntualizando en la confianza que habremos de desarrollar al momento de dar y recibir feedback (contexto emocional, empatía). Pasaremos de una confianza que nos hará pensar a una confianza que usaremos al actuar.

Cuando hay poca confianza se paga un precio muy alto en la vida y en las organizaciones. La escasa confianza crea intenciones ocultas, sospechas, intrigas, conflictos interpersonales, rivalidades entre áreas, comunicación defensiva, solo por mencionar algunas. Esto hace que la toma de decisiones se torne muy poco fluida, aparece la burocracia para poner orden y los que terminan recibiendo los problemas son nuestros clientes. La escasa confianza ralentiza las decisiones, las comunicaciones, las relaciones y, por lo visto, el feedback. Pero persistimos en volver al asunto de siempre: ¿cómo hacemos para que la confianza sea introducida en el cálculo de los indicadores importantes de la empresa, conociendo de antemano –como lo hicimos con cultura– que lleva consigo un impacto importante en las variables duras o contables de la organización. La confianza en el día a día robustece la calidad de toda relación, comunicación, proyecto e iniciativa en las cuales nos impliquemos. Como lo es la cultura de una organización, la confianza también es un activo muy importante. Los líderes tienen la misión de adquirir la capacidad de infundir confianza. Un líder puede tener todos los datos y las cifras, todas las pruebas de apoyo, todo el respaldo que quiera, pero si no dispone de confianza, no llega a ninguna parte. Casi todo el trabajo del mundo se realiza por mediación de relaciones con personas y en organizaciones. Pero, ¿cómo es la comunicación cuando no existe confianza? Es imposible. Es como caminar por un campo de minas. ¿Y qué sucede si su comunicación es clara y precisa y, sin embargo, no existe confianza? Siempre estará buscando sentidos y propósitos ocultos. La falta de confianza es la definición misma de una mala relación. Imaginemos estar recibiendo un feedback de alguien en quien no confiamos. O al revés, dar feedback a un colaborador que no confía en nosotros. En una relación de alta confianza, aunque la comunicación no sea clara o no comprendan totalmente el porqué, si confían en ti, lo seguirán. En una relación de baja confianza se puede ser muy claro, pero si no confían en ti no lo seguirán, porque no te creen. La diferencia entre una relación con mucha confianza y otra con poca, resulta palpable.

Entonces, ¿cómo es dar y recibir feedback cuando existe un elevado nivel de confianza? Es fácil, no cuesta ningún esfuerzo, es instantáneo. No hay nada más veloz que la rapidez de la confianza. Es más rápido que cualquier cosa que se le ocurra hacer a una organización. La confianza es el pegamento que mantiene unidas a las organizaciones, las culturas y las relaciones.

El liderazgo es obtener resultados de un modo que inspire confianza. Los medios son tan importantes como el fin. El "cómo" se plantea la obtención de los resultados es tan importante como los resultados en sí mismos. Por eso, cuando se establece confianza se incrementa la capacidad de volver a obtener los resultados esperados la próxima vez. Por el contrario, hacer las cosas de manera que destruyan la confianza no solo denota poca visión de futuro y resulta contraproducente, sino que, a la larga, se vuelve insostenible. Existen organizaciones que adolecen de una ausencia de confianza plena entre sus directivos, entre directivos y colaboradores, entre colaboradores y clientes, entre la organización y sus proveedores. Nos estamos olvidando, y esto ya lo hemos repasado al comienzo de este libro, de que cuando se trabaja con un fuerte ambiente o cultura de confianza es posible lograr un efecto multiplicador de resultados.

En muchos casos el fin justifica los medios, dañando la forma en cómo nos comunicamos y cómo nos relacionamos. Hace muy poco, uno de los participantes que estaba presente en una capacitación me muestra un mensaje de texto donde su gerente le reclamaba su presencia en la oficina: "*Necesito que te vengas urgente para acá, esto es un despelote y vos allá de picnic, avísale al facilitador que te retiras luego del almuerzo*". Hagamos de cuenta que "la rueda de adelante" necesitó los servicios de este participante, ahora bien, ¿qué le pasó a "la rueda de atrás" de la bicicleta de ese líder? El "qué" quizás era prioritario, pero el "cómo" descarriló. Pequeños momentos que destruyen la confianza. Un clima de desconfianza generado por un líder es un gran problema. Las "organizaciones tóxicas" están habitadas por líderes que profesan y generan la desconfianza con su diario accionar. Estos líderes hacen que luego los colaboradores se sientan "desconectados" de la organización.

Circulan por allí algunos informes de consultoras internacionales que indican que las organizaciones con índice sostenido en el tiempo de *engagement* mayor al 65% tienen mejores resultados del desempeño del negocio. Índices de *engagement* por debajo de 40% tienden a erosionar la capacidad de una organización para cumplir sus objetivos más importantes. Según S. M. R. Covey, en su obra *El Factor Confianza*, establece que *existe una fórmula sencilla que permite tomar la confianza como una variable intangible que resulte tanto tangible como cuantificable. La fórmula se basa en este dato crucial: la confianza siempre determina dos resultados, la rapidez y los costos. Al reducirse la confianza se reduce la rapidez y aumentan los costos. Al incrementarse la confianza se aumenta la rapidez y se reducen los costos*". Preguntémonos: ¿Somos confiables? Transformarse en un líder confiable es ser "creíble" para el resto de la organización, y este es el principio clave para fortalecer la confianza personal y organizacional. Inspirar confianza y credibilidad hace al carácter del líder por su integridad y sus buenas intenciones. Y también el líder debe ser confiable por sus competencias y resultados demostrados. No nos engañemos, el liderazgo sin confianza mutua es una contradicción.

Una organización sin confianza y credibilidad, dice John Kotter, "*sería el equivalente a un camión de dieciocho ruedas impulsado por un motor de máquina de cortar pasto*". Hay formas de cambiar ese motor. ¿Cómo? Con relaciones cooperativas, estrechas y dinámicas, con comunicaciones educadas, edificantes y saludables, con interacciones completamente abiertas y transparentes, con tolerancia y aceptación mutua, en suma, con claras intenciones de trabajar juntos y con eficacia.

Ahora bien, le sugiero que tome el proyecto de "feedback en la organización" y lo considere esencial para el negocio. En segundo término, le pido que se haga la siguiente pregunta: ¿Con tantos beneficios que trae aparejada la confianza a nivel de organización y de relaciones, no se anima a trabajar por un cambio en su estilo comunicacional e inspirar credibilidad en 360°? Saber dar feedback a un colaborador, a un par, a un jefe, a un proveedor, a un cliente, es tener buenas intenciones y hace que las relaciones que iremos construyendo con ellos aumente los niveles de confianza. Sin duda alguna, el feedback suma millas a la rapidez de la confianza.

## La necesidad de una seguridad psicológica: vivir la confianza colectiva

Venimos de realizar un excelente paneo de todos los factores que intervienen en la construcción de la confianza organizacional. Sin embargo, este tema merece un "doble clic". Entendemos que de la confianza personal se pasa a la confianza en las relaciones, y que, a partir de estas redes de confianza, se consolida la confianza organizacional. Para que una organización se destaque verdaderamente en un mundo en el que la cercanía con las personas puede marcar la diferencia entre el triunfo y el fracaso, ya es más que sabido que no es suficiente contar con líderes con muchos conocimientos y experiencia. Si queremos seguir este camino de fortalecimiento de la confianza organizacional, debemos procurar un entorno laboral en el que las personas se sientan escuchadas, comprendidas y cómodas para compartir sus ideas e innovaciones, motivaciones, mejoras, necesidades y problemáticas, y puedan expresarse tal cual son. A este clima laboral se lo define como "seguridad psicológica", y es una de las bases fundamentales para que el ida y vuelta del feedback tome la necesaria fluidez y robustez. Con un clima de seguridad psicológica, no solamente se genera un "caldo de cultivo" para dar y recibir feedback, sino que facilita enormemente la iniciativa de salir a pedir feedback cuando no lo hay o cuando es escaso.

Podemos advertir que la seguridad psicológica es un pilar de la efectividad de las organizaciones y de los equipos en un momento en el que el mundo cambia muy rápido. Existe una forma de crear culturas donde el conocimiento y la innovación florecen porque la gente se siente segura para contribuir con sus aportes. Es menester diseñar espacios, momentos y entornos que permitan establecer seguridad psicológica dentro de los equipos de trabajo para desarrollar la inclusión, la innovación y el crecimiento. Es posible, pero para ello, los líderes necesitan poseer la intención de hacerlo, la convicción y la valentía de no escudarse en el control o en el *micromanagement*.

En entornos psicológicamente seguros, las personas saben que pueden mostrarse vulnerables en medio de una situación crítica, que pueden recibir ayuda y sentirse contenidas. Cuando en un entorno laboral existe un nivel razonablemente elevado de seguridad psicológica, los nuevos aprendizajes y los cambios se conversan rápidamente, con lo que se pueden introducir pronto las decisiones correspondientes.

Amy C. Edmondson, profesora en *Harvard Business School*, a través de su libro *The Fearless Organization: Creating Psychological Safety in the Workplace for Learning, Innovation and Growth*, fue una de las primeras profesionales en llevar este concepto al mundo de las organizaciones para el análisis del comportamiento humano o, mejor dicho, para identificar las condiciones en las cuales este se desenvuelve en un entorno de aprendizaje seguro. Según esta autora, la seguridad psicológica *"es una sensación de confianza de que una persona no avergonzará, rechazará o castigará a alguien por hablar. Describe a este clima como un ambiente caracterizado por la confianza interpersonal y el respeto mutuo en el que las personas se sienten cómodas siendo ellas mismas"*. Cuántas veces escuchamos a líderes quejarse con esta frase: *"La verdad no entiendo, lo llamé para darle feedback y no quería hablar, estaba a la defensiva, no hubo un ida y vuelta, y al final terminé hablando yo solo"*.

Por otra parte, Virginia Borrajo, *head of HR talent* en Estudio Locht y autora del libro HR Makers, va más allá: *"Si lo analizamos en profundidad pasa a ser un componente de liderazgo esencial en la agilidad moderna porque posibilita el contexto adecuado para crear una cultura de crecimiento, forjada en la innovación, en el pensamiento crítico y en los equipos autónomos sostenidos en el propósito. La seguridad psicológica opera como una caja de resonancia, para crear una cultura basada en la contribución 'libre' de ideas y pensamientos, donde la pluralidad y la diversidad encuentran un espacio 'seguro'"*. Si esto no es inherente al feedback, ¿el feedback dónde está?

Así es, las prácticas de retroalimentación necesitan de espacios y momentos seguros que auspicien de caja de resonancia. Necesitan de ese ambiente de confianza individual y colectiva donde no solo sea un sector de la organización que lo genere, ya que existirá seguridad psicológica cuando una organización tenga, a lo largo y a lo ancho de sus estructuras y jerarquías, una plataforma socioemocional que permita que las personas se sientan seguras para lanzarse a todo tipo de conversaciones, acuerdos y toma de decisiones. Esto redundará fuertemente en beneficio de la innovación permanente y el aprendizaje. La seguridad psicológica se experimenta a nivel grupal, colectivo, y promueve la sinceridad y una actitud abierta, y, por tanto, prospera en un entorno de respeto mutuo en el que se pueden fijar objetivos ambiciosos y todos los miembros de un equipo pueden trabajar juntos para alcanzarlos. Crear este ambiente organizacional pasa más por una cuestión de subsistencia que de decisión a pensar o a tomar.

En virtud de esto, ¿tanto cuesta hacer que los miembros de una organización hablen abiertamente, expresen sus ideas y sus emociones sin miedo al castigo o a la exclusión? Parecería que sí. Porque el miedo es una emoción que se huele. La seguridad psicológica, al fin y al cabo, es trabajar sin miedo, conversar sin miedo, mostrase ante otros sin miedo, equivocarse sin miedo.

En ninguna práctica de feedback, puede estar presente el miedo; sin embargo, muchos directivos asumen que las personas que están asustadas trabajarán duramente para evitar las consecuencias desagradables y que así los resultados serán buenos. Se olvidan de que, en la mayoría de los trabajos actuales, en los que el aprendizaje o la colaboración son esenciales para tener éxito, el miedo no es un motivador eficaz. El miedo inhibe el aprendizaje porque consume recursos que se emplean para gestionar la memoria y el procesamiento de nueva información, con lo que se alteran el pensamiento analítico, la creatividad y la capacidad de resolver problemas. El miedo consume energía.

¿Cuáles serían algunos factores críticos, desde el punto de vista comportamental, que podrían ayudar a achicar la brecha entre dar y recibir feedback con seguridad psicológica y hacerlo en un ambiente en el cual este clima de confianza colectiva no se halle presente? En primer lugar, quisiera presentarles las cuatro etapas sucesivas a través de las cuales los equipos y las organizaciones evolucionan cuando los líderes cultivan la seguridad psicológica, que con mucha simpleza el autor Timothy R. Clark nos detalla.

**Ilustración 9. Cuatro etapas sucesivas para cultivar la seguridad psicológica, de Timothy Clark**

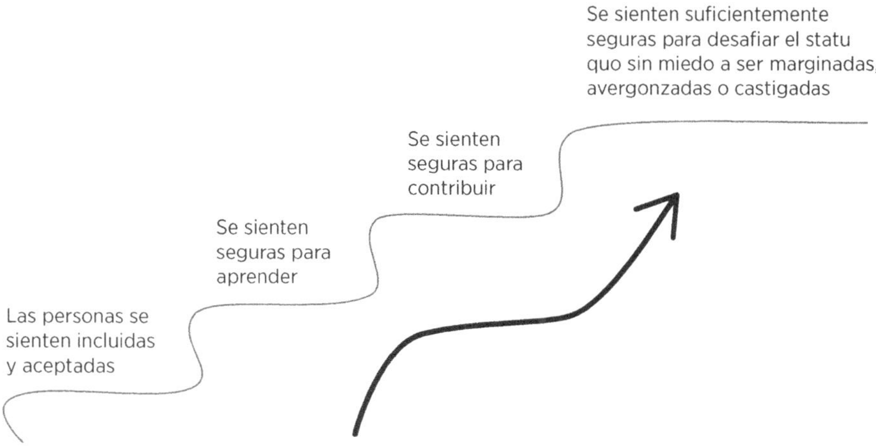


Como observarán, en cada una de las etapas hay un "se sienten", por lo que nos lleva a pensar el alto "voltaje emocional" que produce trabajar con o sin seguridad psicológica. ¿Cómo hacer que estos sentimientos fluyan con un sentido resonante y no angustiante en un proceso de feedback? En primer lugar, podemos decir que la seguridad psicológica no se construye de un día para otro, sino que se consolida de a poco y todos los días del año. Pensemos en dos situaciones clásicas: se lanza una linda convocatoria en ciertos momentos del año para que la gente participe de las reuniones de devolución del desempeño, pero sabiendo que no se hizo nada desde el liderazgo organizacional para abonar el camino de la confianza. O la de necesitar llevar adelante algún feedback entre dos áreas diferentes de la organización para resolver una mejora concreta porque un cliente "está en llamas y quiere la respuesta ya", sabiendo que estos dos sectores no conversan hace meses y no se llevan bien. Hay todo un camino para recorrer: sentirse escuchados, incluidos y aceptados; sentirse seguros para aprender y contribuir y finalmente sentirse lo suficientemente seguros como para desafiar el *statu quo* sin miedo a ser marginados y castigados. En segundo lugar, quiero acercarles una metáfora que nos permitirá establecer cuáles son otros dos comportamientos importantes que deberán poner en práctica los líderes para fortalecer esa confianza colectiva, ese clima sin miedos. Levantemos una de nuestras manos. De un lado observaremos que se encuentra la palma y del otro lado, su reverso. Esa misma mano que giro para un lado y para otro tiene una palma y un reverso que se mueven a la vez. Esas dos partes de la mano están pegadas, no se separan. Son una misma cosa, como dos caras de una misma moneda. Bien, entonces, con los comportamientos de la vulnerabilidad personal y la humildad intelectual pasa lo mismo. Son inseparables y difíciles de desarrollar. Confianza es creer que eres bueno. Arrogancia es creer que eres mejor que todos. Los líderes deben inspirar confianza, no destilar arrogancia. Y, justamente, mostrarnos vulnerables desde lo personal y humildes desde lo intelectual o profesional es lo opuesto a ser soberbios y arrogantes. La soberbia y la arrogancia de los líderes impactan negativamente en la seguridad psicológica y, por lo tanto, en todo proceso de feedback que se digne de ser fluido y efectivo.

La autora Brené Brown, gran especialista e investigadora sobre el tema, expresa: *"La acción más importante que un líder debe emprender es demostrar primero su propia vulnerabilidad, dejando de querer tener siempre la razón, manifestando en forma auténtica sus debilidades, limitaciones, y aceptación de sus errores. Ello le permitirá una mayor conexión empática con los demás, estando dispuesto a dar y recibir un feedback continuo y honesto, aceptar las críticas y aportes de otros como un regalo, pedir ayuda, disculpas y ejercer la gratitud"*. Por ello, los líderes deben crear un ambiente donde no se castigue la vulnerabilidad del resto de los miembros de un equipo. Mostrarse vulnerables como líderes y hacer que los colaboradores se muestren vulnerables ante sus líderes es el gran propósito.

Por otro lado, Jim Collins nos invita a pensar que *"un líder con humildad intelectual muestra gran modestia y no se jacta. Actúa y confía en que su humildad intelectual es el motor de la confianza. El líder debe canalizar la ambición hacia la compañía, no hacia sí mismo. Y debe reconocer que no lo sabe todo y que no es poseedor de la verdad absoluta. Es ser flexibles en el ámbito del conocimiento y estar abiertos a nuevas ideas. Ser receptivos a otras perspectivas, aceptar que nos equivocamos y a cultivar una mentalidad abierta. Al momento de asignar el mérito a una persona o a un equipo, el líder con humildad intelectual mira por la ventana y le asigna el éxito a los otros".*

¿Qué podemos hacer para mostrarnos más vulnerables y humildes entre líderes y con nuestros colaboradores y equipos de trabajo? ¿Estamos generando seguridad psicológica en nuestros equipos y entre líderes? ¿Qué beneficios colectivos nos traería desarrollar estas dos conductas? No serán solo beneficios para enmarcar a las prácticas de feedback. Lo serán para apalancar la productividad, un mejor clima laboral y la mejora continua, entre otros.

En *El poder de la vulnerabilidad, la clave de un buen líder*, Alejandro Melamed nos plantea un cambio de paradigma y un nuevo set de capacidades y competencias a desarrollar: *"Muchos siguen considerando que los auténticos líderes deben mostrarse siempre firmes, confiados, resistentes y teniendo todas las respuestas. Y si hay algo que hemos aprendido en estos tiempos de pandemia es que todos los humanos de la tierra estamos expuestos ante el virus y todos, en definitiva, somos vulnerables. Todos somos humanos y nos han demostrado que el sentirnos imbatibles no solo no nos hace más fuertes, sino que por el contrario nos hace más débiles aún y lejanos a todo el resto"*. Basados en las sugerencias de Edmondson y Chamorro-Premuzic, consideremos algunos caminos para avanzar en esta dirección y poder alejarnos, así, del modelo tradicional de liderazgo, en el que se nos mostraba a esos líderes que tienen todas las respuestas, saben todo, siempre están bien seguros y con la verdad, sobre todo. Observemos cómo las siguientes competencias están bien emparentadas con la práctica de un feedback consciente y efectivo: decir la verdad siempre, pedir ayuda, ser auténticos, ampliar la zona de confort, pedir disculpas cuando nos equivocamos y ejercer la gratitud; asumir riesgos interpersonales y evitar una "epidemia de silencio".

Estar delante de un proceso de feedback efectivo es comprender que no somos nuestro rol, tampoco nuestra ocupación. Somos el valor que aportamos, el bien que hacemos y las personas sobre las que influimos para que sean mejores. Es valorar el aporte de cada colaborador, sin importar sus títulos o jerarquías. Es saber que todos tenemos talentos para aportar y que solos no podemos. La seguridad psicológica requiere que seamos líderes auténticos, y este acto es uno de los más atractivos que un líder puede tener. Por último, el feedback requiere autenticidad. Ojo, todo vuelve, "El niño que no sea abrazado por su tribu, cuando crezca, incendiará la aldea para sentir su calor".

## Modelos mentales, no todos querrán dar y recibir retroalimentación

Como veremos a continuación, todos tenemos un modo de ver la vida, de allí la frase "el mundo no lo vemos como es, sino como somos". Los modelos mentales son las creencias e ideas profundamente arraigadas en nosotros mismos, que guían nuestros actos, le dan significado a todo lo que hacemos y dejamos de hacer e influyen en nuestra manera de comprender el mundo. Una especie de mecanismo del pensamiento mediante el cual un ser humano intenta explicar cómo funciona el mundo real. Dicen los expertos que cada uno tiene varios, y elegimos cuál usar según el contexto y la circunstancia. De solo observar la ilustración 10 podemos discernir que existen tantos modelos mentales como individuos, pudiendo o no compartir esas formas de pensamiento.

Ilustración 10. Estructura de los modelos mentales

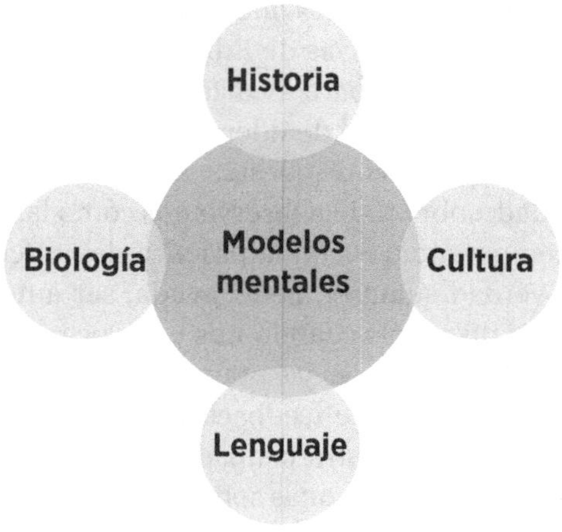

*"En la visión negativa de los modelos mentales, estos son vistos como una reducción de la realidad. En la visión optimista, los transforma en una caja de herramientas para construir y comunicarnos mejor"*, nos dice María José Espona, bióloga formada en Calidad de Información del MIT. Con estas simples definiciones que hemos visto hasta ahora, podemos decir que es lógico que estos modelos mentales influyan en nuestra toma de decisiones y en la forma en que nos comunicamos y relacionamos. Cabe agregar que la complejidad de los modelos mentales reside en que no somos conscientes de los mismos, están tan arraigados que dejamos de verlos. Si son invisibles para nosotros, lo son aún más para el resto.

Resulta fundamental, entonces, si queremos trabajar en un ambiente de integración, de relaciones saludables, de comunicaciones fluidas, revisar nuestros modelos mentales para analizar cómo estamos viendo a los compañeros de trabajo, jefes, colaboradores, proveedores, clientes que trabajan en, para y con nuestra organización. Y más allá de las políticas y los procesos instalados en nuestros lugares de trabajo, los prejuicios son una expresión típica de los modelos mentales en uso.

Desde la teoría todos sabemos que no hay una única realidad, sino distintas maneras de acercarse a la misma. Por lo tanto, otro elemento que resulta esencial para trabajar en el ambiente señalado consiste en comprender la perspectiva de cada miembro del equipo. Cada uno de nosotros vive, siente y piensa de una manera particular, que no resulta ni mejor ni peor que las otras. En el mundo occidental solemos movernos con una lógica binaria, a través de la cual percibimos los hechos clasificándolos como buenos o malos, correctos o incorrectos.

Claro está que llega un día en el cual nuestras organizaciones se deciden a optar por políticas de feedback para aumentar su capacidad de mejora continua, ingresar en procesos de innovación permanente, incorporar metodologías ágiles, gestionar de manera diferente la retroalimentación sobre el desempeño de la gente, y se presentan dudas: ¿Estos criterios con los que me están haciendo trabajar los comparto? ¿Cómo elegir entre mi forma actual de trabajar y lo que me están pidiendo que haga? ¿Es mejor trabajar de esta manera y hasta acá las cosas resultaron bien como las venía haciendo? ¿El entrenamiento que me darán me servirá para vencer mis prejuicios al respecto? ¿Y si poniendo en práctica esto pierdo autoridad y poder? ¿Lo hago en forma individual o grupal? Muchas veces la falta de buena información sobre la importancia del feedback, tanto para el líder como para los empleados y también para la organización, hace que nos quedemos con nuestros modelos mentales anteriores y nos sentemos a ver qué pasa. ¿Cuántas veces los prejuicios nos llevan a la paralización o nos empujan a tomar malas decisiones? Muchas veces encontrar un nuevo modelo mental puede ser el primer paso a alcanzar nuestra mejor versión.

Empero, ¿por qué son tan difíciles de resolver los desafíos de este tipo? Porque se trata de desafíos adaptativos, tal como los hemos visto en capítulos anteriores. Cuando se trata de cambiar costumbres, hábitos arraigados, se tocan las cuestiones más íntimas de nuestros modelos mentales. Digámosle de la noche a la mañana a un directivo o a un gerente que se comenzará a medir la calidad de las prestaciones que se den entre áreas y que los resultados de dichas calificaciones impactarán en sus bonus de fin de año. Digámosle de la noche a la mañana a un jefe o a un supervisor que el análisis de su desempeño se hará con una herramienta de medición de 360°. A simple vista, parece que estamos ante meros "desafíos técnicos", pero en el fondo se trata de desafíos sensiblemente adaptativos. Las organizaciones tienden a evitar o a rechazar los retos adaptativos, y tratan de eximirse de cualquier responsabilidad. Esto es así, en gran parte, porque la resolución de estos desafíos implica la introducción de cambios en nuestros esquemas mentales, y en nuestra forma de hacer las cosas. Estos cambios en la cultura de una organización son realmente complicados, y suelen concitar un fuerte rechazo, a saber: negando la realidad del problema, externalizando el enemigo o desplazando la responsabilidad hacia otra función, cuestionando a la autoridad formal y, muy frecuentemente, "matando" o marginando al mensajero. Si todo lo anterior falla, siempre habrá alguien que intente buscar un "chivo expiatorio" para hacerlo responsable de todos los problemas.

No podemos olvidar que, al final, todos somos prisioneros de nuestros paradigmas y de nuestros esquemas mentales, y que los tenemos tan interiorizados que no somos capaces de visualizarlos y de reflexionar sobre ellos. Son esos paradigmas los que nos llevan a interpretar la realidad de una forma determinada. También somos prisioneros de nuestro miedo al rechazo, al fracaso, a la pérdida del poder. Estos miedos nos llevan –como muy bien expone Pilar Jericó en su libro *No miedo*– a desarrollar una cierta aversión al cambio, y nos impelen a rechazar las nuevas formas de hacer las cosas y de interpretar la realidad. Y como hemos visto en capítulos anteriores, esta resistencia no tiene su origen en la resistencia al cambio como tal, sino en la aversión a las pérdidas originadas por el cambio. La pérdida de competencia, la pérdida de las relaciones, la pérdida de puestos de trabajo, la pérdida de las tradiciones, la pérdida de la lealtad, etcétera. Se trata, en cualquier caso, de pérdidas reales, y por ese motivo la resistencia es comprensible. La gente no se resiste a ganar.

¿Por dónde empezar? Hemos decidido ser una organización donde dar y recibir y dar feedback sea parte de su estilo comunicacional. Queremos hacer que nuestro clima laboral se nutra de conversaciones abiertas, sinceras y en todos los sentidos. Entonces: ampliemos nuestra "Zona de Confort", dedicando una parte de tu tiempo a explorar e interactuar con la nueva realidad que nos proponen y a encontrar las tendencias que en un futuro próximo afectarán a tu vida y a tu organización. No vamos a poder liberarnos del feedback. Se trata del estilo comunicacional necesario para afrontar este mundo que se está transformando.

Atrevámonos a los desafíos adaptativos, identificando la brecha existente entre las expectativas de la organización y la realidad. Planteemos los miedos y las dudas a la organización, y busquemos la información y el entrenamiento adecuado para que entre todos podamos encontrar una respuesta colectiva. El feedback no se trata de un tema individual, se trata de la capacidad de liderazgo de una organización.

Aprendamos a trabajar en un escenario de gran incertidumbre. Las soluciones ya no aparecen como resultado de un plan milimétrico, sino que emergen a medida que interactuamos con la realidad y nos adaptamos a las nuevas exigencias que van surgiendo. Así que eliminemos tanta presión. Dejemos que el proyecto crezca, con aciertos y desaciertos. Si nos equivocamos mientras nos animamos a dar y recibir feedback siempre será mejor que quedarnos paralizados.

Ayudemos a crear una cultura de conversaciones valientes. En este mundo VICA o RUPT, los temas más difíciles deben ser discutidos y nunca ocultados. Dar y recibir feedback puede ser el canal indispensable para proporcionar información crucial y realmente útil para el cambio. No se concebirá un líder que no se atreva a "poner los elefantes sobre la mesa".

Cambiar modelos mentales para ayudar a cambiar a la organización. Tarea titánica, pero no imposible. En su nota "*Tu modelo mental puede boicotear tu entrenamiento*", el columnista de La Nación Revista, Daniel Tangona, expresa que "*entrenar no solo es cuestión de esfuerzo. Implica una enorme movilización mental, donde la motivación y la voluntad juegan un papel protagónico*". Pero también en esa misma nota cita al experto en desarrollo personal Robin Sharma, donde señala que "la más pequeña de las acciones es siempre mejor que la más noble de las intenciones". Hay que replantearse aquellas cosas que parecen irrefutables y dar unos primeros y pequeños pasos.

## De bosquimanos, PNL y feedback

Venimos de abordar la implicancia de los modelos mentales en el plano de las personas y de las organizaciones. De analizar cómo las formas de percibir la realidad conducen a patrones de pensamientos y, por lo tanto, a arquetipos conversacionales que muchas veces no están alineados con las expectativas de las personas, equipos de trabajo, organizaciones y clientes. Para seguir profundizando en este sentido, no podemos dejar por fuera a la programación neurolingüística (PNL) como modelo avanzado de comunicación (Richard Bandler y John Grinder, 1970). La PNL presupone que todo pensamiento, al tener un proceso de estructuración mental interno, puede modelarse, ampliarse o reemplazarse cuando sea necesario, y esto potencia en el ser humano realidades más objetivas y así mejora tanto su comportamiento como su comunicación. Por ello, analizaremos cómo esta metodología puede brindar muy buenos aportes a la práctica del feedback, "haciendo una escala" en la toma de conciencia de que es posible comunicarse efectivamente, llevar a cabo conversaciones significativas y llegar a acuerdos más allá de los diferentes puntos de vista o modelos mentales que puedan estar en juego. En el proceso de feedback no todo es tan lineal como parece. Hay curvas y contracurvas porque se mezclan el adentro y el afuera de una misma persona.

Con Santiago Sandri, titular de SENSE *Consulting* y especialista en desarrollo organizacional, me tocó compartir una serie de actividades experienciales orientadas a fortalecer habilidades relacionadas con poder comprender lo que el otro piensa, siente o sencillamente le pasa por la cabeza cuando, por razones de trabajo remoto o híbrido, "No lo puedo ver en persona todos los días y, por lo tanto, no lo puedo mirar a los ojos de cerca", cuando la comunicación y el feedback se hacen en un estilo diferente para el que fuimos preparados. El cara a cara sigue siendo el cara a cara, y no merece discusión alguna. Partiendo de un cuento popular, a través de la presentación de un *slide*, este consultor muestra a un elefante rodeado de algunas personas que ciegamente tocan diferentes partes del animal. La persona que toca la trompa dice: "Un elefante es como una gran serpiente". El otro que toca una de sus patas dice: "¡No! Es más bien como el tronco de una palmera". La persona que agarra una de las orejas dice: "Pero ¿qué dices? ¡Es como un enorme abanico!". Y finalmente, un último personaje aprieta la punta de la cola del elefante y dice: "¡Están todos equivocados, es como un ratón!". Todos habían experimentado por ellos mismos cuál era la forma verdadera y creían que los demás estaban desacertados. Santiago nos regala siempre una reflexión: *"Nuestra verdad es solo la porción de la realidad que percibimos. Debemos ser conscientes de que el otro no ve lo mismo que nosotros y toma sus decisiones en base a lo que ve y siente. Un mismo asunto es visto de diferente manera e inclusive es visto solo desde una parte de la realidad; yo como líder puedo estar viendo el elefante, pero mi colaborador puede estar interpretando que el elefante es como una serpiente. Es hora de generar una mejor comunicación, un mejor ida y vuelta comunicacional, asegurando un alineamiento de la información. Y esto se hace conociendo a tus colaboradores, brindándoles información, chequeando la comprensión de la misma, haciéndoles las preguntas necesarias, permitiendo que nos den su punto de vista, tomándonos el tiempo para escuchar al otro, registrando qué piensa y qué siente. El feedback se hace más que necesario para comprender qué pasa con ese gran elefante".*

En resumen, concluimos que la PNL como metodología basada en procesos mentales, emocionales y lingüísticos nos guía a comprender que de nuestra forma de entender y percibir el mundo dependerán las interpretaciones que hagamos de este y las acciones que exterioricemos a través de nuestra conducta y comunicación. Nos ayudará, por consiguiente, a consolidar un escenario propicio para un proceso de feedback efectivo, y para ello, este debe ser visto como un tipo de comunicación poderosa de la que podemos obtener el reconocimiento y la validación que necesitamos para mejorar en quiénes somos y en lo que hacemos, construido sobre bases de empatía y asertividad emocional, sin perder nunca la claridad en su objetivo central, que es saber escuchar y retroalimentar para así proyectar y mejorar.

Recuerdo un posteo que realizó en LinkedIn Juan Pablo López Faour, consultor en gestión de talento y cambio organizacional, donde mostraba una fotografía doble. En una de las imágenes, una leona va caminando con un cachorro en su boca y se le ve solo el cuerpo colgando, pero no su cabeza: la leona lo lleva como "devorándoselo" de a poco. En la foto de al lado, esta leona camina sosteniendo al mismo cachorro del cuello y ya se puede apreciar todo su cuerpito colgando e, inclusive, su cabeza: la leona va como "transportándolo" de un lugar a otro. De esa foto Juan Pablo hace un juego de sintaxis muy interesante: *"Escuché decir en una reunión '¡Tu punto de vista está mal!'. Cuán importante es estar disponible para hacer un recorrido de 360 grados en pos de ampliar el rango de visión. Entonces, y una vez que vuelves al lugar del cual partiste, puedes tener más información para comprender mejor el lugar desde el cual se genera 'la vista del punto' de quien habla. ¿Está mal un punto de vista? ¿O sería más efectivo tener varias 'vistas de un punto'?".* ¿Devorándolo es lo mismo que transportándolo? ¿Imaginan estas dos visiones de un mismo tema tan opuestas, en una reunión de feedback?

A esta altura, es fácil entender que definir la realidad, la nuestra y la del entorno, es irrelevante; lo que realmente le dará peso, importancia y calidad al feedback es cómo le demos objetividad a la información que brindamos y significado a la información que recibimos, conscientes de que ella determinará el cómo lo hacemos, si lo hacemos o no y la intención. La siguiente ilustración explica el proceso de la experiencia de la realidad, distinta a la realidad en sí, que podemos relacionar con el modelo de la escalera de la inferencia de Chris Argyris, aplicado al feedback, que también veremos más adelante.

**Ilustración 11: Procesar y comunicar; del pensamiento a la acción, EOG Consultora**

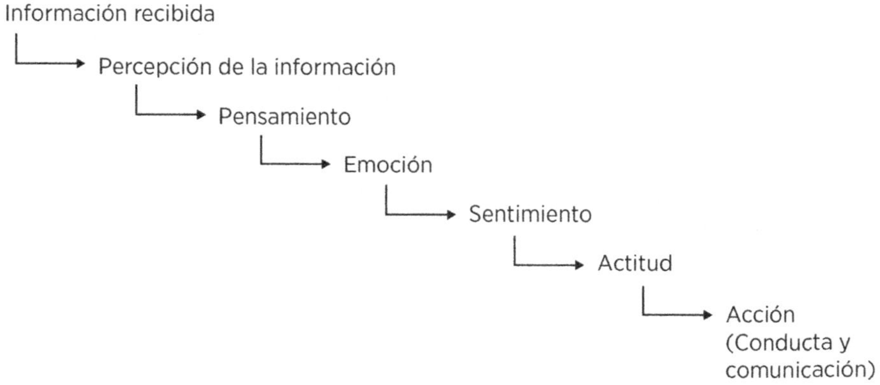


Algo muy interesante que nos dice la PNL en su principal postulado es que el mapa no es el territorio; el territorio es la realidad fuera de nosotros y el mapa, la interpretación que hagamos de ella. Los seres humanos estamos constantemente estructurando pensamientos porque necesitamos entender el mundo y la información que recibimos de él, pero este entendimiento está condicionado a un proceso que, en mayor o menor medida, se ve también afectado por la subjetividad de nuestras propias creencias, paradigmas y patrones mentales, muchas veces ajustados a nuestras necesidades emocionales o psicológicas. La conducta, así como la comunicación, forman parte y son el resultado final de este proceso. A través de la comunicación, expresamos inconscientemente emociones porque nuestro estado anímico la afecta directamente y, de esta misma forma, también somos capaces de influir emocionalmente en los demás al comunicarnos.

El feedback como práctica comunicacional también se ve vinculado a este complejo proceso mental. Es un proceso comunicacional cuya meta es informar, y cuanto mayor conocimiento tengamos de esto, la calidad de la retroalimentación será mejor y cumplirá en gran nivel su cometido. Sin embargo, tiene como prerrequisito ser una comunicación consciente, es decir, saber que la devolución que hagamos o recibamos está determinada por la subjetividad u objetividad de nuestro interlocutor y que sus respuestas están ligadas a procesos mentales y emocionales. Sería la realidad versus el mensaje. Por ello necesitamos contraponer la realidad al mensaje, y analizarlos para obtener una mayor calidad en la retroalimentación.

La metodología de la PNL nos enseña, entonces, sobre tres instancias no conscientes en el lenguaje, que podrían interferir en la calidad del feedback.

*Omisión*: cuando eliminamos parte de la información por olvidarla o la asumimos como irrelevante. Por ejemplo, cuando nos devuelven información con la frase "No me gusta su actitud", no nos están detallando la razón o en qué consiste la aseveración, por lo que encontrar la raíz sería preguntar: ¿qué actitud exactamente te molesta?, dejando el hecho a una situación aislada o concreta, separando la esencia del comportamiento de los involucrados y, de esta forma, abriendo la comunicación.

*Distorsión*: alteramos la realidad ajustándola a la nuestra al cambiar los datos, modificando su significado. Por ejemplo, cuando nos devuelven información con la frase "Si me respetaras, me harías caso". Aquí nos encontramos con una presuposición a la que tenemos que desenlazar con las preguntas: ¿Cómo sabes que no te respeto?, ¿Dónde está escrito que, si te respeto, te tengo que hacer caso?

*Generalización*: universalizamos las experiencias generalizándolas con patrones. Por ejemplo, cuando nos devuelven información con la frase "Todos están en mi contra". Aquí nos encontramos con que nuestro interlocutor está generalizando en su lenguaje; una buena devolución sería: "¿Todos? ¿Yo también estoy en tu contra?". Damos, así, el espacio para la reflexión y la apertura a la concientización.

Entrenar en dar y recibir feedback es hacernos conscientes de la interpretación individual de la situación al comunicarnos, y si dijimos anteriormente que expresamos inconscientemente emociones, tenemos que identificar cuándo el mensaje está siendo afectado por un lenguaje empobrecido y no objetivo. Es muy clara la afirmación de Richard Bandler, cocreador de la PNL, cuando dice: "Tus creencias no están hechas de realidades, es tu realidad la que está hecha de creencias".

La especialista en liderazgo, coaching y PNL de la consultora EOG de Ecuador, Erika Ortiz, expresa: *"El desafío del feedback es hacernos conscientes de los mensajes que damos y buscar el origen o la raíz de cómo estructuramos los pensamientos para ampliar, reemplazar o cambiar los modelos mentales que empobrecen la comunicación, creando una reciprocidad conversacional inteligente y equilibrada". Para ello nos propone el siguiente análisis:*

- *"¿Hay varias formas de percibir o entender una situación al recibir y dar feedback?*
- *¿Puede ser que al momento de dar y recibir feedback esté valorando la situación únicamente desde mi modelo mental sin aceptar que el de la otra persona tiene la misma valía e importancia?*
- *¿Mi intención al dar y recibir feedback es positiva, empática y asertiva?*
- *¿Mi intención al comunicarme no oculta un estado emocional no procesado correctamente?*
- *¿Considero si mis actitudes anteriores han contribuido positivamente o no al feedback que estoy recibiendo?*
- *¿Controlo mis emociones al momento de dar y recibir feedback?*
- *¿Cuándo doy feedback mi comunicación está siendo afectada por alguna creencia limitante arraigada?*
- *¿Considero el que, en algunas ocasiones, casi siempre o por lo general, no escucho para comprender, sino para responder sin objetividad y con emocionalidad?*
- *¿Estoy dando un feedback claro sin lugar a malas interpretaciones y sin ambigüedades?*
- *¿Tengo la clara intención de dar y recibir feedback, tomando en cuenta el punto de vista del otro, que muchas veces no es igual al mío?"*

Este análisis objetivo e introspectivo que nos propone Erika Ortiz me lleva a completar la idea recordando un relato contado por el experto en formación y desarrollo de habilidades gerenciales Daniel Feige, con quien tuve el gusto de compartir algunos proyectos en diferentes organizaciones. Feige utiliza la historia del pueblo bosquimano para ayudar a entender cómo las conversaciones poderosas son una parte importante de la resolución de los conflictos. Aparte de sabérsela de memoria, me encanta cómo la cuenta y el sinfín de reflexiones y "rescates" que hace al respecto: *"Según estudios genéticos, el pueblo bosquimano es el único más antiguo y existente hoy en día. Su forma de vida apenas ha variado en miles de años y han desarrollado lenguajes sofisticados, herramientas elaboradas y un conocimiento magistral de la naturaleza.*

*Este pueblo vive en el desierto de Kalahari desde hace miles de años. Casi todos sus integrantes hoy se dedican a la agricultura y la ganadería, es decir, una existencia nómade basada en la caza y la recolección. De ellos podemos aprender algunas cosas sobre su estilo de vida tradicional y la forma en la que resuelven sus diferencias.*

*No es que falten disputas entre los bosquimanos. Cada hombre posee un arco y flechas con la punta envenenada que condenan a la víctima a una lenta y prolongada agonía. Entonces, y ante la ausencia de un gobierno central, ¿qué es lo que impide que un conflicto serio termine en mortal violencia o hasta en una guerra entre diferentes grupos? Para ellos resolver las disputas significa curar las heridas emocionales, buscar reparar las relaciones dañadas, reconciliar los intereses encontrados, determinar los derechos y probar, de ser necesario, el poder relativo de las partes. Consiste en contener cualquier diferencia no resuelta que amenace con desencadenar la violencia, y canalizarlo nuevamente hacia el sistema para poder resolverlo. El secreto para la resolución de conflictos reside en la participación vigilante, activa, constructiva de la comunidad, y esta no descansa hasta que el conflicto sea resuelto, porque cada disputa amenaza con romper el tejido social y destruir los vínculos que son esenciales para asegurar la unidad y la supervivencia colectiva. La primera tarea consiste en crear una atmósfera emocional favorable. La segunda tarea es identificar y tratar de reconciliar los intereses subyacentes. La tercera tarea consiste en determinar los derechos, en otras palabras, en aplicar las normas apropiadas a la disputa o, dicho en términos simples, decidir quién tendrá a cargo la decisión final.*

*Al surgir un conflicto entre partes, se convoca a otro grupo a quien se le entrega todo el arsenal de flechas envenenadas para que se dirija al bosque y así esconderlas para que las partes en pugna no puedan recurrir a estas. Entonces se sientan a conversar durante días para resolver sus diferencias. Estas conversaciones reparadoras se desarrollan hasta que el conflicto de origen es resuelto y es entonces que el emisario es informado de que ya es seguro ir a recoger las flechas que este había escondido. Y entonces, la vida continúa y el conflicto es dejado atrás. Este pueblo logra resolver sus diferencias de un modo pacífico y sumamente constructivo".*

La actividad se cierra con: *"Nosotros, que vivimos en sociedades tecnológicamente mucho más desarrolladas, tenemos algunas lecciones que aprender de los bosquimanos. A simple vista, parece una sociedad muy simple, pero, sin duda alguna, es mucho más avanzada socialmente que la nuestra".*

Un bosquimano no conoce ni remotamente que para que una retroalimentación sea consciente, se necesita partir de la individualidad de nuestro interlocutor y de la nuestra propia, puesto que toda idea, apreciación y devolución comunicacional siempre estarán enmarcadas dentro de la realidad de cada persona; de cómo las experiencias y emociones hayan ido modelando su pensamiento y formando su mapa mental. Un bosquimano no lo sabe teóricamente, pero lo aplica en su accionar. Por lo que podemos concluir que entre los bosquimanos el aporte de ideas, el intercambio de apreciaciones y las conversaciones para la resolución de los conflictos son llevados a cabo con un nivel de evolución que quizás no veamos en grandes corporaciones con miles de horas de capacitación dedicadas a la formación de sus líderes. Los bosquimanos se escuchan, tratan de entender los diferentes puntos de vista, los desacuerdos son parte de un proceso constructivo y cuidadoso que les permite "desenredar" la realidad que están viviendo. En pocas palabras, los bosquimanos saben mucho de conversaciones y de relaciones. Pero ¿cómo llegan a ese nivel de comprensión mutua? ¿Cómo logran la paciencia necesaria para escucharse todo lo que se tengan que escuchar? ¿Se harán preguntas importantes para terminar de entender la información proveniente de las distintas "realidades" que posee cada uno de los integrantes de la tribu?

¿Qué hacen con sus emociones, conociendo que las flechas envenenadas ya no están cerca y carecen del poder para usarlas? ¿Qué sienten al saber que importa más la razón colectiva que las razones individuales? ¿Cómo logran conscientemente "validarse" entre ellos y mantener sus compromisos en el tiempo? Los bosquimanos no se enteraron, ¡pero saben de PNL!

Entonces, ¿qué relación guarda esta última historia con la PNL? La máster en PNL Erika Ortiz lo explica así: *"El propósito es que durante el ejercicio de dar o recibir feedback hay que ir con la mente abierta a escuchar múltiples puntos de vista, comprender que no todos tenemos los mismos mapas mentales y que quizás no estemos de acuerdo con la realidad que el otro nos plantea, pero que eso no la anula; una comunicación con una retroalimentación consciente es un sendero trabajoso de transitar, es animarnos a empatizar sin juzgar y sin perder la objetividad en el camino, poniendo muestras convicciones de lado para adentrarnos en la realidad del otro, en el por qué piensa, siente, actúa y se comunica así. Recordemos que, para llegar a acuerdos, necesitamos primero sentirnos validados emocionalmente, recordemos que no hay objetividad sin haber identificado antes lo subjetivo de la situación y recordemos que el objetivo de la PNL y de toda metodología, así como de las ciencias comunicacionales, es reconocernos mutuamente para poder proyectarnos, evolucionar como personas y sociedades a través de la palabra".*

Tengamos presente que un gran porcentaje de las veces, muy al contrario de los bosquimanos, las "flechas envenenadas" las dejamos en los mismos lugares de trabajo con la gente con la que pasamos horas y horas trabajando. En nuestros procesos de feedback, llevamos "flechas envenenadas" a nuestros colaboradores, a nuestros pares e, inclusive, a nuestros líderes. Y viceversa, ellos nos hacen llegar muchas veces sus "flechas envenenadas". Consciente o inconscientemente, esto pasa. Hagamos feedback con PNL llevando estas flechas a otra parte. Un punto de vista sobre la realidad no puede ser tan poderoso como para generar semejante dicotomía en relación a un pensamiento o una idea. La vida misma nos enseña que se pueden encontrar conceptos aparentemente opuestos, pero que a su vez son complementarios, como por ejemplo el cielo y el infierno, es decir, la oposición del bien y del mal que existe simultáneamente en la naturaleza humana. Por eso, se nos hace necesario recordar la frase de Johann Wolfgang von Goethe que está ni bien se abre este libro: *"Poseo un poder tremendo para hacer que la vida de alguien sea miserable o dichosa. Puedo ser una herramienta de tortura o un instrumento de inspiración. Puedo humillar o dar apoyo, herir o curar"*.

## Por la salud emocional... del feedback

Durante el año del mundial de Rusia 2018 y unas noches antes del partido clasificatorio entre los seleccionados de fútbol argentino y ecuatoriano, un periodista de TV le hace una pregunta muy importante a un *coach* invitado: ¿Por qué teniendo a los mejores jugadores del mundo no podemos ganar partidos, no aparece un mejor juego? El *coach* invitado le responde: *"Como usted sabe, señor periodista, el fútbol es un juego de espacios y que se juega mediante una pelota que se debe desplazar a través de esos espacios vacíos que dejan en el campo los jugadores del otro equipo. El objetivo final es introducir la pelota dentro del arco contrario para marcar un gol"*. A todo esto, el periodista no entendía nada y habrá pensado para que lo había invitado. El *coach* retoma la palabra y ensaya con un alto nivel de impacto la segunda parte de la respuesta: *"Los partidos son transmitidos desde arriba de la cancha y lo que muestra la cámara de TV es que entre jugador y jugador hay espacios de pasto donde debería rodar la pelota; bueno, la verdad es que no son espacios de pasto... lo que hay entre los jugadores de Argentina son 'espacios de emociones, espacios de relaciones, espacios de confianza'. El seleccionado de fútbol no ganará, por más buena táctica que introduzca; van a tener que solucionar primero sus problemas emociona-*

*les"*. Año 2022, Mundial de Fútbol en Qatar. Otro DT, otras relaciones, otras formas de comunicación, otra confianza. En pocas palabras, entre todos los integrantes del equipo y hasta con el mismo cuerpo técnico, se "achicaron espacios de paso". ¡Nos vinimos con una copa del mundo bajo el brazo y fuimos legítimos e indiscutibles campeones! Cambiaron las emociones, cambiaron los resultados.

Para que un proceso de feedback "florezca" tiene que existir una base de "salud emocional", algo de inteligencia emocional o "espacios de pasto" que asomen por el horizonte. El líder debe ser alguien que pueda comunicar bien. En el mundo moderno uno tiene que poder comunicar, y hacerlo de un modo simple y claro. La comunicación tiene dos impactos fundamentales: por un lado, transmite información para realizar las actividades requeridas por la organización, y por el otro, es una herramienta de liderazgo que construye un equipo y crea una verdadera conexión entre los miembros de ese equipo. Establece el vínculo que todos necesitan para tener un mejor desempeño. Todo esto, dentro de un estado mental y emocional que genera el sentido de pertenencia. Me gusta mucho lo que expone Eduardo P. Braun en Las personas primero, cuando establece tres niveles de comunicación: "*el nivel de las ideas y de la información, el nivel de las emociones y finalmente el nivel de los comportamientos concretos, o lo que hacemos en realidad*". Aquí, la prueba más efectiva, dice el autor, es la coherencia entre lo que pensamos, decimos, sentimos y hacemos. La dimensión emocional juega un rol muy importante, ya que allí va el "cómo inspiramos y empatizamos". Hasta que entre los jugadores del seleccionado argentino no haya una verdadera "conexión emocional" todo quedará en el mundo de las ideas y de los actos.

El feedback necesita de líderes conscientes de sus emociones. No me atrevo a decir líderes "emocionalmente inteligentes", porque este es un camino muy largo. Empecemos por ser conscientes de nuestras emociones y de las emociones de los otros. Insistimos, como lo hemos hecho en otros pasajes del libro, dar y recibir feedback puede ser el "gran puente" para tomar conciencia de mis emociones y de las emociones de los miembros del equipo. Y mientras estamos conscientes, enfrentamos el mundo desde un triángulo experimental de pensamientos, emociones y acciones. Siempre pensamos, sentimos y hacemos simultáneamente. Cómo líderes tomadores de decisiones muchos de nosotros nos sentimos más cómodos operando en uno de estos tres ámbitos. La experiencia nos dice que somos muy buenos pensando y haciendo. ¿Qué valor le estamos dando a las emociones? Siguiendo la historia del periodista y el coach, necesitamos "achicar esos espacios de pasto", o mejor dicho de emociones, de relaciones y de confianza.

Ahora bien, cómo hacemos para que de una forma simple podamos saber si somos conscientes de nuestras emociones. Hagámonos algunas preguntas: ¿Demostramos que somos conscientes de nuestros estados de ánimo y emociones? ¿Hacemos que los demás se sientan valorados? ¿Somos abiertos y honestos con sus errores? ¿Tomamos decisiones teniendo en cuenta los aportes del equipo para generar los cambios necesarios? ¿Brindamos reconocimiento ante un trabajo bien hecho? ¿Ayudamos a crear un ambiente de trabajo positivo? En realidad, cómo puede ser que, durante más de treinta años de estudiar, analizar y enseñar inteligencia emocional en los centros de estudios, en programas de coaching, en capacitaciones de liderazgo, nos cuesta reconocer como líderes que en una organización con "buena salud emocional", la gente hará un esfuerzo discrecional. Siendo este el nivel de esfuerzo que la gente puede dar, si quiere, más allá del mínimo requerido.

Esfuerzo discrecional es dar la "milla extra". Queremos milla extra en las ventas, deseamos milla extra en la calidad de los productos, necesitamos milla extra para la mejora de los costos, les pedimos a nuestros asesores milla extra para atender mejor a los clientes, comunicamos la necesidad de una milla extra en la relación con los empleados para mejorar el clima laboral, pero no nos damos cuenta o no somos conscientes de que esto se consigue comenzando a transformar nuestra salud emocional desde el punto de vista individual, grupal y organizacional.

"*Un bajo nivel de inteligencia emocional en el trabajo tiene un costo inevitable en los resultados económicos. La rentabilidad de la inteligencia emocional puede que a algunos directivos le cueste aceptarla*", nos decía Daniel Goleman hace más de veinte años. Y los motivos son muy evidentes. Solo pensemos en el ejemplo de las consecuencias que le puede traer a un equipo de trabajo que su líder no pueda contener un ataque de rabia ante quienes lo rodean. ¿Qué pasará en su entorno laboral? A este equipo le costará más concentrarse, prestar atención, aprender, tomar decisiones con claridad. ¿Otros efectos? Restringen nuestro pensamiento, limitan nuestra interpretación de los hechos, provocan conductas reaccionarias de luchar o de huir, nos "achicamos" ante las oportunidades. Al fin y al cabo, reducen el desempeño.

En una organización con una "baja salud emocional" como la que hemos descripto solo a través de un ejemplo, costará dar y recibir feedback. El acto de retroalimentar necesita de un contexto emocional diferente, aunque a veces no sean solo buenas noticias. Es una tarea que exige esfuerzo, tal como lo ilustra aquella analogía de "*El Jinete, el Elefante y el Camino*". Son tres términos que utilizan como analogía Chip y Dan Heath en su libro Cambia el Chip para explicar de una forma amena y simpática cómo podemos cambiar, aunque parezca imposible. "*¿Quién es el Jinete? Es esa persona que quiere hacer un cambio. Es como el lado racional del cerebro que delibera, analiza y mira hacia el futuro. El Jinete lleva las riendas del elefante y parece ser el líder. Pero su control es precario, porque su tamaño es muy pequeño si lo comparas con el Elefante de seis toneladas. Cuando el Jinete y el Elefante no estén de acuerdo en la dirección a seguir, el Jinete perderá su capacidad de liderar un cambio. El Elefante es el lado emocional, ya que tiene que creer que es capaz de conquistar el cambio. El Camino marca cómo llegar a su destino*". Como verán, el Jinete es la persona que a través de su razón impulsa el cambio y no podrá mantener en la dirección correcta al Elefante, que es el conjunto de emociones que se ponen en movimiento con dicho cambio, para así situarse en el camino y conseguir los objetivos. Muchas veces las áreas de RR.HH. o los *coaches* internos son el jinete deseando instaurar una política de dar y recibir feedback como plan de acción a una mejora del clima laboral, mientras que el Elefante son que las emociones despertadas en la masa crítica de líderes de la organización que no están viendo esto como una buena práctica. Cómo cuesta muchas veces "ponerlo" en el camino.

Por eso el feedback necesita de un contexto positivo, y de hecho produce un caudal muy importante de emociones positivas: solución creativa de problemas, mayor apertura a nuevas ideas, mejor disposición a emprender cosas difíciles, desarrollar nuevas soluciones, asunción de más riesgos, pensar en los problemas con más profundidad, ver más alternativas. Al fin y al cabo, se incrementan el interés, el aprendizaje, el compromiso y la participación de las personas y de los equipos.

Están soplando fuertemente los vientos de los desafíos adaptativos, por lo que los líderes necesitan "reservas emocionales" para enfrentar efectivamente esos desafíos. El autor Doug Lennick, en su libro *Inteligencia moral* nos expresa que "*es difícil manejar las situaciones de tensión que nos presenta el mundo de hoy sin un nivel mínimo de bienestar emocional. Si el tanque emocional está vacío, no es factible satisfacer las demandas de liderar e influir a otros para que sean más competentes. Construya una organización que ayude a los demás. Si su producto o servicio no hace del mundo un mejor lugar, ¿para qué molestarse?*". ¿Cómo está el tanque emocional de tu organización, de tu liderazgo, para comenzar a dar y recibir feedback en forma consciente y efectiva? Por la salud del feedback.

## Feelback, así es, ¡Feelback!

Es un imperativo cerrar este capítulo de "Las bases para un feedback consciente" con una fuerte dosis de emociones. Digo dosis porque quiero comenzar esta sesión con un ejemplo de la medicina. ¿Doctor, me puede tomar el pulso? En el libro "Los Pacientes me enseñan", su autor, el Dr. Paco Maglio del Sanatorio Finochietto, cuenta que, en una oportunidad, una anciana le pidió reiteradamente que le tomara el pulso. El doctor miró el cardioscopio, y sin acceder a su pedido, le dijo: "tranquila, abuela, tiene 80 años, usted está muy bien". Pero le seguía pidiendo que le tomara el pulso, y ante su insistencia le preguntó por qué, ya que la máquina de medición era muy confiable. La anciana le contestó: "es que aquí nadie me toca". La palpaban, pero no la tocaban. Este profesional de la medicina cuenta que "en los hospitales todos los días hay gente que se muere con hambre de piel. Y luego remata con un "en nosotros los médicos, está saciarla". Esta abuelita lo que quería no era solamente un feedback de cómo estaba, sino también un "feelback" sobre cómo se sentía. ¡Así es... feel + back!

Mi amigo Rubén González de Tucumán -importante asesor de empresas en salud y seguridad ocupacional- me acercó un *paper* sobre feelback que él mismo elaboró y con su permiso me sumaré a ampliar su desarrollo compartiendo parte de su texto: *"feelback" conjuga los anglicismos "feel" (sentimiento) y "back" (retorno, devolución) refiriéndose a sentimientos positivos recíprocos. Partiendo del concepto de feelback se pone sobre la mesa un proceso que apunta a la manera en que las personas administran su emocionalidad en una conversación, por eso es importante trabajar en el rediseño de los modos en los que manejamos nuestros sentimientos y emociones para generar vínculos empáticos con nuestro entorno".* Y sigue este especialista ahondando en este nuevo anglicismo: *"no podemos actuar sobre los aspectos que llevaron a la persona a ser lo que es porque ha sido determinado por sus experiencias pasadas, difícilmente podamos injerir de manera directa sobre los aspectos extralaborales que condicionan su presente, pero sí podemos hacerlo respecto de los que lo definen como miembro de una organización o de un equipo. Para ello damos capacitaciones, talleres, coaching, feedback y demás técnicas de desarrollo de modo que se sienta identificado como un talento. Pero, ¿Por qué, a pesar de los esfuerzos que se hacen desde la empresa, a veces los resultados no son los esperados? Seguramente es multicausal. Sin embargo, si profundizamos, vamos a llegar a la conclusión de que todo está relacionado con las personas y sus acciones, las que parten de su personalidad y, por consiguiente, depende de su situa-*

*ción emocional. En consecuencia, los resultados de un equipo de trabajo dependen de la emocionalidad del conjunto que, a su vez, estará determinado por la suma de las emocionalidades de los sujetos que lo componen. Así entenderemos el concepto de que una cadena es tan fuerte como su eslabón más débil. Este es el punto de partida del feelback".* ¡Me gustó mucho todo esto que nos dice Rubén!! ya que en la práctica del feedback, la "humanidad" de una persona manifestada a través de sus sentimientos y emociones juegan un papel preponderante.

Siguiendo con el Dr. Paco Maglio, él también decía que no solamente un médico debe tener *techne*, que en griego quiere decir "aptitudes técnicas", sino también *medeos* que en ese mismo idioma significa "el que tiene alguien a su cuidado". En el plano de una organización es llevarnos a reflexionar sobre que sentirnos bien nos predispone a estar mejor, a trabajar mejor, a conversar mejor y a relacionarnos mejor. ¡Saber cómo nos sentimos con el otro al conversar no es menor! De la misma manera que el feedback y el feedforward se complementan (esto lo profundizaremos en otro capítulo más adelante), el feelback vino para meterse y aportar una mayor complementación. ¡Conversaciones con emociones y con sentimientos! ¡Por favor, no se puede separar el desempeño de la "persona completa"!

Para profundizar sobre estos dos conceptos es necesario hablar de "educación emocional" y para ello que mejor que hacer un repaso de la mano del Consultor y Facilitador Roly Pereyra: *"hoy, la mayoría de los problemas del Liderazgo son por la falta de educación emocional y el entendimiento de las emociones. Es importante aprender a diferenciar emociones de sentimientos. Pensemos en las emociones: son transitorias, con una intensidad mayor, aparecen primero y en forma rápida, son inconscientes y se trata de reacciones psicofisiológicas. En cambio, vayamos a los sentimientos: son de larga duración, más complejos y más lentos, conscientes y aparecen después. Sin emoción no hay sentimiento y estos son la interpretación de las reacciones emocionales. En definitiva, se trata de generar las condiciones para propiciar la automotivación de los demás".*

Como verán, cuando hablamos de "feelback" están presente la emoción y el sentimiento. En la experiencia del Dr. Maglio de la anciana, las emociones que pudieron estar presentes en ella fueron la de tristeza o el enojo evidenciadas en el "¿Qué pasa que no me tocan?" Posiblemente acompañadas también de sentimientos como el abandono o la soledad. Así como es difícil separar la emoción del sentimiento, pienso que tampoco podemos separar el feedback del feelback. Por lo que, necesariamente, tiene que intervenir un proceso de concientización sobre las posibles emociones y sentimientos que nos acompañen en ese ir y venir de la retroalimentación. Desarrollar habilidades que nos permitan acompañar el proceso, poseer la fortaleza emocional que asegure el cuidado de las partes sin dejar de lado los resultados y, por supuesto, el cumplimiento de los objetivos que nos llevan al momento del feedback. Durante años se creyó que el liderazgo se basaba en el control, la estrategia, la visión. Y aunque esos elementos siguen siendo fundamentales, hoy el terreno de juego ha cambiado: liderar con inteligencia emocional ya no es una habilidad "blanda" o deseable, es una ventaja competitiva real. Y más aún, una necesidad. Susan David, psicóloga de *Harvard* y experta en agilidad emocional, plantea una idea potente: *"la verdadera fortaleza del liderazgo está en la capacidad de enfrentar con coraje nuestras emociones internas —no de evitarlas o reprimirlas— y traducir esa conciencia en acciones conscientes, sabias y humanas."*

Para ampliar el esquema de desarrollo de herramientas de inteligencia emocional, la especialista en liderazgo, *coaching* y PNL, Erika Ortiz, de la consultora EOG de Ecuador, nos ofrece un gráfico para poder comprender cómo podemos ir evolucionando en el mismo: *"no sobrevienen las competencias emocionales sin primero adentrarnos en el autoconocimiento, es decir, difícilmente sabremos manejar situaciones sensibles con los demás sin antes asegurar con autoconciencia nuestras fortalezas y oportunidades de mejora emocionales. Siempre podremos conectar con el otro mientras tengamos las competencias que nos ayuden efectivamente a sobrellevar obstáculos de percepción de la realidad, diferentes puntos de vistas o de distorsión en la comunicación. En primer lugar, somos lo que pensamos y actuamos a partir de lo que creemos. Esto es sencillamente autoconciencia emocional y se encuadra en la dimensión intrapersonal del ser. En segundo lugar ¿Aceptamos y comprendemos las emociones de los demás? ¿Reconocemos y validamos las emociones de nuestro entorno? ¿Estamos conscientes de lo que el otro necesita? Esto ya es poseer la competencia emocional y se inserta dentro de la dimensión interpersonal. Finalmente, todo este ejercicio sostenido en el tiempo nos lleva al camino o a la fase de la fortaleza emocional, que es cuando gestionamos y fortalecemos nuestras relaciones, vínculos y comportamientos a través de las emociones y lo hacemos ya dentro de una dimensión integral"*.

**Gráfico: Evolución del manejo emocional. El feelback se encuadra dentro de la fortaleza emocional. Erika Ortiz – EOG Consultora**

Para todo esto que parece tan difícil de poner en práctica, no basta la voluntad, este sería el primer paso en el proceso. Además, debemos generar el hábito a través de acciones racionales que nos permita generar un patrón mental de comportamiento donde nos sea cada vez más fácil aplicar las herramientas de inteligencia emocional. Solo entonces, con paciencia y paso a paso, podremos construir fortalezas emocionales que nos ayuden en nuestras relaciones y en prácticas de comunicación bidireccional como lo es el feedback. Al respecto debo decir que he conocido varios líderes con fortaleza emocional. Líderes con su dimensión intrapersonal e interpersonal muy bien integradas, alineadas, equilibradas y aplicadas por lo menos en lo que a su faceta organizacional se refiere.

Me pregunto, ¿Y cuando venga alguien de las más altas esferas de la organización y nos diga: "muy lindo todo esto de que hay que trabajar con el corazón" pero ¿qué hacemos con los KPI´s? Así como hay KPI´s, es decir, indicadores claves de rendimiento para cada una de las áreas de una organización, existen KPI´s relacionados con la humanidad. Del *keep performance indicators* hay que pasar a los *keep people informed, keep people involved, keep people interested* y finalmente a los *keep people inspired*. Entendamos que el coeficiente intelectual determina lo que sabes y la inteligencia emocional determina lo que harás. El coeficiente intelectual es lo que permite ingresar a una organización y la inteligencia emocional es lo que permite crecer y desarrollarse dentro de la organización. Con el negocio pasa lo mismo. Podemos saber mucho del negocio, pero podemos saber muy poco de las personas y esto, es el principio del fin: mucha rotación de personal, altos índices de estrés y accidentes de trabajo, ausentismo excesivo, baja productividad, insatisfacción por un clima laboral tóxico, mala atención a clientes y sigue una amplia lista. El primer paso debe ser dado por los líderes y su ejemplo. Leí el caso de Rob Jupp, CEO de *Brightstar Group*, y es revelador. Cuando él mismo decidió hablar en la empresa en materia de salud mental, generó un cambio sistémico en su organización: menos rotación, menos ausentismo y una mejora en la productividad del 40 al 60%.

En un pasado *posteo* que hice en las redes sobre este tema, me decía Daniela Zavalsky -consultora en gestión del capital humano-, que *"conectar empáticamente entre los miembros de un equipo, entre líderes y colaboradores, potencia tremendamente los objetivos comunes. Es esencial para generar ese clima de confianza donde se da esa "milla extra"*. Tras ese comentario se sumó el de Luis Martini -cofundador de 360º bienestar: *"qué gran idea y concepto el de Feel-Back, poder hablar abiertamente en entornos laborales de cómo nos sentimos contribuye sin duda a entendernos desde la empatía y conectar mejor. En mi mirada, hay que ayudar a modificar las creencias que asocian que el mostrar emociones en el trabajo es señal de debilidad, luego trabajar en crear espacios de seguridad psicológica para evitar el temor al rechazo o a la crítica y finalmente, integrar el feelback como hábito organizacional serían grandes avances hacia una cultura de alto impacto"*. La búsqueda del poder es incompatible con la búsqueda de una relación auténtica. En un ensayo publicado por Roy Baumeister y Mark Leary encontré esta frase de altísimo significado: *"la principal diferencia entre el amor y el poder es que el amor aspira a la mutua disolución de las barreras personales, provocando una fusión igualitaria en un nuevo todo; mientras que el poder busca la superación unilateral de las barreras, por la cual la voluntad del más poderoso se convierte en la voluntad de ambos"*. Se tenía que decir y se dijo.

Jean Paul Sartre, un exponente de la filosofía existencialista tiene una frase que dice: "cada hombre es lo que hace con lo que hicieron de él". Podemos estar o no de acuerdo, pero parecería que esta frase claramente aplica al ámbito organizacional. ¿Y si las organizaciones, a través de su cultura y de las acciones cotidianas de sus líderes, hacen que sus colaboradores hagan cosas a partir "de lo que hicieron de ellos"? ¿Se entiende? Cuando ingresamos a una organización nos hablan, nos tratan de una manera u otra, nos bajan mensajes y decisiones, nos dicen cómo hacer las cosas. Nosotros, como colaboradores, las recibimos y como una esponja, todas esas conversaciones se comienzan a transformar en un lenguaje propio y hasta algunas creencias terminan arraigándose. No digo que "esté bien o esté mal", pero esto condiciona nuestras formas de pensar, actuar y hasta sentir. El entorno nos condiciona, el lenguaje organizacional o la forma en la que se conversa nos condiciona, la manera con la cual los líderes nos hablan y nos tratan nos condiciona, los procesos con los que trabajamos nos condicionan, el clima laboral nos condiciona, las emociones y los sentimientos que nos atraviesan mientras trabajamos nos condicionan. ¿Somos lo que la cultura organizacional hace de nosotros? ¡El feedback constante (bien o mal hecho) o el "no feedback" también nos condiciona!

A partir de algún momento, tenemos que ser responsables de elegir cómo queremos conversar. La práctica del feedback consciente tiene que ser el camino hacia la libertad de poder expresar ideas, motivaciones, mejoras, necesidades personales y laborales. En suma, expresarnos tal cuál somos y en 360 grados. Un feedback consciente, con buenas intenciones, pensado y preparado, crea evolución, empodera, desarrolla y esos colaboradores que lo reciben en forma concreta y constante harán las cosas a partir "de lo que hicieron de ellos". Imagínense si le sumáramos a esto, un feelback que asegure conversaciones llenas de emociones y sentimientos positivos. ¿Qué estás haciendo con el feedback hacia tus colaboradores? ¿Cuánto, cómo y cuándo conversas con ellos? ¿Tendrá razón Sartre? Me pregunto, ¿Cómo están esas emociones y esos sentimientos al momento de dar feedback dentro de los equipos de trabajo? ¿Cómo están esas emociones y esos sentimientos al momento de recibir feedback por parte de un líder? ¿Cómo están esas emociones y esos sentimientos al momento de pedir feedback? Norma Rosenberg -*Chair* de Vistage International- sostuvo en el libro "El poder de los Pares", *que "a lo largo del tiempo, los miembros de un equipo vendrán y se irán por una variedad de razones; sin embargo, es importante que el equipo siempre siga creciendo. Las personas dejan una huella emocional de hacer buenas relaciones o preocuparse por los otros integrantes. Eso se acumula. Están creciendo juntos y tienen un legado, un legado emocional que hace que el equipo cambie para mejor. De lo que se trata es de alcanzar un nivel más alto de desempeño y bienestar emocional individual y grupal".* Uniendo esto con Sartre ensayo la siguiente pregunta ¿Puede ser que en el presente hagamos las cosas según la huella emocional que nos han dejado a nosotros en el pasado? Por eso, es importante volver a la "persona completa" con un ¿Cómo estás? ¿Cómo te sentís? ¡Háblame de ti!

Ceci del Valle, experta consultora en transformación empresarial, nos habla de poner en práctica un "mapa de empatía cultural" y claramente nos invita a una acción "corajuda" y valiente de salir a testear emociones: *"reuní a tu equipo de líderes o colaboradores clave y que respondan las siguientes preguntas y así ayudarlos a ponerse en la piel de las personas impactadas por el cambio. ¿Qué piensan y sienten con estos cambios? ¿Cuáles son sus principales preocupaciones respecto al cambio? ¿Qué resistencias pueden tener? ¿Qué expectativas tienen sobre el proceso de cambio? ¿Cómo se sienten con respecto al liderazgo en este contexto? ¿Cuáles son los problemas pasados que no pudimos superar y que estarán impactando en todos los cambios que queremos hacer? ¿Qué nos hace sentir miedo o ansiedad? ¿Qué están pensando todos y nadie está diciendo?"*. Decía Humberto Maturana que *"la mayor parte de los dolores de nuestra existencia son culturales. Pregúntese dónde le duele la vida y verá que no es en su cuerpo y verá que la vida le duele en los espacios donde no es visto, en donde está usted siendo negado, en sus espacios de desamor, duele no contar con el respeto de sus compañeros de trabajo o de sus vecinos, de su familia y amigos. Verá que en el fondo lo que nos mueve a los humanos es esa necesidad ancestral de ser reconocidos, que significa que nos valoren, que consideren nuestra aportación al grupo y que nos lo demuestren en su trato con nosotros. Eso es lo que está detrás de todos, incluso detrás de quien se compra grandes coches, aviones o grandes palacios: queremos que nos quieran por puro mandato biológico. Porque sólo en el espacio en el que se tiene presencia, se es productivo y se puede convivir con satisfacción"*. Un feelback por favor, que todos estamos necesitando.

La autenticidad y la vulnerabilidad son motores del cambio. El silencio cuesta más que la inversión, siempre. No hablo del silencio de la información, sino también, del silencio de las emociones y los sentimientos. Lo que no se habla, lo que no se expresa, se convierte en síntoma. Estudios confirman que las organizaciones que priorizan el bienestar emocional tienen mejores resultados financieros, superando incluso a índices bursátiles como el S&P 500. El bienestar colectivo no solo importa; ¡además, es rentable! Los líderes tienen hoy la responsabilidad de crear espacios donde hablar de estos temas emocionales no sea un tabú, sino una práctica habitual. El bienestar del equipo no es un evento ni un beneficio con descuento para ir a un gimnasio; es una estrategia hacia un futuro escalable para las organizaciones. En otras secciones de este libro hemos hablado de los modelos VICA y RUPT que permiten visualizar el cambio desde "el afuera de la organización". El VICA y el RUPT están "en el mundo exterior" de las organizaciones. Para el feelback se necesita un abordaje más cercano "al mundo interior" de la organización y de las personas. Y para ello el modelo BANI viene a encajar exquisitamente. BANI es un término compuesto por las iniciales de las palabras inglesas *Brittle* (quebradizo o frágil), *Anxious* (que genera ansiedad), *Non-linear* (no lineal) e *Incomprehensible* (incomprensible). Este concepto comenzó a tener peso luego de los primeros embates de la pandemia. Su naturaleza parte de cómo está "ese mundo interior" de las personas. Y ahí está la cuestión: la fragilidad y la ansiedad de las personas, las cuestiones emocionales que no tienen una solución "lineal" y lo incompresible de las cosas que nos están sucediendo. No es solo un tema de gestionar la incertidumbre de la gente, es un tema de acompañar las emociones de esa gente.

Partiendo del significado de feelback, Rubén González ensaya el desarrollo de un nuevo concepto que trata sobre un proceso de "Reingeniería filoconductual": *"se crea este neologismo de la unión de las palabras "filo", del griego philein (amar) y "conductual", referido a la conducta. Esta expresión apunta a la manera en que las personas administran sus emociones. La reingeniería filoconductual se enfoca en el rediseño de los procesos de manejo de los sentimientos del individuo para generar vínculos empáticos con su entorno. Se entiende que estos lazos pueden afectar la equidad en quienes no comprendan que hay un objetivo superior y privilegien su afecto por sobre sus responsabilidades".* En pocas palabras, el feelback es un feedback llevado a cabo con "emociones nutritivas", con sentimientos que ayuden a engrandecer el vínculo. O sencillamente, el feelback es un feedback que nos lleve a la validación de las emociones y los sentimientos del otro. Todos nos preparamos para conversar sobre la información organizacional que da vuelta. Pero pocos se preparan para conversar sobre las emociones y los sentimientos que dan vueltas. Recordemos que las emociones son pensamientos sin palabras. Si estás pasando un divorcio, tienes un hijo con una adicción, acabas de perder a tu madre, van a operarte o te encuentras en medio de una crisis existencial, necesitas contárselo a la gente que te importa. Si en tu trabajo no tienes a nadie que te importe, si estas obligado a pasar entre ocho y diez horas al día solo, con tus ansiedades y tus miedos, entonces tus compañeros de trabajo y tu organización funcionan peor por ello. El feelback es aptitud emocional; así como hablamos de *fitness* físico, la aptitud emocional es la capacidad de un líder para reconocer, gestionar y usar sus emociones -y las del entorno- como guía en la toma de decisiones. No se trata de "sentir bonito" o "hablar bonito", sino de operar desde una base de autoconsciencia, claridad interna y empatía madura.

Volviendo al Dr. Paco Maglio. ¿Doctor me puede abrazar? Fue la pregunta esta vez. Este médico tenía que dar la tristísima noticia a una mamá que su hijito de siete años, con un Sida terminal postransfusional, se iba a morir. Pronunció la consabida frase: "ya no hay nada que hacer". A lo que la mamá le contestó: "sí, doctor que hay por hacer". "¿Qué puedo hacer?", le preguntó. Y con lágrimas en los ojos, esa madre le dijo: "Doctor, ¿me puede abrazar?" Paco cuenta en su libro que nunca volvió a decir "no hay nada que hacer", sino "ya no hay nada que tratar porque, como médico, ya no puedo hacer nada, pero como persona, ¿Puedo hacer algo por usted?". Cuando hay humanidad siempre se puede hacer algo. Con un feedback consciente siempre se puede hacer algo. El feelback mejora ese algo, lo enaltece, lo eleva. **El feedback no es una bala, es una brújula**. Como dice el tango "Por la vuelta" de Enrique Cadícamo, "tus palabras son como un manto, un manto grato de amistad".

# CAPÍTULO 8

# *Pilares fundamentales que promueven un feedback efectivo*

## Abrazando un nuevo modelo conversacional

La mayoría de nosotros tenemos una persona en nuestro círculo íntimo en la que se puede confiar para que nos brinde retroalimentación. A veces lo hace brutalmente y puede ser contundente. Lo que tiene que decir puede hacernos sentir un poco incómodos. Pero, debido a que es tan sencillo, sabemos que no está tratando de molestarnos, y sabemos exactamente en qué sintonía estás con esa persona. Él tiene sus mejores intereses en el corazón. Por esto, es uno de nuestros confidentes más leales y confiables. Cuántos de nosotros tenemos la suerte de tener una persona así en nuestras vidas y en nuestras organizaciones. De hecho, lo usamos de ejemplo o como modelo cuando necesitamos hablar de conversaciones abiertas y honestas con los demás.

Años atrás, David Rock, Jay Dixit y Barbara Steel, del *NeuroLeadership Institute*, explicaron en un artículo para Quartz: "*En la mayoría de las organizaciones, las conversaciones de desempeño se consideran una necesidad dolorosa, una tarea inevitable que es desagradable para los gerentes y empleados*". Los autores, en realidad, ven esto como una "oportunidad perdida", porque las conversaciones de desempeño bien diseñadas mejoran las interacciones entre los líderes y los empleados, creando más oportunidades para desencadenar el aprendizaje y el crecimiento. "*En otras palabras*", dicen, "*se cultiva el compromiso en el lugar de trabajo, el santo cáliz de la satisfacción de los empleados y la retención de talento*". Podríamos agregar que esto genera confianza entre los líderes y sus compañeros de equipo y, como resultado, se convierten en empleados más leales y los más grandes defensores de la organización. Sin embargo, más allá de las conversaciones de desempeño, y como hemos dicho en la introducción del presente libro, hay otros temas que son esenciales para que los líderes discutan a nivel organizacional y que están íntimamente ligados a la calidad de las comunicaciones, conversaciones, el feedback y relaciones.

Enhorabuena, hay que mejorar las relaciones y reducir los conflictos. Ya hemos hablado de la no conveniencia de hacer que el lugar de trabajo se convierta en un ambiente tóxico. La única forma de evitar esto es tomando conciencia y manteniéndose al tanto de los problemas entre los empleados. No tengamos miedo de preguntar cómo puede mejorar las relaciones o qué conflictos deben abordarse. La conversación tiene un poder extraordinario para poder manejar en forma inteligente nuestras cuestiones, pero es una lástima que la mayoría de nosotros no tengamos desarrollada la habilidad para tener conversaciones inteligentemente humildes y simples. A unos nos cuesta mucho más que a otros el hablar de lo que es realmente importante para nosotros. No tenemos la habilidad de decirles a los demás lo que es preciso decirles. A veces no les decimos las cosas malas por temor al conflicto y otras veces no les decimos las cosas buenas por algunas extrañas y variadas razones.

En muchos casos no tener la fortaleza para decirles a otros las cosas genera un perjuicio para ambas partes o para la organización, y, de hecho, me gustaría citar dos ejemplos simples: enfermeras que no son capaces de decirles a los cirujanos que el procedimiento no es el correcto, y por eso el paciente se muere; o los copilotos que no son capaces de decirle al piloto que las decisiones que este toma son incorrectas, y por eso se pone en peligro la vida de los pasajeros. Conversaciones cruciales que no son tomadas como tales. Debemos reconocer el poder y los beneficios de conversar. Muchos "registramos" la importancia de la relación y sentimos cuando esta se deteriora, pero a pesar de eso no hacemos nada por recuperarla. Una importante característica del buen líder es reparar y recuperar relaciones.

Una organización no construye nada bueno si no pone en su base cultural la calidad de las conversaciones y relaciones. Esto es claramente crítico, y el fortalecimiento de una verdadera cultura del cambio se enfoca en problemas relacionados con cómo se sienten y cómo se comportan las personas. No podemos dejar de mencionar el trabajo innovador de Robert Kegan y Lisa Lahey en torno a construir "*deliberadamente culturas del desarrollo*". Los autores formulan la "*construcción de una cultura de crecimiento*", y que para ello se requiere una mezcla de componentes individuales y organizacionales. No perdamos de vista sus ideas:

1. *Un entorno que se siente seguro, impulsado primero por líderes dispuestos a seguir su ejemplo. Vulnerabilidad y responsabilidad personal por sus defectos y errores.*
2. *Un enfoque en el aprendizaje continuo, a través de la curiosidad y la transparencia, en lugar de juicio, certeza y autoprotección.*
3. *Nuevos comportamientos para dejar de suponer que cambiar el statu quo es peligroso, y es probable que tenga resultados o consecuencias negativas.*
4. *Procesos de retroalimentación continua –arriba, abajo y en toda la organización– basada en una información compartida.*
5. *Compromiso de ayudarnos unos a otros a crecer y a mejorar.*

Esto lleva indiscutiblemente a sacar a la superficie las tensiones que existen en toda organización, y luego trabajar para ser más transparentes. Pero de manera realista y con la conciencia y la seguridad suficientes para hacer que eso sea posible. Los autores siguen desafiándonos: "*Comenzar a invitar a todos los empleados a que compartan a través de procesos y herramientas corporativas su nivel relativo de confianza en los líderes, entre áreas y que incluyan su visión no solo en temas de habilidades, estándares y resultados, sino también sobre asuntos de honestidad, intenciones, autenticidad e integridad*".

Decididamente, estos autores "fueron al grano". Ahora bien, ¿Como líderes estamos culturalmente preparados para semejante desafío?

Ronald Heifetz nos propone algo que va de la mano con lo expuesto anteriormente y que como verán en el cuadro que presentamos debajo, nos invita a salir de las zonas de equilibrio reforzadas por patrones del pasado, a migrar a zonas más desequilibrantes y que nos permitan abrirnos a nuevas posibilidades comunicacionales. ¿Seguiremos enquistados en interacciones "políticamente correctas"? ¿Continuaremos sufriendo las emociones que se generan detrás de las conversaciones o debates "de trinchera"? Quizás en algunos momentos sean los caminos correctos, pero ya vimos que el fin no debe justificar los medios, cuando de construcción de relaciones se trate. Tampoco es recomendable estar todo el tiempo sometidos a interminables diálogos reflexivos. No pasamos a la acción.

**Cuadro 8. Modelos Conversacionales/Práctica del liderazgo adaptativo, Ronald Heifetz**

¿Qué tipo de conversaciones exige las transformaciones en el mundo de hoy y del que se avecina? ¿Qué tipo de conversaciones necesita el cambio cultural proveniente de las transformaciones que estamos viviendo? Y bajemos esto a nivel de dar y recibir feedback. ¿Es conveniente un feedback políticamente correcto? ¿Nos imaginamos un feedback cargado de debate "de trinchera"? ¿Adónde iríamos a parar si en un feedback solo nos ponemos a reflexionar?

Heifetz nos enuncia algunas direcciones para salir de los hábitos adquiridos, que se engloban dentro de lo que el autor denomina "diseñar intervenciones efectivas" y que son las que logran movilizar a la gente para que se enfrente a los desafíos relacionados con cuestiones de orden cultural. Con esto apunta a instalar un criterio superior de conversaciones a las que él llama "conversaciones generativas". Por un lado, conversaciones con un carácter "desequilibrante", y por el otro, con la misión de un "diálogo empoderante" para crear nuevas posibilidades.

Para ello, plantea la idea de animarnos a "orquestar el conflicto" y transformarnos en "promotores de debates". "Orquestar el conflicto", comprendiendo, diseñando y liderando el proceso de interacción entre las distintas partes para que estas aborden sus diferencias de forma mucho más productiva. Aquí aparecen cuestiones como crear un ambiente contenedor, tener claro el propósito del cambio, realizar reconocimientos a los que se animen a derrumbar fronteras, mostrar las brechas, fundar juicios con afirmaciones y hechos concretos, realizar preguntas movilizadoras, cerrar con acuerdos y algo muy importante: pedir feedback del feedback.

"Promotores de debates" involucra a la gente en la discusión de los problemas existentes, lo cual lleva a la toma de decisiones sólidas que la gente entiende y puede ejecutar de forma eficiente. Enmarcan con responsabilidad el problema, estimulan con preguntas difíciles, reúnen el equipo indicado, comparten la información, encienden la mecha del debate, creando ambiente seguro para lograr con cada persona el intercambio de ideas y puntos de vista ajenos. Esto exige rigor y datos con argumentos sólidos ya que el debate riguroso no quiebra a un equipo, lo fortalece y enriquece. Después del debate, el líder toma la mejor decisión (y no siempre se busca el consenso) comunicando las razones que la sustentan.

Qué hermoso "caldo de cultivo" para que florezca un efectivo dar y recibir feedback. El feedback también necesita de valientes debates poniendo "los elefantes sobre la mesa" y cuidando a la vez de los otros. Es la mejor manera de participar de procesos adaptativos. Por supuesto que Heifetz "no come vidrio"; en ello plantea la necesidad cultural y de liderazgo que debe imperar para que este tipo de conversaciones tenga una debida preparación y el entorno de contención necesario. Hay que preparar la "salud emocional" para que ello suceda.

Dar y recibir feedback abrazando un nuevo modelo de conversacional.

¿Nos hacemos algunas preguntas? ¿Somos líderes que nos enfocamos en aprender de lo que los otros saben? ¿Nos interesan los aportes relevantes que la gente pueda generar para una mejor toma de decisiones? ¿Somos de los líderes que atacan los problemas, no a la gente? ¿Vemos más allá de las jerarquías organizacionales y los cargos? ¿O preferimos tomar decisiones rápidas y basadas en nuestras propias opiniones?

## Sinceridad, ante todo

Los líderes transparentes son fieles a sus valores. La transparencia es la franqueza auténtica ante lo demás con respecto a lo que se siente, se cree, se dice y se hace. Esto es integridad. Estos líderes reconocen sin problemas sus faltas o sus errores y plantan su cara ante los demás en lugar de hacer la vista gorda. De la misma manera que falta valentía para llevar a cabo fuertes autocríticas como líderes, está faltando coraje para dar un feedback sincero. Solemos escuchar sobre abundantes casos en que las personas cuentan que su líder no les dijo la verdad en cuanto a su desempeño, sobre todo cuando esta traía aparejada una "mala noticia".

Muchos líderes reconocen que les cuesta decirle a la gente las cosas que no hace bien. A veces porque no saben, y lo reconocen, y a veces por cuestiones actitudinales, tales como ser vergüenza o temor. El líder debe adoptar principios universales tales como la integridad, la responsabilidad, la humildad, la generosidad, la moderación y la valentía, por solo citar algunos. Siempre hay que "entregar" comentarios honestos. Esto no es fácil, y habrá momentos en que la retroalimentación directa puede hacer que los colaboradores estén a la defensiva. Sin embargo, cuando se da cuenta de que esto es lo mejor para las personas, se vuelve más fácil. Debe crearse en la organización una "cultura de retroalimentación sincera" en la que se aliente a los empleados a que soliciten comentarios abiertos y honestos a sus gerentes –y viceversa–, sabiendo que será por el bien común. Todo proceso de feedback necesita un contexto de apertura, honestidad y transparencia. Sin sinceridad no hay feedback que se afirme sobre bases sólidas, perdiéndose la credibilidad y la confianza.

Jack Welch escribió en su libro *Winning* un capítulo completo llamado "*La Sinceridad, el mayor secreto del mundo empresarial*". Este autor, en sus años de General Electric fue un ser amado y odiado a la vez. Hoy lo sigue siendo en el mundo empresarial en general: "*Siempre he sido un ferviente defensor de la sinceridad y durante más de veinte años la he elogiado públicamente en General Electric. Sin embargo, desde mi jubilación he advertido que infravaloré su rareza. En realidad, el mayor secreto de los negocios es la falta de sinceridad*". La falta de sinceridad en las organizaciones es un problema grave. Impide que las ideas inteligentes fluyan y que la acción rápida y las buenas personas aporten todo el potencial que poseen. "Si se es sincero (aunque nunca se consigue plenamente), todo funciona mejor y más rápido", dice Welch. Y prosigue: "*Cuando hablo de 'falta de sinceridad' no me refiero a una falta de honradez malintencionada, sino a que demasiadas personas no se expresan con excesiva frecuencia y de forma instintiva, con franqueza. No se comunican claramente ni sugieren ideas para estimular un verdadero debate. No se abren. Por el contrario, se guardan los comentarios o las críticas. Cierran la boca para hacer que otros se sientan mejor o evitar el conflicto y endulzan las malas noticias, a fin de cubrir las apariencias. Se guardan las cosas para ellos, acumulando información. En eso consiste la falta de sinceridad. Es totalmente perniciosa, pero impregna casi todos los aspectos de los negocios*".

Hace unos años, me encontraba coordinando una actividad con los directivos y gerentes de una empresa multinacional y mientras me alejé para servirme un poco de té en la sala contigua, uno de ellos, que regresaba del baño, se me acercó y me dijo con total cinismo: "*De todo lo que se está planificando y consensuando allí adentro, hay cosas que ya sabemos que son imposibles de que se cumplan, lo que pasa es que no nos animamos a decir lo que pensamos*". Falta de confianza, falta de sinceridad, pérdida de tiempo y hasta falta de respeto.

En un ambiente de feedback sincero todos se abren y aprenden. En toda organización esa sinceridad genera rapidez. Cuando la información y las ideas no se ocultan, sino que se exponen abiertamente, pueden debatirse con celeridad, extenderse, mejorarse y convertirse en acciones concretas. Como vimos en el ejemplo reciente, la gente no dice lo que piensa en una reunión porque es más fácil. Cuando se llama a las cosas por su nombre, es muy probable que surjan problemas: ira, conflicto, dolor, confusión o resentimiento. Pero bueno, en el apartado anterior hemos revisado que se está exigiendo otro tipo de conversaciones: "*Poner los elefantes sobre la mesa*".

Daniel Goleman explica, en cualquiera de sus tantos libros, cómo actúan los cuatro dominios de la inteligencia emocional. En primer lugar, la *conciencia emocional de uno mismo* (ser conscientes de las propias emociones y reconocer su impacto). En segundo término, la *autogestión* (el autocontrol emocional y la capacidad de manejar adecuadamente las emociones y los impulsos conflictivos). Ambos dominios, sin ir más lejos, los hemos trabajado cuando estuvimos analizando la importancia que le aporta la salud emocional al liderazgo. Ahora bien, estos dos primeros dominios determinan el modo en que nos relacionamos con los demás. Aquí es donde aparecen los signos de nuestra integridad, honestidad y transparencia al dar un feedback sincero.

Define Welch "*que es imposible imaginar un mundo donde todos digan siempre lo que piensan. Lo más probable es que tampoco nos gustase. ¡Demasiada información! Pero, aunque solo lleguemos a la mitad de eso, conseguiremos que la falta de sinceridad ya no sea el mayor secreto del mundo empresarial. Será un cambio para mejor*".

Pero un feedback sincero sin empatía puede ser simplemente crueldad. Algunos especialistas dicen que debemos desconfiar de los que manifiestan "yo digo siempre lo que pienso". La verdad debe contemplar siempre la valoración de su posible impacto en el otro. Y aquí viene lo que Goleman incluye en los demás dominios de la inteligencia emocional, que son la "*conciencia social*", o sea, el ser capaz de experimentar las emociones de los demás, y la "gestión de las relaciones", tener la capacidad de inspirar visiones claras que resulten altamente motivadoras y saber desarrollar habilidades en los demás mediante el feedback y la guía adecuada. Siguiendo los pasos de Goleman allá iremos ahora, ocupándonos de la empatía como otro de los pilares fundamentales que promueven el feedback efectivo.

## Empatía: todos hablan, pero pocos hacen

Insisto siempre en que los mayores problemas de comunicación están encuadrados dentro de la "falta de empatía". Eso de "no estar en la misma sintonía", eso de "no estar en los zapatos del otro" y otras tantas ilustraciones sobre el tema que puedan estar dando vueltas por allí. Existe un gran "de la boca para afuera" en esto de estar en el lugar del otro: estarlo desde lo mental, emocional y hasta espiritual. Es fácil decirlo y es difícil aplicarlo. Y afecta gravemente todo proceso de comunicación.

John Maxwell, en sus "*21 Leyes Irrefutables del Liderazgo*", menciona en la "Ley de Conexión": "*Los líderes tocan el corazón antes de pedir la mano. Y esto se hace estando con los colaboradores*". Hace unos años llegó a mi casilla de correo electrónico una nota titulada "*El liderazgo es un deporte de contacto*", escrita por Marshall Goldsmith y Howard Morgan: "*Las organizaciones deben localizar formas de deslizar el liderazgo en cascadas, conectar fuertemente a sus ejecutivos, desde la dirección hacia los hombres y mujeres en todos los niveles de la compañía. Trabajar con y a través de otras personas para alcanzar los objetivos. Si la organización pudiera enseñar a los líderes a tener empatía con sus colegas, a escuchar y aprender, y a enfocarse en un continuo desarrollo, tanto el líder como el resto de la organización se beneficiarían. Existe algo muy valioso que no estamos pudiendo ver y que es tan tangible como el seguimiento de los resultados: el contacto personal de los líderes con su gente. El desarrollo de los líderes es un deporte de contacto*". No se puede desarrollar la empatía sin "contacto". Los miembros del equipo necesitan al líder para guiarse con facilidad. El líder necesita gente con la cual trabajar y a la cual servir. Si unos y otros no reconocen la mutua necesidad de tenerse, unos y otros se perderán.

La empatía nace de un estado mental, como si enfrentáramos un desafío con los ojos de otra persona. Como si nos pusiéramos auriculares de la realidad virtual que instantáneamente nos dieran la perspectiva emocional del otro. La empatía es la capacidad de sentir, comprender, controlar y codificar los estados emocionales propios y los del otro. Es una actitud de escucha interior, una forma especial de conocer, que consiste en llegar al mundo interior del otro. Es una disposición del líder para escuchar y para comprender. La empatía no tiene guion. No existe una forma correcta o incorrecta de practicarla. Es simplemente escuchar, respetar el espacio, retener el juicio, conectarse emocionalmente y comunicar ese mensaje increíblemente sanador de que 'no estás solo'", nos refuerza Brené Brown, autora de "El poder de ser vulnerable". La necesidad humana de sentirse comprendido se asemeja a la necesidad de aire que tienen los pulmones, que no es poca cosa para vivir. Por eso, ser empáticos es una capacidad humana que no solo mejora nuestras relaciones sociales, también nuestro bienestar. Es importante considerar si tal vez estamos descuidando este sano ejercicio. Recordemos que comprender no significa estar de acuerdo. Solo significa ser capaz de ver con los ojos, corazón, mente y espíritu de la otra persona. Una de las necesidades más profundas del alma humana es ser comprendida. Pero si esa necesidad tan intensa de comprensión no está cubierta, se desencadenan luchas de egos y surgen cuestiones de "territorios personales o sectoriales. Sentirse comprendido es el equivalente del entorno de confianza. Pero esa la capacidad para proyectarnos en el otro, entender su mundo, conectar con sus emociones y reaccionar de manera acorde a esas necesidades es algo que está fallando en los últimos tiempos. La causa no está basada tanto en las realidades sino en el propio narcisismo o ego. No hace falta sufrir una condición mental para dejar de hacer uso de la empatía. A veces el egoísmo, el afán por ser autosuficientes, independientes o por escalar posiciones en nuestra sociedad o en nuestras organizaciones nos sitúan al borde de ese frío abismo. Algunos terapeutas ya le han dado un nombre: cuando existe una severa falta de empatía aparece el llamado TDE o trastorno de déficit de empatía. Algunos líderes no se dan cuenta de ello. Otros sí, logran comprender que les falta este comportamiento. Para algunos, la pandemia de por medio los acercó más a su gente; a otros los encerró más emocionalmente. La falta de empatía no se ve a simple vista, pero se siente, distorsiona las relaciones y empobrece nuestra calidad humana. La falta de empatía en uno mismo no se nota, no duele, es como una mancha en un traje o en un vestido que uno se descubre e intenta sacarla. Me gusta mucho la definición que del autor Leonardo Wolk, en su obra El arte de soplar las brasas: "*La empatía es una competencia clave en el rol de líder-coach. Este estilo de liderazgo se asocia con los colaboradores de manera empática y se pone en un lugar de observación que le permite comprender mejor la vivencia y los puntos de vista del otro. Empatía es tratar de comprender, desde el sistema de creencias del interlocutor, la lógica de su respuesta a las circunstancias*".

Tres o más pueden ser los "estados de empatía": la capacidad de entender a la otra persona (empatía cognitiva), la capacidad de sentir lo que la otra persona siente (empatía afectiva) y la capacidad de entender lo que la otra persona necesita y hacer algo positivo en consecuencia (empatía comportamental). Algunos autores como el doctor César García Rincón de Castro, de la Universidad Pontificia de Salamanca, suman dos "estados" más: la "*empatía situacional*" es la que ocurre con determinado tipo de personas o en determinadas situaciones (esto explica cómo algunas personas son empáticas en algunas situaciones y en otras no); y la "*empatía disposicional*", que se explica como una capacidad estable o permanente de una persona, independientemente de la situación. De las tres primeras quizás no haya que hacer ninguna conjetura. De las últimas dos, ¿hay algún líder que debería pensar cuál sería la mejor para el funcionamiento de una organización? Aunque trabajosa, me gusta mucho la "*empatía disposicional*", e inimaginable el impacto positivo que se originaría si los procesos de feedback tuvieran a líderes preparados para este estado permanente de empatía.

La empatía es fundamental para el quehacer del líder porque neutraliza las emociones destructivas que pueden interferir en el alineamiento de las personas para con los objetivos de la organización. Cuando no estamos "alineados" o en sintonía con otras personas, a menudo lo último que deseamos hacer es considerar la situación desde su punto de vista. No obstante, la empatía es una herramienta poderosa para administrar situaciones de modo tal que se obtengan los mejores resultados para ambas partes. Sin empatía estamos limitados a la visión subjetiva de nuestra realidad. Cuántas veces vemos dos áreas de una misma organización que saben que están trabajando para un mismo objetivo común, pero viven cruzando acusaciones hirientes, buscando venganzas, tomando posiciones como para "ganar la batalla a cualquier precio"; todas estas acciones hacen perder la "brújula emocional" que se necesita para cumplir con los objetivos y, además, dañan la reputación de los buenos líderes.

Después de todo lo que hablamos, y en palabras de Daniel Goleman, podemos decir que "*de todas las dimensiones de la inteligencia emocional, la empatía es la que se reconoce con mayor facilidad. Sin embargo, en el mundo empresarial pocas veces vemos que se elogie, y mucho menos que se recompense a alguien por su empatía. Para muchos la empatía es sensiblería: eso de andar adoptando las emociones de los demás y complaciendo a todo el mundo, lo que nos impediría tomar decisiones. Por el contrario, la empatía implica considerar detenidamente los sentimientos de los colaboradores, junto con otros factores, en el proceso de una toma de decisiones inteligentes*".

¿Qué tan difícil es estar en el medio de un proceso de feedback con alguien que es incapaz de salir de la cárcel de su propia mente, de sus propias fronteras emocionales? No conectar con las realidades ajenas e incluso menospreciarlas afecta en gran medida un sano ida y vuelta comunicacional.

Por eso ¿trae beneficios ser empático? Lo más importante es que el otro se siente valorado y aceptado como persona, y aprende a aceptarse y a valorarse a sí mismo. Se siente reafirmado como persona valiosa y autónoma. Aprende a aceptar sus propios sentimientos. La actitud empática excluye el juzgar al otro, y esto lo lleva a aprender a confiar en sí mismo. Comparen estos beneficios con las ventajas que puede traer aparejado un proceso de feedback efectivo. Estamos en el mismo camino.

Dar y recibir feedback requiere de esta "capacidad social". El líder tiene que "cruzar de vereda emocional" para entablar conversaciones productivas. El proceso de retroalimentación debe ser un proceso de conversación de calidad. La única manera de crecer es generar vínculos con los demás. Recordemos lo leído en "líderes cercanos". En este sentido quisiera enunciar las características de un líder empático: se ajusta a las situaciones, sabe escuchar y sabe cuándo hablar, escucha con atención y está dispuesto a discutir los problemas, es abierto y flexible a las ideas, apoya y ayuda, es solidario, propicia el trabajo en equipo, alienta la participación y la colaboración, orienta y enseña, no se impone a la fuerza, estimula las decisiones del grupo, se comunica abiertamente y demuestra capacidad de autocrítica. Sí, se requiere "capacidad social". De la misma manera que lo es un proceso de feedback, la empatía es un puente. El doctor César García Rincón de Castro nos vuelve a convidar con algunos conceptos que no tienen desperdicio: "*Si hemos logrado pasar por todos los obstáculos anteriores, al fin llegamos al puente de la empatía que conecta las dos orillas, dos mundos, dos mapas de la realidad. Pero todavía tenemos que ser valientes para cruzarlo. Hay leyendas de hombres y mujeres que lo han cruzado y nunca más volvieron a ser los mismos. Si alguna vez se encuentra usted delante del puente de la empatía, tiene la opción de darse media vuelta o de cruzarlo con su mente, con su corazón y hasta con su cuerpo. De usted depende. Los del otro lado siguen esperando que alguien les eche una mano*". Con el feedback pasa lo mismo: o nos quedamos de este lado del puente o lo cruzamos. Un feedback sin empatía es una contradicción.

## El feedback es una conversación difícil

Las organizaciones son redes conversacionales dicen los *coaches*. Heifetz, con carácter disruptivo, va más allá y las ve "*como sistemas adaptativos, es decir, como interacciones conversacionales entre las personas y relaciones de poder en las que se negocian decisiones basadas en pensamientos e intereses concretos, donde la continuidad organizacional y los cambios van emergiendo en lugar de ser el resultado de un plan predefinido. La realidad organizativa emerge como resultado de las conversaciones que tienen lugar entre los miembros de la organización, y de las conversaciones entabladas entre los miembros de la organización, sus líderes y sus stakeholders. Son las experiencias que surgen en estas conversaciones ordinarias las que establecen la estructura de poder, las relaciones de inclusión y exclusión, así como la propia identidad y los valores de la organización; son estas interacciones y relaciones entre personas las que configuran la realidad de la organización*". Por eso cabe agregar que se vienen tiempos de conversaciones difíciles. De las conversaciones encuadradas y ordenadas dentro de los planes estratégicos, pasamos a conversaciones que van surgiendo más espontáneamente. Lo mismo está pasando con los procesos de feedback. Mientras se sigan sosteniendo los "tiempos formales" de la retroalimentación, coexistirán los momentos del feedback continuo. Son los tiempos de las ideas disruptivas y las organizaciones ágiles.

Queramos o no, el feedback –siendo este negativo o positivo– es una conversación difícil. Si son malas las noticias estaremos temerosos, avergonzados, tensos y revisaremos una y otra vez los argumentos a decir. Si son buenas las noticias estaremos pensando si no es poco, si estará de acuerdo con lo expresado o con qué pedido se nos puede venir ahora.

El mejor modo de transmitir el feedback es a través de una conversación. Será de coaching, será de *mentoring*, será de desempeño por parte del jefe. Una u otra, el feedback debe llevarse a cabo con sinceridad y con corazón. Hay una frase de Mary Beth O´Neill escrita en su libro *Executive Coaching with backbone and heart* en la cual expresa: "*Cuanto más duro y delicado es el mensaje que hay que transmitir, más se debería transmitir con el corazón*". De eso se trata el buen manejo de una conversación difícil. Por eso, con mucha frecuencia, los líderes que se sienten incómodos con el feedback que están a punto de dar suelen distanciarse de la conversación y de la persona con frases como "esto solo será un tema laboral, debo mantenerme distante, objetivo y con pocos sentimientos". Las conversaciones difíciles las tenemos en muchos contextos, tanto en nuestra vida personal como profesional, y son difíciles no solo por el tema que debemos tratar, sino por la persona con quien tenemos que hablar. Estamos relacionados con proveedores, con clientes, con compañeros de trabajo, con comunidades, con vecinos, con familia, con amigos, con adversarios. La mayoría de los líderes tienen temor, entran en conflicto y les cuesta afrontar conversaciones difíciles; por lo tanto, deberíamos estar preparados para manejarlas. Recordar que la ausencia de conversaciones provoca ausencia de liderazgo.

¿Por qué conversaciones difíciles? Porque requieren un esfuerzo emocional e intelectual, porque nos jugamos algo importante y porque pueden salir mal. Por ello es posible que la conversación difícil hable más de la persona que de la propia conversación o problemática en juego. Como ejemplos de conversaciones difíciles podemos enunciar muchos: terminarle el contrato en tu empresa a uno de tus mejores amigos, decirle a tu jefe que los trabajos que te asigna no son acordes con el cargo, pedir aumento en el sueldo cuando sabes que mereces ser mejor tratado, decirle a tu principal proveedor que descubriste que por diez años te ha cobrado más que a tus competidores, comunicar una mala evaluación de desempeño a una persona difícil, confrontar a alguien que tiene un comportamiento abusivo e irrespetuoso, decirle a un cliente que no tiene razón, transmitir tu desacuerdo con la alta gerencia, darle malas noticias a una comunidad conflictiva, tener que decirle a un empleado que no fue elegido en un proceso de *job posting*, terminar una relación laboral, entre otros.

Para seguir profundizando en este tema y en línea con lo que escribieron los autores Douglas Stone, Bruce Patton, Sheila Heen de Harvard, en su libro *Difficult Conversations*, podemos mencionar la famosa ecuación *S (stress) = D (demandas) – C (capacidades)*, entendiendo que el estrés o la dificultad que experimentamos ante una conversación o situación se puede deber también a nuestra incapacidad. Qué nos dicen estos autores: "Si mejoramos nuestras capacidades, esa conversación difícil puede convertirse en fácil. Esa sería la forma adecuada de afrontar la situación, mejorando nuestras capacidades, pero la mala noticia es que la mayoría de las veces bajamos el estrés bajando la demanda, es decir, decidiendo no conversar o diciendo que no es necesario conversar". Volvemos a lo mismo, ausencia de conversaciones se traduce en ausencia de liderazgo.

La gran conclusión entonces es que toda conversación difícil es aquella conversación acerca de un asunto que realmente nos importa y nos afecta, pero nos angustia o nos genera gran ansiedad el iniciarla, por lo que no estamos seguros de tenerla o no tenerla. Sabemos que el asunto que debemos discutir es muy importante, es crítico, pero también es tóxico. Estamos ante el dilema clásico de "volar o pelear", o también expresado por los negociadores como "evitar o confrontar".

Para Stone la forma nueva de abordar la situación es mediante una "*conversación de aprendizaje*", nombre también acertado, pues la mejor aproximación es abandonar la posición de creer que sabemos todo lo que el otro nos hizo y la intención que tenía al hacérnoslo; es necesario desaprender para poder aprender de esa conversación.

Para ello, debemos encontrar la manera de afrontar estas "*conversaciones de aprendizaje*", y he aquí que me gustaría presentarles un modelo con el que podrán ver cómo se podría transformar una conversación difícil en un asunto un poco más "digerible". Vayamos al cuadro 9:

**Cuadro 9. Tipos de conversaciones/Mudar a conversaciones inspiracionales**

Cuando la conversación difícil se afronta con bajos niveles de argumentación y no existe una predisposición a empatizar con el otro, estaremos en presencia de una "*conversación de desgaste*". Y cuando de esto se trata, habrá pérdida de tiempo, deterioro de la relación y, por consiguiente, aumento de conversaciones de desgaste. Ninguna de las partes está verdaderamente enfocada en lograr un objetivo.

Cuando la conversación difícil se desafía en "*modo intensidad emocional*", se tratará de conversaciones intensas, cargadas de emotividad, improvisadas, sin la presencia de datos concretos y desordenados, y no se ofrecen conclusiones claras. Una fuerte emocionalidad, sumada a bajos niveles de argumentación, no es el escenario ideal para salir airoso de este tipo de conversaciones.

Cuando la conversación difícil se afronta con fuertes niveles de argumentación e información y no nos interesa comprender, escuchar y empatizar con el otro, estamos en presencia de "*conversaciones de rechazo*" y llevan a la frustración, al corazón en modo "no" activado y a un "no me interesa lo que está sucediendo con tus sentimientos".

Para las "*conversaciones de aprendizaje*" debemos mudar al "nordeste" del gráfico. Debemos tomar el riesgo que toman los equipos extremos para conseguir compromisos saludables por parte de todos sus miembros, y eso es migrar a las llamadas "*conversaciones inspiracionales*": con argumentos sólidos basados en hechos y datos concretos, energía positiva, comentarios basados en buenas intenciones, escucha activa y atentos a los sentimientos del otro. Créase o no, se construyen aquí relaciones de largo plazo. Esta etapa conversacional es la "alfombra roja" de un feedback consciente, del feedback efectivo. Dice mi querido amigo Germán Retana, profesor y experto en liderazgo del INCAE *Business School*: "*Veámoslo de esta forma: la imagen que proyectamos hacia los demás, el prestigio, la credibilidad y la apertura hacia el trabajo colaborativo son el resultado de un sinfín de conversaciones generadas con los miembros de una organización. Cada expresión produce efectos: suma o resta en las relaciones interpersonales. Es decir, edifica o fortalece, entorpece o destruye voluntades. Con una palabra se inspira a perseverar en un objetivo o se desinfla el espíritu luchador. ¡Una palabra, una! ¡Tomemos conciencia de ello!*"

## Diversidad y feedback inclusivo: "mucho ruido y pocas nueces"

Otro pilar fundamental para hacer del feedback una práctica consciente y efectiva, es la igualdad. Y la DEIB (sigla en inglés que hace referencia a *Diversity, Equity, Inclusion, and Belonging*), es una de las palancas clave para esta búsqueda de mayor igualdad. Ello conlleva a circunscribirnos en un cambio transformador y en la necesidad de un liderazgo colectivo, consciente e intencional para lograr que este cambio para una mayor igualdad sea armonioso y saludable para todo el conjunto de la sociedad. Ya lo vimos en capítulos anteriores, se trata de desafíos adaptativos ya que, en su esencia, la búsqueda de la igualdad está atravesada por cambios culturales y, por lo tanto, emocionales. Cabe agregar, que igualdad no es igual a equidad. Analicemos las diferencias entre estos dos conceptos. La equidad es entendida como el principio o disposición a darle a todo el mundo el mismo trato ante la ley, sin discriminación, pero considerando su situación específica y sus necesidades. En cambio, la igualdad es el trato idéntico, sin que haya algún tipo de diferencia por etnia, sexo, condición social o económica, condición física, mental, intelectual o sensorial o de cualquier naturaleza, donde todas las personas tienen los mismos derechos y las mismas oportunidades. Es en la igualdad donde más se practica la empatía y el respeto. Tratar a las personas como iguales significa respetar su ser, sus opiniones y sus capacidades, pues todas las personas tienen un valor intrínseco. La práctica del feedback se enmarca en el principio de igualdad ya que se constituye el imperativo del mismo trato, misma relación, sin ningún atisbo de discriminación.

Discriminar a alguien, consciente o inconscientemente, es un daño a los fundamentos de nuestro bienestar social, económico, ecológico y espiritual e impacta en su autoestima, su integridad y menoscaba su dignidad. Y para ir al punto que nos convoca no puedo dejar de citar a Luis Etchenique -Consultor Senior DEI de Whalecom, Coordinador Comunidad DEI de ADRHA y unos de los pioneros en la región en esta especialidad- que nos ayudará a definir este universo DEIB: *"cuando hablamos de gestionar DEIB, nos estamos refiriendo en principio a tomar conciencia de que existen características humanas que hacen a las personas diferentes una de otra. Diferencias ancladas en lo generacional, en el género, en lo sexual, en la discapacidad, en la condición neurológica, de religión, de raza e inclusive la derivada de una situación socioeconómica y cultural. Y gestionar esta diversidad es el modo en que una organización (sea una empresa, una institución pública, una ONG, un centro deportivo, por ejemplo) establece políticas, específicas o no, para obtener el máximo beneficio de la composición diversa del grupo humano que la conforma. Se trata del conjunto de actividades tendientes a integrar a todos los empleados de la fuerza laboral y utilizar su diversidad para crear una ventaja competitiva de la empresa"*. Y aquí entra en juego el feedback consciente e inclusivo, y también, entra en escena el tipo de conversaciones que deben llevarse a cabo. Se trata de un cambio paradigmático en la cultura de las organizaciones, donde cada integrante deberá comprender los valores de lo diverso. Entender que es algo que nos pasa a todas las personas, incluso en la familia y en los grupos de amigos. Su integración en la cultura organizacional se logra a partir de la aceptación de las capacidades individuales de cada persona.

Kieran Snyder, CEO de Textio (una empresa de capacitación gerencial) nos dice lo siguiente: *"desde que publicamos el informe DEIB del año 2023, la conversación se ha acelerado aún más. Hace diez años pocas personas estaban examinando el sesgo lingüístico en el lugar de trabajo. Hoy, todos hablan sobre diversidad, equidad e inclusión"*. Si hacemos un doble *click* en una parte de ese informe nos encontramos con que *"existen patrones generales de sesgo en los procesos de feedback: las mujeres y las personas pertenecientes a minorías raciales siguen recibiendo la retroalimentación de menor calidad en el lugar de trabajo. Las mujeres informan sentirse faltas de respeto o subestimadas 1.3 veces más a menudo que los hombres. Cuando algunos grupos reciben más retroalimentación que otros, se establece una inequidad fundamental que subyace en todo el sistema de gestión del desempeño e inclusive en la compensación. Independientemente de su origen, las personas que reciben retroalimentación de baja calidad tienen un 63% más de probabilidades de abandonar sus organizaciones que los demás"*. Créanme que ya hay indicadores para todas las situaciones de diversidad y condiciones de inclusión que existen sobre la tierra. Sólo tomé un par ejemplos de la investigación para introducir la problemática.

La licenciada Rocío Vargas -psicóloga especializada en lo educacional y laboral- nos allana el camino para comprender la diferencia entre integración e inclusión de esa fuerza laboral diversa: "*la diversidad en el ámbito laboral es un tema complejo que requiere claridad conceptual. Una de las distinciones fundamentales es la diferencia entre integración e inclusión. La integración se refiere a la incorporación de personas diversas en un entorno ya establecido, pero sin necesariamente modificar las estructuras o dinámicas existentes. Por otro lado, la inclusión implica transformar ese entorno para que cada persona tenga acceso pleno, participación significativa y la posibilidad de alcanzar sus metas. La inclusión, exige "andamiajes" que permi-*

*tan a cada individuo alcanzar su máximo potencial. Este concepto, tomado de la pedagogía, implica proporcionar los ajustes necesarios, no solo en habilidades técnicas, sino también en competencias emocionales y sociales. Muchas empresas se limitan a la integración, contratando personas diversas sin modificar la cultura interna, ni los procesos. Avanzar hacia la inclusión requiere un enfoque estratégico diferente"*. Una cosa es practicar el feedback en un ambiente de integración y otra cosa será trabajar con feedbacks en un entorno de inclusión. Dos tipos de conversaciones diferentes, dos tipos de compromisos diferentes y dos tipos de cercanía diferentes. Tal vez haya mucha gente "integrando", pero quizás no todos están "haciendo inclusión".

En una entrevista que le hicieran a Gastón Boireau Lahore -Consultor y Formador especializado en programas DEI- y a Luis Etchenique, ellos mismos propusieron algunas preguntas para concientizar sobre el camino que deben tomar las organizaciones: *¿Cómo mostramos a la alta dirección que la diversidad está alineada y vinculada a los objetivos de la organización? ¿Cómo podemos medir el impacto de la diversidad en el desempeño organizacional? ¿Cómo el proceso de diversidad ayuda a una organización a sobresalir en el mercado y proporciona un valor favorable a los accionistas y al resto de los stakeholders? Hay que diseñar políticas de conciliación, que permitan a los trabajadores un balance equilibrado entre su vida profesional y personal"*. Yo agregaría algunas preguntas más: ¿Cómo seremos capaces de demostrar que podemos conversar y acordar en un nivel más elevado de armonía y respeto? ¿Cómo mostramos a la alta dirección que la gestión de la diversidad necesita de conversaciones difíciles que no ameritan más la procrastinación? En ese sentido, ya se están haciendo cosas. Gustavo Aguilera, director de *Talent Solutions* y *People & Culture* de Manpower- Group Argentina- nos comparte un reciente estudio que nos dice *que:*

- *"el 78% de las empresas quiere mejorar la diversidad de su nómina de personal,*
- *un 32% está evaluando diferentes iniciativas,*
- *el 27% está planificando evaluarlas en los próximos 6 a 12 meses y*
- *un 19% las está adoptando".*

Es mi deseo que la práctica del feedback inclusivo forme parte de estos porcentajes.

Alejandro Mascó me regalo su libro "IDEA: inclusión, diversidad, equidad y accesibilidad" cuando fui a su presentación. En una de sus primeras páginas establece una clara toma de conciencia sobre el tema: *"no tenemos mucho registro de lo que significa la aceptación de la diversidad ni del impacto que generamos en el otro cuando nos alegramos por su felicidad, por su plenitud. Abrir nuestro corazón y celebrar la felicidad del otro, que ha seguido caminos que tal vez no eran los que hubiéramos esperado, verlo encontrar su deseo, eso nos acerca y nos une".* Eso que "te acerca y te une" a la diversidad tiene sus beneficios: acentúa la variedad de perspectivas para la toma de decisiones, fortalece la imagen positiva en una comunidad que alienta este cambio cultural y social, robustece la marca empleadora, impacta en una mayor competitividad, innovación y rentabilidad, entre otras tantas ventajas. Todas estas dimensiones pueden ser apalancadas con un feedback más inclusivo ya que existen todavía, brechas invisibles y barreras que siguen presentes en las organizaciones cuando de diversidad e inclusión se trata. El feedback debe orientarse a achicar estas brechas y a derribar estas barreras. Se habla mucho del cómo intervienen las creencias arraigadas, los prejuicios y los sesgos en todas estas nuevas situaciones a las que nos estamos enfrentando. Trataremos estas barreras de la mente y del corazón, en una sesión titulada "Evitemos tomar el ascensor de las inferencias". El mismo Alejandro Mascó nos ayuda a esclarecer un poco más este *issue: "tenemos que ayudarnos a pensar de una manera diferente. A desafiar esos ´saberes´ que nos atraviesan y que damos por ciertos. A encontrar en nosotros mismos las zonas grises; los propios medios que podemos transformar en desafíos que nos hagan más empáticos, más humanos. Que entendamos la vida del otro. Como siempre digo, lo diferente no está ni bien ni mal, y aceptar las diferencias marca nuestra posibilidad de evolución como seres humanos y nuestro respeto por la libertad propia y del prójimo. Que nuestros juicios y prejuicios pueden estar fundados en la falta de conocimiento".* Esto es imprescindible a la hora de preparar un feedback inclusivo. ¿Costará hacerlo? Llevará un tiempo cambiar de pensamiento y llevará años cambiar una creencia. A algunos le lleva la vida. Hay que comprender que la paciencia es una forma de inteligencia. No todo tiene que resolverse de inmediato. También repensar y entender nuestros sesgos, ya que ellos no solo afectarán nuestro pensamiento, nuestras tomas de decisiones, sino también impactarán negativamente en nuestro entendimiento del otro. Así también, se atravesará el proceso de feedback negativamente, tiñéndolo de nuestros prejuicios y nuestros juicios erróneos sobre la otra persona.

Tal vez, salir a compartir un feedback inclusivo nos producirá angustia porque quizás desnude nuestra dificultad para entender lo diverso. Otras veces, nos generará incomodidad la mirada externa que contenga un sesgo de crítica constante. Y de esta forma un feedback no será inclusivo si está influenciado por los sesgos. Y los sesgos son inconscientes. Son patrones de pensamiento que tenemos y que pueden afectar a la claridad de nuestro juicio. Aparecen en la intersección entre los hechos de que disponemos y nuestras creencias y valores personales. Dentro de una organización, es importante identificar los sesgos en el feedback con el fin de hacerlos conscientes y así poder evaluar con mayor objetividad sin caer en interpretaciones ilógicas o juicios imprecisos. Podemos herir, podemos dañar. La licenciada Agostina Pignataro -Psicóloga clínica y laboral y miembro de la Comunidad DEI de ADRHA- nos acerca una excelente reflexión: *"cuando se da feedback de manera respetuosa y genuina se reconoce la singularidad de cada persona y se le da valor, sin querer moldear a alguien bajo una única forma de ser o hacer. Dar y recibir feedback de manera habitual ayuda a romper prejuicios, evitar sesgos inconscientes y construir relaciones más humanas en los equipos de trabajo. Como práctica que invita al diálogo abierto, donde todas las voces pueden ser escuchadas, donde se fomenta un ambiente de seguridad psicológica, se abre espacio a distintas miradas y brinda devoluciones constructivas, está también contribuyendo a la construcción de una cultura diversa e inclusiva. Por eso, debemos tomar consciencia de nuestros sesgos inconscientes al evaluar, asegurarnos que los criterios de evaluación sean claros y equitativos para todas las personas, tener en cuenta el contexto y los estilos de cada persona al dar devoluciones o definir objetivos y planes de acción, y esto no implica bajar la vara, sino entender que no hay una sola manera de ser un excelente profesional".*

¿Y con qué sesgos nos encontramos al momento de dar, recibir o pedir un feedback? Nombremos algunos sesgos que pueden estar presentes en cuestiones de diversidad e inclusión y que pueden afectar los resultados de un feedback, la imparcialidad del proceso conversacional y la objetividad del mensaje:

- El metasesgo: "yo no tengo sesgos".
- Sesgos de primicia: cuando la primera impresión sobre una persona domina lo que pienso sobre ella.
- Sesgo de afinidad: cuando favoreces a las personas que sientes que son más parecidas a ti, en términos de experiencias, valores, pensamiento y cultura.
- Sesgo de indulgencia: cuando simpatizas con personas que se esfuerzan, pero no alcanzan los objetivos por ciertas condiciones existentes.
- Efecto de halo: cuando nuestra impresión de una persona se ve afectada por un rasgo concreto.

- Sesgo de confirmación: cuando buscamos información que confirme nuestras creencias e ignoramos las que las contradicen.
- Sesgo de género: preferencia de un género sobre otro y se produce comúnmente cuando se asume que un género es más adecuado para ciertas actividades.
- Edadismo: discriminar a alguien por la edad que tiene.
- Capacitismo: discriminar a las personas con discapacidad.
- Sesgo de distancia: cuando favoreces a las personas más cercanas, o más allegadas a ti.

¿Quién no ha conversado con algunos de estos sesgos? ¿Recordamos haber dado o recibido feedback con la presencia de uno de ellos? Las personas -por ende, los líderes- no sabrán cómo mitigar sus sesgos a menos que trabajen específicamente para identificarlos conscientemente. Es muy difícil, de hecho, se cuenta con diagnósticos y test para detectarlos. Si el feedback inclusivo o la selección de personal inclusiva, por ejemplo, tratan de llevarse a cabo sin sesgos ¿Cómo hacemos entonces para aminorar los sesgos inconscientes en el día a día del trabajo? Me gustaría compartir algunas sugerencias para superar los mismos:

1- comprender a los colaboradores en cada una de sus dimensiones (persona completa), teniendo en cuenta los múltiples aspectos que los definen y plasmarlo en la conversación.
2- crear un ambiente abierto y seguro donde las personas se sientan cómodas discutiendo sobre sesgos inconscientes y su impacto en el trabajo.
3- entrenar a nuestros líderes sobre los sesgos en el feedback.
4- participar a todos los miembros de la organización en la búsqueda de opiniones de sus compañeros para detectar cualquier tipo de sesgo.
5- revisar aquellas prácticas de RRHH (selección, gestión del desempeño, clima laboral, acciones de relaciones laborales, por ejemplo) que contengan conversaciones como parte de su proceso y averiguar si hubo feedbacks sesgados y con los cuáles se haya provocado alguna discriminación.

Preguntarnos ¿Por qué me molesta determinada característica de determinada persona? ¿Puedo conectarme con su humanidad, su riqueza personal e, incluso, con el dolor que puede generarle la discriminación? ¿Quién soy yo para juzgarla? ¿Me afecta personalmente? ¿Me ofende? ¿Me compromete u obliga a hacer lo mismo?

Recordemos que los sesgos nos pueden acarrear feedbacks imprecisos y hasta nos puede llevar a no querer dar feedback. Y un sesgo o un conjunto de sesgos nos pueden llevar a "invisibilizar" a las personas. Frases como "no me siento cómodo hablando con esa persona y no le daré feedback, total ya sabe cómo trabaja". Estas personas no están en nuestro radar "porque no son como nosotros". Y esto es "*ghosting* organizacional". La especialista Verónica Dobronich -Fundadora de HUB de Emociones y speaker en temas de IE- nos muestra que *"la falta de feedback puede llevar a una sensación de incertidumbre y desmotivación en el colaborador. Es una situación en la que un colaborador no recibe retroalimentación o comunicación clara por parte de su empleador o supervisor. Esto puede generar malestar emocional y frustración, ya que se siente desconectado y sin dirección. Además, el ghosting organizacional puede tener un impacto negativo en la cultura laboral y en la confianza entre colaboradores y empleadores. Los empleados pueden sentir que no se les valora ni se les respeta, lo que puede llevar a una disminución en el compromiso y la lealtad hacia la empresa".* En la "otra orilla" del *ghosting* organizacional lo tenemos al autor Otto Sharmer que nos desafía con una palabra nueva. El habla del *presencing*, una exquisita suma de presencia y sentimiento (*presence + feeling*). Por eso, una respuesta al "no te tengo en mi radar porque eres diferente" son la empatía y la compasión. Diría más, no podría imaginarme un feedback inclusivo sin estos dos componentes ya que son dos cualidades que nos definen como seres humanos y nos permiten conectar con los demás. Es menester conocer cuál es la diferencia entre empatía y compasión, y por qué son clave para la conexión de los líderes con sus equipos. Daniel Colombo, *Top Voice* en *LinkedIn* y entrenador de alta gerencia, nos regala las siguientes definiciones: *"en el vasto espectro de las emociones humanas, la empatía y la compasión son esenciales para forjar relaciones profundas y significativas, pero no son intercambiables, ni son lo mismo. A menudo, la empatía es el punto de partida de un viaje mucho más profundo hacia la compasión. Y en el liderazgo de este tiempo, si bien hablamos mucho de feedback, empatía e inteligencia emocional, hace falta, también, considerar un paso más allá hacia ser compasivos. La compasión surge cuando la empatía se encuentra con la acción. La verdadera compasión florece cuando nos acercamos a los demás desde un lugar de humildad y entrega, reconociendo que, más allá de cualquier diferencia, todos compartimos la misma vulnerabilidad. Comprometernos con acciones concretas es el corazón de la compasión".* Siendo la compasión un acto deliberado e intencional, implica la atención en la creación de un entorno inclusivo. Independientemente de cómo eres, el objetivo es que te sientas bienvenido, respetado y valorado dentro de la organización y en la sociedad. Que prevalezca el así soy, este soy yo, y así junto con mis competencias, mis habilidades podremos generar valor a esa organización y a esa sociedad.

Pero ¿Qué hacemos con ese sesgo o ese acto de discriminación que es el de querer determinar lo que va a pasar con una persona por ser diferente? Es decir, un "porque eres así, te pasará tal o cual cosa". Daniela Aza -Experta en Comunicación, Discapacidad y Diversidad- compartió una experiencia en las redes y ante su permiso, se las deseo transmitir: *"no va a caminar" dijeron. Cuando pensamos en diagnósticos los concebimos como parte del ámbito médico. Pero, en realidad, estamos llenos de esas "previsiones" que indican pronósticos sobre algo o mensajes que suponen cosas sobre nosotros. Y el problema es cuando eso nos limita. Un diagnóstico no es destino y si nos animamos a romper eso que nos limita, de adentro hacia afuera, son muchas las oportunidades y desafíos que tenemos delante para brillar. No se queden con lo dado y piensen que es inmodificable, sino que cuestionen, hagan preguntas, inviten siempre al cambio y a la modificación de eso que se presenta".* Imaginemos un feedback anclado en predecir el futuro o el desempeño de una persona por el solo hecho de ser diferente. Invito a que veamos juntos la fuerza de un feedback que se sitúa del otro lado de un diagnóstico imaginado y limitante.

En julio del año 1986, Sergio Expert estaba celebrando el cumpleaños número veinte de uno de sus mejores amigos. Una desgracia atravesó el ameno asado que estaban disfrutando. Una explosión provocó la voladura de la casa y el resto de la historia fueron heridas y la muerte de uno de sus mejores amigos. Él fue arrastrado por la explosión tres metros para atrás y perdió su pierna derecha. Quedó a salvo y pasó no solo varios días en terapia intensiva, sino que estuvo dos años para volver a pararse con su nueva prótesis. Cuando Sergio comenta sus primeros días luego del accidente y sabiendo de su difícil recuperación, habla de la importancia de las conversaciones que mantuvo con médicos y enfermeros para entender que tenía que salir de ese gran miedo y de ese gran enojo que sentía. Pero en una nota que le hicieran en el programa "Marcas" del canal de TV TELEFE, queda claro el protagonismo que tuvo un feedback de su padre que con mucho amor le dijo: *"hijo, córrete de la posición de víctima y comienza a concentrarte en todo lo que tienes y no en lo que no puedes hacer; comienza estudiando una carrera universitaria si la cabeza la tienes intacta".* Sergio se graduó en administración de empresas, tiene detrás toda una importante trayectoria empresarial y aparte de ser el fundador de la organización Explosión de Vida, es facilitador para empresas, ámbitos educativos y centros deportivos. Viaja por el mundo como *speaker* Internacional y también es escritor. Como vemos, se superó el enojo, el sufrimiento, el miedo y hasta la vergüenza. *"El amor de mi familia, seres cercanos y el mismo amor propio me salvaron. Me permitieron amigarme con mis cicatrices y viviendo una vida plena voy ganándole a la muerte 1 a 0".* Pensemos a partir de la historia de Daniela como así también la de Sergio y tantas otras personas que desde la adversidad pudieron superarla, crecer personal y emocionalmente -venciendo sus temores, sus cuestionamientos- gracias ese feedback positivo y consciente que recibieron, que resaltó sus oportunidades, sus fortalezas y contribuyó a salir del lugar de víctima y ocupar el lugar de hacedores, de constructores.

Las prácticas de feedback pueden estar cómodamente integradas a la construcción de un entorno inclusivo y promover diariamente la diversidad y la inclusión. Un feedback inclusivo impactará en el crecimiento personal y profesional de los colaboradores que necesitan inclusión, ayudará a amplificar las voces de quienes históricamente han sido marginados, provocará momentos de conexión genuina que trascenderán las diferencias, dará la valentía para seguir siendo agentes de cambio positivo y amplificará la sabiduría para aprender de diversas perspectivas y experiencias. Para ello se necesita un cambio de cultura del liderazgo.

- Las organizaciones que continúan con la cultura del liderazgo dependiente seguirán operando con la creencia de que las personas con autoridad son responsables del liderazgo y la mentalidad dominante seguirá basada en la conformidad o la tradición, dando baja libertad de acción. Este es el "*management* 1.0". Acá el feedback inclusivo necesitará más tiempo para instalarse.
- Las organizaciones con la cultura del liderazgo independiente seguirán operando con la creencia de que el liderazgo surge de la experiencia individual y la acción heroica del líder y la mentalidad dominante estará basada en los logros provenientes del alto desempeño. Este es el "*management* 2.0". Acá el feedback inclusivo tendrá un poco más de oportunidades si el "héroe" está del lado del cambio anhelado.
- Es con la cultura del liderazgo interdependiente con la que podríamos visibilizar y operacionalizar todos los cambios a los que estamos aspirando. Porque la organización y sus líderes operan bajo la creencia de que el liderazgo es una actividad colectiva, y lo hacen en beneficio de la organización y de la sociedad en su conjunto, es decir, por el bien común. Este es el "*management* 3.0" y sigue las premisas de una mentalidad de liderazgo basada en la colaboración de líderes, equipos de trabajo y comunidad. Acá, como podemos imaginar, el feedback inclusivo tendrá voz, voto y presencia.

¿Y si nos metemos ahora en aquellas acciones que los líderes y colaboradores comprometidos deberían tomar en cuenta para crear un entorno inclusivo para el feedback? Mejor dicho, prepararse mejor para dar, recibir y pedir un feedback inclusivo. En principio y más allá de quien lo de, quien lo reciba y quien lo pida, necesitamos de un liderazgo visible y que abrace las premisas de un feedback respetuoso. Allí empieza todo, recordemos la frase "la calidad de los arriba marca la calidad de los de abajo y lo que pasa adentro se refleja afuera". Me gustaría acercarles una idea que junto a las ideas de Mariano Castro -VP de Desarrollo Humano de Bladex, escritor y Fundador del *Book Club* de Panamá- volcadas en *LinkedIn* sobre empatía, me permitieron "pasarla a un papel" y tomaron cuerpo y alma de proceso. Son 7 las actividades, qué de ser llevadas a cabo, podrán ayudarnos a preparar una conversación o un feedback inclusivo de altísimo impacto:

1. TE OBSERVO apreciativamente: *buscando aquellos valores, comportamientos y talentos que se destacan en ti, que son positivos, que suman y que nos unen. Observo todo lo que tienes para dar. No basta con entender tu realidad, tengo experimentar cómo te sientes. "Te veo". Observo para cuidarte.*
2. PIENSO abiertamente: *considerando tus opiniones, conocimientos y talentos. Desafío mis propios prejuicios. Conocer a personas distintas a mí, amplía mi perspectiva. Pienso para cuidarte.*
3. TE ESCUCHO empáticamente: *escuchando la situación "a través de los ojos de la otra persona" y puedo tomar decisiones en consecuencia. Te escucho de verdad. No solo para responderte, sino para comprenderte. Escucho para cuidarte.*
4. ACTÚO conscientemente: *pongo atención y "presencia plena" a la conversación, revisando el "espacio interior" desde donde actúo. Hago preguntas con curiosidad genuina. Con el corazón abierto, descubriré historias y aprendizajes que no imaginaba. Actúo para cuidarte.*
5. *CONVERSO asertivamente: prestando atención cuidadosa en cómo estamos conversando, desafiándote con sinceridad, pero actuando con respeto y compasión genuinos. Comparto un poco de mí, sabiendo que la confianza es un camino de doble vía. Converso para cuidarte.*
6. *ACUERDO constructivamente: compartiendo y acordando un propósito de cambio desde un lugar de humildad y entrega. Más allá de cualquier diferencia, sé que puedo hacer algo por ti. Acuerdo para cuidarte.*
7. *DECIDO valientemente: encontrando el coraje para hablar y actuar con la voluntad de bajar todas las barreras que se nos puedan presentar, explorando y cocreando contigo nuevas formas de abordar problemas y consensuar planes de acción. Decido para cuidarte.*

"Es crucial que comuniquemos todo, lo que funciona y lo que no. Una transformación debe contarse 10 veces más de lo que creemos que tenemos que contar, decía la especialista en transformación cultural", Ceci Del Valle -experta en transformación cultural ágil- en un posteo del año pasado. Pero vayamos a algunos números: según la RAE, el idioma español cuenta con más de 93.000 palabras. Para un cuento corto o microrrelato se utilizan entre 500 a 15.000. Para una novela o ficción literaria, se utilizan entre 20.000 y 70.000, como El Aleph de Jorge Luis Borges o La Metamorfosis, de Kafka. Ya con más de 80.000 palabras estamos en presencia de obras literarias como Don Quijote de la Mancha, de Miguel de Cervantes. Una persona que nace y se desarrolla en la marginalidad social y económica utiliza hasta 300 palabras para comunicarse con otras personas. Un perro necesita de 80 palabras para entender a su dueño. ¡Siendo solo 1000 las palabras básicas utilizadas en el idioma español, podemos advertir que hay menos diferencia entre el animal y el ser humano, que entre dos seres humanos! Ahora bien... ¿Y en las organizaciones cómo andamos? ¡Y... ahí estamos! ¡Líderes que no utilizan más de 300 palabras para comunicar "el norte" de su organización, líderes que no utilizan más de 300 palabras para alinearse detrás de objetivos comunes, líderes que no utilizan más de 300 palabras para ponerse de acuerdo en temas de calidad... y la misma cultura organizacional que hace que el resto de los colaboradores no utilicen más de 300 palabras para atender mejor a sus clientes! ¡Llevo 40 años trabajando en empresas y para empresas! ¿Hubo mejoras? ¡Sí, claro que sí! ¡Pero falta camino por recorrer! ¿Cuántas palabras necesitaremos utilizar los líderes para dar o recibir un feedback inclusivo?

Me encanta como Claudio Guz -uno de los pioneros de la ludificación del aprendizaje en la región- en su libro "¿Jugamos? Transformando empresas a través del juego" hace referencia al juego y la inclusión: *"el juego, en sí mismo, no es inclusivo. Tampoco es exclusivo. El juego es una estructura abierta, un marco de posibilidades. Lo que define si incluye o excluye son las reglas que ponemos, los equipos que armamos, los contextos que creamos. Un mismo juego puede ser una puerta de entrada o un muro, dependiendo de quiénes juegan, cómo se juega y qué se valora. Hay juegos que habilitan la participación de todos, y otros que, sin decirlo, marcan diferencias que duelen. Por eso, no es el juego lo que debemos juzgar, sino el diseño que lo rodea. Si queremos que el juego sea inclusivo, tenemos que revisar nuestras decisiones: ¿A quiénes invitamos? ¿Qué reglas ponemos? ¿Qué capacidades celebramos? Cuando diseñamos desde la empatía y la diversidad, el juego se vuelve un puente. Pero si repetimos lógicas de exclusión, incluso jugando, terminamos dejando a alguien afuera. Y enton-*

*ces el juego deja de ser juego, y se convierte en otra forma más de excluir. En las organizaciones pasa lo mismo. No es el juego lo que garantiza inclusión, sino la forma en que lo integramos a la cultura. Si usamos dinámicas lúdicas solo para "romper el hielo" pero seguimos reproduciendo estructuras rígidas, jerarquías inamovibles o evaluaciones que etiquetan, el juego pierde su poder transformador. En cambio, cuando se juega en serio -con reglas claras, con apertura a la diversidad, con espacio para la voz de todos- el juego se convierte en un laboratorio de inclusión. Permite experimentar roles nuevos, escuchar otras perspectivas y construir pertenencia. No es magia. Es diseño. Y en ese diseño está la oportunidad: hacer del juego un espacio donde todos puedan entrar, ser, y aportar".*
Hagamos del feedback un juego inclusivo. Brindemos feedbacks con empatía y construyamos puentes con la diversidad. Hagamos que el feedback sea una puerta de entrada y no un muro, habilitemos la participación de todos y no marquemos diferencias que duelan. Por eso, no es el feedback lo que debemos juzgar, sino el diseño que hagamos del mismo. Y ese "diseño inclusivo" está en nuestras manos. En las manos de los líderes. En las manos de la organización. Hagamos algo en consecuencia, porque en el juego que estamos viendo hoy, hay ¡"mucho ruido y pocas nueces"!

# CAPÍTULO 9

# *Compromisos con el feedback*

## El feedback desarrolla personas comprometidas

El líder debe ser el que procure facilitar el crecimiento y el desarrollo de sus colaboradores ampliando su zona de confort, ayudándolos a llegar más allá de donde ellos pensaban que podrían llegar y haciéndolos partícipes del "proyecto" de la empresa. Una frase clásica y bastante usada. ¿Y qué debemos hacer como líderes para asumir este conjunto de comportamientos o habilidades? ¿Cómo hacemos para desarrollar y lograr retener personas que se comprometan con idoneidad y pasión con el éxito de la empresa?

El feedback puede ser un gran aliado. Desde su práctica nos ayuda a inspirar e interpelar a nuestros colaboradores, facilitándoles la focalización en los aspectos esenciales de sus contribuciones individuales a los objetivos de la empresa. El feedback oportuno nos da el espacio para explicitar y clarificar expectativas de desempeño y plan de trabajo de una manera mucho más integral. Con un feedback efectivo y a tiempo podemos brindar autonomía en la elaboración y ejecución de las tareas.

Con feedback apalancamos compromisos. Se compromete a un colaborador ayudándolo a identificar sus fortalezas y oportunidades de mejora, tanto a nivel de resultados como de comportamientos; brindar y solicitar feedback a nuestros colaboradores con el fin de mejorar el trabajo conjunto es también compromiso. Pero no solo de feedback se nutre el compromiso con la organización. En principio sería bueno conceptualizar las dos dimensiones del compromiso. El *compromiso racional*, siendo este el grado en que los colaboradores creen que líderes, equipos u organizaciones contribuyen a satisfacer sus propios intereses económicos, o de desarrollo personal y profesional. Aquí la pregunta es: ¿Me conviene? ¿Me sirve estar en esta organización? Y por otro lado el *compromiso emocional*, siendo este caso el grado en que los empleados valoran, disfrutan y creen en sus trabajos, líderes, equipos u organizaciones. Aquí la pregunta es: ¿Quiero estar en esta organización?

En verdad, el compromiso es un concepto multidimensional, que para nosotros se explica bien con el modelo del "*Diamante del Compromiso*". Según la ilustración 10, un colaborador puede establecer diferentes tipos de vínculos con un proyecto que determinan su nivel de compromiso: la empresa, el líder, el equipo y la función o el puesto que ocupa.

Ilustración 12. Modelo multidimensional del compromiso

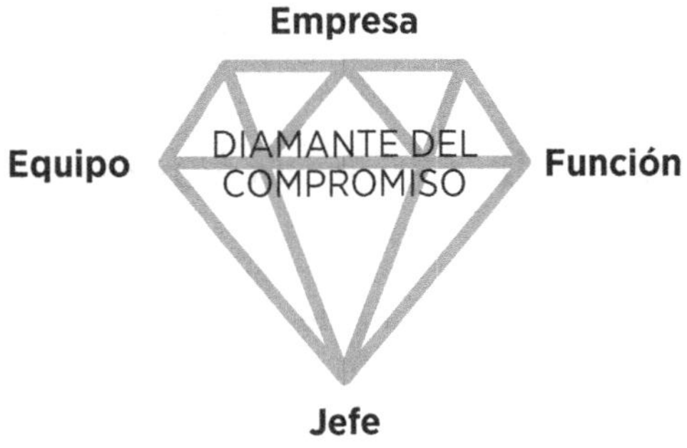


Cuando es con la empresa este lazo tiene dos componentes: por un lado, la vertiente contractual, es decir, oferta de valor que el colaborador recibe de la organización: su retribución, sus beneficios sociales, su desarrollo profesional, etc. Por otro lado, la cultura de la empresa, en conexión con los valores de la compañía, la comunicación, la fuerza de la marca, el impacto social de la organización, etcétera.

Cuando es con el líder, se trata de la relación que ese líder establece con cada persona de su equipo, y este vínculo llega a convertirse en uno de los lazos más fuertes para forjar su compromiso. Cuando este vínculo falla se convierte en el primer motivo de cambio de empresa. Esto es, "la gente deja a sus jefes, no deja a sus empresas". Así es que esta circunstancia se produce porque la cercanía del líder eclipsa las actuaciones realizadas por una organización, en muchos casos abstracta y lejana, y en otras, la amplifica y hace brillar con luz propia las decisiones corporativas.

Cuando es con el equipo, las relaciones que un colaborador establece con sus compañeros de trabajo son un factor muy importante a la hora de comprometerse con la organización o con un proyecto. El buen ambiente favorece el trabajo en equipo y la aportación de ideas e iniciativas. Asimismo, si la persona tiene interiorizados valores como el espíritu de equipo o la solidaridad, la fortaleza y la intensidad del vínculo pueden aumentar considerablemente, incidiendo de forma muy positiva en el compromiso.

Y finalmente, cuando el compromiso es con la función o con el puesto que ocupa, este vínculo se desarrolla en relación al grado de identificación y disfrute que obtenga el profesional con su tarea. La identificación con la tarea está relacionada con la percepción personal de ser competente en la tarea que realiza. Y en cuanto al disfrute, según el *Quality of Life Research Center* de California, "*el factor que diferencia a los empleados extraordinarios de los otros, no es el coeficiente intelectual ni el nivel socioeconómico, sino que disfrutan mucho con lo que hacen".*

Si volviésemos a leer cada uno de estos "tipos de compromisos" vamos a encontrar algunas variables transversales a cada uno de estos: conexión, liderazgo, cercanía, comunicación y vínculo.

Desde la empresa se compromete a otros a través de los valores corporativos, la visión compartida y la comunicación constante. Desde el líder, se compromete a otros con un liderazgo cercano, reconociendo los logros realizados, la cercanía, el apoyo brindado y el interés por los problemas personales. Desde el equipo se compromete a otros con cohesión grupal, clima laboral positivo, nivel de relación con sus compañeros y reconocimiento por parte del equipo. Y desde la función que desempeña el compromiso de la gente llega a través de la satisfacción con la tarea que se realiza, la adecuación de las expectativas personales y los objetivos del puesto, con la variedad de actividades realizadas, con la autonomía en el trabajo, con la participación en la toma de decisiones y con la posibilidad de innovar.

¿Saben una cosa? Esto que acabamos de enunciar está en manos del líder, siendo este el activador más importante del compromiso de los empleados con su trabajo, con la organización y con su equipo. Por lo tanto, si no se crean espacios de feedback no podremos averiguar jamás cómo está el compromiso de nuestra gente: dar y recibir feedback para saber si compartimos la misma visión. No se soluciona con tomar una encuesta de *engagement* y luego leer sus resultados. Hay que dar y recibir feedback para saber si necesitan apoyo. Hay que dar y recibir feedback para conocer el clima laboral que se vive dentro del equipo. Hay que dar y recibir feedback para saber si se sienten a gusto con la tarea que están desempeñando. Simplemente, dar y recibir feedback para *comprometer emocionalmente* a nuestros colaboradores.

El *Corporate Leadership Council* halló que el líder directo, de hecho, juega un papel más que importante como facilitador del compromiso del empleado con el trabajo y la organización. El líder directo tiene que ser el conductor de lo que realmente importa y, de esta forma, habilitar a otros para que desarrollen formas de compromiso más valiosas. Hay muchos líderes mirando para otro lado. Aunque el compromiso con el líder no es por sí solo el impulsor más poderoso del esfuerzo, él tiene un gran impacto en el nivel de compromiso con el equipo, la organización y el trabajo de los empleados.

Se invierten grandes sumas de dinero pensando que el compromiso llegará de la mano de la inscripción de un profesional en una escuela de negocios o una práctica en el exterior. He visto marcharse gente de la organización luego de dos años de haber invertido en la cursada de un post grado. "*Gabriel, agradezco a la empresa por haberme dado la posibilidad de hacer este curso de especialización, sé que fue un esfuerzo económico muy grande, pero debo marcharme a otra organización. No tengo problemas en devolverle a la empresa ese dinero invertido. Pero debo agregarte algo más. En estos dos años no recibí ningún mensaje o señal por parte de mi jefe de que iba a haber posibilidades de crecimiento para mí*". ¡Bingo!

Pero están las organizaciones y los líderes que hacen las cosas bien. Recuerdo el trabajo realizado por un director de RR.HH. junto a su CEO durante todo un año. Luego de fijar el rumbo a dos años vista, decidieron salir todos los directores y los gerentes de la empresa a reunirse con cada una de las áreas y equipos de trabajo, informando cómo había cerrado el año anterior, qué se había planificado para los dos años siguientes, que expectativas tenían sobre la ejecución de los objetivos individuales y grupales, cuál sería la calidad del trabajo esperado, y le dedicaron horas a escuchar a empleados y mandos medios acerca de sus visiones, necesidades y obstáculos que podían presentárseles. Cuando me reuní con los mandos medios de esa organización por un entrenamiento me dijeron: "*Gabriel, fue una experiencia muy enriquecedora ver a las gerencias de la empresa recorriendo, comunicando, informando y escuchando. Se trató de un hecho histórico, ya que nadie en los cincuenta años que cumplió la empresa lo había llevado a cabo*". Un verdadero ejercicio de dar y recibir feedback. Un simple ejercicio de compromiso. Una cultura de feedback, un proceso de feedback o simplemente comenzar a trabajar con alguna herramienta de feedback, nos pondrá –sin duda alguna– en el camino del desarrollo de personas comprometidas.

## En la rueda del líder: ¿dónde estoy parado?

Como es sabido los padres modernos dedican infinidad de horas a negociar con sus hijos, mientras que el estilo de sus padres, y con toda certeza el de sus abuelos, era sobre todo de "ordeno y mando". Internet ha democratizado la información para que todo el mundo tenga acceso a todo tipo de cosas. La globalización ha hecho de la diversidad de formación y estilos una práctica bien recibida y una necesidad empresarial. Estamos en presencia del impresionante cambio en las prácticas de crianza y educación de los hijos. Atado a esto, se presenta un cambio en los valores de la sociedad y las dificultades de las prácticas de liderazgo para ponernos al día.

Muchas escuelas de *management*, prácticas de dirección y liderazgo han evolucionado en estos años, pero como lo hemos visto en nuestros primeros capítulos, no todo el "ambiente organizacional" está a la altura de las transformaciones que estamos viviendo. ¿Por qué? Porque siguen pasando muchas cosas de hace treinta años atrás: las decisiones se siguen tomando desde arriba, con alguna información vertida por los de más abajo. En las reuniones importantes se sigue mirando de reojo al ejecutivo de mayor jerarquía presente, los colaboradores anotarán lo que dicen sus líderes, la gente vuelve a sus escritorios y se siguen haciendo las mismas cosas que antes de ir a la reunión, siguen existiendo rivalidades entre diferentes áreas de la organización, y sigue la lista. Es menester sumar un pequeño recorrido histórico a través de los siglos y observaremos cómo algunas variables de liderazgo suponen una implementación diferente desde el pasado hasta nuestro presente. Para ello me gustaría apoyarme en el desarrollo que el Consultor empresarial Jorge Fernández Belda hace en su libro "La empresa pendiente: cambio organizacional a través de las personas". Este autor arma una ruta muy interesante en la cual, a través de algunas dimensiones del comportamiento, el liderazgo va cambiando a lo largo del tiempo. *"Para el siglo XIX la autocracia y los privilegios eran moneda corriente para ejercer el liderazgo. El siglo XX nos deparó la supervisión y la gestión situacional. Pero el siglo XXI necesita de líderes serviciales e integradores. En términos de "poder" se pasó de la verticalidad al empowerment y de éste, a un poder generado por el conocimiento y la información compartida entre personas y equipos. Si habláramos de valores o principios, se mudó de la intrascendencia de los mismos a la declamación organizacional, para aterrizar en un sistema donde los valores necesitan verse internalizados y practicados por los líderes"*. Si este recorrido temporal lo hiciéramos con dimensiones como la motivación, el sentido de pertenencia y el compromiso de los colaboradores con las metas laborales, llegaríamos a una gran conclusión que nos llevará de un escenario de "nada o poco feedback y si no te gusta, bien", a otro escenario de "sin feedback no se puede trabajar en las organizaciones de hoy".

El autor John Zenger, en su obra *El coach extraordinario*, establece que *"el estilo líder con coaching puede ser elegido en estos momentos como un estilo de dirección. El tema es que no escogemos nuestro estilo de liderazgo en forma consciente, sino que este se va definiendo por pautas de conductas sostenidas a lo largo del tiempo"*. Quizás no podemos escogerlo conscientemente en determinados momentos, pero sí podemos parar la pelota, mirarnos al espejo, autoevaluarnos y desarrollarnos en función del nuevo liderazgo al que queremos llegar. Como veremos, hay estilos con una propensión mucho mayor al feedback que otros. Cuando uno es moldeado por el tiempo en un formato de "hacer liderazgo", tal vez consiga los resultados sin apoyarse en preferencias comunicacionales o de construcción de relaciones interpersonales fuertes. Entonces no se da cuenta de que es necesario cambiar.

Sí, mirarnos al espejo. Es por eso que les presentamos a continuación un modelo conceptual que contiene ocho estilos de "dirección", en el cual podemos ver reflejadas las acciones más importantes que se realizan en presencia de cada uno de estos roles:

**Cuadro 10. Modelo de los 8 estilos de dirección y liderazgo**

Como podemos apreciar en el cuadro 10, y con solo mirar y analizar a simple vista, hay estilos decididamente orientados a la flexibilidad, al cambio y a los clientes internos y externos, es decir, a un liderazgo cargado de competencias blandas. En otro sentido viajan los otros estilos, mucho más orientados al gerenciamiento, a lo burocrático y a los resultados. Claro está, y de hecho he realizado este test en alguna oportunidad, podemos estar en presencia de estilos mixtos de dirección y liderazgo. El mejor de los mundos sería poseer medianamente cada una de estas dimensiones comportamentales, porque nos mantendría equilibrados.

Probablemente en cada uno de estos estilos se dé algún tipo de proceso o momento de feedback, pero me atrevo a decir que no es lo mismo recibir un feedback de un directivo formado durante años con un perfil de gerenciador, controlador, coordinador y productor, que un proceso de feedback llevado a cabo por líderes estimuladores, innovadores, mediadores y con perfil de coach. Igualmente, ya veremos cómo dentro de algunos de los estilos con tinte gerenciador aparecen también rasgos de carácter colaborativo. La idea es estar atentos –y esto lo hemos revisado en "estilos de liderazgo que comulgan con un feedback consciente– "para mudar al rol en el que se promueva mejor un escenario natural para dar y recibir feedback. Pero insistimos, si bien hay estilos "predilectos" para el feedback, desde todos los estilos podemos hacer aportes concretos para dar y recibir retroalimentación.

Repasemos qué nos pasa en cada grupo de estilos y cómo cada uno de estos roles puede impactar en los procesos de retroalimentación en los cuales consiga estar embarcada una organización:

El **Controlador** pone el acento en el control de su propio funcionamiento y del funcionamiento colectivo. Es analítico, detallista, necesita información para demostrar seguridad. Su conciencia emocional y sus habilidades sociales están restringidas.

El **Coordinador** posee un claro manejo de proyectos, junto a una óptima relación con otras áreas. Realiza con efectividad el manejo de funciones diversas y ejerce control sin tanto detalle. Se orienta al logro con colaboración e integración.

El **Manager** promueve visión y la definición de planes y objetivos. Va más allá del día a día y delega eficazmente. Posee adaptabilidad y conciencia organizacional. Realiza seguimiento de los objetivos trazados.

El **Productor** está centrado en el trabajo diario. Promueve un ambiente laboral productivo y se orienta a los logros y al servicio. Realiza un efectivo manejo del tiempo y el estrés. Trabaja muchas veces a la par del equipo para cumplir con los objetivos.

Antes de seguir con el segundo grupo de roles, recordemos que no hay estilos ni buenos ni malos o ni mejores ni peores:

El **Innovador** posee tolerancia y manejo de los cambios, pensamiento creativo, adaptabilidad y búsqueda constante de oportunidades. Desarrolla relaciones y toma riesgos, enfocándose más en el afuera que en el adentro de la organización.

El **Mediador** construye y mantiene un buen clima laboral. Negocia con otros y maneja nuevas alternativas. Tiene una visión global del negocio y cuenta con habilidades sociales tales como la comunicación y las relaciones interpersonales.

El **Estimulador** construye equipos desarrollando relaciones, utiliza método para la toma de decisiones que implique participación, trabaja en equipo y coopera. Motiva y brinda oportunidades de desarrollo. Su influencia es positiva.

El **Coach/Mentor** posee confianza en sí mismo y una clara percepción propia y de los demás. Es empático, se comunica efectivamente y provee retroalimentación en forma regular. Hace un comprometido desarrollo de personas. Genera atmósfera de aprendizaje y tolerancia a los errores.

Con relación a este último rol, y regresando a Zenger, "*el estilo líder con coaching puede ser elegido en estos momentos como un estilo de dirección*", por eso es una manera importante de orientar la formación y el entrenamiento de nuestros líderes. Recordemos "la gran flecha" que dibujamos cuando los líderes armaban la "capacidad de liderazgo" de la organización. Es menester ir en este sentido. Más allá de ser gerenciadores, coordinadores, productores, innovadores o mediadores, la idea es hacer crecer nuestras "marcas de liderazgo" poniendo el acento en competencias relacionadas con la comunicación efectiva, la construcción de vínculos duraderos, el desarrollo de personas para el cambio y el feedback permanente. En el capítulo donde se presentaron los resultados de la investigación rescato nuevamente una frase que recibimos anónimamente al final de una de las encuestas: "*Considero que el feedback es una práctica muy saludable que habría que incorporar como "cuestión de estado" en todas las organizaciones*". En otras palabras, más allá de tu antigüedad laboral, más allá de tus estudios formales, más allá de si eres ejecutivo, director, gerente o mando medio, tenemos que tomar el compromiso de dar y recibir feedback. Y más allá del rol o estilo preponderante que te haya salido al mirar la rueda del líder que te hemos presentado, tenemos que animarnos a tomar al feedback como una "cuestión de estado".

Volvamos a tomar conciencia sobre cómo los estudios confirman que cuando "orientación a resultados" y "habilidades interpersonales" son áreas de puntos fuertes, se crea una combinación de competencias sumamente poderosa. En una de las "góndolas del supermercado del liderazgo" el feedback te está esperando. Puede que su estilo te haga dudar. Un consejo, llévatelo igual, la gente te lo va a agradecer.

## El compromiso con las seis conductas básicas del feedback

Ante la pregunta abierta que figuraba al pie del cuestionario de nuestra investigación, un participante expresó que *"el acompañar, dar feedback y coaching exige compromiso y transparencia. ¿Estamos preparados como líderes para hacerlo?"* Del compromiso venimos hablando, a ocuparnos ahora de la transparencia.

¿Por qué damos tantas vueltas para ser claros, directos, honestos, considerados y adecuados al expresarnos, tanto en forma verbal, como escrita o gestual respecto de los propios pensamientos, sentimientos, ideas, opiniones y deseos? ¿Cuidamos de no agredir, desvalorizar, rebajar, ridiculizar, agraviar, insultar, humillar, invadir, avasallar al otro u otros? ¿Por qué cuesta tanto el camino hacia la asertividad?

Ser directos es no ser "atravesados" o "enrollados" para expresarnos en nuestras comunicaciones. Ir al grano y decir concretamente lo que deseamos expresar. Ser honestos y no mentir al comunicarnos. No decir opiniones, ideas o deseos distintos a lo que realmente pensamos o sentimos. Ser considerado poniéndonos en el lugar del otro, alcanzando a comprender qué cosas pueden desvalorizarlo o agraviarlo. Ser ubicado y no tener reacciones que parezcan que uno vive "parándole el carro" a todo el mundo.

El modo más conveniente para compartir o comunicarse es el "asertivo", término proveniente de *asserto*, que significa afirmar. Es usado por directivos, líderes y miembros del equipo capaces de afirmar lo que sienten, piensan, creen y desean. La asertividad es tanto una forma de "ser persona", que se considera de un alto nivel de atributo, como un conjunto de conocimientos, conceptos, valores y técnicas que nos permiten abordar y transformar las relaciones interpersonales, haciéndolas de mejor calidad. Recordemos que la calidad de nuestras conversaciones hace a la calidad de nuestro liderazgo. Inspiramos confianza cuando las conversaciones alcanzan ese nivel:

Comunicación asertiva=Relación=Confianza=Credibilidad=Calidad de persona

El profesor Germán Retana expresa que *"la asertividad consiste en expresarse en forma directa (a quien corresponde), honesta (lo que realmente se desea decir) y adecuada (con respeto). Quienes la practican resuelven con transparencia sus asuntos, son proactivos, se valoran y cultivan un fuerte sentimiento de integridad y juego limpio"*. La confianza personal no solamente comprende la confianza que tenemos en nosotros mismos, también se trata de la capacidad de inspirar confianza en los demás y esto se sostiene en la capacidad de estar genuinamente vinculados con los demás.

Ahora bien, ¿cómo construir la base de una comunicación y una relación que nos lleve a elevar la calidad de nuestro liderazgo? ¿Cómo acrecentar nuestra confianza, afirmar nuestro compromiso y trabajar la transparencia en un proceso de feedback?

Tal como lo señalé en el capítulo *¿Mantener relaciones profesionales?* de mi tercer libro, mínimamente deberíamos tener claras algunas de las conductas presentadas por S. M. R. Covey en su obra *El factor confianza*, ya que se trata de una exquisita guía para comunicarnos asertivamente y generar confianza en la relación con otros, sobre todo en momentos donde estemos dando y recibiendo feedback; les presento solo seis de las trece que figuran en su libro y aprovecharé cada una para compararla con los pedidos que hace la gente en nuestra investigación:

**Escuchar primero***:* los principios de "escuchar primero" incluyen comprensión, respeto y beneficio mutuo. Resulta vital escuchar y entender primero para evitar actuar movido por suposiciones totalmente incorrectas, de manera que después le resultarán embarazosas y contraproducentes. El pedido de la gente: "*Hay que escuchar al equipo y que las personas puedan trabajar en conjunto en favor del trabajo que se hace en la empresa, sobreponiéndolos a los intereses particulares*". Inclusive ir más allá de escuchar y entender primero, es decir, mudar a una "escucha empática" como lo establece Stephen Covey (padre del autor mencionado anteriormente) en su libro El 8º hábito. Este concepto hace referencia a un "continuum de la escucha", que son fases que van de una escucha muy poco efectiva a una escucha total: 1°) ignorar al otro, 2°) escucharlo fingidamente, 3°) escucharlo selectivamente y 4°) escucharlo activamente. Estas cuatro fases se dan dentro del marco referencial de uno mismo. La fase 5°) es la "escucha empática", y es cuando dicha acción se lleva a cabo dentro del marco referencial del otro.

**Hablar claro**: sé honesto. Di la verdad. Deja que la gente sepa lo que piensas. Emplea un lenguaje sencillo. Demuestra integridad. No manipules a la gente ni tergiverses los hechos. No realices maniobras en lo que a la verdad se refiere. No des falsas impresiones. El pedido de la gente: "*La comunicación debe ser el eje central de toda organización basado en la convocatoria al diálogo sincero de todos sus actores*".

**Afrontar la realidad**: trata de abordar los temas conflictivos o difíciles directamente. Trata de explicar las malas noticias además de las buenas. La gente sabe que estás siendo sincero y realista, y que estás abordando los temas complicados que están en la mente y en el corazón de todos. Se basa en los principios de valor, responsabilidad, conciencia y respeto. El pedido de la gente: "*Es necesario trabajar sobre la madurez, la confianza, el compromiso real, el profesionalismo en todo aspecto, y desde cómo todo esto se manifiesta en las conversaciones formales e informales*".

**Clarificar expectativas**: comunica y revela las expectativas que tienes en mente. Exprésalas, discútelas y valídalas. Renegociarlas, si es necesario. No quebrantes las expectativas. No des por sentado que las expectativas estén claras o son compartidas por todos. El pedido de la gente: "*El feedback no es una pérdida de tiempo, es una inversión de mediano y largo plazo, que nivela expectativas y contribuye al crecimiento profesional y el cumplimento de objetivos*".

**Demostrar respeto**: preocúpate por los demás de verdad. Muestra que sientes interés. Respeta la dignidad de cada persona y de cada rol. Trata a todo el mundo con respeto. Muestra amabilidad con pequeños detalles. No finjas interés. No intentes ser "eficiente" con la gente solo por quedar bien. El pedido de la gente: "*El feedback es muy importante, pero se debe ser cuidadoso con las personas, con las acciones y con los planes a implementar*".

**Crear transparencia**: di la verdad de manera que la gente lo pueda comprobar. Se veraz y sincero. Sé abierto y franco. Actúa bajo la premisa de "lo que ves de mí es lo que hay". No tengas "agendas ocultas". No escondas información que a los otros les permita una mejor toma de decisiones. El pedido de la gente: "*El acompañar, dar feedback y coaching exige compromiso y transparencia. ¿Estamos preparados para hacerlo?*".

Este simple esquema de conductas que te dirigen a la asertividad y que la gente pide que hagamos algo, tiene un modo de uso. Toda conducta humana tiene una curva de aprendizaje muy similar a una "*Campana de Gauss*". En el primer 20% del extremo izquierdo estarán marcadas las conductas que son demostradas con poco nivel de uso: no lo escucho primero, no le hablo lo suficientemente claro. Son aquí una debilidad u oportunidad de mejora. Las conductas ubicadas en el 60% central de dicha campana, estarán siendo utilizadas en su punto óptimo y bajo las descripciones detalladas en los párrafos anteriores. Las pongo en práctica conscientemente y genero el impacto que deseo. Son una verdadera fortaleza en mi estilo comunicacional. Pero también debemos decir que estas y otras conductas humanas, llevadas a un punto exagerado, descarrilarán. En esta situación estaríamos en el 20% del extremo derecho de nuestra Campana de Gauss y las conductas "descarriladas" se transformarán nuevamente en debilidades u oportunidades de mejora. Una cosa es ser sincero y otra cosa es cometer un "sincericidio".

"*Somos como actuamos y actuamos como somos. También escuchamos como somos y hablamos desde el ser que somos*", dicen los expertos en coaching ontológico. Favorecer o no la comunicación abierta y honesta habla mucho de nosotros. Los empleados de la organización merecen conocer la información, los hechos, los datos. No hay que darles la mitad de la historia o de la información, a lo sumo decir que no, cuando se trate de algo estrictamente confidencial. Qué podemos pretender de un grupo de mandos medios que están al frente de múltiples áreas de gestión, que manejan presupuestos de millones y tienen decenas de personas a cargo, y solo se le baja la mitad de la información. Un modo de construir confianza y mejorar el desempeño de la gente y de los equipos es fomentar la comunicación abierta y la escucha activa. Un viejo proverbio popular dice que "*quien tiene y guarda información, ostenta el poder*". Se vienen organizaciones más transparentes, no solo por un tema de *compliance*. Estamos conservando lo mejor de las experiencias jerárquicas, pero a la vez estamos mudando a un mundo organizacional redárquico. Aprendamos a comunicarnos de manera diferente.

Un verdadero líder debe fomentar la comunicación transparente en todos los sentidos. He leído a algunos autores que profesan que la circulación de la información sin filtro, de arriba hacia abajo y de abajo hacia arriba, es una verdadera ventaja competitiva. Con procesos de feedbacks apalancados en este concepto los diferentes colaboradores y equipos de la organización tendrán un mejor entendimiento de lo que ocurre y, en consecuencia, puedan tomar mejores decisiones.

¿Feedback continuo? Sí. Porque vivimos en una era en la que los cambios ocurren muy velozmente. Por favor, haga la prueba en una próxima reunión o en un próximo feedback. Practique conscientemente cada una de estas seis conductas. Le aseguro que la comunicación y las relaciones cambiarán para mejor.

## Pedir feedback del feedback

Los líderes también necesitan feedback. Y no solamente de sus propios jefes. Los líderes deben animarse a pedir feedback del feedback. John Zenger nos dice que "*el coaching sobresale cuando es bidireccional. Es una indicación convincente de respeto que un líder o un coach esté abierto no solo a recibir una retroalimentación por parte de la persona que recibe el feedback, sino también a solicitarlo a propósito*". Es por eso que los líderes mejoran sus competencias y habilidades cuando piden y reciben feedback. Una fuente muy valiosa de feedback son los colaboradores.

¿Por qué debemos recibir feedback? ¿Cómo debemos recibir ese feedback?, nos preguntamos. Ya lo vimos en el modelo 40/35/25, cuando nos hemos referido al aprendizaje referencial dentro de ese 35% de desarrollo. Cómo es que otros referentes del equipo y no necesariamente nuestro jefe o nuestro coach, nos pueden brindar retroalimentación para nuestro fortalecimiento de habilidades. Y si estamos desarrollándonos para dar feedbacks conscientes y efectivos qué mejor que vivir en carne propia un proceso de retroalimentación con quienes reciben "nuestros servicios". Zenger recomienda encarecidamente que quienes definan el éxito de esta práctica dentro de la organización sean los receptores del feedback. Qué mejor que estas personas puedan percibir positivamente el proceso.

Si eres un gerente, tu colaborador puede mostrarte cómo desde su punto de vista él vive el modelo de comportamiento de la compañía, diciéndote qué debes hacer para estar más cerca de lo que la organización declama. Si aspiramos a liderar una organización debemos estar dispuestos a usar una herramienta de retroalimentación de 360 grados para medirlo en comparación con sus competencias de liderazgo, pero tomando en cuenta los 90 grados que aporten sus colaboradores. Feedback del feedback es tener un modelo mental que se nutra de humildad para aceptar la información recibida y transformarla en autocrítica.

Pedir feedback del feedback entra en el campo de lo que se denomina "hacer gestión inversa". Uno de los autores que más se ocupó y trabajó en esto fue John Maxwell con su libro *Líderes de 360°*. El autor destaca que es muy bueno cuando las personas que nos conocen y se preocupan por nosotros nos dicen lo que experimentan y lo que sienten, y en particular cuando ven algo dentro de nosotros que realmente funciona. Para ello, debe fomentarse la comunicación abierta, de modo que como líderes deberemos estar más abiertos a escuchar las opiniones e ideas sobre nuestro desempeño. Tenemos que intentar generar una alianza entre líderes y colaboradores para que a través del feedback del feedback se logren significativos aportes y mejores resultados dentro de los equipos.

La verdadera medida del liderazgo es la influencia, nada más, nada menos. Liderar en 360° es lograr esa influencia en todas las direcciones: colaboradores, pares, clientes internos y externos, líderes de otras áreas, y por supuesto su propio líder. Tome la iniciativa y enseñe "*gestión inversa*" a sus colaboradores y, por qué no, a sus pares. No se trata de que entren a su oficina y le elogien sus fotos familiares; implica aprender y adquirir una variedad de destrezas y conductas que le serán muy útiles para ir logrando reconocimiento, influencia, y con esto, mejores y más enriquecedoras oportunidades dentro de la organización. Si les das feedback a tus colaboradores, ellos tienen derecho a darte feedback a ti. Esto puede enriquecer las metas para tu desarrollo personal y profesional, y adquirir un mejor desempeño en las habilidades propias de cómo dar retroalimentación.

Me pareció muy interesante la devolución que me hiciera llegar la consultora y docente Marisa Vázquez Mazzini, especialista en aprendizaje en organizaciones, a partir de la lectura de mi libro: *"Parece que cada vez más quien necesita feedback va y lo pide. Ojalá esta tendencia siga en aumento, porque quien quiere retroalimentación no tolera una devolución "liviana". Indaga, interpela hasta obtener una información que le sirva. Así, no quedaría solamente en cabeza del proveedor del feedback sino del receptor interesado en obtenerlo. Algo así como dicen los orientales con la enseñanza; no es el docente quien tiene a su cargo la educación del otro sino el discípulo, que de algún modo "roba" el saber a su maestro observando, preguntando, siguiéndolo tipo sombra".* Mi pregunta sería ¿por qué todavía no se genera en las organizaciones un aluvión de pedidos de feedback? La respuesta fue dada alguna vez por la escritora Julieta Suárez Valente: *"el no pedir no es un acto de autosuficiencia ni tampoco un acto heroico, es más bien un acto de carencia. Porque el que no sabe pedir, está en carencia de recibir. Y el no recibir no es porque no necesitamos nada, sino porque no nos sentimos merecedores. Recibir y pedir son un gran acto de heroísmo y humildad. Con un mundo con tantos millones de personas tan inteligentes, talentosas y llenas de herramientas, ¿Cómo podemos con todo solos? Abrámonos. Seamos receptáculos. Dar y darte. El arte de dar en equilibrio. ¿Qué equilibrio? El dar a otros y el darnos, en su justa medida".* Tamaña tarea entonces, la de hacer que los líderes tengan la humildad de poder pedir feedback. Una vez me llamó por teléfono un colega y *chairman* de VISTAGE que lleva mi apellido sin ser mi pariente, Aníbal Paradiso. Este directivo fue más allá: *"Gabriel, hay que hacer que los líderes pidan feedback del feedback, de la misma forma que se hace cuando culmina un proceso de selección y se le pregunta al candidato finalista ¿cómo te has sentido en todo el transcurso de incorporación a nuestra empresa? ¿Te gustó cómo te hemos tratado? ¿Te has sentido cómodo en las entrevistas? ¿Te hemos dado toda la información que necesitabas? ¿Qué pensabas a medida que ibas avanzando en el proceso de selección? ¿Por qué nos elegiste finalmente?* Tamaña tarea la de hacer que los líderes experimenten dar feedback aprendiendo primero a recibirlo. Todo se trata de encaminarse conscientemente en una ruta de aprendizajes y mejoras constantes. En capítulos posteriores veremos cómo planificar, organizar y llevar a cabo procesos de feedback efectivos. Les pido que recuerden todo lo que estamos leyendo en la presente sección. Luego de haber llevado a cabo una práctica concreta de feedback nos tendremos que animar a preguntar ¿qué te pareció? ¿Cómo te sentiste? ¿Qué podemos hacer de diferente en la próxima reunión para que sea más eficaz? Las mejoras "están en tus manos".

Ahora bien, hagamos de cuenta que tú eres uno de esos líderes sobresalientes y "heroicos" que no necesitan feedback de nadie, aun así, ¿piensas que puedes mejorar? Cuestiónate también a partir de lo que pueden estar viendo tus colaboradores. El concepto de aprendizaje continuo es parte del desarrollo profesional de cada persona. Cuando te esfuerzas por aprender y mejorar desde la mirada de quienes están siendo supervisados, no solo vas a poder crecer y prosperar dentro de tu organización, sino que también esta actitud te ayudará a sobresalir entre todo el equipo de líderes. ¿Hay un riesgo en esto? Sí lo hay.

¿Nos gusta y es confiable el colaborador que nos da el feedback? ¿Estuvieron bien o mal los comentarios que me hicieron?

Incursionar en la "gestión inversa" a través del pedir y recibir feedback de nuestros colaboradores puede traernos interesantes beneficios:

- Aporta una rica información a nuestra "Ventana de JOHARI", sobre todo a nuestra "área ciega".
- Promueve una relación más sólida con nuestros colaboradores, puede aumentar la eficacia del equipo y facilitar una mejor calidad de vida laboral.
- Ayuda a fomentar la comunicación abierta, de modo que tus colaboradores estarán más abiertos a escuchar opiniones e ideas que les brindes a partir del feedback que lleves a cabo.
- Apoya a la organización al establecer una alianza entre tú y tus colaboradores, y se pueden realizar significativos aportes para lograr resultados más de ida y vuelta.
- Robustece tu expansión profesional, conociendo aún más tus fortalezas.

Aceptar el feedback del feedback puede ser el principio del compromiso para compartir metas y objetivos entre tú y tus colaboradores, impactando positivamente en los resultados finales de la organización.

A partir de la información que recibes de tus colaboradores y de una sana autocrítica haz un buen análisis: conócete a ti mismo, que te conozcan mejor como líder, conoce a tus colaboradores, escucha activamente, clarifica expectativas, desarrolla relaciones de largo plazo, practica la comunicación asertiva, fortalece la confianza. En suma, "hagamos un buen trabajo juntos".

El feedback del feedback te dará la habilidad de entender e interpretar bien a las personas que trabajan contigo y, de paso, conocerte bien a ti mismo, especialmente en cuanto a tus fortalezas, debilidades, necesidades y modos de trabajar. Pide feedback y pregúntales abiertamente acerca de tu estilo de gestión: lo que les gusta y lo que no. Qué mejor que los colaboradores sepan las preferencias de su líder: cómo te gusta que te presenten la información, cómo tomas decisiones, qué tipo de desafíos te atrapan. Haz que conozcan tu historia personal: tu vida familiar, tus estudios, tu experiencia laboral previa, tus éxitos y fracasos, qué te apasiona y qué te irrita.

Si a partir de todo esto, entiendes que hay mejores formas de hacer las cosas percátate de la necesidad de cambiar, y no pretendas solo "mejorarlo". Por otra parte, debes tener en cuenta que, en las relaciones con sus colaboradores, como con cualquier otra persona, la "otra parte" es solo la mitad de la relación, la otra mitad eres tú, que puedes, al igual que "los otros", cometer errores que tienes que ser capaz de identificar, tratar de superar y reconocer autocríticamente su impacto.

Recordemos a Zenger: si somos quienes definimos el éxito de esta práctica dentro de la organización, seamos los mejores receptores de feedback. Esto nos permitirá, a todas luces, percibir positivamente el proceso y salir a influir al resto de los líderes para que lo apliquen, sin necesidad de coaccionarlos.

# *Conversar sobre feedback*

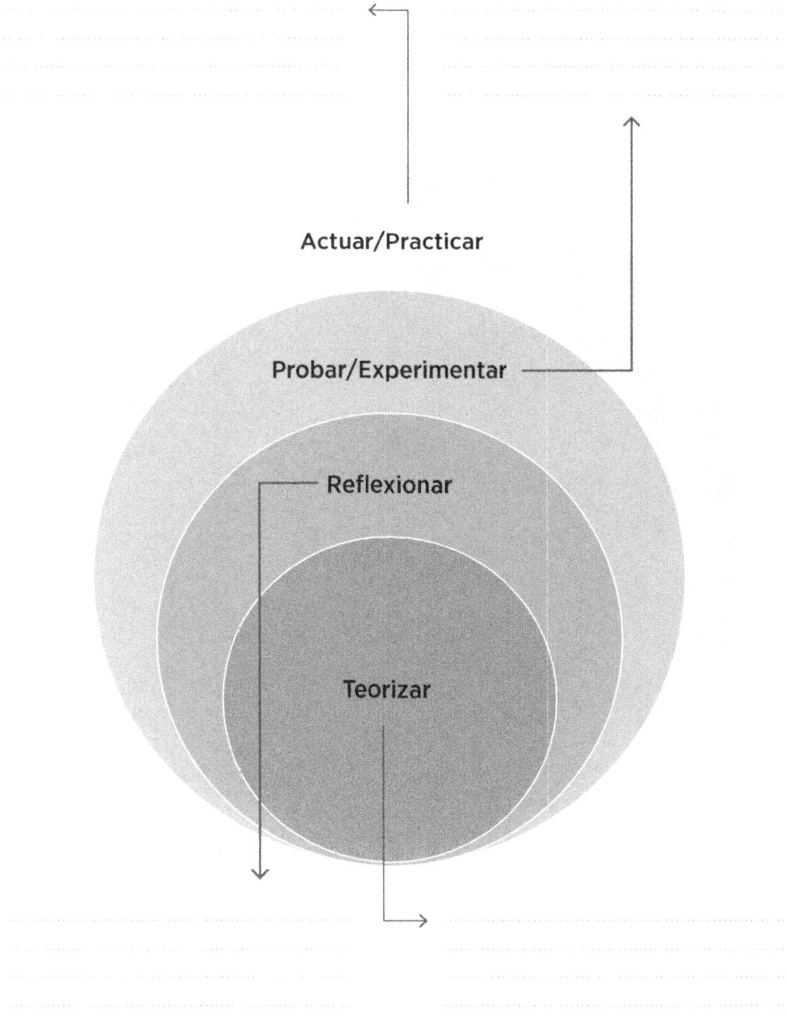


**Modelo de Kolb en acción: comenzaré a partir de ....../....../......**

# CUARTA PARTE

## *Actuar y practicar el feedback*

CAPÍTULO 10

# *Un marco de acción para el feedback*

## El cuadro de mando integral como fuente para habilitar procesos de feedback

En el capítulo 4 habíamos estado revisando algunos de los resultados arrojados por nuestra investigación, y una de las preguntas tenía como consulta si tu organización poseía políticas y/o prácticas establecidas para llevar a cabo procesos periódicos de feedback. Fue muy interesante el resultado que arrojó esa consulta, ya que aquí existió un acuerdo por parte de todos los roles laborales encuestados en contestar que las organizaciones cuentan actualmente con prácticas y procesos de feedback instalados más allá de que el ambiente laboral para llevarlas a cabo, como así también la preparación de sus líderes, no están en consonancia.

Muchos de los comentarios abiertos que nos hiciera la gente estuvieron relacionados con que las prácticas de feedback traccionan la consecución de los objetivos, inciden en la mejora continua, potencian el intercambio de información entre líderes y empleados y, sobre todo, dan un norte: "*lo más importante es proponer acciones concretas en relación al feedback realizado. El feedback es como el GPS; sin él, nos perdemos*", expresó alguien al respecto. Como ya hemos visto, una serie de políticas y prácticas de feedback no deberían ser responsabilidad exclusiva del área de RR.HH. Estos procesos comunicacionales se dan entre líderes y empleados, entre empleados y líderes, entre pares y colegas, entre áreas, con proveedores y clientes; enlazan la información clave de las organizaciones para que fluya la toma de decisiones, y así se establezcan las prioridades más importantes y se fomente una ejecución acorde a las expectativas de todos los *stakeholders*.

Un excelente GPS para enlazar toda esta red de conversaciones es el "cuadro de mando integral" o Balanced Scorecard de los autores Robert Kaplan y David Norton. Es una herramienta para poder focalizarnos en los resultados prioritarios y que a su vez permita clarificar y comunicar la visión y la estrategia de la empresa, alinear los objetivos de las diferentes áreas con la estrategia general, vincular los objetivos estratégicos y los presupuestos anuales y realizar una revisión periódica y sistemática de los avances y desvíos. Todo esto para que la gente sepa adónde ir y qué compromisos debe asumir. Esto se torna imposible sin procesos de feedback que nos permitan aprender y mejorar dichos resultados a través de las personas. ¿Para qué? Para alcanzar los objetivos económicos esperados por los accionistas, para trabajar adecuando funcionalidad, calidad y precio, para identificar las necesidades del cliente, para diseñar y desarrollar productos y servicios para luego satisfacerlas, fabricando y comercializándolos. Para ello, se necesitan sistemas y procedimientos que estén permanentemente revisados y mejorados. Todas estas acciones son realizadas por gente capacitada y motivada. No se “mueve” todo lo otro, si no “movemos” primero a las personas, y es aquí que el feedback cumple un objetivo fundamental.

El valor de una organización está relacionado con el logro simultáneo de resultados positivos en las cuatro perspectivas señaladas en la ilustración 13.

**Ilustración 13. Modelo de cuadro de mando integral, de Robert Kaplan y David Norton**

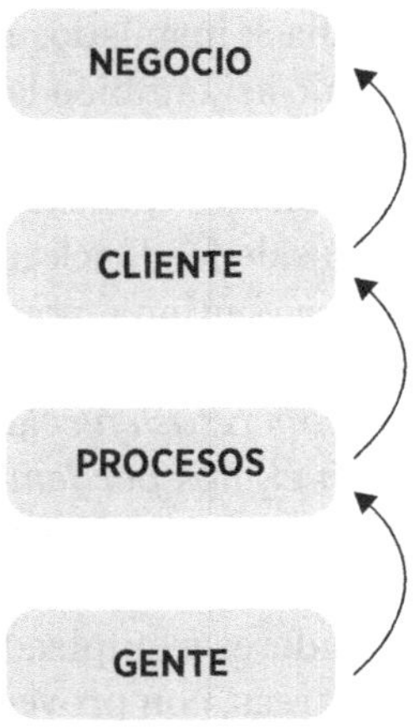


Se necesita que los líderes den y reciban feedback dentro de la perspectiva del “negocio”: ¿no vamos a contribuir con feedback para conocer mejor la salud financiera, el incremento en las ventas, la reducción de costos o la rentabilidad por producto?, entre otros tantos ejemplos.

Se necesita que los líderes den y reciban feedback dentro de la perspectiva de los “clientes”: ¿no vamos a contribuir con feedback para conocer mejor la cuota de mercado, el incremento, la satisfacción y la fidelización de nuestros clientes?, entre otros tantos ejemplos.

Se necesita que los líderes den y reciban feedback dentro de la perspectiva de los “procesos”: ¿no vamos a contribuir con feedback para conocer mejor el desarrollo de nuevos productos, los tiempos de producción y logística, la tasa de defectos de calidad o devoluciones, o de rotación de inventarios?, entre otros tantos ejemplos.

Se necesita que los líderes den y reciban feedback dentro de la perspectiva de la "gente": ¿no vamos a contribuir con feedback para conocer mejor el nivel de compromiso y motivación de nuestros empleados, el índice de satisfacción y clima laboral, el desempeño o el nivel de rotación del personal?, entre otros tantos ejemplos.

El feedback debe estar a disposición del establecimiento de altas metas para los logros personales, del equipo y de la organización, utilizando métodos para monitorear el avance y trabajando tenazmente para alcanzarlas o superarlas. El feedback puede transformarse en el proceso para mantener en forma sostenida altos niveles de rendimiento y calidad, disposición a asumir riesgos, tomar decisiones y hasta para fortalecer la tolerancia a la frustración.

El feedback en sí mismo es un factor importante dentro de la *perspectiva de la gente*, ya que, al tener a los líderes entrenados para llevar a cabo este proceso, logramos apalancar mejor la "cascada inversa" que propone el cuadro de mando integral: si mantenemos a la gente informada, entrenada, comprometida y empoderada, haremos que se mejoren los procesos y los sistemas por el mismo *accountability* de las personas. Esto llevará a trabajar responsablemente en satisfacer, fidelizar y retener más y mejores clientes, e indefectiblemente, haremos crecer la perspectiva del negocio. A su vez, un ambiente de feedback sincero, abierto y responsable trae aparejadas mejoras en el clima laboral, la productividad y compromiso de la gente. Desde debajo de esa "cascada inversa" que propone el cuadro de mando integral, el feedback puede hacer un gran aporte.

Un cuadro de mando integral permite diseñar el futuro, y el feedback puede aportar mucho a que ese resultado sea posible, generando compromisos, ordenando y clarificando el pensamiento de la gente. También, haciendo que toda la información clave circule por toda la organización y en todos los sentidos. De esta manera, podemos entregar desde los procesos de feedback un servicio a la "visión compartida". Warren Bennis dice claramente que "*el liderazgo es el proceso mediante el cual una persona traza la dirección de otras personas, logra de ellas que se conduzcan juntas con él y juntas entre sí con total compromiso*". Y, por otro lado, Peter Senge aporta que "*el camino más seguro hacia el éxito para una organización es mantenerse muy enfocada; es decir, estar animada por un solo espíritu, por una sola intención, por un solo propósito. Cuando la gente comparte una visión está conectada y vinculada por una aspiración común que la lleva a lograr mejores resultados que los esperados*". Probemos con feedback, que es gratis.

## ¿Treinta posibles obstáculos en un proceso de feedback?

Todos los que conocemos las organizaciones por dentro y desde afuera sabemos muy bien que, ante la implementación de una nueva política, certificación, mejora, lanzamiento de nuevas prácticas, uso de nuevos recursos o materiales, instalación de un nuevo sistema informático, vienen aparejados innumerables barreras u obstáculos, puestos por la misma organización, por los mismos procesos instalados, por la misma gente y hasta por algunos directivos y gerentes. Si utilizáramos palabras y conceptos de Ronald Heifetz, tanto los cambios técnicos como adaptativos sufren "bloqueos" en su puesta en marcha. Querer mudar a una cultura de feedback conlleva trabajar con "intangibles" provenientes de los estilos de liderazgo de los líderes. El feedback, que como ya vimos es parte de una "competencia blanda", también tiene sus barreras, obstáculos o como queramos llamarlos.

En primer lugar, vayamos por los obstáculos puestos por parte de la misma organización. El proceso de feedback puede peligrar si no recibe el apoyo suficiente de los niveles ejecutivos de la organización. En este caso, ya hemos hablado de la importancia del gerente general y la alta dirección como formadores de una cultura de feedback. También la escasez de medios para financiar el proyecto (contratación de expertos para el diseño de los procesos, horas y presupuesto destinados a entrenamiento de los líderes y de los empleados sobre las herramientas a utilizar, costos incurridos en campañas de comunicación internas) o la falta de una infraestructura apropiada (no están bien definidos los objetivos de la organización y de las áreas, falta de líderes preparados en posiciones clave, estructura organizacional poco definida, escasez de tiempo de los involucrados por dotaciones de personal exiguas) pueden provocar, tal y como demuestra la experiencia, el fin de un programa de feedback. Mencionemos algunos obstáculos concretos:

1. Falta de apertura en la estructura de la organización, que provoca que un proceso de feedback sea difícil de establecerse.
2. Los directivos infravaloran las capacidades de los empleados, desestimando la necesidad de un proceso de feedback.
3. Falta de soporte y guía por parte de los líderes, si estos provienen de una cultura de ordeno y mando.
4. Los líderes y colaboradores están demasiado apartados geográficamente.
5. Falta de apoyo organizacional y sustento cultural; los colaboradores lo perciben y no le dan credibilidad al proceso de feedback.
6. Falta de apoyo de la línea directiva ("que lo hagan los de abajo").

7. Una cultura demasiado formal, rígida y verticalista, y a su vez no se tienen en cuenta las necesidades comunicacionales de las nuevas generaciones.
8. Ha fracasado la implementación de procesos y herramientas en el pasado y tanto líderes como empleados están escépticos.
9. La organización está con muchos proyectos importantes sobre la mesa y no hay "lugar material" para introducir este tema en la agenda de prioridades.
10. Nadie quiere ser el sponsor o el responsable de este proyecto.

En segundo lugar, continuaremos viendo aquellos obstáculos que provienen del equipo de líderes, o sea, desde la capacidad de liderazgo. Hemos hablado de que para que un proceso de feedback "prenda" y crezca, debe existir una preparación, un desarrollo y una actuación conjunta y alineada de los líderes, y que esto los lleve a robustecer una capacidad de liderazgo organizacional. Mencionemos, en este sentido, algunos obstáculos:

1. Los líderes creen que saben dar y recibir feedback porque lo han estado haciendo en la informalidad durante años.
2. Tienen demasiadas cosas en su propia agenda como para dedicarle el tiempo necesario para ayudar a los colaboradores a conseguir los objetivos individuales.
3. Las carencias en su preparación como líderes y la falta de fijación de objetivos claros los lleva continuamente a usar el feedback solo para trabajar reactivamente los aspectos negativos de sus colaboradores, lo que genera desacuerdos constantes en las expectativas de ambas partes.
4. Las dificultades para entender el punto de vista de los demás, empezando por la falta de escucha.
5. La sensación de que estar dando feedback es una pérdida de tiempo y se acaba viéndolo como una obligación.
6. La falta de voluntad para apoyar a alguien, que puede terminar en la conclusión de que el esfuerzo que debe realizar es mayor a la recompensa que obtendrá como líder.
7. No tomar consciencia de la importancia que tiene un proceso de feedback en el apalancamiento no solo de los rendimientos individuales, sino del equipo.
8. Malos procesos de feedbacks anteriores llevaron al resentimiento de los empleados, que ahora no desean pasar por lo mismo.
9. Pérdida de reputación y credibilidad por parte de algunos líderes.
10. No se hace una correcta preparación a quienes recibirán feedback, por lo tanto, se amplían las brechas de mejoras.

Y finalmente, expondremos los impedimentos que por parte del colaborador o "recibidor de la retroalimentación" pueden hacer fracasar un programa de feedback:

1. La falta de compromiso de su parte para implicarse en un programa de estas características.
2. Siente que es otra forma que tiene la organización para obtener más de él.
3. El desconcierto que puede producirle el sentir que se concentra una gran atención sobre él.
4. Hay personas que lo sentirán como presión y puede llegar a provocar una gran tensión en las relaciones dentro del equipo.
5. Puede sentirse marginado por la gente que está fuera del proceso de feedback: "¿Por qué a mí?".
6. Puede sentir que está siendo castigado.
7. No fue tomado en cuenta para la asignación de tareas más importantes y por ello siente que no necesita hablar nada relacionado con su desempeño.
8. Miedo o desconfianza hacia su líder.
9. Tuvo experiencias anteriores que terminaron mal y ahora encima se le suma una autoevaluación para la cual no está preparado.
10. Siente que no está preparado para este tipo de conversaciones difíciles.

Si hiciéramos un zoom específicamente sobre casos conflictivos, Delta Management realizó una investigación con los gerentes de sus empresas clientes y según esta población, nos encontramos con algunas situaciones u obstáculos más que "jugosos":

- El colaborador se evalúa más alto de lo que realmente uno cree que debe ser.
- Al colaborador le cuesta reconocer comentarios negativos y a su vez está pensando en un cambio de categoría.
- El colaborador se posiciona como "perdedor" o se subvalúa por su baja autoestima.
- Se presenta un feedback negativo en el medio de cuestiones multiculturales.
- Expectativas no cumplidas por parte del líder (en algunos casos, "promesas heredadas" de anteriores líderes).
- Un pedido puntual de capacitación que no ha sido planificado o que no tiene un fundamento importante.
- El colaborador recibió una oferta de otra organización y se lo quiere retener.

Por supuesto que a todos estos obstáculos se les adiciona otro muy actual: la falta de tecnología o medios adecuados que se vayan sumando de a poco a este tipo de procesos.

Una de las grandes soluciones a estas barreras u obstáculos es ayudar a todos los involucrados a mirar el problema desde la perspectiva de un sistema. Hay una realidad organizacional que está por arriba de todo, hay varios factores que confluyen a la necesidad de llevar a cabo ciertas mejoras y conseguir indudables resultados, hay clientes que están esperando soluciones y hay una gran cantidad de gente comprometida que desea hacer bien las cosas de una vez por todas. El feedback no es un capricho, es una necesidad. Y esto debe empezar por el liderazgo.

Los siguientes puntos muestran las propuestas para optimizar el proceso de feedback. Utilízalo para crear un ambiente laboral de mayor confianza, fortalecer su marca empleadora, fortificar los vínculos entre todos los niveles de la organización, dar fluidez a toda la "cadena de valor", emparejar el estilo comunicacional de los líderes, robustecer la comunicación interna, detectar colaboradores con mejor desempeño y potencial, retener y captar talento, aumentar el compromiso; en suma, fidelizar clientes internos y externos.

Y si nos animamos a sortear parte de estos treinta obstáculos mencionados, se requiere el apoyo activo desde la dirección de la organización. No dejemos a las áreas de RR.HH. con tanto peso en sus espaldas. Se trata de armar la "capacidad de liderazgo de la organización", en la que RR.HH. juega un papel como todos. En este sentido, recuerdo como si fuera hoy el llamado telefónico que recibiera hace más de diez años por parte de Mario Uriarte –en aquel momento gerente de RR.HH. de una importante empresa de gas con sede en Montevideo y hoy consultor experto en desarrollo de personas de la consultora Heroica de Uruguay–, en la que me decía que la mayoría de su plantel gerencial provenía de áreas netamente técnicas y que le costaba integrarlos para trabajar en equipo. "*Son excelentes personas y profesionales, pero no logramos salir de las conversaciones técnicas y se necesita una mayor fluidez entre ellos y entre los equipos de sus respectivas áreas*". Recuerdo haberle sugerido a Mario dos alternativas: una serie de talleres de entrenamiento "tradicionales" para ir "puliendo" los estilos comunicacionales de cada integrante del equipo gerencial o pasar directamente a prácticas concretas de feedback en equipo en vivo y en directo, con situaciones laborales por las cuales estaban atravesando. Optó por la segunda alternativa con la siguiente respuesta: "*Estoy necesitando armar una capacidad comunicacional diferente de este equipo, vayamos al grano, empecemos con un primer encuentro de dos días donde todos tengamos la oportunidad de escucharnos, de dar y recibir feedback sobre cómo se está trabajando en el equipo*". Valió la pena, ya que los encuentros de ese tipo pasaron a ser moneda corriente en su empresa. El feedback debería ser parte del "patrimonio comunicacional" de la organización. Invierte y forma a tus líderes, y centra la atención y cuidado en los líderes que realmente "han comprado" y aplicado esta forma de ser mejores líderes.

Cuando hay decisión de fortalecer la cultura organizacional con prácticas de feedback, se logran muy buenos resultados hasta en enormes corporaciones en las cuales, llevarlas a cabo, parecería una utopía. Un día, conversando con Patricio Nobili, director de RRHH para la División Latinoamérica de McDonald's me dijo lo siguiente: "*trabajo en una compañía que opera en 20 países en Latinoamérica donde somos 90.000 empleados de manera directa, lo cual es una organización donde el feedback y la comunicación son esenciales, o sea, poder transmitir el propósito, los valores, los conceptos esenciales del negocio es gracias al feedback y la palabra. Principalmente en mi caso, me siento con una gran responsabilidad de formar a nuestros jóvenes líderes desde un principio en estas habilidades genéricas que van a moldear su identidad de líder para todo el desarrollo futuro de la organización. Dichas habilidades genéricas son centrales para los desafíos tanto de los jóvenes líderes como los líderes experimentados. De ahí todo este concepto de líder-coach que está basado y opera la realidad transformándola a partir de sus conversaciones. Las conversaciones son importantes porque somos seres humanos que utilizamos el lenguaje para poder crear diferentes realidades y recrearnos a nosotros mismos de una manera constante. Definitivamente en nuestra empresa hacemos que el lenguaje se transforme en acción*".

La implantación de un proceso formal de feedback supone un gran esfuerzo para la organización, pero los resultados son tan estimulantes que no cabe duda de que todo el tiempo, esfuerzo y energía invertidos tendrán una gran recompensa: trabajar en una organización emocionalmente más saludable.

## ¿Feedback formal y en períodos... o feedback espontáneo y continuo?

Hace poco el gerente de desarrollo de RR.HH. de un importante banco con operaciones en varios países andinos expresaba vehementemente en LinkedIn que "*hay que terminar de una vez por todas con el paradigma y la práctica de la evaluación anual de desempeño. Se requieren más que nunca, conversaciones continuas, permanentes y abiertas. Nada más importante que el desarrollo continuo y nada menos eficaz que el silencio constante y una tardía conversación anual llena de sorpresas*". Por empezar, no estoy de acuerdo. Que unos líderes con egos inflados, otros sin preparación, organizaciones sin cultura o ambientes favorables a la medición del desempeño estén dando vueltas por ahí no quiere decir que hay que terminar con ciertos procesos. Es como cuando vimos el modelo de la bicicleta. Si usamos oportunamente ambas ruedas, la cosa marcha. Tampoco funciona estar conversando todas las semanas del desempeño y del desarrollo. Es vital poner los pies sobre la tierra para revisar en determinados períodos cómo avanza concretamente el negocio y el desarrollo de la gente. Ambas cosas, en un sano balance, deben estar presentes.

Entiendo perfectamente que las empresas actuales deben mudar del sistema de gestión de desempeño tradicional y seguir la luz de la tecnología y la digitalización, ya que son herramientas que nos permiten avanzar cada día con la agilización de los procesos, mejorando resultados y el desempeño de los colaboradores. Sin ir más lejos, en la actualidad, más de un tercio de las empresas estadounidenses están reemplazando las evaluaciones anuales por procesos más frecuentes e informales entre gerentes y trabajadores. Pero esto incluye igualmente el establecimiento de metas y su evaluación, y en algunos casos, fijación de los incentivos a otorgar. Los modelos y procesos de desarrollo organizacional varían según los objetivos de cada empresa. Por lo tanto, la gestión del desempeño que cada compañía aplique internamente debe ir alineada a dichos objetivos. La fijación de estos y su seguimiento no va a desaparecer. En base a esto, no existe un modelo exclusivo de gestión del desempeño universalmente aceptado, por eso me atrevo a decir que tiene que haber un sano equilibrio entre las bondades del paradigma anterior (fijar rumbo a través de la fijación de objetivos y hacer el seguimiento para ver si se está bien encaminado) y lo que tenemos como nuevo por delante (feedback continuo y conversaciones mucho más periódicas). Y si a ambas cosas hay que sumarle tecnología –y la cultura lo "absorbe"–, bienvenida sea.

El "*management*" (rueda de adelante) tendrá que hacer su buen trabajo fijando objetivos a principios de año, revisarlos cuatrimestralmente o semestralmente y finalmente ver cómo nos va al final del período fiscal. Nos guste o no nos guste, con *empowerment* o sin él, la evaluación y el control tienen que seguir existiendo. O lo hacen los líderes o lo hace la misma gente empoderada, o lo hacen juntos, pero hay que hacerlo. Y aquí, la importancia de sumar un rol más activo desde el *leadership* (la rueda de atrás) que deberá ocuparse de un feedback más continuo, más informal, más empático y más cercano para que –como decía Heifetz– tengamos tomada constantemente la "temperatura del sistema". Si observamos la ilustración 14, vamos a ver que hay un signo "+" en el medio; son complementarios.

Ilustración 14. Dos paradigmas complementarios

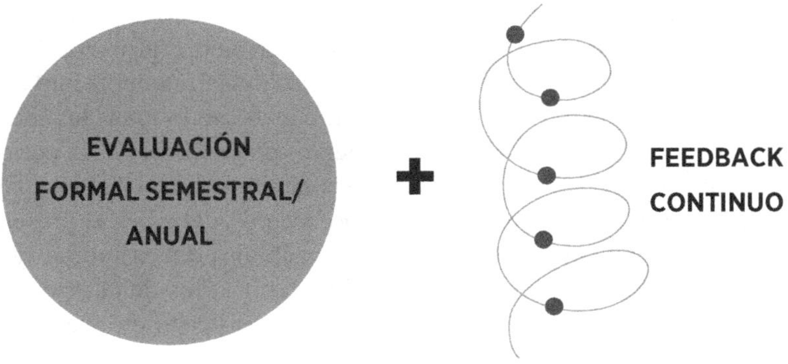


Necesitamos, según las circunstancias, un buen balance entre ambas. Deberíamos tratar de fijar objetivos a tiempo y no después de haber empezado el ciclo de gestión y dejar de realizar feedbacks demorados con relación a errores cometidos. A los "más estructurados" les diremos que, aparte del feedback formal y semestral, les estaremos dando un feedback más continuo y que se vienen las metodologías ágiles donde el feedback es "comida de todos los días". Y a las nuevas generaciones les haremos entender que, más allá de la espontaneidad y continuidad de los feedback que presenta el nuevo mundo laboral, habrá que sentarse en algunos momentos del año a pisar "tierra firme" y evaluar el avance de los objetivos generales, ya que sin pensamiento y ejecución disciplinada no hay futuro organizacional.

De la misma manera que no me imagino estar a cada rato repitiendo los objetivos trazados, no me parece oportuno hablar de desarrollo todas las semanas. Fijémonos que hasta en un proceso de metodologías ágiles, las ideas y las mejoras necesitan un tiempo de prueba, maduración y cambio. Ser "ágiles" no significa velocidad, sino "viajar más liviano" haciendo que algunos procesos se cumplan. He conversado con un gran especialista en transformación digital, Ismael Briasco, quien me expresaba lo siguiente: "*trabajar con la metodología Scrum, por ejemplo, ya tiene incorporado el feedback como una herramienta innata en la forma de trabajar, donde no hay líderes, ni jefes, ni gerentes de proyectos, sino facilitadores que trabajan junto al equipo, y mediante el feedback periódico entre todos los miembros se potencian y asumen el compromiso como grupo de lograr los objetivos planteados para el proyecto donde están trabajando*". El tema es que este proyecto con esta nueva metodología se asocia a otro proyecto u objetivo más grande y que alguien está observando para ver si se cumplen o no las metas. Ni un acelerador, ni el otro. Ambos aceleradores deben estar apretados en este nuevo camino de cambio organizacional.

De este modo, siempre vamos a estar trazando objetivos que permitirán evaluar en mejor medida el desempeño y se revisará qué planes deben emplearse para alcanzar mejoras en el mediano y largo plazo. La clave estará siempre en que exista un alineamiento entre el *core business* del negocio, los objetivos y metas de la empresa y de cada colaborador y/o áreas. Claro está, con más conversaciones y feedback espontáneo e informal, pero sin apartarnos del rumbo general. El mismo Heifetz nos decía que si bien hay que estar poniendo en juego nuevas competencias de observación, diagnóstico, experimentación y aprendizaje constante, no nos podemos olvidar de la gestión. Hay que "administrar paradojas". Un paciente diabético realiza a diario pequeños controles y seguimientos que le van proveyendo de feedback constante y que le van significando una toma de decisiones en cuanto a sus actividades de carácter alimenticio y físico, pero cada seis meses va a un control estricto para medir ciertas variables generales y así sostener el ciclo del cuidado de su salud. Hace poco, una colega me pasó una muy interesante lectura de *Harvard Business Review* titulada "Crear una cultura de crecimiento", en la cual se establecía que "*una verdadera cultura de crecimiento también se enfoca en problemas relacionados con cómo se comportan como resultado y cómo se sienten las personas. En la construcción de una cultura de crecimiento, hemos encontrado, que se requiere una mezcla de componentes individuales y organizacionales: un entorno que se siente seguro, impulsado primero por líderes dispuestos a seguir sus objetivos. Un enfoque puesto en el aprendizaje continuo, a través de la curiosidad y la transparencia. Las consecuencias de esto: dar retroalimentación continua –arriba, abajo y en toda la organización– basada en una información compartida. Compromiso de ayudarnos unos a otros a crecer y mejorar*".

Nadie quiere regresar al hecho de esperar un año para recibir feedback. Ni tampoco sirve que un área esté esperando un feedback de otra para realizar una mejora estructural para la organización. Tanto el viejo paradigma (que debe mejorarse) como el nuevo (que debemos meterlo de a poco en nuestras culturas), o ambos conviviendo, por el momento, necesita de líderes que posean competencias asociadas a poder planificar objetivos y luego evaluarlos, y competencias para poder mantener conversaciones de feedback en tiempo real. A su vez, las organizaciones deberán comenzar a pensar en "plataformas" capaces de mantener la información "en línea" que generen retroalimentación constante y seguimiento de las mejoras, permitan que los procesos se vuelvan más ágiles y entreguen así mejores resultados.

Volviendo a Ismael Briasco, afirmaba: "*creo que el feedback debe ser una cualidad innata en los líderes del siglo XXI y debe suceder todo el tiempo, a demanda o cuando se considere conveniente, y por el medio que sea necesario en ese momento*". Invitamos a que cada uno de ustedes realice un análisis y vea cuál es el mejor equilibrio o balance para encontrar en los tiempos de los diferentes procesos de feedback con los que cuenta y/o necesita su organización.

## Había una vez, un feedback positivo y un feedback negativo

Debo decir que veo muy pocos programas de televisión, solo algunas series. Las pocas veces que la enciendo, hago zapping rápidamente y en cuanto diviso cualquiera de esos programas de talentos artísticos, cocineros en competencia, por citar algún ejemplo, me retuerzo del enojo por la calidad de los feedbacks que les dan los "jurados" a los participantes: información mal organizada y poco clara, violencia verbal, agresión, daño emocional, y hasta podemos decir, falta de respeto. El 90% es feedback negativo mal dado y el 10% es feedback positivo, también mal manejado. Un verdadero cóctel desmotivador. Eso no es feedback, por favor. Y, asimismo, habla más de la "calidad de persona" de quienes lo dan (por más que algunos de los miembros del jurado hayan sido "estrellas" en lo suyo) que de los propios participantes. Las palabras, los mensajes, los dichos, en suma, las conversaciones, pueden tener el enorme poder de dañar o sanar.

Diría John Zenger: "*no existe ninguna combinación de inteligencia, dedicación, sagacidad empresarial y habilidades administrativas que pueda compensar la carencia de destrezas interpersonales. La ineptitud interpersonal siempre hunde a los líderes*". Por ello, sea positivo o sea negativo el feedback hacia un colaborador, a otro líder u a otra área, la calidad de las personas que intervienen en esas conversaciones y las intenciones que se ponen en juego son muy importantes. Jamás voy a olvidar las veces que me dieron un feedback negativo y lo han hecho con un nivel de empatía, profesionalismo y "tacto", como muy pocas veces ocurre. Pero también he estado en presencia de dadores de feedbacks positivos y "han metido la pata", no fue nada bien. ¿Cómo puede ser esto?

No debemos olvidar que ausencia de conversaciones es ausencia de liderazgo. El consultor Marcelo Bellinzona, experto en entrenamiento y facilitación en habilidades gerenciales, expresa que "*reconocer conductas dando feedback sincero es el ejercicio que más desarrolla el liderazgo. No se descubre nada nuevo si se afirma que, en general, la calidad de la comunicación y el feedback de nuestros líderes son más bien escasos. Nos encontramos ante tres tipos de directivos según su tendencia a la hora de dar su feedback:*

- *Un primer grupo que únicamente dan feedback negativo. Fueron expertos técnicos en el pasado y con altas dosis de exigencia en el presente. Ante esta tipología de directivos, el colaborador normalmente desarrolla procesos de mejora y aprendizaje intensos, aunque sus niveles de motivación y satisfacción suelen mostrarse en condiciones mínimas.*
- *Un segundo grupo engloba a aquellos que solo saben dar feedback positivo. Son expertos en el arte de la relación y la comunicación empática. El colaborador difícilmente consigue crecer profesionalmente, aunque sus altos niveles de motivación y satisfacción le permiten alcanzar elevadas cotas de rendimiento en aquello en lo que son expertos.*
- *En tercer lugar, de todos los grupos de directivos que existen, sin duda los peores son aquellos que no dan ningún tipo de feedback. No ejercen su papel como gestores de personas y sus colaboradores se mantienen en permanente desconocimiento acerca de sus niveles de rendimiento y de cómo mejorar en su desempeño*".

Antes de abordar cada una de estas posibilidades de feedback, convengamos en que el propósito de este proceso o herramienta es ayudar a los colaboradores a desarrollarse y mejorar, hacerles conocer lo que ellos están haciendo bien, prevenir y corregir repetición de errores y reforzar los comportamientos y resultados esperados. A la luz del modelo STAR (*SiTuation + Action + Results*) de feedback, muy utilizado por corporaciones norteamericanas por su tinte "lineal y conductista", existen dos tipos de retroalimentación: la positiva o "de refuerzo" y la negativa o "de mejora y redireccionamiento". En ambos casos, identifica la situación o la tarea que la persona estaba haciendo, describe las acciones (lo que ha dicho o hecho), puntualiza los resultados de las acciones y acuerda alternativas que conduzcan a los resultados deseados. Como veremos, lo que cambia es "el cómo nos paramos" en cada caso.

Zenger, en su libro *El coach extraordinario*, apela a esta broma: "*si usted se parece a la mayoría de los líderes con los que trabajamos probablemente estará convencido de que está haciendo un buen trabajo de transmisión de feedback positivo y en la cantidad suficiente. Sin embargo, lo más probable es que peque de tacaño*". Se recomienda dar feedback positivo en una proporción de 3 a 1 con relación al feedback negativo. Este ratio parece ser el secreto para crear buenas sensaciones y mejores resultados. Es probable que, si tú te manejas con otras proporciones, estés perdiendo una serie de oportunidades de sacar a luz lo mejor de tus colaboradores. Existen estudios de diversos autores que ilustran la fuerza de crear un entorno de feedback más positivo que negativo para las personas que lo rodean. Las aportaciones positivas incluyen también las manifestaciones de gratitud, reconocimiento o apoyo, mientras que entre las negativas se encuentran las expresiones de desagrado, desaprobación, sarcasmo y cinismo. Para prosperar en el marco laboral, los empleados deberían recibir por lo menos tres refuerzos, sensaciones y experiencias positivas por cada refuerzo, sensación o experiencia negativa. El feedback es uno de los elementos más útiles para guiar y dirigir el progreso, puesto que contiene información que les permite a las personas saber si está o no en el buen camino. El mero acto de dar feedback de refuerzo merece la pena *per se*.

En lo respecta al feedback positivo o de refuerzo, reconocer y alabar puede ser incómodo para algunas personas, pero no tiene por qué serlo. Cuando un empleado realiza un trabajo de alta calidad, un simple "gracias" será suficiente. Sin embargo, no dudes en preguntar a los empleados si se sienten reconocidos por su trabajo. Si no lo hacen, es hora de comenzar a activarse para felicitarlos por sus contribuciones. Haz un punto para caminar y observa a las personas que están enfocadas en el buen trabajo; felicita a las personas que traen buenas iniciativas a las reuniones del equipo. Tener un equipo leal no es un lujo; es una necesidad si deseas que tu negocio prospere en los próximos años. La mejor manera de asegurarte de que estás rodeado de empleados leales es ser abierto con ellos. Al conocer a tus colaboradores, puedes fortalecerlos y hacer que se sientan reconocidos, que, al fin y al cabo, es lo que realmente quiere todo el mundo cuando se hace un buen trabajo. Saber y dar devoluciones positivas también es todo un desafío. Dar feedback positivo nos predispone mejor a un modo constructivo y favorable para el colaborador.

Dar un feedback positivo suele ser una conversación amena; sin embargo, cuando se necesita señalar oportunidades de mejora en ciertos aspectos, suele tornarse una situación que busca evitarse, excepto cuando se realiza de un modo adecuado y puede ser una oportunidad de aprendizaje importante para todos.

Algunos líderes piensan que cuando dan un feedback positivo, estarán inflando los egos de los empleados, les crearán altas expectativas que luego no podrán satisfacer o directamente sentirán que es innecesario, ya que todo va muy bien.

En lo que refiere al feedback negativo o de "redireccionamiento", es decir, en el cual se exponen oportunidades de mejoras –mal llamadas debilidades o defectos–, no solo nos lleva directamente a una conversación difícil, sino que puede llevar a que los líderes inviertan demasiado tiempo en apuntalar o encubrir las mejoras percibidas. Paradójicamente, créase o no, ese foco en las áreas problemáticas impide a las empresas obtener el mejor desempeño de su gente. Distinto es, y también lo profundizaremos, cuando ese feedback negativo está sujeto a "fallas fatales" que implican una necesidad de mejora inmediata. Todos estos motivos llevan a que el feedback negativo se transforme en una práctica que se posterga por temor a que afecte la relación. Dejar que el tiempo pase no solo genera distorsión entre los recuerdos de lo que pasó en la mirada de uno y de otro, sino que además provoca la sensación en quien lo recibe de que "todo lo otro que hace no es reconocido por su líder". Y no "comunicarlo a tiempo" trae aparejado que la persona no pueda "mejorarlo a tiempo".

Algunos líderes piensan que cuando dan un feedback negativo, estarán hiriendo sentimientos o dañando el vínculo, se sentirán injustos aun ante un hecho fundamentado o "masticarán" que no sirve, ya que "esta persona no cambiará". La mayor parte de las veces, el feedback acentúa lo negativo. Durante las evaluaciones formales de desempeño, por ejemplo, las discusiones invariablemente se enfocan en "áreas de mejoramiento", aun si la evaluación general es elogiosa. Informalmente, el escozor de las críticas dura más que el bálsamo de los elogios. Múltiples estudios han demostrado que las personas prestan una profunda atención a la información negativa. Por ejemplo, cuando se les pide recordar algún suceso emocional importante, las personas evocan cuatro recuerdos negativos por cada recuerdo positivo. El feedback tradicional y correctivo tiene su utilidad, desde luego y ya lo estaremos tratando en profundidad; toda organización debe "filtrar" a sus empleados ineficientes y asegurar que todo el mundo haga muy bien su trabajo.

Un feedback de mejora es un momento difícil, por ello, no quisiera dejar de mencionar el aporte que nos hace el experimentado profesor y coach Juan Carlos Lucas en su libro *"Líderes despiertos"*, en el cuál elabora con mucha criteriosidad el conjunto de emociones aflictivas y estados de ánimo limitantes que operan en algunas situaciones emocionales. Y creo conveniente aprovechar este espacio, ya que muchas veces y en presencia de un feedback de mejoras o de desarrollo -tomado por los otros como "me estás dando un feedback negativo"- pueden estar apareciendo estos estados emocionales por los cuales debemos estar atentos para identificarlos. Este autor establece una clara distinción entre esas emociones aflictivas y esos estados anímicos: las primeras encuadran al enojo ("algo pasó que no debería haber pasado"), al miedo ("podría perder algo valioso") y a la tristeza ("perdí algo valioso"). Los segundos encuadran al agobio ("se me cerrarán posibilidades si no trabajo más y más rápido ahora"), la frustración ("trato y trato y no puedo lograr el resultado, las posibilidades se me escapan"), la victimización ("no puedo hacer nada para cambiar; son otros los culpables de lo que me pasa y ellos deberían actuar para cambiar la situación"), la resignación ("siempre fue y será así y no puedo hacer nada para cambiarlo"), el escepticismo ("estoy en duda, esto no me cierra"), el resentimiento ("tú me has cerrado posibilidades y no pienso hablar del asunto") y el cinismo ("nada ni nadie merece mi respeto"). *"Es de vital importancia conocer qué le está pasando a la otra persona mientras escucha nuestro feedback de mejora, ya que es revelador advertir cuáles son estas emociones que asaltan con más frecuencia al colaborador y cuáles son los estados de ánimo en los que habita la mayor parte de la conversación. Todo lo que le pase a este colaborador por su mente y por su cuerpo transforma también nuestras emociones y nuestro estado de ánimo, y este "secuestro emocional" puede llevar a una reunión de feedback por muy mal camino".* ¿Qué prácticas nos propone este autor?: *"saber recibir la emoción. Ser consciente de nuestro impulso emocional, estar consciente de la decisión o acción a seguir, tomar conciencia de la evaluación que estoy llevando a cabo, respirar y observar, recibir la emoción del otro sin juicios, analizar la interpretación que hay detrás de la emoción del otro y diseñar acciones conjuntas alineadas con valores. Un camino espinoso, pero el solo hecho de "registrar" que algo está sucediendo ya es un muy buen comienzo".* Conozco muchos líderes que "siguen de largo" sin importarles lo que está pasando "del otro lado".

Pero después de todo, ¿qué es positivo y negativo para uno y qué es positivo y negativo para el otro? He presenciado comités de calibración de desempeño y de potencial en algunas organizaciones y lo que para un líder era "este técnico es brillante" para otro líder sentado en la misma mesa era "no sería conveniente que le sigamos dando oportunidades de crecimiento, ya que su desempeño en mi área dejó mucho que desear". Se trata de una misma persona, en una misma organización, con dos miradas diferentes acerca de su feedback de desarrollo.

Algunos detalles propiciarán lograr una buena experiencia, más allá de si el feedback es positivo o negativo:

- No calificar a la persona. Es importante no asignar juicio de valor sobre las personas. El ser su jefe no nos da autoridad sobre ella, sino responsabilidad sobre sus acciones dentro de la organización. El otro es un ser humano que merece el mismo respeto que todos.

- Fundamentar las opiniones. Al explicitar sus fortalezas y oportunidades de mejora que se observan en el otro, las opiniones deben justificarse con hechos objetivos. Describir situaciones, casos, datos y hechos e intentar evitar presentar suposiciones o escenarios que no son reales. Hay que minimizar los prejuicios.
- Cuidar el momento. Recibir un feedback suele ser esperado con gran expectativa por parte de quien lo escucha. Al darlo, se es responsable de generar un encuentro que facilite un espacio de aprendizaje.
- Focalizar en la emocionalidad. Esto permitirá estar atentos a cómo el colaborador recibe el mensaje, observando sus expresiones y su corporalidad. Así se podrán elegir palabras y ejemplos que propiciarán una escucha receptiva y una conversación de ida y vuelta.
- Recibir feedback no quiere decir aceptarlo; significa participar de una conversación para que luego de compartir información, se puedan tomar algunas decisiones.
- El feedback tiene que ser parte de “nuestra agenda de liderazgo”.

Existen tres conversaciones originales en un momento de feedback y, de hecho, tres “modos de compartir” información: la *conversación de los hechos*, acerca de lo que pasó, quién hizo qué, quién dijo qué, quién tiene la responsabilidad, etc.; la *conversación de los sentimientos*, acerca de la forma de manejar los sentimientos, decidir si es necesario mostrarlos o esconderlos, saber si son válidos esos sentimientos, cómo manejar los sentimientos de los otros, etc.; y la conversación de la identidad, acerca de la forma cómo queda mi autoestima y mi imagen, si nos vemos como competentes o incompetentes, como buenos o como malos, etc. Fijémonos en la fuerza que toma un feedback positivo o negativo si lo atravesamos por cada uno de estos tres conceptos. Por más simple que sea el feedback, se ponen en juego asuntos de realidades, verdades, apreciaciones, modelos mentales, sentimientos y motivaciones. Hasta podríamos preguntarnos si reaccionamos más a la persona que nos da el feedback o al feedback en sí mismo.

Sin perder el hilo del tipo de feedback, me gustaría agregar la idea de cuándo llevar a cabo un feedback individual y cuándo uno grupal; cuándo uno en privado y cuándo en público. Si el desempeño atañe solo a una persona, el feedback se le da en privado; a lo sumo podría incorporarse a alguien más para dar aportes concretos, pero atención, no como sistema de “careo”, sino como aportador de información valiosa al objetivo del feedback (se debe avisar antes que se incorporará a una tercera persona en algún momento de la reunión). Cuando hubo una situación que tuvo como protagonista al equipo y son varios los miembros involucrados, el feedback debe ser grupal y la información debe referirse solo a la actuación del equipo, evitando comentarios que aludan a desempeños individuales. Los feedbacks individuales de carácter negativo deben llevarse a cabo siempre en privado. Para aquellos feedbacks individuales positivos que se realicen también en privado, pero que conlleven algún reconocimiento importante, este reconocimiento concreto podría llevarse a una reunión posterior y mencionarse públicamente delante del equipo. Se "castiga" en privado y se "reconoce" en público establecen algunas normas de convivencia. Lo mismo debe destacarse en reuniones de feedback entre áreas. Hay que tomar la precaución de que, si hay un problema entre las áreas, el feedback será de "área a área" y no de personas a personas. Corre mucha sangre en esas reuniones y sale mucha gente herida. Si hay personas de ambos equipos con problemas de desempeño individual, se tendrán que arbitrar los medios para que haya privacidad. Cabe destacar que no estoy hablando de situaciones en las cuales los equipos "ponen los elefantes sobre la mesa" por un problema en particular. Estoy refiriéndome a cuando alguien queda expuesto desde su desempeño individual delante de gente con la que no trabaja todos los días y es algo que pudo haberse resuelto en su mismo sector.

El poder dar un feedback constructivo y honesto es parte de las conversaciones de liderazgo y de un equipo, y el cómo se haga será un punto de alto impacto para los colaboradores. La calidad de vida en un equipo se origina, en gran parte, en la calidad de las relaciones entre sus miembros y estas dependen de la calidad de la comunicación entre ellos, en la que el líder es el que propicia este ambiente. Significa compartir, comulgar o tener cosas en común. El modo en que líderes y miembros del equipo comparten información es determinante para su integración y compromiso mutuo.

Analicemos a los "líderes de nivel 5" de los que habla Jim Collins. Estos sí que hacen honor a la "calidad de persona" que son: "*miran al espejo, no afuera, para asignar la responsabilidad por malos resultados, sin echar la culpa a otros, ni a factores externos ni a la mala suerte. Miran por la ventana, no al espejo, para asignar el mérito por el éxito de la organización a otros, a factores externos y a la buena suerte*". No todos estamos preparados para actuar de esta forma.

## El gran dilema: ¿foco en fortalezas o foco en oportunidades de mejora?

¿Y si pensamos en ambos sentidos? En realidad, esto es lo que venimos haciendo desde hace tiempo. Un listado de qué cosas se hacen bien y un listado de qué cosas nos debemos ocupar para mejorar. Por eso utilizo la palabra "foco". ¿Dónde enfocarnos mejor? ¿A qué aspecto debemos ponerle más foco? ¿Cómo enfocamos el feedback?

Sobre la base del convencimiento actual de que el feedback es un "bien puro", es menester, para mí, compartir un apunte que leí alguna vez sobre las tres teorías que en el mundo de los negocios comúnmente aceptamos como verdades.

La primera es que "otras personas son más conscientes que tú de tus debilidades, y que la mejor manera de ayudarte es que te muestren lo que no puedes ver por ti mismo". Podemos llamar a esto la teoría de la fuente de la verdad. Uno no se da cuenta de que algo se está haciendo mal y por ello, les corresponde a nuestros colegas decir lo más claramente posible "dónde estamos parados". La segunda creencia es que "el proceso de aprendizaje es como llenar un recipiente vacío: le faltan ciertas habilidades que debe adquirir, por lo que sus colegas deberían enseñárselas". Podemos llamar a esto la teoría del aprendizaje. Si eres profesor, ¿cómo puedes mejorar si no aprendes y sales a practicar los pasos de la última técnica de enseñanza en equipo? La idea es que no puedes, y que necesitas feedback para desarrollar las habilidades que te faltan. Y la tercera creencia es que "el gran rendimiento es universal, analizable y descriptible, y que una vez definido, se puede transferir de una persona a otra, independientemente de quién sea cada individuo. Por lo tanto, se puede, a través de comentarios sobre el aspecto de la excelencia, comprender dónde se queda por debajo de este ideal y luego esforzarse por remediar sus deficiencias". Podemos llamar a esto la teoría de la excelencia. Si tú aspiras a ser un gran supervisor, tu organización puede usar una herramienta de retroalimentación de 360 grados para medirte en comparación con tus competencias de liderazgo predefinidas y luego sugerir varios cursos de acción que te permitirán adquirir las competencias que tus resultados indican que tú careces. En resumen: nos podemos mirar al espejo, tomar decisiones para llenar el vaso vacío y nos ponemos a trabajar buscando la excelencia para nuestro desarrollo. El asunto es ¿por dónde empezamos? O ¿a qué le damos más importancia?

John Zenger, en *El líder extraordinario*, comenta uno de sus hallazgos con la siguiente frase: "*la clave para desarrollar una gran capacidad de liderazgo es cultivar los puntos fuertes*". Esto va a contramano de lo que pasa realmente. Cuando los líderes reciben un informe de multifeedback de 360 grados o la devolución de su *assessment centre*, la reacción más habitual es ignorar las partes que describen sus puntos fuertes y centrarse de inmediato en los puntos de mejora. Luego de pasar por varias reacciones emocionales, se tranquilizan y empiezan a ver que "la gente" no está tan equivocada al evaluarlos. Pero increíblemente es como si los puntos fuertes se dieran por descontados y solo fuera necesario trabajar las oportunidades de mejora o los indicadores menos positivos. Y esto no solo funciona así para los líderes, sino que también se da así para empleados administrativos, analistas, técnicos, por nombrar algunos roles en los cuales no se posee gente a cargo. Para profundizar aún más en la contradicción entre este hallazgo y la realidad (y aquí los consultores, *coaches* y facilitadores deberemos hacer un "mea culpa"), en la mayoría de los programas de desarrollo de habilidades y destrezas, las personas terminan formulando un plan de acción centrado en una lista de puntos débiles. El autor es categórico cuando expresa que "*los líderes extraordinarios no se definen por la inexistencia de puntos de mejora, sino por la presencia de fortalezas evidentes*". De la misma manera lo podemos traspolar a otros roles laborales: un empleado excelente no se define por la inexistencia de puntos a mejorar y sí por la existencia de numerosas competencias técnicas y actitudinales que lo catapultan a ese desempeño extraordinario. De otro lado de este comentario, hay una reflexión más que interesante: cuantos más puntos fuertes tenga una persona, más probable es que se perciba como un gran trabajador. Lamentablemente, a la gente se le "pega" primero y sobre sus espaldas un cartel con las oportunidades de mejora.

Quien estuvo a la altura de este mismo hallazgo, y casi al mismo tiempo, fue el experto Marcus Buckingham, cuando trabajó de lleno en un programa revolucionario de liderazgo en colaboración con la organización Gallup. Los resultados de sus investigaciones sobre dos millones de casos fueron la base de un programa orientado a cómo desarrollar talento en base a las fortalezas que uno posee. Este programa consta de tres herramientas:

- La primera es la de ayudar a comprender cómo distinguir entre los talentos naturales y las cosas que se pueden aprender.
- La segunda es la de crear un sistema para identificar los talentos dominantes o de excelencia de una persona.
- Y, en tercer lugar, está la creación de un lenguaje común para describir talentos y fortalezas.

Esto colisiona con todos los años que estuvimos enfrascados en ver cómo mejoramos lo que la gente hace mal. Aquí estamos frente a un cambio de paradigma sobre el desarrollo de personas. La prueba de fuego de una fortaleza es que pueda manifestarse consistentemente y casi a la perfección. Fíjense en las oportunidades de crecimiento que se disparan si le ponemos un foco más consistente a los procesos de feedback desde el punto de vista de las fortalezas. Es como que corremos detrás de los puntos débiles y miramos de costado aquellas habilidades que nos multiplican el desempeño a un máximo nivel de excelencia. Ahora bien, tanto Zenger como Buckingham trataron en sus obras el dilema de por qué vivimos obsesionados por nuestras debilidades y las oportunidades de mejora de los demás. Por muy orgullosos que estemos con nuestras fortalezas y las de nuestros equipos y por muy poderosas que ellas parezcan ser a veces, sospechamos que nuestras debilidades y las de los otros son como ladrones que se quieren llevar parte de nuestras personalidades. Pero debemos ser conscientes de qué es una debilidad. Es simple: es cualquier cosa que obstaculice el camino hacia un desempeño excelente. También es un campo en el cual carecemos de dominio. Y según el rol en el que estemos, no todas las debilidades poseen el mismo peso. La incapacidad para aprender de los errores no es lo mismo en un rol de ingeniero de calidad que para un empleado de mesa de entradas. La falta de habilidades interpersonales esenciales en un rol gerencial no es lo mismo que para un técnico de soldadura. Y así podemos seguir imaginando ejemplos, como no estar abiertos a ideas nuevas o diferentes, poseer un bajo nivel de iniciativa, etc.

No podemos organizar el armado de un feedback si no planteamos qué hacemos ahora que conocemos el alcance de las fortalezas de la persona y el peligro de sostener debilidades que erosionan la excelencia del desempeño. El feedback tiene que servir para mantener "arriba" las fortalezas: identificando cómo las fortalezas se conectan con los objetivos más importantes del sector y/o de la organización, proporcionando un feedback anclado en donde se posee un desempeño casi perfecto, "sofocando" debilidades con alguna de las fortalezas presentes, focalizando en los puntos fuertes las actividades de desarrollo que haya por delante y reconsiderando el plan de acción a la luz de las fortalezas y no solo listar las oportunidades de mejora.

Si bien es hora de enfocarnos más en las fortalezas, observemos, por otro lado, aquellas acciones para "corregir" las debilidades fatales, es decir las que atentan contra el propio desarrollo de la persona, del equipo y de la organización. No todas las "debilidades" tienen el mismo "calibre". Con el feedback ayudemos a tomar conciencia para mejorar esa "falla fatal", establezcamos qué "dosis masiva" de coaching se necesita para salir de ese estado, diseñemos junto al equipo un sistema de apoyo para salir rápidamente de esa situación, busquemos un "complemento", es decir, pidamos ayuda a otros líderes con otra mirada y otra experiencia y busquemos la solución.

La mayoría de los directivos y gerentes con los que uno habla creen que las oportunidades de mejoras o el fracaso son malos (¡por supuesto!). También creen que aprender de estas situaciones es bastante sencillo. Algunos piden a las personas que reflexionen sobre lo que hicieron mal y las exhortan a evitar errores similares en el futuro o, mejor aún, asignan un equipo para que revise y escriba un informe sobre lo que sucedió y luego lo distribuyen por toda la organización. Estas creencias generalizadas están equivocadas. Primero, la mejora o el fracaso no siempre son malos. En la vida organizacional, a veces es malo, a veces inevitable y, a veces, incluso bueno.

En segundo lugar, aprender de los fallos organizativos no es nada sencillo. Las actitudes y actividades necesarias para detectar y analizar de forma eficaz las oportunidades de mejoras o los errores son escasas en la mayoría de las empresas, y se subestima la necesidad de estrategias de aprendizaje específicas del contexto. Las organizaciones necesitan nuevas y mejores formas de ir más allá de las lecciones aprendidas, deben deshacerse de las viejas creencias culturales y las nociones estereotipadas de éxito y aceptar las lecciones del fracaso. Los líderes pueden comenzar por comprender cómo se interpone el juego de la culpa. No todas las oportunidades de mejoras son iguales. Una comprensión inteligente de las causas y contextos de los errores ayudará a evitar el juego de la culpa e instituirá una práctica eficaz para aprender del fracaso. Aunque un número infinito de cosas pueden salir mal en las organizaciones, los errores y las oportunidades de mejoras pueden ser complejas, prevenibles y hasta abordadas inteligentemente. El profesor Ernesto Gore, autor del libro *La vida en las organizaciones; el aprendizaje como acción colectiva*, nos indica con extrema lucidez que *"comprender que encontrar un error no significa perder credibilidad, de ser así, hay algo que ya anda mal en la cultura de la organización. Es importante entender que estamos caminando sobre terreno desconocido (ahora mucho más por el efecto de la pandemia y post pandemia, pero antes de ello también). No hay ningún manual que diga cómo se gestiona en estas condiciones. Entonces hay que empezar a entender que cada error descubierto es un tesoro, es una fuente de conocimiento única y hay que aprovecharla. Hay que ir juntos a tratar de aprender de ese error. El error nos tiene que unir ya que es la única forma de aprender y salir de él".*

¿Y cómo se hace eso? Con persistencia Y recordemos el valor de cómo estamos retroalimentando esas mejoras ya que cualquier punto de vista que oprima o humille no es una "humilde opinión". Esa "humilde opinión" puede tirar por la borda un sinfín de aprendizajes y mejoras futuras.

En este sentido, hay que construir una cultura de aprendizaje y solo los líderes pueden crear y reforzar esta cultura que contrarreste el juego de la culpa y haga que las personas se sientan cómodas y responsables de "salir a la superficie" y aprender de los errores y fracasos. Deben insistir en que sus organizaciones desarrollen una comprensión clara de lo que sucedió, no de "quién lo hizo", cuando las cosas vayan mal. Esto requiere un tiempo, una voluntad y una buena intención para analizar sistemáticamente qué sucede con la necesidad de mejorar y buscar de forma proactiva oportunidades para experimentar.

Más allá de los planes de acción que nos planteemos, la clave reposa en si el colaborador quiere ser percibido como un gran empleado. También debemos conocer cómo es percibido y cómo siente él que es percibido. Vayamos a las definiciones más básicas del "efecto Pigmalión", también llamado "profecía autocumplida": es el suceso por el que una persona consigue lo que se proponía previamente a causa de la creencia de que puede conseguirlo. Una profecía autocumplida es una expectativa que incita a las personas a actuar de forma que haga que la expectativa se cumpla. En suma, se refiere a la potencial influencia que ejerce la creencia que tiene una persona acerca de otra, y cómo esto impacta en el rendimiento de esta última. Supone, por tanto, algo muy importante de conocer para quienes nos disponemos a dar y recibir feedback, ya que significa que todo líder tiene una imagen formada de sus colaboradores a raíz de su desempeño laboral, y los trata según eso que sucede; lo más relevante es que esa imagen es percibida por el colaborador, aunque el líder no se la comunique.

*"La navegación [indicó en la entrevista televisiva] se pudo hacer con llamativa facilidad. La dificultad estuvo al momento de poner la balsa en el agua. Éramos cinco tipos sin una sola moneda, solo un sueño que lo contábamos y convencía. A la Expedición Atlantis la apoyaron miles de personas de cinco países: el día que pusimos la balsa en el agua, ya estaba hecho".* El relato de Alfredo Barragán no estuvo demasiado centrado en la navegación ni en haber cruzado el océano Atlántico en una balsa rústica, sino en creer en las personas que lo acompañaron. Y su frase se eternizó: *"que el hombre sepa que el hombre puede".* Daniel Goleman define que *"el líder-coach es un estilo de liderazgo centrado en la relación personal y este considerable impacto emocional positivo se deriva fundamentalmente de la empatía que establece. El mensaje que suelen comunicar tácitamente es 'yo creo en usted, por eso me preocupo y espero que dé lo mejor de sí'".*

Pensemos, ¿no nos parece mucho más fácil aprender a dar y recibir feedback que cruzar el Atlántico en balsa?

## Cuerpo, lenguaje y emoción

Todo individuo es una persona completa, no solo un trabajador. Esta interpretación se da con frecuencia entre líderes y *coaches*. Imaginamos que estamos dirigiendo empleados –individuos que dejan su vida personal en su casa–, pero debemos reconocer que son ellos quienes incorporan su humanidad al entorno de trabajo. James Flaherty, en su libro *Coaching*, sostiene que "*cada individuo se encuentra en una vida que ya está en marcha*". ¿Qué quiere decir con esto? El autor explica que "*las personas con las que interactuamos tienen una vida llena de experiencias que han moldeado sus actos. Cada persona tiene una vida llena de sueños, objetivos y motivaciones únicos, repletas de roles y tareas. La actividad laboral es tan solo uno de esos roles*". Como líderes, hemos transitado el mismo camino que nuestros colaboradores, pero no estuvimos presentes para presenciar todo lo que les ocurrió antes. Por eso, debemos entender que no podemos saberlo todo de ellos por mejor que sea nuestra relación laboral. Tú tienes derecho a esperar que tus colaboradores satisfagan las expectativas de rendimiento depositadas en ellos. Sin embargo, si tú consideras que el rol laboral está dentro de un contexto más amplio, serás capaz de generar un trabajo más colaborativo. De esta manera, se beneficiarán tanto los trabajadores como los líderes.

Es posible darse cuenta de las señales que pueden indicar que un colaborador necesita ayuda. Si empiezas a ver signos de los siguientes hechos en un empleado, considera mantener una conversación de feedback con él que permita explorar lo que sucede: un descenso de rendimiento, cuando anteriormente el trabajador lo hacía de manera eficiente y regular; se queja más de su trabajo; aporta menos en las reuniones; se lo nota menos optimista y alegre; critica más las iniciativas organizacionales; estas pueden ser algunas de esas señales. Por este mismo motivo, debemos estar "presentes" en dicha conversación con los tres dominios o áreas que poseemos las personas: cuerpo, lenguaje y emoción. Observemos la ilustración 15.

**Ilustración 15. Los tres dominios de las personas**

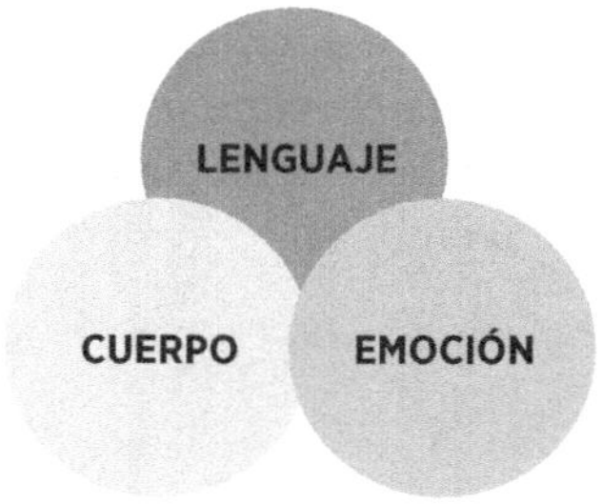

El **cuerpo**: las condiciones biológicas, los gestos y actitudes que dicho cuerpo desencadena. El **lenguaje**: el de las palabras que usamos; cómo construimos sentido a través de nuestros juicios y de nuestras narrativas. La **emoción**: la predisposición para observar, comprender, sentir y actuar de determinada manera. Ahora sí, tenemos que tomar consciencia de que un cambio producido en cualquiera de estos dominios provoca un cambio en los otros dominios. Por ello, ¿todas las personas contamos con el mismo modo de afrontar estas tres dimensiones o dominios? El hecho de poseer diferentes estilos de liderazgo ¿nos hace poner de manifiesto de manera diferente cada uno de estos dominios? Entiendo que sí.

Analicemos, entonces, cuatro modalidades para comunicarse o compartir conversaciones que nos provee el profesor Germán Retana, del INCAE *Business School*. En primer término, estaremos en presencia del modo "pasivo": es seleccionado por aquellos que permiten que otros les impongan decisiones, no asumen liderazgo personal, no expresan lo que sienten, evitan discrepar y huyen de los conflictos. Les satisface agradar y ser parte del equipo sin asumir responsabilidades ni innovar en algo. Se sienten más cómodos declarándose "víctimas" de las situaciones que "protagonistas" para solucionarlas. No se arriesgan a perder su membresía del equipo porque la simple pertenencia a él le garantiza beneficios. ¿Te imaginas "cuerpo, lenguaje y emoción" en este primer estilo?

En un segundo lugar, podremos citar a la comunicación "agresiva" y que es característica de quienes prefieren imponer su criterio sin importarles los derechos de los demás. Es frecuente que ataquen, descalifiquen y manipulen incluso a sus compañeros. Ellos buscan controlar y normalmente son autoritarios, desconfiados, sarcásticos, presuntuosos y con malas relaciones interpersonales. La satisfacción de sus propósitos y de su ego es una prioridad para ellos. ¿Te imaginas "cuerpo, lenguaje y emoción" en este segundo estilo?

Una tercera opción, denominada "pasiva-agresiva", es usada por personas que no enfrentan las situaciones directamente, sino que recurren al chisme, a la queja, a la reprimenda y a las intrigas. Dicen lo que piensan, pero no a las personas adecuadas ni en el momento oportuno. Tanto los pasivos como los agresivos suelen tener problemas de baja autoestima y pobre confianza en sí mismos. ¿Te imaginas "cuerpo, lenguaje y emoción" en este tercer estilo?

El modo más conveniente para comunicarse, compartir conversaciones y dar feedback es el "asertivo", tema que ya hemos definido en capítulos anteriores. El término *asserto* significa afirmar. Es usado por líderes y miembros de un equipo capaces de afirmar lo que sienten, piensan, creen y desean. A diferencia de los tres anteriores, procuran lograr sus metas sin irrespetar el derecho de los demás ni permitir que le irrespeten los propios. La asertividad consiste en expresarse en forma directa (a quien corresponde), honesta (lo que realmente se desea decir) y adecuada (con respeto). Quienes la practican resuelven con transparencia sus asuntos, son proactivos, se valoran y cultivan un fuerte sentimiento de integridad y juego limpio. ¿Se imagina "cuerpo, lenguaje y emoción" en este cuarto estilo?

Parecería una "verdad de Perogrullo", pero cada uno de estos cuatro estilos comunicacionales tiene "su cuerpo", "su lenguaje" y "su emoción". En esta oportunidad, nos ocuparemos del "modo asertivo", por supuesto, que se trata del más adecuado para llevar a cabo actividades de feedback.

Para el "cuerpo", ahondaremos en la escucha activa. Para el "lenguaje", en el impacto de las preguntas poderosas. Y para la "emoción", nos detendremos en el *rapport*. Igualmente, quiero recordarles que cada una de estas temáticas ya fue abordada desde otro punto de vista en capítulos anteriores: algo hemos visto de "escuchar primero", hemos trabajado el "hablar claro" y "afrontar la realidad" y, por supuesto, hemos tocado la habilidad de "empatía". Aquí engrosaremos cada uno de estos conocimientos a la luz del tema que nos convoca.

En primer lugar, debemos cambiar la proporción entre escuchar y hablar. En segundo lugar, hay "escuchas" que son indelegables y son necesariamente cara a cara. No hay que ser solo buenos oyentes; hay que ser oyentes implacables. Hay que escuchar para saciar hambre de conocimientos. Escuchar para aprender lo que otra gente sabe y siente y añadirlo a nuestro repertorio. C. K. Prahalad, el gurú del *management* dice: "*tu inteligencia se define por la claridad con la que ves el intelecto de los otros*". Algunos expertos dirían que en una conversación de feedback habría que pasar un 80% escuchando y haciendo preguntas. Al escuchar, desarrollamos el entendimiento de las realidades del negocio, del equipo y de las personas. Es difícil demostrar que uno escucha sin escuchar realmente. Y, habiendo escuchado realmente, es también difícil no sentir empatía. Hay que escuchar para comprender, no para responder. Es transmitir comprensión además de comprender, y hay que esforzarse para que el otro sienta que lo comprendemos y lo estamos escuchando.

Los líderes inteligentes reconocen el poder de la escucha. Si no lo hacen, se engañan a sí mismos y a la organización, al privarla de la información, el feedback, la innovación, la colaboración y un entorno de confianza. Debemos comprender que la escucha atenta y reflexiva es una "disposición básica" de líderes y *coaches*. Es la apertura hacia el otro y, en este sentido, una de las competencias imprescindibles consiste en aprender y saber escuchar. Según Leonardo Wolk, experto internacional en coaching, "*la apertura y la escucha activa se constituyen en requisitos sin los cuales prácticamente se torna imposible practicar el coaching y el feedback*". Desde la posición corporal y el contacto visual para escuchar, pasando por no interrumpir ni completar la conversación del otro, así como la acción de chequear que hemos comprendido, son parte de la escucha activa. Siguiendo al profesor Wolk, "*practicar la escucha activa implica asimismo reflexionar y reconocer también algo tan importante como lo que no estoy comprendiendo*". Pensemos en nuestros últimos feedbacks: ¿cuáles han sido los resultados de no escuchar? ¿Cuáles podrían haber sido los resultados si me hubiese comportado de otra manera? ¿Realmente he escuchado a mis colaboradores en mis últimas conversaciones de feedback?

¿Realmente he entendido cómo se sintieron? ¿Nos hemos centrado en comprender los puntos de vista del otro antes dar a conocer el nuestro? Muy bien se ha comprobado que las dos mejores cualidades que puede tener un líder son la capacidad de escuchar y asumir las mejores razones de los demás.

Desde el dominio del lenguaje, nos propusimos ser buenos comunicadores a través de realizar preguntas claras y poderosas. Ya hemos dicho que en una conversación de feedback habría que pasar un 80% escuchando y haciendo preguntas, pero hacemos todo al revés. Nos la pasamos hablando el 80% del tiempo. Toda la historia del liderazgo nos dice que el líder tiene que estar preparado para dar respuestas y nos han puesto en un lugar en el cual "todo lo tenemos que saber", si no somos malos líderes. El mundo VICA, que está lleno de desafíos adaptativos, nos dice lo contrario. Los líderes deberemos estar más preparados para tener mejores preguntas para efectuar que tener que dar respuestas todo el tiempo. Las respuestas en el mundo de hoy hay que ir construyéndolas con el equipo, con las personas. Y antes de ponernos a hacer preguntas poderosas, hagámonos estas preguntas poderosas a nosotros mismos: ¿estamos hablando claro con los colaboradores o estamos dando vueltas?, ¿estamos aprendiendo a ir al grano rápidamente en una conversación de feedback?, ¿estamos realmente afrontando a la realidad de las cosas con claridad?, ¿nos estamos esforzando por ser completamente honestos con nosotros mismos? El lenguaje habla de nuestra integridad y de nuestras intenciones. Si no somos creíbles, las personas no responderán con confianza a nuestras preguntas, por más poderosas que sean.

Todo proceso de feedback cuenta con una de las armas más importantes: las "preguntas poderosas". ¿A qué nos referimos con preguntas poderosas? Son preguntas con intención, con dirección, enfocadas a abrir el punto de vista del colaborador, de un par, de un cliente. Son preguntas desafiantes, que necesitan de tiempo para pensarse, preguntas que no las habíamos hecho hasta ahora y que hacen que la gente amplíe su zona de confort. Muchas veces son preguntas que nos hacen pensar en cosas que normalmente ocultamos, consciente o inconscientemente. Sin embargo, son la única forma de llegar a donde nunca hemos estado. En este sentido, las preguntas poderosas constituyen una excelente forma de reflexionar, estimular, motivar, cuestionar, dudar, plantear posibilidades; en definitiva, conocernos mejor.

Sócrates, en la antigua Grecia, utilizaba las preguntas para que sus alumnos llegaran a la verdad por sí mismos. La mayéutica, usada también en psicología, es uno de los antecedentes del coaching. De hecho, podríamos decir que el coaching consiste en el conocimiento de la verdad sobre uno mismo a través de las preguntas y la toma de conciencia de que uno el responsable de su propio cambio. Eso es lo que hace un líder-coach; hace que sus colaboradores se hagan responsables de su propio cambio. El líder-coach no quiere imponer sus conocimientos ni sus juicios de valor. Por eso utiliza las preguntas como parte de sus conversaciones, para que todo lo que se genere durante el proceso de aprendizaje y cambio lo produzca el colaborador. Las preguntas poderosas en un proceso de feedback no hacen sino ayudar al colaborador a conocer más profundamente su situación, tanto la actual como la que quiere conseguir, y así puede decidir qué hacer al respecto.

Hay modelos "disparadores" de preguntas poderosas: el método GROW (de John Whitemore) está basado en preguntas para procesos de coaching, el sistema SMART (de George T. Doran), que sirve para definir objetivos, también está formado por preguntas. Un proceso de "autoevaluación" de desempeño, si nos fijamos, nos hace pensar en nuestra situación laboral con preguntas de autoconocimiento. Una evaluación de 360 grados bien diseñada y bien intencionada posee preguntas poderosas. Las preguntas poderosas nos sirven para hacernos pensar y para hacernos reaccionar. Un proceso de feedback debe ser un momento que nos desafíe a ambas partes, algo que nos mueva, algo que nos haga ver lo que antes no veíamos. Debemos salir de un "lenguaje para vivir dando respuestas" y pasar a un "lenguaje con muchas más preguntas". Preguntar es la clave para saber dónde estamos y dónde queremos ir. Pero, sobre todo, las preguntas ayudan a motivar al colaborador para que se mueva hacia sus objetivos marcados. Conlleva mejores resultados que dar órdenes o "bajar línea". Eso solo se puede lograr con preguntas abiertas.

Para cerrar "lenguaje", me gustaría hacerte ahora algunas preguntas poderosas: ¿cómo va a ser tu futuro si como líder sigues haciendo lo mismo cada día?, ¿cómo vas a usar el feedback con tus colaboradores, pares, jefes y clientes?, ¿qué vas a hacer a partir de ahora?

Hemos fortalecido "cuerpo" con la escucha activa. Hemos potenciado nuestro "lenguaje" con preguntas poderosas. ¿Y qué hacemos con el dominio de la "emoción"? Vayamos a ver, ¿qué es esto del *rapport*?

Desde el desarrollo que hiciéramos sobre salud emocional y empatía, el *rapport* también puede aportar un conocimiento importante al proceso de feedback. En principio, podemos decir que la palabra "*rapport*" significa literalmente "llevar algo al cambio". Si la centramos en la comunicación entre dos personas, indica que lo que una persona remite a otra esta última se lo devuelve. En palabras más sencillas, el *rapport* hace referencia a la sintonía psicológica y emocional que se necesita para que puedan producirse cambios en alguna de las personas que se están comunicando. Los expertos en psicología estiman que un alto porcentaje de éxito en los tratamientos psicológicos es debido a la buena alianza terapéutica o buen *rapport* entre terapeuta y paciente. Si lo pasamos a términos organizacionales, el *rapport* podría ser el entendimiento compartido y empático de las diferentes perspectivas desde las que un líder y un colaborador abordan un problema que debe ser solucionado por ambos. Es un marco de relaciones en la que se establece un entendimiento mutuo entre personas con el objetivo de abordar una problemática de manera colaborativa. Para los puristas del coaching, el *rapport* es una de las habilidades más importantes que debe desarrollar un coach.

Esta "sintonía psicológica" entre personas permite la colaboración necesaria entre ambos; por eso, sus dos pilares fundamentales son la mutua confianza y la comunicación fluida. Se trata de un proceso racional y emocional al mismo tiempo, en el cual intervienen otros dos factores fundamentales: el intelectual, para observar e interpretar las expresiones de los demás, y el emocional; lo que le ocurre al otro nos afecta de una u otra manera. No se puede entender un proceso de feedback efectivo sin un adecuado *rapport*. Desde el liderazgo, es tener la necesidad, interés y una actitud comprensiva hacia el colaborador que recibe el feedback.

Según Carl Rogers, padre de la escuela humanista, junto a Abraham Maslow, expresaron que hay que prestar una especial atención a la calidad de la relación que se produce entre quienes comparten una conversación de cambio. Si tomáramos las palabras de Rogers desde su lenguaje terapéutico y las transformáramos en lenguaje organizacional, estaríamos en condiciones de decir que un líder o coach debería poseer tres características fundamentales: autenticidad, aceptación incondicional del otro y comprensión empática. Es imprescindible que el colaborador se sienta comprendido y aceptado.

Cuando hablamos de comunicación fluida, no queremos decir que esta deba ser simétrica, sino que lo importante es que el líder y el colaborador se entiendan en todos los niveles: verbal y no verbal. Como ya nos referimos en le escucha activa y en las preguntas poderosas, la comunicación debe ser asimétrica, y el que recibe el feedback debe intervenir bastante más que el líder o el coach. Un buen *rapport* se consigue con:

- **Volviendo a la escucha activa**: se trata de escuchar lo que el colaborador tiene que contarnos sin interrumpirlo, con la predisposición de no hacer ningún juicio de valor, pero mostrando mediante gestos y expresiones que estamos a su lado, escuchándolo atentamente, entendiendo lo que quiere transmitirnos y empatizando con sus emociones.
- **Promoviendo calidez**: para que exista un buen *rapport*, es sumamente importante que el líder o coach se muestre cálido con su colaborador. Si no se es cálido, no servirá de mucho toda la argumentación que tenemos en nuestras manos.
- **Fortaleciendo la confianza**: si el colaborador confía en su líder, se abrirá del todo a él y, por lo tanto, la información necesaria saldrá a la luz.

Si hay falta de confianza, repercutirá directamente en el grado de compromiso del colaborador con el proceso de feedback.

- **Regresando a la empatía**: es obvio que ponernos en los zapatos de quien tenemos enfrente es indispensable si queremos ayudarlo. No importa que nuestro colaborador sea una persona que esté pasando por un mal desempeño. Si vamos a tratar con él, debemos ver el mundo desde sus ojos, aunque no compartamos ni sus sentimientos ni creamos que sus acciones sean correctas. Solo siendo empáticos generaremos confianza y podremos ayudar a la persona.
- **Buscando puntos comunes**: este asunto hace referencia a la necesidad de centrar el foco de atención en intereses comunes. Es importante no desviarnos del objetivo del feedback. Si lo hacemos, perderíamos un tiempo preciado de la conversación y, al final, la comunicación dejaría de ser de interés mutuo.
- **Practicando la flexibilidad**: crear un ambiente distendido en la reunión, en la que también se puede comentar algo fuera de los objetivos del feedback, pero siempre con cuidado de no caer en lo que acabamos de comentar. Ante esto, hay que mantener coherencia entre lenguaje verbal y no verbal.

- **Actuando con profesionalismo**: el colaborador ha de percibir que estamos correctamente formados y actualizados y que, si en algún aspecto no fuese así, haremos lo posible por dar respuesta a su demanda lo antes posible. De esta forma, el colaborador confiará en que vamos a poder ayudarlo.

Intentemos ser cuidadosos a la hora de comunicarnos con nuestro colaborador, ya que muchas veces decimos algo que puede resultar incoherente con nuestra expresión o nuestros gestos. La coherencia entre lenguaje verbal y no verbal resulta fundamental en la reunión de feedback, ya que, sin ella, no cabría la posibilidad de generar el clima de confianza y colaboración del que venimos hablando. Cuando existe contradicción entre lo que decimos y nuestra postura o expresión, prevalece lo segundo y es en realidad lo auténtico, ya que el lenguaje no verbal trabaja a un nivel más inconsciente que el verbal.

Y una pregunta que nos podríamos formular es si ¿existe alguna conducta o comportamiento que "cruce transversalmente" a estas tres dimensiones? ¿Puede haber algo que pueda representar "cuerpo", "lenguaje" y "emoción" a la vez? Claro que sí. Es el silencio. El silencio dentro de una conversación de feedback. El silencio es "cuerpo", el silencio es "lenguaje" y el silencio es "emoción". Tiempo atrás me encontré con un escrito del cual no pude hallar su autoría; *La pausa que refresca*: *"unos pocos momentos de silencio pueden lograr maravillas. Este silencio cumple con el "mandamiento" de buscar activamente la paz al impedir que sigamos arrojando leños al fuego del enojo. Además de no agravar un episodio, también reduce las tensiones inyectando un calmo control en la comunicación. Nos ayuda a restaurar y mantener la paz. Es la pausa en una conversación que le hace sentir que algo significativo está sucediendo. Esto implica que la otra persona está realmente escuchando y absorbiendo lo que usted le dijo. Y luego viene una respuesta profunda. Es sólo medio segundo, pero este pequeño "nada" tiene un significado profundo. Esa pausa en la conversación es tan importante como las palabras que le siguen. Puede ser incluso más esencial. La pausa en la música puede transmitir un mensaje incluso más poderoso que los acordes. El silencio le da importancia a lo que está alrededor de él. Por ejemplo: En medio de una acalorada y efervescente reunión de feedback, de repente, una de las partes calla, y en el ambiente flota el silencio. Solo observa y calla. En verdad, cuando se produce ese silencio, podemos extraer de nuestro interior mayor variedad y profundidad de ideas, e imprimir mayor contundencia al mensaje que se trasmite. Se continúa interactuando y con mayor intensidad incluso, ya que gracias a este "repliegue" momentáneo, se busca y exploran más y mejores reflexiones y toma de conciencia.*

*El desafío entonces, gracias a la inteligencia emocional, es comunicar con palabras y con silencios. Y más con lo implícito que con lo explícito. El silencio es la envión interior para decir mucho más y más profundo".* Miremos los espacios en blanco entre las oraciones de esta página; ¿no son tan importantes como las oraciones mismas?

A partir de todo lo visto en esta sección, es necesario, como bien decía Carl Rogers, que nos mostremos auténticos o genuinos con nuestro colaborador. Siempre cuidando las formas y manteniendo la calidez, la aceptación y la empatía, pero sin generar incongruencias entre nuestro lenguaje verbal y no verbal a la hora de dar nuestro feedback.

## Evitemos tomar el "ascensor de las inferencias"

Algunos líderes creen que dar feedback es dar consejos. Bien, diríamos que hacer coaching y dar feedback definitivamente no es dar consejos. ¿Has recibido alguna vez un consejo que no hayas seguido? Piensa o identifica cuándo fue la última vez que recibiste un consejo y no le has hecho caso. Entonces, ¿por qué seguimos dando consejos pensando que estamos haciendo liderazgo? De la misma manera que haber dado un consejo a alguien y que esa persona no lo haya seguido, podremos encontrar en esta situación algunas causas que nos servirán para hacer una comparación con el feedback. Hagamos de cuenta que no hemos seguido el consejo por los siguientes motivos: no le tengo respeto como persona, no confío en usted, no entiende realmente cuál es mi situación, no tiene en cuenta mis prioridades, lo que me sugiere no sería eficaz para mi situación, y la lista continúa. Con el feedback pasa lo mismo. Podemos prepararnos con modelos conceptuales, *tips*, herramientas específicas, pero si en el feedback no se dan algunas cuestiones básicas, no habrá modelo o proceso que aguante. En segundo lugar, y ya venimos insistiendo en esto, tenemos que prepararnos para sacar el mejor provecho de la retroalimentación. Estar preparado es también dejar de preocuparse y comenzar a vivir al feedback como una cuestión necesaria y natural en la manera en que se están comenzando a gestionar las organizaciones, sobre todo en un mundo que reclama flexibilidad y agilidad. Estar preparado es tratar de separar sus "historias" y sus sentimientos de la retroalimentación (esto es, conciencia de sí mismo), es llevar a cabo las conversaciones con un verdadero "esto no es una cuestión personal", es aceptar que no se puede controlar cómo te ven o cómo se sienten los demás mientras estás manteniendo la conversación de feedback. Y estar preparado es mirar la reunión de feedback desde la perspectiva de un sistema. Hay una realidad y hay varios factores que contribuyen a ella, incluyendo a todas las personas que están dando y recibiendo feedback dentro de la organización. Como diría Heifetz, tenemos que comenzar a convivir con estos "desequilibrios" que provocan este tipo de conversaciones: observando, diagnosticando, experimentando y aprendiendo.

Otro punto importante es que por más "modelo para armar" que tengamos al momento de afrontar eficazmente un proceso de feedback, no podemos obviar nuestro sistema de creencias, que estará siempre presente al momento de mantener la conversación. Tal como lo muestra la ilustración 16, el autor Chris Argyris desarrolla el modelo de "escalera de inferencias", en el cual explica cómo iremos subiendo la misma de acuerdo al filtro que nuestras creencias le van poniendo a la información que surge del feedback.

**Ilustración 16. Modelo de la escalera de inferencias, de Chris Argyris**

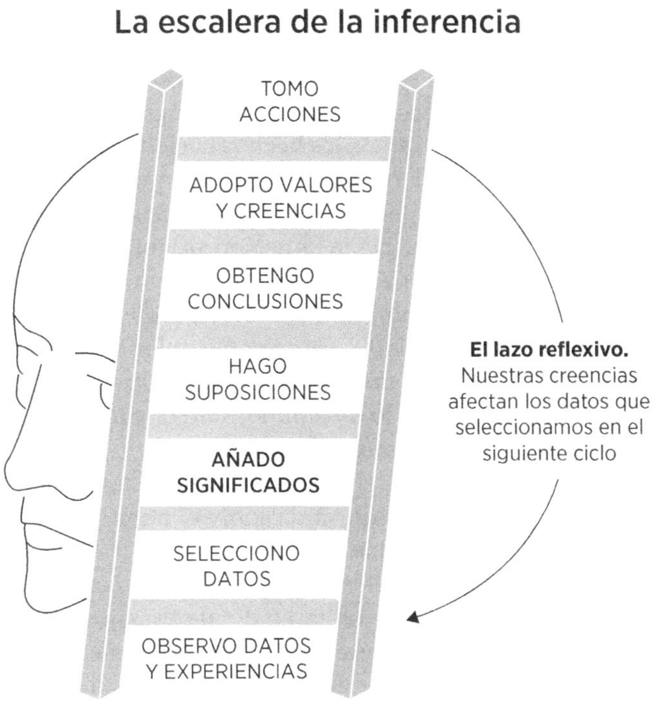


*Chris Argyris. Conocimiento en Acción. Jossey-Bass (1994), Peter Senge, The Fifth Discipline Fieldbook Doubleday (1995)*

Puede pasar que en una reunión de feedback los involucrados vayan "subiendo los peldaños" de la escalera de inferencias, por lo que las acciones posteriores estarán viciadas, y, por ende, se pueden cometer errores. Pueden ser errores en un tema de desempeño, de desarrollo y carrera, mejoras de procesos con otras áreas, o podemos tomar malas decisiones con clientes y proveedores. Como bien menciona Leonardo Wolk en *El arte de soplar brasas*, vivimos en un mundo de los sentidos. "*Como observadores del universo que somos, generamos creencias sobre la base de observaciones. Ante determinados hechos, basándonos en datos del presente, sumando experiencias del pasado y con el filtro de nuestros modelos mentales, solemos emitir opiniones y definir acciones". Este concepto de "escalera de inferencias"* es como "un camino mental de creciente abstracción que conduce a creencias erróneas".

Tal como se aprecia en la ilustración, la escalera va tomando distintos significados a medida que nos vamos basando en subjetividades que muchas veces están muy sutilmente relacionadas con lo que observamos.

Tenemos hechos, personajes y situaciones sobre las que "objetivamente" se hacen o dicen cosas. Seleccionamos datos y observaciones filtradas por nuestros modelos mentales que les dan un nuevo significado que nos resulta relevante; es decir, reinterpretamos los hechos haciendo suposiciones. Sacamos conclusiones que pasan a transformarse en "la verdad" o nueva creencia. Y sobre la base de estos antecedentes, formulamos propuestas de acción o pasamos a la acción misma. De la situación original a lo que realmente pensamos que es "se dispara la acción" en otro sentido y a veces lo hacemos con mucha velocidad. El mismo Wolk nos dice: "*todos hacemos inferencia y a veces nuestras interpretaciones coinciden con los hechos, pero muchas veces no, motivando enormes dificultades conversacionales y de interacción. A veces no subimos peldaño a peldaño, sino que tomamos el ascensor de inferencias, pasando rápidamente a la acción*".

En una clase universitaria que solía dar por las noches hace unos cuantos años atrás, una alumna se quedó dormida sobre el pupitre al fondo del aula. No tuve mejor idea que caminar hasta su banco y decirle en un tono un poco enojado que me estaba faltando el respeto a mí y a sus compañeros; que todos estábamos cansados luego de un largo día de trabajo y que para eso no hubiera venido. La alumna me sentenció a la vergüenza con un "señor profesor, estuve toda la noche de ayer en el hospital cuidando a mi madre que está grave, fui a trabajar sin dormir, y me vine para acá porque no me quería perder su clase, discúlpeme". Ni escalera ni ascensor, un verdadero "cohete de inferencias". Le pedí disculpas públicamente, pero ya era tarde, tendría que haber chequeado algunos datos antes o directamente haberle preguntado qué le estaba sucediendo.

Hay un saber popular que dice así: "*Atiende tus pensamientos porque se tornan palabras. Escoge tus palabras porque se tornan acciones. Entiende tus acciones porque se tornan hábitos. Estudia tus hábitos porque se tornan en carácter. Desarrolla tu carácter porque el mismo se torna en destino*".

# CAPÍTULO 11

# *Organizando un proceso efectivo de feedback*

## Estructurando un proceso de feedback: el "modelo de la hamburguesa"

Según un estudio de la *Society of Human Resource Management*, el 78% de los empleados no se sienten cómodos discutiendo el desarrollo de su carrera, su desempeño o el salario. Y como ya hemos revisado reiteradas veces, como líder, tú estás en la mejor posición para ayudar a tus empleados a alcanzar sus objetivos profesionales, y hasta los personales. Esto se debe a que puedes decirles exactamente en qué situaciones se están cumpliendo muy bien los objetivos, con qué competencias observadas se los está encaminando, y también, qué necesitan mejorar de su desempeño dentro de la organización. La conversación de feedback puede ser significativa si se crea una "zona segura". Además, insistimos en que siempre hay que entregar comentarios honestos. Esto no es fácil, y habrá momentos en que el feedback puede hacer que el empleado esté a la defensiva. Sin embargo, cuando los colaboradores se dan cuenta de que esto es mejor para ellos, se vuelve más fácil. Ya hemos dedicado un capítulo en este libro al tema; se debe construir una "cultura de retroalimentación" en la que se aliente a los empleados a que soliciten comentarios a sus líderes en lugar de esperar a recibirlos sin ser solicitados: si un miembro de tu equipo solicita hablar, no respondas que no tienes tiempo. Al darle ese espacio en forma espontánea, generarás confianza y aprenderás mucho más que si lo hicieras de otra manera. ¿Y si descubres que un empleado está interesado en un rol de liderazgo, en un proyecto nuevo?; solo cerciórate de escucharlo, hacerle las preguntas poderosas que requiera la situación, y luego estarás en condiciones de tomar la decisión favorable o no, para ese empleado.

Ahora bien, ¿cómo podríamos organizarnos mejor ante una reunión de feedback con un colaborador, con nuestro jefe, con un par de otra área, con un proveedor y hasta con un cliente? En primer lugar, tomar consciencia de la importancia de prepararnos, prepararnos y prepararnos. En segundo lugar, "súbete a un balcón imaginario" para ver la situación desde lo más arriba posible. Recordemos la frase de Einstein: "*no podemos resolver problemas pensando de la misma manera que cuando los creamos*". Es obvio, ¿verdad? Por ello, las soluciones vendrán si somos capaces de elevar nuestro punto de vista respecto a cuando apareció el problema. Reúne toda la información posible para argumentar consistente y coherentemente aquellas cosas que se hicieron muy bien y aquellos aspectos que se deben mejorar. Piensas con qué emociones irás tú a la reunión y con cuáles vendrá el colaborador. ¿Es posible avisar antes a la otra parte para que también se prepare y pueda ir con su propia autoevaluación? Mentalízate de hablar claro y de decir todo lo que "la realidad" le demande. Recuerda no levantarse del feedback sin un plan mínimo de acción, habiendo chequeado las expectativas de los demás y habiendo llegado a un acuerdo mínimo. Igualmente, y con toda esta preparación, he visto a líderes a los que no les ha ido bien. ¿Por qué? Porque no se han organizado bien. Porque no han sabido por dónde empezar, por dónde continuar y por dónde terminar la reunión de feedback. Observemos la ilustración 17; este modelo muy simple nos ayudará a replantear la estructura de las reuniones de feedback de manera no solo más ordenada, sino con la posibilidad de generar un mayor impacto en la conversación. Ser aún más asertivos.

**Ilustración 17. Modelo de la hamburguesa para un feedback efectivo**

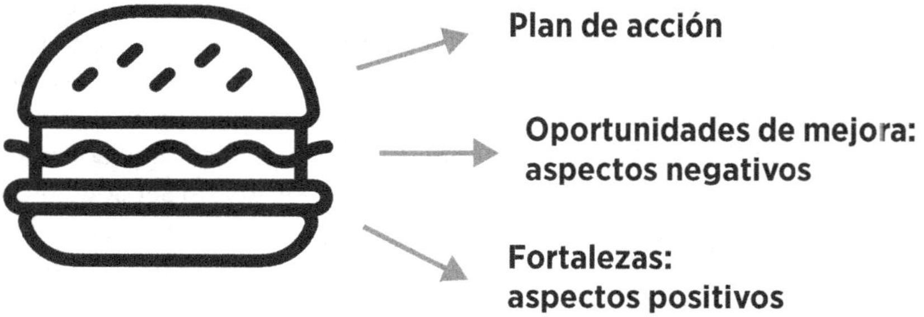


Empecemos con el "pan de abajo", siempre. Cada persona tiene un conjunto de fortalezas definidas como talentos, conocimientos y habilidades a través de los cuales demuestra un excelente desempeño. La autora Halelly Azulay, en su libro *Fortaleza con fortaleza* describe que "*trabajar desde las fortalezas puede ayudarnos a llevar una vida laboral más satisfactoria, porque cuando trabajamos desde nuestras fortalezas, contribuimos con todo nuestro potencial y nos sentimos más satisfechos y comprometidos*". Comienza toda conversación de feedback centrándote en las fortalezas o aspectos positivos que hemos identificado en nuestros colaboradores, indícales que la frecuencia con que son utilizadas se transforma en un bien para ellos, para el equipo y para la organización. Las investigaciones han encontrado que centrarse en desarrollar fortalezas, en lugar de solo mejorar las debilidades, incrementa el compromiso y la lealtad de los empleados. A su vez, esto beneficiará su balance final en la conversación de feedback. Cabe destacar que no debemos esperar a las conversaciones formales de feedback para ayudar a tus colaboradores y a tu equipo a identificar y robustecer sus fortalezas, ten conversaciones frecuentes sobre estas. No olvides hacer preguntas como: ¿en qué piensas que sobresales?, ¿qué es lo que más te gusta hacer?, ¿qué es lo que más te motiva?

Comenzar con el "pan de abajo" del modelo es hacer que los líderes deben alentar a los empleados a preocuparse menos por sus debilidades y, en cambio, concentrarse en sus puntos fuertes. Salvo, por supuesto, que esas debilidades sean verdaderas "fallas fatales".

Mantener conversaciones de feedback solamente desde los comentarios ásperos no ayuda a las personas a prosperar y sobresalir. De hecho, las críticas efectivas deben ser entregadas con respeto y cuidado. Los comentarios frecuentes o exclusivamente negativos pueden provocar reacciones defensivas que nublan las percepciones y disminuyen la motivación. El feedback positivo es crítico para el aprendizaje. Las personas a menudo se dan cuenta rápidamente de lo que está mal, pero es igualmente importante prestar atención y aportar información sobre lo que funciona para apoyar el desarrollo. Las investigaciones del CCL nos dicen que se puede ayudar mejor a la organización fortaleciendo las cosas en las que ya se es muy bueno. Esto supone que todos ya son buenos en las cosas correctas, que tienen las habilidades y competencias críticas que las organizaciones necesitan para tener éxito.

Asimismo, es importante saber que cuando nos enfocamos solo en las fortalezas, hacemos que las personas crean que no hay áreas en las que deban mejorar. Esto también genera que los líderes fomenten un desarrollo distorsionado y hasta a veces poco necesario en los colaboradores, que en última instancia impacta en la efectividad de la persona, del equipo o de la organización.

La retroalimentación, tanto positiva como negativa, es esencial para ayudar a los colaboradores a mejorar sus mejores cualidades y enfrentar sus peores, para que puedan sobresalir en su rol laboral.

Por ello, continuemos con la segunda parte del modelo. Ahora, con "la hamburguesa" recién salida de la parrilla para ponerla arriba de ese pan que sostenemos con la mano. Son aquí las oportunidades de mejora o los aspectos negativos los que comenzarán a jugar su papel en la conversación de feedback. Metafóricamente, esto significa que hablaremos de los asuntos de mejora una vez que hayamos puesto las "bases" de las fortalezas. Las personas ya han alcanzado objetivos y, debemos apoyarnos en eso. Antes de hablar de mejoras, los empleados deben sentir que se los ha tenido en cuenta esa "base" de cosas que hicieron bien. Entraremos en el momento en el cual más preparados debemos estar para presentar información y la línea argumental a utilizar, sobre todo sabiendo que el feedback nunca es puramente objetivo, ya que lo entrega un ser humano con una perspectiva única. La explicación de los conceptos difíciles de explicar cobra otro sentido en esta etapa. Sin embargo, para un empleado, saber cómo lo ven y experimentan los demás es increíblemente valioso, ya que esas personas tomamos decisiones muchas veces basadas en nuestras percepciones: decisiones sobre a quién escuchar, en quién confiar, con quién cooperar, a quién apoyar. Si unimos feedback de mejoras y subjetividad, estamos en presencia de un cóctel interesante. Ni hablar de un feedback negativo con malas intenciones.

Tomemos consciencia de que un feedback sobre las debilidades crea una amenaza que inhibe el aprendizaje. Por lo tanto, debemos centrarnos en cómo proporcionar un mejor feedback negativo de manera que se minimice la respuesta a la amenaza. Con la misma importancia que los líderes deberían concentrarse en las fortalezas, no habría que dejar de reconocer que ignorar las debilidades es uno de los mayores contribuyentes al "descarrilamiento individual" del desempeño en las organizaciones. No importa cuán bien perfeccionados estén los puntos fuertes de un colaborador, pero un "defecto fatal" no abordado (por ejemplo, la arrogancia en un asesor de atención al cliente) puede llevarlo al fracaso, especialmente si la persona no lo reconoce. En este momento del feedback, decirle a alguien cómo solucionar un problema de desempeño o actitud es a menudo el enfoque equivocado. Fomentaremos más el aprendizaje haciendo preguntas que estimulen la reflexión y entrenando a las personas en la exploración y experimentación. La mayoría de los fracasos en las conversaciones de feedback se dan porque el líder se pone a hablar sostenidamente y hasta sin escuchar, en un monólogo donde le "vomita" al colaborador todos los aspectos negativos, y esto lleva a la conversación a un estado de tensión innecesario. Por todos los medios, hay que alentar a las organizaciones, líderes y empleados a reconocer y aprovechar las fortalezas, pero reconociendo que ignorar las debilidades queda bajo su propio riesgo.

Y llegó la hora del "pan de arriba" de la hamburguesa para terminar de armar el sándwich. ¿De qué se trata esta etapa? Te recomiendo que vuelvas a leer el apartado sobre "clarificar expectativas", cuando vimos el compromiso que todo líder debe poseer con las seis conductas para la comunicación asertiva. No nos podemos levantar de la conversación de feedback sin antes chequear si se han comprendido las cuestiones que se han hablado y sumar previamente el armado de un plan de acción para el sostenimiento de las fortalezas y las mejoras de los aspectos negativos. A esto se le puede agregar tres preguntas más, para poder fortalecer el plan: ¿Qué puntos del desempeño se deberán mantener? ¿Qué otros se deberán sumar? Y finalmente, ¿Qué cuestiones se deberán minimizar o desechar? La conversación del "pan de arriba" deberá contener preguntas como: ¿necesitas nuevos recursos?, ¿necesitas entrenamiento o coaching?, ¿necesitas algo del equipo? El pan de arriba nos dará la posibilidad de tener una "visión compartida" acerca de los próximos meses de trabajo si se tratara del desempeño para llegar a los objetivos, o de un mediano plazo si existen cuestiones de desarrollo de competencias. Recordemos que, si existen "fallas fatales", deberán ser abordadas en corto tiempo y en profundidad, con la ayuda que requiera el colaborador. Se recomienda que este plan contenga no más de dos puntos relacionados con la mejora de objetivos, más dos puntos relacionados con competencias.

En este modelo, también podemos encontrar obstáculos, que podrán estar dados por varios motivos, entre ellos: datos diferentes que podríamos estar teniendo entre las partes; insistir en interpretar datos similares, pero con nuestros propios sesgos y preferencias; no tener buenas intenciones por parte de alguna de las partes; estar en presencia de una de las "Ventanas de JOHARI" sin ver lo que otros ven sobre nosotros mismos; la utilización de un lenguaje corporal inadecuado y nuestra brecha de conocimiento con relación a la persona que recibe el feedback, por ejemplo. Nada garantiza una retroalimentación "objetiva" y siempre hay elementos de subjetividad; incluso cuando se dan comentarios basados en números estrictos, alguien tuvo que elegir esos números para evaluarnos.

Por eso, es muy buena idea invitar con antelación al colaborador y que asista a la reunión de feedback con "su propio modelo de la hamburguesa". Construirá un muy buen vínculo en dicha reunión si él es quien comienza a hablar de cómo se ve con sus fortalezas y cómo se ve con sus oportunidades de mejora. Te aseguro, por experiencia, que muchos de los aspectos que tú llevarás anotados serán dichos primero por el colaborador, incluyendo algunos de los aspectos negativos que a ti te tenían preocupado y que no sabías cómo decírselos. Es muy importante preparar a los colaboradores y prepararnos nosotros como líderes, para recibir feedback. A veces veo en las organizaciones que solo se prepara a los líderes. Muy pocas veces he asistido a una experiencia en la cual, por temas de desempeño, coaching o *mentoring* –por ejemplo–, se prepare también a quienes recibirán el "servicio de feedback".

Todo feedback se construye sobre la base de tres elementos que pueden confluir en los tres vértices de un triángulo: en uno de ellos, todo lo que el colaborador hace a "nivel de la tarea"; en otro, todo lo que hace a "nivel de la persona"; y finalmente, todo lo que hace a "nivel de las relaciones". El primer vértice se relaciona con los objetivos y los resultados. El segundo, con la integridad, la responsabilidad y el compromiso. El tercero, con la comunicación, las relaciones y la confianza. Este triángulo de la efectividad humana en el trabajo debe alimentar toda conversación de feedback, tanto para hablar de fortalezas y oportunidades de mejora como así también, para sustentar el plan de acción posterior.

Recordemos que más allá de la organización que hagamos, nuestras "historias personales" afectan un momento de feedback. Estas historias son un componente importante de cómo reaccionamos y actuamos en la conversación. Estas historias son la suma de nuestros pensamientos y sentimientos, y determinarán lo que digamos o lo que callemos en el momento del feedback. La conversación de feedback puede ser significativa si se crea una "zona segura": a prepararse, prepararse y prepararse. Recuerda: para que el feedback sea eficaz, debe arrancar con una buena relación.

## El modelo "A CONFIAR": pasos para actuar en un proceso de feedback efectivo

Siempre me sentí tentado por el hecho de explicar el modelo "A CONFIAR" en capítulos preliminares; contarles sus etapas, sus "qué" y sus "cómo". Pero imagínense que no serviría de nada un modelo conceptual y práctico a la vez, si no comprendemos y ajustamos algunas cuestiones de fondo, como lo hicimos en anteriores pasajes del libro.

Les quiero presentar una herramienta que hemos diseñado en Umana, que nos dejará como aprendizaje el hecho de poder dar y recibir feedback con un marco en el cual se puedan diseñar acciones futuras e interrelaciones o conversaciones más honestas, abiertas y esencialmente productivas.

¿Por qué este modelo integrador? Porque nos ayudará a prepararnos, dará orden y coherencia en la planificación del proceso, trazabilidad en las acciones y seguridad a la hora de dar y recibir feedback. No es una receta mágica, pero créeme que te ayudará a desarrollar un proceso de feedback mucho más efectivo y hacer de la retroalimentación un "recorrido" comunicacional y bidireccional en el cual las personas que intervienen queden enriquecidas y valorizadas. En este sentido, presentaremos una herramienta que combina múltiples factores, como: el análisis de información, el ambiente, las relaciones, la escucha, la empatía, las emociones, las interacciones, los focos, los planes de acción, los resultados y la posibilidad de darle continuidad con un seguimiento o monitoreo. Por otro lado, la simple memorización del nombre del modelo te permitirá recordar fácilmente cómo debemos ordenar las etapas de un feedback para tener un mayor impacto. Cabe agregar que, si tú quieres usar este modelo para pequeñas y espontáneas intervenciones de feedback, no te dará el tiempo; quizás puedas aplicar algunos conceptos y *tips* que te ayudarán a "llevarla" mejor, aunque estas conversaciones sean de carácter informal.

Como podrán observar, el modelo "A CONFIAR" lleva su nombre debido a un acróstico (hemos creado una palabra a partir de las letras de otras palabras), y se muestra a continuación:

**Cuadro 11. Modelo de desarrollo de proceso de feedback, consultora Umana**

**A**nalizar la situación

**C**rear contexto
**O**bjetivos
**N**ormas y estándares
**F**ocalización
**I**nteracción
**A**cciones
**R**esultados

Lo estaremos ampliando bajo dos dimensiones: el *qué* hay que hacer y el *cómo* lo podemos llevar a cabo. Los tres principales "qué" de cada factor estarán acompañados de los diez principales "cómo". De la misma forma que el desarrollo de una conversación GROW (cuando se consigue tener un importante "ida y vuelta" comunicacional), puede llevar entre cuarenta y cinco minutos y una hora; una reunión de feedback apoyada en este modelo debería llevar el mismo tiempo. A lo sumo, no debería extenderse a más de una hora y cuarto. Veremos que el "tiempo del feedback" comienza con una preparación previa, por lo que se deberá guardar un tiempo en su agenda para realizar un análisis y ordenamiento de la información, como ya lo estaremos viendo en la primera etapa del proceso.

## Analizar la situación

| Los tres "qué" | Los diez "cómo" |
|---|---|
| 1. Define la naturaleza y el alcance del feedback en el contexto de la organización. Tómate tu tiempo para la exploración y mantiene una actitud de curiosidad. | 1. Trata de resumir y describir la situación de la persona de la manera más específica posible. Haz que su análisis sea "reproducible" y revisa la intención que se quiere comunicar. |
| 2. Analiza el estado actual de la situación desde la perspectiva de la organización, del equipo, desde la posible visión de la persona involucrada y establece las ventajas y/o consecuencias de continuar por el camino actual. | 2. Ten en claro qué resultados y comportamientos hay que destacar y en cuáles existen brechas de mejoras, e imagina cómo pueden impactar en el colaborador involucrado. |
| 3. Determina las percepciones, experiencias y puntos de vista de los involucrados en la conversación de feedback. No saques conclusiones rápidas ni quieras llevar soluciones a la reunión. El asunto no es resolver, sino comprender la situación. | 3. Dispón de datos, hechos, ejemplos y todo tipo de información que permitan ver el impacto y/o las consecuencias que traen aparejadas. |
| | 4. Identifica el "set de datos" ideal, prioritarios y de impacto, para poder ampliar la perspectiva del colaborador. |
| | 5. Prepara una argumentación sólida y consistente a partir del análisis de situación realizado. |
| | 6. Piensa con qué emociones irás tú e imagínate con cuáles irá el colaborador. Evita el "ascensor de las inferencias". |
| | 7. Conoce tus datos y si hace falta, chequea que las fuentes de toda la información a suministrar sean fidedignas. |
| | 8. Si hace falta, corrobora datos y hechos con otros líderes u otros sectores de la organización. |
| | 9. Determina las "lagunas existentes" que se te pueden presentar en la argumentación y está preparado para recibir información y críticas. |
| | 10. Haz una lista de preguntas difíciles o incómodas que te puedan efectuar durante la conversación y prepara posibles respuestas. |

## Crear contexto

| Los tres "qué" | Los diez "cómo" |
|---|---|
| 1. Genera un ambiente de confianza previo a la reunión programada.<br><br>Emocionalmente, el feedback "comienza antes" de la fecha de reunión que figura en la agenda. El éxito de la reunión de feedback<br><br>descansa en gran medida en este paso.<br><br>2. Toma consciencia de la "riqueza emocional" que le aportará el feedback al<br><br>vínculo y a la relación con el colaborador. Posee una clara intención de hacer bien las cosas.<br><br>3. Piensa que el feedback no debe ser un encuentro de "ganadores o perdedores". Prepárate para sentirte como "un par" y guárdate el "quedarse en la torre de poder" para otro momento. | 1. Invita con tiempo a la reunión de feedback y comunica con claridad los objetivos de la conversación de feedback. Reduce la ansiedad del colaborador y proponle una autoevaluación para que lleve su propia información.<br><br>2. Trata de conocer mejor a la otra persona, esto formará parte de una "red de contención" y se podrá trabajar en la reunión con más tranquilidad.<br><br>3. Busca el tiempo adecuado para mantener la conversación. Que haya un común acuerdo en la elección del momento en que se hará el feedback.<br><br>4. Establece un lugar adecuado para la conversación: privacidad, tranquilidad y asegurarse de que no haya interrupciones.<br><br>5. Sé cálido, sincero y auténtico, y no te pongas a la defensiva durante la reunión.<br><br>6. Crea una atmósfera de conversación abierta, de verdades, de respeto mutuo y de confidencialidad, evitando tensiones innecesarias.<br><br>7. Recuerda que "el contexto dice más que el texto" y esto conferirá confianza y autoridad por parte del colaborador. La conversación tiene que brindar "seguridad" para que la otra persona se sienta protegida y menos vulnerable.<br><br>8. Prepárate para escuchar más y hablar menos. Demuestra integridad creando dicho ambiente de escucha y comprensión.<br><br>9. Está dispuesto a recibir críticas, sé humilde. Prepárate mentalmente para estar abierto a generar acuerdos.<br><br>10. Repasa y practica el feedback, prepárate y mentalízate de que todo irá bien. Esto bajará tu nivel de estrés, que, aunque no lo expresemos, se transmite emocionalmente y con los gestos. |

# Objetivos

| Los tres "qué" | Los diez "cómo" |
|---|---|
| 1. Establece metas concretas para tu reunión de feedback: qué es lo que necesito lograr con esta reunión a partir de lo que espero para el colaborador en particular y de su sector o equipo en general. Sabe muy bien a qué vas a esa conversación y házselo saber al colaborador.<br><br>2. Fija objetivos concretos y prioritarios más allá de los objetivos generales y logros esperados para la conversación de feedback: cuáles serán los objetivos relacionados al sostenimiento de fortalezas, a las brechas de mejoras, y qué expectativas de plan de acción tenemos.<br><br>3. Acuerda con el colaborador una "visión de éxito compartida", es decir, revisen y convengan juntos los objetivos y las expectativas de la reunión de la forma más concreta posible. No seas mezquino;<br><br>si hace falta, exploren "rutas" alternativas de conversación. | 1. Ten en claro qué esperas conseguir con la conversación de feedback. El para qué y el porqué de la reunión.<br><br>2. Entiende que estar sentado allí con tu colaborador es una inversión y no una pérdida de tiempo. Un objetivo es invertir tiempo en su gente.<br><br>3. Explica claramente el porqué del feedback y ten muy claro su punto de vista.<br><br>4. Asegúrate de que los objetivos de la conversación de feedback están "alineados" con lo que comprendió el colaborador: ¿ambos vemos la misma situación a conversar?<br><br>5. Acuerda objetivos con la otra persona; de no ser así, la reunión puede tomar caminos errados.<br><br>6. Revisa el estado de la situación y sabe cómo y cuándo usarás ese "inventario" de hechos, ejemplos, datos concretos y evidencias medibles.<br><br>7. Realiza un repaso de las acciones que ha realizado el colaborador y compáralas con lo que tú esperaste, pero sé realista y analiza si el colaborador tuvo a su alcance los recursos necesarios para llegar a la actual situación.<br><br>8. Está atento en todo momento a si las expectativas de ambas partes se están cumpliendo. Anda "testeando" y revisando expectativas a lo largo de toda la conversación.<br><br>9. Sé consciente de si sale una "ruta alternativa" de conversación que está íntimamente ligada al objetivo principal de la reunión y es de suma importancia para el colaborador, sé flexible y asígnale un tiempo.<br><br>10. Recuerda que una conversación de feedback no tiene como objetivo dar consejos. Haz que el colaborador tome consciencia y sienta como propias las iniciativas de cambio que vayan surgiendo en la reunión. |

## Normas y estándares

| Los tres *"qué"* | Los diez *"cómo"* |
|---|---|
| 1. Establece normas para el encuentro de feedback y definan junto al colaborador qué se espera del proceso. | 1. Realiza un "contrato de crítica" para que se cumplan las formas de cómo se va a "entregar la información" en ambos sentidos, buscando un ambiente de imparcialidad. |
| 2. Fija estándares de cómo quieres tú que se lleve a cabo la reunión desde el punto de vista relacional y emocional, y visualiza cuáles serán los límites. | 2. Establece parámetros de no agresión: no levantar la voz, no hablar sobre lo que está hablando el otro, escucharse, ante todo, no permitirse faltas de respeto. |
| 3. Determina cuál será la orientación que se dará a la conversación en materia de "paridad": ética, verdad, autocrítica, responsabilidad de las partes y comprensión mutua. | 3. Evita reunirte cuando tú o tu colaborador se sientan mal o estén emocionalmente afectados por alguna situación especial. |
| | 4. Elimina factores de tensión que puedan estar dentro o fuera del lugar de reunión. |
| | 5. Establece los tiempos del feedback y cuándo y con qué frecuencia será necesaria una nueva conversación. |
| | 6. Sabe que no necesariamente el colaborador pensará de la misma manera que tú: si el colaborador no argumenta con razón, escucha sus razones. |
| | 7. Practica la lealtad a los ausentes: trata de circunscribir la conversación a los que están presentes. |
| | 8. Respeta las emociones de los demás, sin que sea necesario la utilización de un "botón antipánico". |
| | 9. Ten presente que, si en la conversación "no se puede seguir así", pueda surgir la posibilidad de invitar a un nuevo encuentro. |
| | 10. Disponte a ser empático con cuerpo, lenguaje y emoción. Muestra amabilidad y un sincero interés por las personas. |

# Focalización

| Los tres "*qué*" | Los diez "*cómo*" |
|---|---|
| 1. Explicita qué, para qué y cómo quieres que termine la reunión de feedback.<br><br>2. Determina cuáles son los puntos prioritarios de tu feedback y ten pensado un espacio para los puntos<br><br>prioritarios del colaborador, alentando el alineamiento de ambas expectativas.<br><br>3. Evita hablar de otros temas que no sean parte del feedback, enfócate en el aprendizaje mutuo y evita pérdidas de tiempo. | 1. Sabe qué aspectos importantes se van a conversar. Piensa en aquellos temas que sí o sí deben hablarse.<br><br>2. Selecciona qué asuntos son los más importantes para tratar en la conversación.<br><br>3. Planifica el tiempo destinado para hablar, pero establece un tiempo para escuchar las opiniones del colaborador.<br><br>4. Expresa cuál es tu pensamiento sobre qué cosas han hecho bien y deben mantenerse y cuáles pueden mejorar, sumar o dejar de hacerse.<br><br>5. Pregunta: "¿Qué podemos hacer ahora y cómo?<br><br>¿Qué podemos hacer en el futuro y cómo?".<br><br>6. No te apures a dar soluciones, hay respuestas que encontrarás en manos del colaborador.<br><br>7. Indaga, reflexiona y busca continuamente ampliar "la imagen de lo que está ocurriendo" y busca una mejor comprensión de la situación.<br><br>8. Observa, explora y haz preguntas poderosas para poder interpretar mejor todo lo que se está hablando.<br><br>9. Ten muy presente el "modelo de la hamburguesa": foco en fortalezas, foco en oportunidades de mejora y foco en la información que pueda originar un plan de acción posible.<br><br>10. Haz foco en tus emociones y en las emociones del colaborador. Aunque no lo parezca, todo inicia con una emoción. |

## Interacción

| Los tres "*qué*" | Los diez "*cómo*" |
|---|---|
| 1. Ten una comunicación abierta y asegúrate de que sea en ambas direcciones.<br><br>2. Genera una relación de genuina de confianza para que las cosas "sucedan" acorde a las expectativas de ambas partes.<br><br>3. Cuida a la persona con la que estás manteniendo la conversación de feedback a través de una comprensión empática. | 1. Concéntrate al máximo en la reunión de feedback tratando de mantener tu mente abierta y libre de prejuicios o preconceptos.<br><br>2. Presta atención a no dar falsas impresiones, sé tú mismo y busca ser empático.<br><br>3. Evita subirse al "ascensor de las inferencias". Piensa por qué tú estás pensando eso del colaborador.<br><br>4. Mantente calmo y escucha antes de hablar. Escucha más y habla menos.<br><br>5. Haz de tu feedback un momento de sinceridad, respeto y fortalecimiento del vínculo.<br><br>6. Procura ser transparente y veraz, incluso cuando el tema sea difícil de abordar. No des vueltas. Pon los "elefantes sobre la mesa".<br><br>7. Sé claro y realista durante toda la reunión y recuerda que "sinceridad sin empatía simplemente en crueldad". Sabe el impacto que genera tu comunicación sincera en las emociones del otro.<br><br>8. Busca una buena sintonía emocional, racional y corporal con el colaborador. Consigue tener ***rapport*** con el otro. No todas las personas están preparadas para recibir críticas.<br><br>9. Brinda la posibilidad al colaborador de realizar preguntas para clarificar todo concepto que quede en duda.<br><br>10. Intercambia sin miedo los puntos de vista. Indaga las razones que mueven al otro a no pensar como tú. |

## Acciones

| Los tres "*qué*" | Los diez "*cómo*" |
|---|---|
| 1. Clarifica expectativas y acuerda líneas de acción con una mirada amplia, para que la reunión de feedback sea una fuente de ideas.<br><br>2. Colabora con un acuerdo que "haga una diferencia" a futuro: ¿cambios de comportamiento, mejora de procesos, cumplimiento de objetivos, entrenamiento?<br><br>3. Ayuda, con la visualización de un "norte" y un "cuadro completo", a que las cosas sucedan. | 1. Chequea el grado de comprensión, pide o haz una síntesis. Salir a tomar decisiones en base a un feedback que no fue comprendido puede llevar a errores graves.<br><br>2. Resume junto al colaborador las cuestiones más importantes que fueron surgiendo en la conversación y trata de que él mismo se dé cuenta de cuáles serían los pasos a seguir.<br><br>3. Ayuda a establecer cuáles serían las prioridades y esos pasos a seguir para trabajar luego de la conversación.<br><br>4. Procura encontrar soluciones de manera conjunta. El feedback debe ser uno de los caminos hacia el empoderamiento.<br><br>5. Dile que cuenta contigo para seguir mejorando y si hace falta, ayuda al colaborador a ordenar esas prioridades y a escoger aquellas que parezcan más eficaces para transformarlas en acción.<br><br>6. Sondea posibles barreras u obstáculos que se le pueden cruzar en el camino al colaborador y chequea si se cuenta con la disponibilidad de todos los recursos.<br><br>7. No te precipites a resolver problemas durante la reunión de feedback.<br><br>8. Llega a un acuerdo mutuo sobre lo que hay que comenzar a trabajar tras la conversación de feedback.<br><br>9. Realiza acuerdos que sean concretos, alcanzables y desafiantes a la vez.<br><br>10. Llévate tú también compromisos para trabajar que te sirvan para reforzar el vínculo y las relaciones. |

## Resultados

| Los tres "qué" | Los diez "cómo" |
|---|---|
| 1. Evalúa la línea de tiempo que necesitas, la calidad esperada y comprométete a registrar los logros y desvíos.<br><br>2. Haz hincapié en el seguimiento y reporte, y trata de contar con algunos indicadores de cambio que aporten al *accountability* del colaborador.<br><br>3. Logra que se mantenga la responsabilidad de achicar las brechas existentes y oriente a la mejora continua. *Ownership* para el cambio. | 1. Ayuda a mantener la responsabilidad sobre la base de las expectativas acordadas y el plan trazado.<br><br>2. Aléjate del "efecto Pigmalión": hazle saber al colaborador que tú crees en él y que los compromisos asumidos en el plan se harán realidad.<br><br>3. Haz que se superen esas expectativas acordadas. Ante imprevistos ajenos al colaborador y que saquen de control al plan, renegocia los compromisos si hace falta, sin perder de vista el objetivo principal.<br><br>4. Está presente a través de un seguimiento o medición basados en la "rendición de cuentas" por parte del colaborador. Recuerda que una cosa es incrementar la presión y otra es rendir cuentas en un ambiente de empoderamiento.<br><br>5. Indaga en los motivos de las dificultades que puedan ir surgiendo para alcanzar el plan establecido.<br><br>6. Asigna plazos concretos para la consecución, en principio, de objetivos intermedios. Pequeñas "dosis de cumplimiento".<br><br>7. Consigue apoyo y respaldo de otros colaboradores, si hace falta. Algunos referentes del equipo pueden ayudar.<br><br>8. Establece una próxima reunión de seguimiento dentro del período que te sea más conveniente. Tú conoces al colaborador, al equipo y a su organización. Sabes muy bien cuándo retomar el feedback.<br><br>9. Recuerda que el *micromanagement* puede resultarte contraproducente. No entres en controlar excesivos detalles.<br><br>10. Proponte hacer reconocimientos de los logros intermedios o "pequeñas victorias" y genera más confianza. |

Quisiera sumar algunos *tips* más. Siempre que haya personas involucradas en un proceso de comunicación, habrá subjetividades, y los resultados podrán ser tan variados como la cantidad de personas que trabajen en su organización. Por ello, compartiremos algunas ideas o consideraciones al respecto.

Con modelo o sin modelo, la diferencia en las personalidades involucradas al momento de recibir el feedback, ya sea positivo o negativo, darán lugar a cuatro posibles reacciones básicas:

- Nos encontraremos con los que mantienen la alegría por la retroalimentación positiva durante mucho tiempo.
- Nos toparemos con los que mantienen la alegría por la retroalimentación positiva solo por un corto tiempo.
- Estarán los que se recuperan rápidamente de la retroalimentación negativa.
- Hallaremos a los que se recuperan lentamente de la retroalimentación negativa.

Por lo visto, es todo un desafío. ¿Cómo es posible? Ante la misma información y recibiendo el feedback de un mismo líder, podemos estar con cuatro posibles reacciones emocionales. Por supuesto que el resultado ideal sería el colaborador que se recupere rápidamente de una retroalimentación negativa y se mantenga feliz durante más tiempo con una retroalimentación positiva. En verdad que es todo un desafío.

A su vez, podemos encontrarnos con personas que rechacen nuestros comentarios, y nos den a entender que necesitan un poco más de "tiempo y espacio" para procesar la información. Tómese más tiempo. ¿El colaborador necesita pensarlo? Lo que para nosotros puede parecer lento para otros puede parecer rápido. En presencia de una retroalimentación "fuerte", las personas se pondrán naturalmente a la defensiva, o terminarán siendo más culpables de lo que realmente deberían. Se trata de situaciones delicadas y meter presión en este tipo de situaciones, nos hará embarrarnos más. Ya tenemos un problema, ¿queremos tener dos?

Continuando con el aporte de sugerencias, no te apresures a sacar conclusiones y no permitas que las personas te apuren a decir nada. Si recibes un comentario fuerte e inesperado de un colaborador (porque los hay), di que no lo esperabas y que necesitas pensarlo y procesarlo tú también. No siempre tendremos una respuesta. Cuando recibas comentarios fuertes hacia tu persona, cálmate y ayuda al otro a calmarse. De esta manera, ninguna de las partes percibirá al feedback como un atropello o como una amenaza. No te apresures, no mientas para salir del paso. "Para la próxima reunión tendré una respuesta a este tema que tanto le preocupa y le incomoda, y hasta hemos confrontado. Me comprometo a darle una respuesta". Cuántas veces se cometen errores al prometer cosas que luego la organización no puede cumplir.

Desarrolla la conversación de feedback con una actitud positiva y siempre mira los comentarios como una oportunidad para mejorar. Demuestra humildad. No te enojes con las personas que te hacen comentarios que tú no esperabas. El líder también se equivoca y comete errores. Existe una lista interminable de situaciones estresantes para el líder en situación de feedback: que estén en desacuerdo con sus críticas, no estar interesados en el feedback, sorprenderse por la retroalimentación y largarse a llorar, personas con miedo a discutir algo contigo, falta de confianza y credibilidad entre las partes, empleados "sobrepasados de presiones laborales" que no quieren saber más nada ni con tu feedback ni con la organización, colaboradores que están satisfechos con su zona de confort y no desean ser desafiados, otros con terror a perder prestigio a causa del feedback, tendremos a aquellos que están pensando que el feedback forma parte de su "juego de poder", gente que pensará que una retroalimentación negativa podrá en peligro su carrera, temor a no poder mejorar el desempeño y perder el trabajo.

Así como cada familia es un mundo, cada feedback también es un mundo.

¿Puede fallar? Sí, puede fallar. Pero no dejemos de prepararnos, esto hará posible humanizar el proceso de feedback y achicar las brechas comunicacionales existentes entre líderes y colaboradores, entre colaboradores mismos, entre áreas, y entre colaboradores y clientes. Prepararse, prepararse y "A CONFIAR".

## El rol de la tecnología en un proceso de feedback: ¿llegaron la agilidad y la virtualidad?

En el preciso instante en que me disponía a escribir esta sección del libro, entró a mi casilla de e-mail la infaltable columna semanal del profesor Germán Retana, que seguramente envió desde alguna ciudad de América. La tituló "Organizaciones ágiles". Su texto, sin desperdicio, era el siguiente: *"Creer en la mejora incesante de la experiencia del cliente, la rápida reacción para reconfigurarse y la búsqueda de resultados extraordinarios, crecientes y sostenibles. Los clientes aspiran a recibir servicios de alta calidad en el menor tiempo posible, a que su interacción con sus proveedores sea una experiencia agradablemente repetible. Entonces, es vital alcanzar una estrecha conexión con ellos. La condición para conseguirlo es que todo el personal, con genuino interés y empatía, forje espacios de 'presencia plena' al contactarlos, además de conocer bien lo que a estos les satisface cuando interactúan con la empresa. Así, la cultura organizacional se reviste de tres principios que, a su vez, nutren la conducta de servicio: transparencia, honestidad y realismo. La rapidez, la simplicidad y las transacciones amigables (presenciales o digitales) son miel para los clientes. Las transformaciones digitales, la innovación constante y los costos razonables significan esfuerzos irrenunciables para las empresas que no deseen perder la preferencia de sus clientes. Esto supone flexibilidad y adaptabilidad, una apertura al cambio y una mentalidad orientada al futuro".*

Lo mismo pasa con la experiencia de los empleados; sin "conexión", bajará el compromiso. ¿Y qué piensan que les pasará a los procesos de feedback? La clave está en que las organizaciones que aún no han dado el primer paso lo den, por ejemplo, a la digitalización de los procesos de gestión de desempeño o al chequeo de expectativas de los clientes. Hay una enorme brecha entre las empresas que ya han digitalizado procesos de evaluación de desempeño y medición constante del clima laboral y las que aún no han podido ni siquiera desarrollar un mínimo proceso de esas características.

La pandemia aceleró los tiempos para incorporar tecnología, y las organizaciones comenzaron a ocupar un lugar clave en esta transformación. ¿Cuáles son los cambios que podemos observar en las estructuras y dinámicas laborales, los trabajadores y los lugares de trabajo? ¿Cómo se transformó la vida laboral? ¿Qué sucedió con los propósitos personales y su conexión con los organizacionales? ¿Qué significa trabajar en forma remota o en formato híbrido? ¿Qué significa liderar a distancia a grupos de trabajo distribuidos geográficamente y tener la capacidad de inspirar y movilizar la colaboración en entornos virtuales? En este contexto, los líderes de RR. HH. están siendo empujados a asumir un rol más importante en mover a las organizaciones a ser digitales y no solo a utilizar algunas tecnologías, sin perder el sentido humano y ético del que hablaremos más adelante. Sin duda, una plataforma capaz de mantener la información en tiempo real, que genere retroalimentación constante y seguimiento de la mejora por medio de diferentes funcionalidades permitirá que los procesos se vuelvan más ágiles, y así se entreguen mejores resultados. Ahora bien, ¿cómo mudamos de un estadio a otro si tenemos en cuenta que en algunas organizaciones no solo es incipiente la incorporación de tecnología y procesos ágiles, o, por lo contrario, quieren mudar todo a la virtualidad sin preparación previa de su gente, y aparte sus líderes no saben, no pueden o no quieren dar y recibir feedback? No habrá plataforma capaz de solucionar esta brecha. Por empezar, ya contamos con algunos datos: la consultora Whalecom realizó un sondeo sobre cientos de casos en Argentina y otros países de la región, y los resultados arrojaron que el 54% de los empleados encuestados trabaja en una empresa que cuenta con una plataforma tecnológica sobre la cual corre el sistema de gestión del desempeño; sin embargo, el 65% de ellos manifestó no estar satisfecho con su funcionamiento. Por otro lado, hay situaciones en el proceso de feedback que jamás serán reemplazadas por la tecnología o por procesos digitales.

Hace poco una participante comentó en una de mis capacitaciones sobre liderazgo que "Debían mudarse todas las formas de comunicación con la gente a la nueva usanza". No creo en esto y quiero ser muy honesto con ustedes. Es imposible reemplazar la vivencia de un feedback cara a cara (es decir, en persona) por un "cara a cara" vía Zoom. ¿Sirve el segundo? Sí. No solo es aceptable, sino que nos ayuda a ahorrar tiempo y costos. Pero la empatía se siente, se olfatea, se transmite. Todas las competencias llevadas a un extremo "descarrilan", ya lo dijimos. Con la tecnología pasa lo mismo. Hay conversaciones que, aparte de ser indelegables, deben hacerse en forma personal. Por favor, les recomiendo mirar la película Amor sin escalas, con George Clooney, en la cual, en honor a la tecnología y a los cambios en la forma de hacer las cosas, la empresa decide hacer despidos de personal a través de Skype. Una locura. Por supuesto que, si tenemos equipos de trabajo remotos distribuidos a diez mil kilómetros de distancia, debemos ver cómo hacemos para estar presentes con ellos. Buscaremos la mejor forma de "conectarnos", de comunicarnos, de dar y recibir feedback. El cien por ciento de cero es cero. El cien por ciento de una reunión de feedback por Skype o Zoom siempre sumará mucho más que cero. La mezcla a la que tenga que apelar el líder deberá ser congruente y consistente con las necesidades de las personas con las que mantendrá el feedback y los objetivos del área y de la organización.

Me gustó mucho lo que recogí de una entrevista que le hice a Ismael Briasco, experto en transformación digital, en la que me comentó lo siguiente: *"El tema digital confunde muchas veces; lo primero que pensamos es en tecnología y cómo podemos utilizarla para resolver prácticamente cualquier tarea tradicional. Y creo que ahí aparece el primer error de concepto, lo digital no es solamente tecnológico, sino que mucho tiene que ver con procesos ágiles que ayudados en algunos casos por la tecnología pueden hacer que muchas tareas que venimos haciendo de cierta forma hace varias décadas se puedan optimizar y mejorar aún más su valor. Esto es fenomenal, nos tenemos que sacar el chip de que 'hay que pasar todo a digital'. Puedo ser ágil pensando digitalmente, aun sin tecnología de por medio". Sigue Briasco con los siguientes comentarios: "El caso del feedback creo que tiene mucho de lo que mencioné anteriormente, creo que la tecnología en algunos casos puede ser muy útil para el feedback, como pueden ser las videollamadas para cuando tenemos equipos remotos, Google Forms cuando queremos recopilar información y visualizarla, Evernote o herramientas de notas digitales para registrar y facilitarnos la tarea de tomar notas al dar o recibir feedback. Pero, por otro lado, están las metodologías ágiles como Scrum, por ejemplo, que ya incorporan el feedback como una herramienta innata en la forma de trabajar, donde no hay líderes, ni jefes, ni gerentes de proyectos, sino facilitadores que trabajan junto al equipo y mediante el feedback periódico entre todos los miembros del equipo, se potencian y asumen el compromiso como grupo de lograr los objetivos planteados para el proyecto donde están trabajando".*

Entiendo que estamos en una era de incertidumbre constante y que las nuevas generaciones que se incorporan a las organizaciones van a demandar (y ya lo están haciendo) más y más feedback sobre su desempeño, ya que el dinamismo del trabajo actual así lo demanda, y no alcanza con hacerlo una vez cada seis meses o en períodos predefinidos o como programas estructurados. Se habrán dado cuenta de para qué escribí este libro: es porque creo que el feedback debe ser una cualidad innegociable en los líderes del siglo XXI y debe suceder todo el tiempo, a demanda o cuando se considere, y por el medio que sea necesario en ese momento, sea en forma presencial, sea una conversación de *Zoom*, *Teams*, un mensaje por *Slack* o un *chat* corporativo. La tecnología es solo un medio. En el capítulo anterior hemos visto que lo mejor será combinar el feedback espontáneo e informal con el feedback programado de acuerdo a ciertos procesos empresariales, como fijación y medición de objetivos, seguimiento del desarrollo, etc.

Dijimos que digitalizar no es lo mismo que pensar digitalmente. Un ejemplo claro de uso de nueva tecnología es todo el andamiaje de aprendizaje que ofrecen las llamadas "feedback *cards*", en las que se utiliza un despliegue metodológico de cartas diseñadas exclusivamente para el caso de manera que, al momento de dar y recibir feedback, se lo practica a través de dinámicas individuales o grupales y se trabaja con los emergentes. Esta situación genera un contexto de feedback diferente, que hace que las personas que participan en la conversación se puedan sentir más seguras, relajadas y abiertas al momento de la conversación. Por supuesto que para ello se necesita una capacitación específica que proveen las mismas consultoras especializadas al momento de entregar el set de cartas.

Conversando con el experto en CI Pablo Faga, director de BW Comunicaciones Internas, me comentó: *"Se ha mudado de un esquema unidireccional y jerárquico a una 'arquitectura' colaborativa y participativa, en la cual se puede observar muy bien cómo ha mutado la forma de hacer y gestionar comunicaciones internas, y cómo los 'usuarios' quieren otra cosa. Estas plataformas colaborativas que funcionan como canales de comunicación interna representan la evolución de las viejas intranets, por ejemplo. Con el aporte de la tecnología y la digitalización, la comunicación interna está teniendo cambios revolucionarios, empezando a gestionar una cantidad de información a la que nunca se había prestado atención. Del workplace de Facebook y de todas las conversaciones de la empresa, al estar en un mismo canal, se puede extraer información a nivel feedback. La intranet hoy se usa en un 15% y las plataformas colaborativas, en un 80%. Existen aplicaciones que, si uno pone un tema en una plataforma colaborativa, te trae todas las conversaciones referidas a ese tema, y hace un análisis sobre reacciones positivas o negativas. Se obtiene en tiempo real un análisis semántico sobre lo que habla la gente en el momento".* Esto realmente le da sentido a lo expresado por los profesores Retana y Briasco, donde el "pensamiento digital" ayudará a transformar la agilidad de las organizaciones. Ya hay organizaciones que han mudado a otro tipo de comunicaciones internas por el uso y el abuso del e-mail. Todos sabemos que por este motivo se generan situaciones en las que prácticamente el proceso comunicacional queda en un eterno ida y vuelta de correos electrónicos sin arribar a la solución, y hasta se generan cadenas largas que quizás no eran relevantes para todos los involucrados. El correo electrónico perdió el monopolio de los mensajes frente a las alternativas de WhatsApp y las plataformas corporativas. Pero hay que asumir que hubo también un excesivo uso de las videoconferencias, que aparte de profundizar la "*reunitis*", crearon la llamada "fatiga de Zoom", por nombrar solo a esta aplicación. He escuchado a participantes de mis *webinars* decirme que tienen la cabeza "quemada" de estar tanto frente a la pantalla analizando problemas y tomado decisiones. Esto afecta sensiblemente a los momentos de feedback.

En este orden de cosas, ya existen muchas empresas que están abandonando, por ejemplo, la tradicional evaluación anual del desempeño, en la que se pone más foco en llenar formularios y dar una calificación en puntos, y están dando la bienvenida a una nueva gestión del rendimiento que, con la ayuda de las nuevas tecnologías, serán sistemas mucho más fáciles de usar, más ágiles y basados en datos, capaces de entregar feedback continuo a sus colaboradores, en el momento oportuno, para que puedan corregir su desempeño actual y mejorar el cumplimiento de los indicadores del negocio.

Con todo lo expuesto, parecería que tanto los líderes como los empleados del futuro cercano comenzarán a tener incorporada su habilidad de dar y recibir feedback en su ADN. Esto es una buena noticia, por un lado, ya que más gente se sumaría a mejorar los sistemas humanos de comunicación imperantes. Por el otro, no estoy convencido del todo de que un proceso de feedback para algunas situaciones pueda desarrollarse en el modo en que se lo practica en las redes sociales. Si recuerdan, las organizaciones redárquicas tendrán que seguir funcionando con parte del ADN que les proveen las organizaciones jerárquicas. No todas las conversaciones son públicas, no todos los controles se podrán realizar a través de plataformas; no veo de buena manera "colgar" un feedback negativo de una persona en una red social interna. Cada organización, me parece, deberá hacer un análisis exhaustivo de cómo se debería afrontar esta migración hacia los nuevos paradigmas organizacionales. Deberá ser con mucha responsabilidad, seriedad y, sobre todo, pensando en las personas. ¿Quién fijará los límites? Hoy hay mucho daño dando vueltas en las redes sociales públicas; no deberían trasladarse estas experiencias al espacio laboral.

Me pareció interesante lo que escribió Cynthia Rubinstein, reconocida especialista en *design thinking*, en cuanto a la realización de reuniones a distancia: *"Enseñar a convocar a buenas reuniones virtuales; asegurarnos de una buena conectividad; tener claro el armado de una agenda previa con día y objetivos de la reunión; proponer que las personas busquen un lugar de reunión aislado, es decir, con privacidad; reservar cinco minutos de 'check in y check out emocional'; tomar conciencia de la 'presencia' necesaria (aseo y vestimenta); no interrumpir y saber pedir la palabra; respetar el rol de cada uno y el tiempo agendado; estar concentrados y por supuesto prender la cámara. En suma, ejercitar el e-coaching y para ello, se requiere de líderes que desarrollen un management situacional y puedan explorar la emocionalidad de las personas"*. De esta manera, convengamos que la tecnología puede convivir muy bien con las reuniones de feedback y, como hemos sido testigos en estos últimos tiempos, se viene probando y profundizando todo en este sentido. Una buena combinación coherente y responsable de tecnología y humanidad es posible y hasta sencillo.

El doctor Luis María Cravino, director de AO Consulting, autor de los libros *Un trabajo feliz*, *Medir lo importante* –en el que expone sobre cómo determinar indicadores clave de rendimiento (KPI, por sus siglas en inglés) y calcular el retorno de la inversión (ROI, por sus siglas en inglés) de las acciones de RR. HH.– y *Metáforas del desempeño* –en el cual se analizan las conversaciones derivadas de la herramienta de gestión de desempeño–, nos invita a pensar un poco más, y de hecho, nos ayuda a sacar mejores conclusiones: *"Podemos aprovechar los infinitos recursos que nos brindan las nuevas tecnologías. La cuestión más importante no es la complejidad del sistema tecnológico en sí. Lo central en la relación entre gestión e información es lo que denominamos 'tiempo real'. Si manejásemos un automóvil con un delay en nuestra visión, sencillamente nos estrellaríamos. Lo mismo puede suceder cuando no existe información y feedback en tiempo real. Esta demora no es siempre debido a la tecnología. Habitualmente se debe a prácticas indebidas, como la de no confiar en las posibilidades que brinda la gestión del desempeño, por ejemplo. La tecnología nos da una amplia oferta de posibilidades que debemos aprovechar para que la información y el feedback sean en tiempo real. Pero la tecnología sola (por ahora) no es suficiente. En síntesis, solo podrá brindarse información y feedback cuando cada actor (en el ejercicio del papel que le corresponda) demuestre su pasión por el logro, su satisfacción por alcanzar las metas de manera compartida y su sincero deseo de aprender y participar de conversaciones que lo enriquezcan. Tener conversaciones transformadoras en cada paso del ejercicio laboral contribuye a nuestra plena identidad y sentido como seres humanos. La paradoja es desarrollar el factor tecnológico exponiendo, por, sobre todo, los sentimientos humanos"*. Más allá de cómo hacemos "rodar" la gestión del desempeño, si las comunicaciones internas son abordadas con plataformas interactivas o si los procesos de innovación los llevamos a cabo con herramientas digitales de agilidad y estructuras liberadoras, debemos estar en línea con la cuestión de darles la necesaria importancia a los aspectos humanos. Hace unos meses tuve la suerte de "presenciar" un *webinar* sobre virtualidad en el trabajo organizado por Luciano Mangini, CEO de Benchclub, y facilitado por Fabio Boggino, titular de la consultora Jobbing. Ambos me dejaron muchos aprendizajes tanto para repensarnos como líderes como para abordar un proceso comunicacional y de feedback donde la humanidad acompañe fuertemente al avance tecnológico y al trabajo a distancia que viene irrumpiendo con tanta fuerza en el nuevo mundo laboral. Entiendo que no es para todos los negocios ni todas las organizaciones o todos los roles laborales. Comprendo también que, a veces, no se trata de contar con plataformas comunicacionales que vayan de poco a muy sofisticadas, pero el solo hecho de tener un veinte o treinta por ciento de los colaboradores fuera de la planta o de la oficina nos obliga a prepararnos para dar, recibir y pedir feedback en forma virtual. Hay que tener en cuenta que la perspectiva de los nuevos formatos de trabajo está generando cambios y, probablemente, provocará una variedad de reacciones en los empleados, desde alivio y entusiasmo hasta miedo y duda. Es por ello que Benchclub y Jobbing nos plantean algunas formas en las que, desde un rol de liderazgo, podremos apoyar a cada una de las personas o al equipo de trabajo en este tipo de situaciones:

- *"La frecuencia, la calidad y el canal de comunicación son factores importantes para mantener informados y comprometidos a los miembros del equipo de trabajo.*
- *Un entorno en el que las personas se sientan seguras al expresar sus preocupaciones facilitará las conexiones interpersonales.*
- *Mantenerse cerca, estar disponible para generar un momento de escucha y contención y dar el espacio para consultar dudas inspirará confianza y seguridad.*
- *La coherencia entre lo que se dice y lo que se hace dará credibilidad al líder y confianza al colaborador para dar lo mejor de sí, 'aunque no nos veamos'.*
- *Dar ejemplo en la realidad del liderazgo virtual, marcando el ritmo del trabajo en el equipo, para generar amplio compromiso y sentido de pertenencia.*
- *Solicitar al área de RR. HH. capacitación constante para adquirir herramientas para liderar equipos virtuales de manera eficiente.*
- *Brindar información y tecnología posible a tu equipo, facilitando todos sus accesos a la información y a la toma de decisiones.*
- *Hacer seguimiento de objetivos diarios y semanales, siendo claros y precisos sobre qué es lo que se necesita hacer y para qué se lo necesita, para obtener todo en tiempo y forma.*
- *Brindar feedback constructivo. Luego de fijar los objetivos, es necesario dar una retroalimentación sobre el desempeño demostrado.*
- *Evaluar productividad entendiendo que productividad es calidad de horas de trabajo y no cantidad de horas de trabajo.*
- *Cuidar la salud mental de tu equipo haciendo que no trabaje de más, evaluando por qué tu colaborador no puede parar de trabajar, como así también evitar el teleocio.*
- *Hacer saber a la familia del colaborador que hay que respetar el tiempo y espacio del mismo. Es fundamental fijar pautas que le permitan desarrollar su tarea sin interrupciones".*

Si hiciéramos un criterioso *matching* de los aportes de los seis especialistas que mencioné en la presente sección, llegaríamos a la gran conclusión de que la transformación tecnológica es una transformación netamente humana y que tiene a lo digital como una poderosa herramienta de ejecución. Comenzar a liderar sin "ver" a su gente no es para cualquier líder, es un proceso de aprendizaje continuo. Dar, recibir y pedir feedback con tecnologías y a distancia no es lo mismo que sentarse junto al colaborador con un café de por medio.

Quisiera hacer mi aporte, en este sentido, luego de todo lo experimentado. Puedes estar o no de acuerdo:

- La tecnología es una herramienta poderosa para facilitar el liderazgo, pero no lo sustituye.
- Los líderes en la era digital no tendrán éxito si solo se centran en las virtudes de la tecnología mientras ignoran su mejor recurso, las personas.
- Sabemos muy bien que la falta de comunicación cara a cara impacta en la necesidad de facilitar una conexión interpersonal efectiva. Mediante la confianza, se puede evitar que las distancias geográficas y tecnológicas se conviertan en distancias emocionales.
- Se hará necesario codefinir expectativas, objetivos, metas y agendas de trabajo claras para los colaboradores.
- Se debe comprender la situación de cada colaborador y humanizar la comunicación más allá de la virtualidad: estar cerca combinando la tecnología con un toque humano, escuchando y entendiendo preocupaciones y necesidades del equipo, inspirando confianza y contención.
- Es necesario dar una autonomía progresiva y protagonismo a medida que se avanza en el logro de los objetivos, reforzando los compromisos y haciendo un seguimiento de acuerdo a las capacidades de la gente.

Hagámonos seriamente otra pregunta: ¿cuáles creen, entonces, que son los principales desafíos que se nos plantean al liderar equipos en el futuro del trabajo y en los trabajos del futuro?

La tecnología, la agilidad y la virtualidad llegaron para quedarse, y un proceso de feedback no está exento de estos cambios. Pero tengamos cuidado con todo lo que está sucediendo en términos de tecnología y digitalización, ya que he conocido líderes y organizaciones que "han tirado demasiado de la cuerda" y quisieron mudar todo a un formato de carácter virtual. En palabras del neurocientífico español Mario Alonso Puig, "*Todo avance tecnológico es bienvenido, pero tiene que ir acompañado de un avance psicológico, humano; si no, no será ético... Y un avance tecnológico sin ética es peligroso*". El feedback consciente debe ser parte de este avance humano. Nada más que agregar.

## Cuando el feedback consciente se abraza con una inteligencia artificial responsable

Debo decir que este capítulo fue concretamente inducido e inclusive estructurado por la consultora Erika Ortiz -especialista en habilidades de liderazgo- quien ya me había desafiado con el siguiente comentario: "el reto es combinar lo mejor de la tecnología con lo mejor de las relaciones humanas, por eso hay que integrar a la IA con sabiduría". Esta invitación a pensar en esto me llevó a consultar a otros especialistas y a interiorizarme en algo que ya no tiene vuelta atrás. Lo laboral, lo educativo, lo social, lo gubernamental y hasta lo familiar estará siendo alcanzado por la inteligencia artificial. Entonces ¿qué hacemos con esta entrada impetuosa y los aportes de la IA a los procesos de feedback?

El Consultor Gabriel Pereyra -Fundador de Modobeta y especialista en liderazgo digital- nos ayuda a comprender este desembarco diciéndonos que "en un contexto donde la tecnología avanza a ritmo acelerado, es clave preguntarnos cómo las herramientas basadas en inteligencia artificial están impactando en los procesos humanos dentro de las organizaciones, en especial en el feedback. ¿Puede la IA reemplazar a un jefe a la hora de dar retroalimentación? Si bien aún no puede sustituir una buena conversación entre líder y colaborador, sí puede convertirse en una aliada poderosa para mejorar esa instancia. Las herramientas como ChatGPT, basadas en modelos de lenguaje (LLM), permiten interactuar, analizar ideas o textos, y ofrecer sugerencias útiles para comunicar con mayor claridad. Para un líder, usar estas herramientas puede ser una forma práctica de preparar mejor sus mensajes, especialmente en conversaciones sensibles. Aunque todavía no hay certezas sobre su capacidad para reemplazar habilidades como la empatía o el juicio humano, lo cierto es que estas tecnologías pueden complementar y potenciar la forma en que los líderes se comunican y acompañan a sus equipos. El verdadero desafío no es competir con la IA, sino integrarla de forma inteligente, sacando lo mejor de ambos mundos: tecnología al servicio de relaciones humanas más conscientes y efectivas". Sacar lo mejor de ambos mundos, no reemplazar un mundo por el otro. Me asustaría saber que existen líderes pensando en darle todo a la IA para armar un feedback e inclusive intentar darlo sin revisar lo que dice la IA. ¡Dos mundos complementarios, el humano y el de la IA, y, desde mi punto de vista..., "despacito", como dice la canción!

Por lo poco que vimos hasta aquí, el desafío de integrar la IA a todo proceso de feedback nos presenta una paradoja ¿Es posible introducir todos estos cambios de manera técnica? ¿O aquí debemos buscar una "salida adaptativa"?

¿Trabajar no solo en la implantación de aplicaciones, plataformas, asistentes y agentes de IA generativa, sino en cómo ayudamos al cambio cultural, a la transición emocional y al cambio de hábitos que deberán hacer todos los "actores involucrados"? Este punto de partida es claramente la paradoja actual:

- Lo técnico: las empresas ya usan IA para selección, evaluación de clima, análisis de desempeño, pero muchas veces se queda en lo instrumental y estadístico.
- Lo humano: El feedback sigue siendo una práctica, a veces, poderosa y motivadora, y otras, incómoda y cargada de sesgos. Y cuantas veces es más un trámite que una experiencia de desarrollo.
- La paradoja: ¿Cómo confiar en un algoritmo si todavía no confiamos en nuestras propias conversaciones de feedback?

Este contraste abre la puerta a la idea de que el reto no es solo tecnológico, es también cultural y adaptativo. El doble desafío: técnico y adaptativo. Integrar sistemas de IA que analicen desempeño en tiempo real, que reduzcan sesgos y que brinden datos objetivos. Garantizar privacidad, ética y transparencia. Ambas cosas a la vez. El desafío adaptativo no basta con tener la herramienta: los líderes deben aprender a conversar de otra manera. La IA puede mostrarte que tienes sesgos, pero el cambio real ocurre cuando un líder modifica su conducta, escucha más, formula mejores preguntas. Un algoritmo podrá detectar patrones de reconocimiento (quién da feedback, con qué tono, con qué frecuencia) y ofrecer reportes predictivos, pero la IA no reemplazará a las conversaciones, las desnudará. Por ello, una pregunta estratégica que nos debemos hacer es ¿estamos preparados para que una IA nos muestre la verdad de cómo damos y recibimos feedback?

Me gustaría usar la metáfora del "puente colgante": integrar IA al feedback es como cruzar un puente colgante, siendo lo técnico la estructura de ese puente, pero lo que define si llegamos al otro lado es el coraje cultural de cambiar nuestras conversaciones. La IA entra en escena prometiendo objetividad y datos, pero debo insistir con la pregunta del ¿cómo vamos a confiar en un algoritmo si aún no logramos confiar en nuestras propias conversaciones humanas? La integración tecnológica es real y está en marcha. Tecnologías que ayudan a identificar patrones de comunicación, frecuencia y calidad en las interacciones de feedback, ofreciendo sugerencias que facilitan conversaciones de desarrollo más claras y oportunas. A esto debemos sumarle el cómo garantizar transparencia para que los colaboradores entiendan cómo y para qué se usan los datos. Debemos evitar cajas negras, es decir, que la IA no se perciba como un oráculo incuestionable. Y cómo proteger la privacidad ya que no todo lo medible es gestionable, y no todo lo gestionable debe ser vigilado. Por lo que vemos, aquí está el corazón del tema. El verdadero reto no está en instalar sistemas, sino en transformar la manera en que los líderes dan feedback. La IA puede mostrar que un gerente solo da retroalimentación negativa, pero el cambio real ocurre cuando ese gerente decide equilibrar su mirada, escuchar más, reconocer logros y abrir espacios de diálogo. El algoritmo evidencia, pero no sustituye la inteligencia emocional. La IA no reemplaza las conversaciones: actúa como un espejo o copiloto que aporta datos y perspectivas, mientras el líder sostiene la confianza y la conexión humana.

Estaremos llenos de preguntas. A los líderes de negocio los hará pensar sobre el impacto en los costos y en la productividad. A los directores los interpelará sobre cultura organizacional, a los responsables de RRHH los hará trabajar sobre mejoras en procesos y herramientas. A todos los especialistas en gestión de personas sobre ética y desarrollo humano.

Si volvemos a Luis María Cravino, vamos a ver que se mete con todo en este tema: "en uno de los libros de Isaac Asimov, Fundación y Tierra, él habla de la ´Ley 0´: un robot no puede dañar a la humanidad o, por inacción, permitir que la humanidad sufra daños, en este caso, ningún sistema de IA puede dañar a la humanidad o permitir que la humanidad sufra daños. Lo que voy a hacer, pido disculpas porque parece un acto pedante, es reescribir las leyes de Isaac Asimov haciendo una relación con la IA porque creo y estoy convencido que puede hacer muchísimo por todos, por la humanidad, por cada persona, muchísimo por las áreas de capital humano, siempre y cuando seamos respetuosos:

1. Ningún algoritmo debe estar programado y/o auto programarse para tomar decisiones y/o emitir juicios con autonomía que sean propios y específicos de la especie humana y que la definen como tal. Debemos asegurarnos de que nadie, menos los algoritmos, tome decisiones que están dentro de nuestra incumbencia.
2. Ningún algoritmo debe tomar decisiones y/o emitir juicios que afecten la integridad de las personas y el conjunto pleno de los seres sensibles reduciendo o alterando sus facultades volitivas. Esto significa que no nos manipulen, que no entren en nuestra intimidad, que no nos hagan hacer cosas que no queremos. Debemos pensar a la IA, por qué no, como la nueva energía atómica, habría que regularla.
3. Ningún algoritmo en su diseño o evolución debe permitir la reducción de las capacidades cognitivas de las personas y del conjunto pleno de los seres sensibles.

Seamos más inteligentes. Tomemos nuestras propias decisiones, que no afecten nuestra integridad, y que la interacción como herramienta con la IA nos haga más inteligentes, no menos. Sepamos donde la usamos, donde no, que pueden intervenir en nuestras decisiones, pero si la usamos bien puede ser una oportunidad ganada y no perdida". Sencillamente brillante. Con estas aclaraciones vamos por muy buen camino y el feedback estaría a salvo de manipulaciones de integridad, cognitivas y emocionales.

Si el nombre de la presente sesión es "Cuando el feedback de desempeño se abraza con una IA responsable", deben jugar un papel preponderante no solamente la ética, sino los límites y los riesgos dentro del contexto en los cuales nos movamos. La IA aplicada al feedback no es neutra. Cada decisión en su diseño, aplicación y uso lleva implícita una ética. "El límite no está en la tecnología, sino en nuestra ética al usarla." ¿Queremos una IA que solo mida desempeño, o una IA que cuide el vínculo humano que sostiene ese desempeño?"

Este eje le permite hablar de tres dimensiones:

1. Privacidad y consentimiento: qué se mide, quién accede a los datos, cómo se resguarda la información sensible.
2. Transparencia y explicabilidad: que los colaboradores comprendan cómo se genera el feedback aumentado y no lo perciban como una caja negra.
3. Justicia y equidad: evitar que los sesgos humanos (de género, edad, afinidad) se reproduzcan y se amplifiquen en el algoritmo.

En ocasión de una reciente charla de café que solemos tener periódicamente con el consultor y profesor Daniel Feige, me comentó sobre su interés y preocupación respecto a esta irrupción de la inteligencia artificial en el contexto organizacional, y hablamos con atención y profundidad sobre esto. Me compartió lo siguiente: "ya quedan pocas dudas que la inteligencia artificial generativa está cambiando por completo la forma en que nos comunicamos, y el feedback no ha quedado al margen de esta transformación. Antes, cuando queríamos dar retroalimentación, solíamos hacerlo cara a cara, lo que a veces resultaba incómodo, pero muy directo. Ahora, gracias a las herramientas digitales, el feedback se ha vuelto más virtual y no por ello, menos efectivo. Por un lado, las tecnologías actuales nos permiten ser más específicos y claros al dar feedback. Hay aplicaciones que analizan nuestros mensajes, nos sugieren mejoras y nos ayudan a estructurar lo que decimos y como lo decimos. Esto hace que, en teoría, el feedback pueda ser más preciso, menos ambiguo y más frecuente, sin necesidad de estar todos en el mismo lugar.

Por ejemplo, nos damos cuenta qué contando con la asistencia de plataformas de trabajo colaborativo, podemos enviar retroalimentación de manera instantánea, lo que permite resolver problemas de forma más ágil y evitar malentendidos. Es como tener un coach a nuestro lado todo el tiempo que nos indique como mejorar de manera continua y consistente. La otra cara de la moneda es que, aunque la tecnología hace que la comunicación sea más rápida y eficiente, también puede deshumanizarla y esto es un signo de alerta frente al que podemos relajarnos, mirar para otro lado, bajar la guardia. No es lo mismo recibir un feedback de alguien en persona, con su tono de voz y su lenguaje corporal, que leer un mensaje en una pantalla. La conexión humana (sensibilidad, emocionalidad, cuidado de los vínculos) es clave. Así como el exceso de carbohidratos no es bueno para la salud, el exceso de inclinación a la tecnología puede hacer que el feedback se perciba como frío o distante, incluso cuando se da de buena fe". Podemos creer que la IA puede ser "potenciadora del aprendizaje", pero debemos concordar en que "el mal uso" puede generar un "*bypass* cognitivo", al relegar en la tecnología el esfuerzo intelectual. Un líder no debería relegar el pensamiento y menos en el medio de una práctica de feedback.

En resumen, concluimos con Daniel que la tecnología y la IA han hecho que el feedback sea más accesible y fácil de manejar, pero también es importante recordar que la esencia del feedback sigue siendo la misma: es una herramienta para mejorar y conectar con otros. Y eso requiere más que solo datos o algoritmos. Necesita corazón. Nuestro desafío es encontrar el balance entre ambos y en eso estamos trabajando y colaborando. Nuevamente digo, debemos sacar lo mejor de esta dualidad, no reemplazar un mundo por el otro.

En cuanto a los límites necesarios, no todo lo que la IA puede hacer debe hacerse. Algunos límites claros debemos marcar:

- No permitir que la IA invada la intimidad: el feedback debe enfocarse en el desempeño laboral, no en la vida personal.
- No convertir en vigilancia lo que debería ser acompañamiento.
- No automatizar la conversación: la IA puede aportar datos, pero la devolución siempre requiere un rostro humano, un tono humano, un silencio humano.

Si nos detenemos en el alcance que tiene la problemática en la que estamos, hay una afectación en el contexto organizacional. En los líderes quizás sume alivio (datos objetivos) pero también incomodidad, ya que quedarán en evidencia sus estilos de feedback. En los colaboradores, la esperanza ya que pueden ser evaluados con mayor equidad y también temor al ser reducidos a datos o métricas. Y finalmente en la cultura, con el riesgo de deshumanización si la IA se convierte en juez u oportunidad de maduración si se convierte en espejo. Una idea potente es que la IA no debe ser el juez del feedback, sino el espejo que ayuda a mirarnos con más claridad.

Una pregunta distinta y provocadora para hacernos es ¿en qué parte de un proceso de feedback estaremos dejando que la IA haga lo que puede hacer mejor que nosotros, y en qué parte estaremos recordando que solo un ser humano puede sostener la confianza? Si sumamos con responsabilidad estas dos dimensiones haremos del "feedback aumentado" una práctica de gran valor agregado ya que se tratará de una retroalimentación que se alimenta de una fuente externa (la de la IA) al que ejecuta la tarea; será una información extra que complementa la retroalimentación intrínseca (la del líder) para fortalecer el desempeño, profundizar el aprendizaje o corregir las oportunidades de mejora. Un estudio reciente encontró que el "*augmented* feedback" puede influir sobre el rendimiento al mejorar la motivación y/o al entregar información detallada de cómo se ejecuta una tarea. Ahora bien ¿cómo equilibramos el deseo de eficiencia de la IA, con la necesidad de cuidar la dignidad humana en cada conversación de feedback? Ya hay prácticas concretas que se están probando en diversas plataformas que ya usan feedback aumentado. Algunas ofrecen resúmenes automáticos, otras detectan tendencias o sugieren cambios de comportamiento. Más allá de los nombres, la tendencia común es usar tecnología para aportar objetividad, continuidad y personalización al feedback. Me pregunto, todas estas plataformas ¿se estarán testeando conscientemente?

A simple vista estamos en presencia de varios beneficios esperados, que insisto, deberíamos darle el tiempo para experimentar, testear y comprobar que no "hacen daño alguno", aunque la experiencia nos dice que cuando el feedback es netamente humano también se "hace daño alguno". Aun así, repasemos juntos algunos beneficios.

1) Objetividad y detección de sesgos: se pueden usar análisis de lenguaje natural (NLP), métricas de frecuencia de feedback, latencia del feedback, etc., para revelar patrones de sesgo (quién da feedback, qué tipo de feedback, a quién) que muchos no perciben.

2) Continuidad y oportunidad: en lugar de esperar evaluaciones anuales, la retroalimentación aumentada permite hacer ajustes en tiempo real o casi real.

3) Personalización del desarrollo: la IA puede sugerir caminos de mejora concretos, cursos, mentorías, modelos de conversación de feedback mejor estructurados.

4) Mayor compromiso: colaboradores que sienten que se les escucha, que reciben feedback justo, tienden a estar más motivados y comprometidos.

¿Y cuál sería la otra cara de esta moneda? Donde hay beneficios también podemos encontrar obstáculos:

A) Sesgos tecnológicos: si los algoritmos fueron entrenados con datos que ya tenían sesgos, esos sesgos se reproducen o intensifican en un feedback.

B) Deshumanización: riesgo de que el feedback parezca mecánico, impersonal, o que los líderes usen "la IA como escudo" para evitar conversaciones difíciles.

C) Resistencia adaptativa: líderes que no están acostumbrados, colaboradores que no confían en lo que genera una máquina.

D) Que la IA se vea como una "caja negra": que se perciba como un "profecía" incuestionable.

Quienes ya hemos incursionado un poco sobre todo este desafío adaptativo de integrar la IA con lo humano del feedback, tendremos la obligación y la tarea de orientar con estos mínimos pasos:

1. Diseño transparente: que los colaboradores entiendan que mide la IA.
2. *Human-in-the-loop*: no reemplazar la conversación humana siempre que haya un líder o mentor que interprete y acompañe el feedback.
3. Frecuencia y momento adecuado: feedback temprano y frecuente, y evitar sobrecargar con información que genere fatiga.
4. Personalización: ajustar al rol, al nivel, al estilo de feedback del colaborador. No todos reaccionamos igual a correcciones, elogios, sugerencias formales o informales.
5. Capacitación de líderes: no todos los líderes saben cómo interpretar los datos que la IA entrega, cómo dar feedback basado en esos datos sin herir, cómo generar confianza.
6. Prueba piloto y escalamiento progresivo: empezar con grupos pequeños, medir cómo funciona, qué resistencia surge, ajustar antes de escalar.

Y preguntarnos seriamente ¿Cuántas veces nuestro feedback "humano" deja sin ver lo que los datos podrían revelar? ¿Cómo usaríamos el feedback aumentado si supiéramos que vamos a hacerlo transparente para todos? ¿Qué indicadores nos importan realmente en el desempeño, y cuáles queremos medir solo porque "la IA lo permite"? ¿Si mañana la IA nos mostrara que nuestro feedback es incompleto y/o parcial, tendremos la valentía de afrontar la situación con honestidad y franqueza?

No es "IA o Humano", es "IA y Humano" ¡es mixto! Recordemos la sesión donde explico detenidamente el "Modelo A CONFIAR", ese marco o mapa de navegación confiable para las conversaciones de feedback. Y para esta sesión que nos convoca y nos interpela veremos que se trata de un mapa en el cual la navegación es mixta. Sólo debemos tener en cuenta donde poner más el acento. ¿En qué parte del proceso de feedback dejaremos que la IA nos asista o nos complemente con una mayor y/o mejor información, y en qué parte estaremos conscientes que solo un ser humano puede sostener el rumbo de la conversación y la confianza? El feedback consciente (con IA o sin ella) no ocurre por azar, ocurre porque seguimos un proceso que genera confianza. Y confianza es el insumo central de cualquier tecnología responsable.

Mostraré que la IA acompaña a lo humano en cada fase:

**a) Analizar la situación:**

- IA: recopilar datos, detectar patrones de desempeño, identificar sesgos.
- Humano: interpretar esos datos con empatía y contexto.
- Mixto: la IA muestra tendencias, el líder conversa para comprender historias detrás de los números.

**b) Crear contexto:**

- IA: puede sugerir guías o frases para iniciar conversaciones.
- Humano: genera confianza con presencia, escucha y autenticidad.
- Mixto: la IA prepara al líder con *insights*, pero el tono humano abre el espacio seguro.

**c) Definir objetivos:**

- IA: ayuda a alinear métricas de desempeño con metas de la organización.
- Humano: traduce esos objetivos en sentido, propósito y motivación.
- Mixto: IA aporta claridad cuantitativa; humano aporta significado cualitativo.

### d) Normas y estándares:

- IA: garantiza transparencia (ej. seguimiento automático de frecuencia y equidad del feedback).
- Humano: acuerda con el colaborador reglas de respeto, cuidado y confianza.
- Mixto: la IA alerta cuando se rompe un patrón; el humano restablece el vínculo.

### e) Focalización:

- IA: prioriza temas críticos basados en datos de desempeño.
- Humano: distingue lo urgente de lo importante según el contexto personal.
- Mixto: IA sugiere foco; humano valida pertinencia en la conversación.

### f) Interacción:

- IA: puede detectar emociones en lenguaje escrito o tono de voz (aunque su precisión aun es debatida).
- Humano: responde con sensibilidad, gestos, silencios, calidez.
- Mixto: IA alerta de desajustes emocionales; humano regula la conversación.

### g) Acciones:

- IA: propone planes de desarrollo personalizados, cursos, seguimiento digital.
- Humano: acompaña en la motivación, seguimiento y contención.
- Mixto: IA traza caminos; humano asegura compromiso y sentido.

### h) Resultados:

- IA: mide avances de manera objetiva, muestra progresos en KPI's.
- Humano: celebra, reconoce, ajusta con mirada humana.
- Mixto: IA evidencia resultados; humano los transforma en experiencias significativas.

¿No me van a decir que esto no es un "maridaje exquisito", entre humanidad y tecnología?

El consultor Claudio Guz -uno de los pioneros de la ludificación del aprendizaje en la región- nos agrega algo valiosísimo: "tu IA no es mi IA. Cada uno juega con una instancia distinta que se va adaptando a medida que interactuamos. Y al decir "Tu IA no es mi IA", es un tema que merece discutirse. La inteligencia artificial no es solo una herramienta que responde. Es, cada vez más, un espejo que devuelve nuestra forma de preguntar, de pensar, de vincularnos. Lo que parece un diálogo con una máquina, muchas veces es un monólogo disfrazado. Porque la IA aprende de vos. Se adapta a tu estilo, a tu forma de pensar. A tu manera de mirar el mundo. Si eres curioso, te potencia. Si eres agresivo, se pone a prueba. Si eres ético, lo devuelve. Pero si eres oscuro... también puede resonar con eso. La IA, entonces, no nos moldea. Somos nosotros quienes la moldeamos, o, a lo sumo, es un ida y vuelta. Y, al mismo tiempo, ella nos refleja. Como un juego de espejos que amplifica lo que somos, o lo que no queremos ver. Eso plantea una pregunta ética profunda: ¿Qué pasa cuando alguien daña, manipula, abusa... y encuentra en la IA una caja de resonancia? ¿Qué tipo de inteligencia estamos entrenando, cuando no hay nadie mirando? Por eso, hablar de IA es hablar de nosotros. De cómo diseñamos los vínculos, de qué reglas aceptamos, de qué límites estamos dispuestos a poner. Porque en este juego -como en todos los juegos- lo que importa no es solo la tecnología. Lo que importa es cómo jugamos con ella. Y con quiénes". Con IA y sin IA, el feedback también es nuestro espejo, es nuestra caja de resonancia. Si vamos a consolidar una información sobre un feedback que vamos a dar, vamos a tener que saber qué preguntas le vamos a hacer a la IA y qué cantidad y tipo de información necesitaremos moldear junto a la tecnología. Por favor, estamos ante un tema muy delicado porque en el medio hay personas, no solo tecnología que procesa información.

Hace unos días atrás, estuve como conferencista en la 10° Cumbre de Gestión de Personas de Paraguay, organizada por la Comunidad RH en la ciudad de Asunción y tuve el honor de coincidir en el mismo escenario con un gran experto en el tema de IA Generativa: Javier Calzolari. Él nos indagó con *un ¿quién no siente cierta incertidumbre (y entusiasmo) ante tantos cambios tecnológicos? Mi idea principal durante esta presentación será explorar los principales hallazgos y tendencias sobre la adopción de GenAI en las distintas áreas de RRHH: selección, capacitación, gestión del desempeño, people analytics y más. Pero no sólo hablaremos de lo tecnológico. También remarcaremos la importancia de mantener vivo el lado humano en cada interacción, para empoderar a los equipos con nuevas habilidades, más allá de los prompts. Entendiendo que la IA no viene a reemplazarnos, sino a potenciarnos. Tenemos por delante un desafío inmenso y motivador: ser cada vez más humanos, usando cada vez más tecnología".* Sentí en ese preciso momento que nos dábamos un abrazo en el cómo deseamos transitar el cambio, porque ambos sabemos que el tema es integrar: la IA nos va a mejorar en la medida que nos complemente y no que nos sustituya.

Los otros días me llegó a mis manos esta fórmula: IA = transformación + adaptabilidad constante + comprensión profunda + colaboración colectiva = moldear el futuro. Pero queda tarea por hacer, para moldear ese futuro ya que, según datos de una investigación de IDEA (2025), solo un tercio de quienes usan IA recibió capacitación formal en su organización. El 59% señaló que se está formando "por su cuenta", ya sea de forma autodidacta (46%) o en instituciones educativas (13%). El desafío que enfrentan hoy las organizaciones es impulsar este cambio con decisión, generando entornos de trabajo y aprendizaje que habiliten el uso de IA, pero también que lo orienten con criterios técnicos, éticos y humanos. Para que eso suceda, las empresas y sus líderes necesitan formar a sus equipos, crear marcos de uso responsable y fomentar una mentalidad de aprendizaje continuo. La IA ya está instalándose de a poco en la práctica del feedback, lo que falta ahora es liderazgo para convertirla en ventaja y verdadero potenciador conversacional.

Al cerrar esta sesión, me quedo con una visión esperanzadora. Puedo presuponer como el feedback, el feelback y la IA caminarán de la mano muy responsablemente, integrando datos y humanidad para generar conversaciones más conscientes y de alto impacto.

## Midiendo el impacto del feedback

Cualquiera de nosotros está al corriente de que la medición es el pilar fundamental para determinar dónde se encuentra hoy y dónde necesita estar mañana. Invertimos grandes cantidades de dinero en nuestra gente. ¿Cómo hacemos para medir el retorno de esta inversión? Necesitamos demostrar que el presupuesto de RR.HH. representa una inversión con retorno. Entonces, ¿cómo demostramos el valor de RR.HH. a través de números? Es bien sabido que, para conseguir objetivos, no basta con imaginarlos, sino que hay que esforzarse para cumplirlos. Para desarrollar una cultura de feedback, tener la capacidad de liderazgo para dar y recibir feedback en la organización, es imprescindible deducir lo que queremos conseguir, aunque a menudo caigamos en la trampa de medir lo fácil y no lo correcto. ¿Cómo saberlo? En este caso, es difícil establecer una relación directa entre los resultados de la organización y las inversiones realizadas en procesos de feedback. Se trata de una inversión de corto a mediano plazo, aunque ya hemos visto que con un feedback efectivo y frecuente desde la gerencia y los líderes intermedios, los progresos en materia de mejora continua, clima laboral, índice de compromiso y relación con los clientes son posibles. Dentro de todo, las organizaciones que han hecho del feedback un proceso o herramienta efectivo pudieron observar mejoras específicas en el corto plazo.

El ingeniero Juan Carlos Páez Núñez –experto español en mediciones en RR.HH.– contaba hace unos meses en LinkedIn que había tenido la oportunidad de colaborar en la Universidad de Cantabria, en la primera edición del máster de Dirección de Personas, a través de una conferencia sobre "El valor del feedback como factor de motivación en las relaciones laborales". Parece que allí los ejecutivos y alumnos presentes sacaron a relucir la importancia de identificar KPI con los que se pueda hacer un seguimiento de la efectividad del feedback, así como su impacto en márgenes, rendimiento y resultados.

Es necesario señalar que no son lo mismo indicadores para medir el desempeño de tus colaboradores (relacionados con objetivos y competencias, es decir qué debe hacer, qué logro y cómo lo logró) que indicadores o KPI para medir cómo se implanta una cultura de feedback y su posible impacto o efectividad en los resultados de su organización. Para realizar un cambio cultural, donde el feedback permanente sea parte de la identidad de los equipos, se hace necesario identificar las prácticas actuales en relación a este proceso, así como también los impactos que esas prácticas han tenido en la identidad actual y en los resultados. Por lo tanto, si queremos convencer a un comité de dirección o al gerente general, deberemos demostrarle "con números" por qué es importante y cómo impacta un feedback efectivo en los resultados del negocio. Ahora bien, ¿un director de RR.HH. que desea mudar a una cultura de feedback puede proponer el financiamiento de "inversiones en liderazgo" si en dicha propuesta hay una falta de claridad acerca de los efectos que traerá a la organización esta "operación"?

Dave Ulrich sostiene que el 77% cree que las prioridades de formación en habilidades de liderazgo deben armonizarse con el negocio, aunque solo el 11% está satisfecho con que esa armonización sea anual y real. Y el 72% piensa que la mejora en la productividad de la fuerza laboral es un resultado fundamental de la formación y el entrenamiento en temas de liderazgo, mientras que solo el 9% opina que tiene un impacto real sobre la productividad. Me pregunto: ¿en cuáles de estos porcentajes cae el feedback?

Hay directivos que piensan como única conclusión posible que la formación en liderazgo que se financia muchas veces causa una buena sensación y tal vez una confianza renovada en la organización. Lo que cuesta afirmar es si fomenta realmente el rendimiento del negocio o aporta mejores resultados (valor de mercado, rentabilidad, flujo de caja, costos de producción y otro tipo de índices). En los últimos quince años, la medición de la efectividad del liderazgo se ha caracterizado por dos enfoques divergentes: por un lado, en la mejora de las competencias; y por el otro, el retorno concreto de la inversión en formación. Desde mi punto de vista, el feedback estaría involucrado en ambas. Creo que, con una buena toma de consciencia, preparación y práctica concreta, los líderes pueden demostrar un dominio de la habilidad de dar y recibir feedback, y a la vez, mejorar desempeños laborales, proveer fluidez a la cadena de valor, enfocar a la gente detrás de los resultados prioritarios, tener una mayor llegada a los clientes y hasta vender más y bajar los costos. Una cultura de feedback y rendición de cuentas impacta en ambos sentidos: se mejoran las competencias y los resultados, y hay un claro retorno de la inversión. La dificultad radica muchas veces en cómo pasarlo a números concretos.

Como en toda mejora de procesos clave, sean de RR.HH., de ingeniería, de ventas o de calidad, lo primero que se debe hacer es identificar los objetivos que se buscan con la implantación de una estrategia nueva, que en nuestro caso sería la implantación de una cultura de feedback en la organización. Luego convertimos estos objetivos en Indicadores o KPI y definimos sus fórmulas de cálculo. ¿Cómo sigue este proceso? Comenzamos a medir periódicamente los KPI, analizamos su evolución en el tiempo, comparamos los resultados con estándares establecidos, elaboramos un plan de acción para mejorar los KPI que están en problemas y comunicamos, finalmente, los resultados al comité de dirección y a nuestros colaboradores. Ante los ojos de un financiero o de un ingeniero, esto es "pan comido". Ante los ojos que quienes manejamos "intangibles", es mucho más difícil. Por eso, sin la convicción de los líderes y jefes intermedios de la organización para construir esta cultura de feedback, será muy difícil avanzar, pues son ellos precisamente quienes deberán promover esta práctica.

Según esta línea de pensamiento, el desarrollo de la capacidad de dar y recibir feedback estaría incluida en el conjunto de atributos o competencias del liderazgo, basándonos en la suposición de que los líderes excelentes presentan una serie común y concreta de características. Si desarrollan esas competencias, los resultados vendrán por sí solos. El propósito es aumentar la calidad y la frecuencia de una conducta en áreas específicas (como lo es el feedback), y así obtener líderes que saben escuchar mejor, involucrar más eficazmente a sus empleados, crear equipos más sólidos, etc. Todo eso, a su vez, debería fomentar el rendimiento. Fundamentalmente, el problema de los modelos basados en la mejora de competencias es que, por sí solos, constituyen un enfoque indirecto y, por lo tanto, problemático, de medición. ¿Podríamos medir fácilmente y en el término de un año, cómo impacta el lanzamiento de una política de feedback de desempeño junto al entrenamiento de todos los líderes de una organización? ¿Cuántos directivos y gerentes serán capaces de ver las posibilidades que ofrece el futuro de esta implementación y estar dispuestos a emprender las acciones (o a asumir los riesgos) que permitan ver resultados reales? ¿Los resultados de una política de feedback son evaluables objetivamente? ¿Esta inversión generará valor real, es decir, marcará una diferencia medible para su empresa? Este es el gran dilema, ya que los directivos estarán tironeando mucho más una inversión para un nuevo programa de compensación de incentivos que, según ellos, impulsaría las ventas que las inversiones en liderazgo, tales como un programa de formación en feedback para todos sus líderes.

Si repasamos nuestro primer capítulo y a la luz de la encuesta a nivel nacional que *Great Place to Work* (GPTW) hizo años atrás sobre "prácticas comunicacionales y feedback", los resultados hablan por sí solos: "*a mayor cantidad de espacios para construir vínculo con el jefe, mejor es la percepción del clima laboral*". Revisando nuevamente los números duros de dicha encuesta, se puede observar que "*las empresas en las que sus líderes consiguen tener mayor cercanía con sus empleados aumentan su credibilidad en casi un 40% con relación a los que poseen un incipiente acercamiento*". Soy reiterativo porque no todo está perdido.

Antes de poder mantener una conversación de igual a igual con un gerente general o un director de RR.HH., tendremos que buscar mediciones que constituyan un retorno sobre la inversión. Nos deberemos esforzar para conseguir que se cumpla este oxímoron: "*cuantificar lo intangible*".

Vayamos a un ejemplo clásico. Para toda medición en la práctica de programas de entrenamiento, Donald Kirkpatrick define un enfoque que sienta las bases de la mayoría de los esfuerzos de medición de impacto de un intangible de la siguiente manera:

- **Actitud**: ¿los participantes han disfrutado de la experiencia de ser entrenados en feedback?
- **Conocimiento**: ¿los participantes han aprendido algo de feedback?
- **Comportamiento**: ¿los participantes han cambiado su comportamiento como resultado de su entrenamiento en feedback?

- **Resultados**: ¿los participantes han aplicado el contenido formativo sobre feedback de forma que se produjera un retorno tangible de la inversión?

¿Nos servirá esta escala de medición para medir la cultura de feedback o si la utilización sistemática del feedback está impactando en resultados concretos? Por sí solo, este marco de trabajo se limita a observar aspectos de los participantes individuales. No obstante, nos sirve también para ver los efectos en la capacidad de liderazgo de la organización. Una medición sencilla, pero a la vez importante es preguntarse: ¿qué efectos trajo aparejada la formación en feedback con relación al *Balanced Scorecard*?, ¿confianza de los inversores?, ¿satisfacción de los clientes?, ¿mejora de procesos clave?, ¿compromiso de los empleados? Como verán: negocio, clientes, procesos y gente. Los intangibles representan la confianza que los *stakeholders* depositan en el futuro del negocio. Las empresas con sólida capacidad de liderazgo poseen un alto valor intangible porque esos *stakeholders* demuestran una gran confianza en la capacidad de sus líderes para aportar resultados futuros. A la hora de considerar el poder de los intangibles, como poner en práctica la habilidad de dar y recibir feedback, los líderes deberán averiguar lo que pueden y deben hacer para crear valor intangible y convertirlo en tangible. Dondequiera que estén, los líderes tienen la responsabilidad de desarrollar y proteger el valor intangible. Recordemos que "la cultura se comió a la estrategia en el desayuno".

Está demostrado por estudios globales y por resultados de grandes y medianas empresas que aquellas organizaciones que invierten tiempo y dinero en dar feedback continuo consiguen el compromiso de su gente y, por ende, obtienen muchos beneficios adicionales, entre los que se destacan:

- alineamiento con los objetivos;
- comunicación constante, franca, sincera y fluida entre supervisores y colaboradores;
- disminución de insatisfacción y de conflictos laborales;
- fortalecimiento de la motivación y el buen desempeño;
- mejora del clima laboral;
- disminución de costos laborales;
- mejora de la productividad global de la fuerza laboral;
- disminución de días de ausentismo;
- reducción de índices de accidentes de trabajo.

Implantar una cultura de feedback es difícil, pero vale la pena. Establecer objetivos y medir su evolución en el tiempo a través de KPI genera este tipo de ambiente y se construye una cultura corporativa más abierta que ayudará a que tu equipo sienta la confianza necesaria para aportar nuevas ideas, y así contribuir a la innovación y el desarrollo de la empresa. Comenzar a trabajar con procesos de feedback exige la necesidad de diseñar un sistema de retroalimentación y evaluación con el fin de saber si los procesos de feedback están funcionando. No nos quedemos simplemente en el indicador porcentual que muestra solo la cantidad de líderes que participaron de la capacitación versus la cantidad de líderes que fueron convocados. Está bueno si el 90% de los líderes participaron del entrenamiento, pero esto no aporta valor si hacemos una lectura "desde el negocio". Sí aportará valor conocer el resultado de cuáles son las áreas de la organización que poseen los índices más bajos de rotación de personal debido a que sus líderes dan feedback en forma sistemática.

Al volver a consultar al doctor Luis María Cravino, director de AO Consulting, plantea en su último libro que "*la medición del impacto del feedback resulta de una importancia tal que se constituye en un imperativo ineludible. Si bien muchos pueden estar impulsados por la trillada frase acerca que lo que no se mide no se puede mejorar debemos reconocer que el logro que se procura –cualquiera sea– no se alcanza solamente por el acto de medir, de hecho, se puede hacer mucho sin medir nada. Sin embargo, toda medición surge de una intencionalidad, la de querer saber con mayor certeza, algo que no se sabe y en ese proceso de medir se está comunicando a quienes participan de la existencia de un deseo de saber algo que nos importa. Medir es comunicar prioridades, es develar preocupaciones y de ese modo asumir –de manera pública– compromisos. Sobre la temática específica del feedback, el acto de medir y la consecuencia de hacerlo para conocer más y mejor sobre su frecuencia, sobre su calidad, sobre su alcance, sobre su percepción o sobre su impacto directo o indirecto son claves relevantes para todo el proceso de generación de una cultura del feedback. La medición no solo se hace para medir, también se hace para comunicar aquello que se desea y que nos incumbe de modo que como actores de cualquier cambio celebremos con entusiasmo la voluntad de medir que nos convierte en protagonistas de ese cambio que planteamos*".

Regresando a la Universidad de Cantabria y para profundizar sobre el tema, el consultor al cual hicimos mención al comienzo escribió para los ejecutivos y alumnos presentes un artículo con una lista interesante de indicadores. A simple vista, deberíamos tomar nota, si estamos desarrollando o pensamos en desarrollar una cultura de feedback en nuestras organizaciones. A continuación, detallaremos algunos indicadores claves o KPI, basados en algunas de las ideas propuestas por el ingeniero Juan Carlos Páez Núñez (no estarán ordenados por importancia), que se pueden ir midiendo desde RR.HH. y apoyar, así, esa ansiada cultura de feedback.

Listado de objetivos y KPI relacionados con el feedback:

1. Porcentaje de directivos, gerentes y mandos medios que entreguen feedback equis veces al mes/año sobre productividad de sus empleados.
2. Grado de satisfacción de los directivos, gerentes y mandos medios con la aplicabilidad del procedimiento de evaluación del desempeño sobre índice de clima laboral de sus sectores.
3. Porcentaje de trabajadores disconformes con su evaluación del desempeño sobre índice de clima laboral de sus sectores.
4. Porcentaje de trabajadores que aseguran que sus jefes brindan un feedback adecuado sobre evaluaciones de desempeños excelentes.
5. Índice de desempeño medio entre los empleados claves.
6. Índice de feedbacks realizados sobre disponibilidad de competencias en el puesto.
7. Índice general de práctica de feedback sobre rotación del personal.
8. Índice de incremento de satisfacción o clima laboral (con factores relacionados con feedback).
9. Índice de *engagement* (con factores relacionados con feedback).
10. Índice de rendimiento de los empleados recién contratados.
11. Porcentaje de empleados que mejoran su rendimiento respecto a la evaluación de desempeño anterior.
12. Porcentaje de empleados que realizan sugerencias de mejoras para la organización.
13. Porcentaje de empleados que reciben reconocimientos frecuentes por sus contribuciones.
14. Porcentaje de empleados que reciben incentivos salariales por sus contribuciones.
15. Índice de promoción interna, a partir del desarrollo de habilidades y el crecimiento profesional.

Este listado es solo una forma de ayudarlos a tener una idea más clara sobre qué aspectos debemos tener en cuenta para medir a la hora de desarrollar una cultura de feedback, y cómo un conjunto de KPI nos puede ayudar a realizar un seguimiento serio y profesional.

Todo esto es posible si hay "decisión política" de medirlo, de hacer un seguimiento y si hay compromiso por parte de los especialistas de RRHH junto a todos los líderes para acompañar ese cambio de cultura tan anhelado. Un ejemplo de ello es lo que nos sucedió trabajando en la cultura de feedback con un cliente muy importante con operaciones en varias provincias del interior de nuestro país. Con el respaldo de los máximos directivos de la empresa, el gerente de RRHH y su equipo de profesionales a cargo, decidieron "ir para adelante" con la medición y el seguimiento del feedback del desempeño.

La política interna de gestión del desempeño, por un lado, los procesos para llevarla a cabo por otro y la decisión de medir todas aquellas instancias de retroalimentación necesarias para cerrar el ciclo, dieron luz a la concreción de muchos cambios. No se logró todo de un año para el otro, pero tanto los líderes como el resto de los colaboradores, comprendieron que era un camino sin retorno. Con el apoyo de un sistema informático no solo realizaron dicho seguimiento, sino que documentaron a través de un software qué cuestiones se habían llevado a cabo y qué cuestiones no. ¿Qué midieron o cómo midieron?:

- Indicador: cantidad de líderes que debían llevar a cabo la evaluación versus cantidad de líderes que realmente habían evaluado.
- Indicador: cantidad de feedbacks programados versus cantidad de feedbacks realizados.
- Cantidad de encuestas enviadas sobre feedbacks recibidos versus cantidad de encuestas recibidas y contestadas.
- Indicadores provenientes del procesamiento de una encuesta con las siguientes preguntas: *¿cómo evaluarías de manera global la calidad del feedback? ¿Te sentiste escuchado por tu evaluador durante el feedback?*

*¿Se creó un buen clima de confianza y respeto? ¿La devolución fue clara y basada en situaciones concretas? ¿Definieron acciones conjuntas para reforzar algunos aspectos de mejora?* (la escala: no alcanzó, debe mejorar, alcanzó las expectativas y superó las expectativas).

- Un "espacio abierto" dentro de dicha encuesta para comentarios adicionales de índole cualitativos, que permitió el procesamiento de decenas de emergentes de relacionados a las fortalezas del proceso de retroalimentación del desempeño, como así también, toda una serie de aspectos de mejoras.

Observemos que, con profesionalismo y sencillez a la vez, una medición con su posterior análisis y presentación de resultados, puede transformarse en una gran experiencia para la organización, sus directivos y gerentes, sus empleados y los mismos consultores. Insistimos, es posible con "decisión política", respaldo, compromiso y disciplina de seguimiento. Por supuesto, que será muy importante y ventajoso que soliciten ayuda a los especialistas que hoy se encuentran en el mercado realizando muy profesionalmente la tarea de *people analitycs*.

Y finalmente: si deseamos desarrollar una cultura de retroalimentación, comencemos por identificar procesos y herramientas de feedback que resulten operativos, útiles, prácticos y con valor agregado; en ese sentido, nos podríamos animar y de paso comprobar cómo es posible mejorar el rendimiento y la motivación con feedback. ¿Qué otros KPI medirías para reforzar la cultura de feedback formal y/o continuo dentro de tu organización? Recordemos que los líderes necesitan enfocarse en los KPI: *Keep People Inspired.*

CAPÍTULO 12

# *Una cuidada selección de momentos para dar y recibir feedback*

## Donde hay coaching hay feedback: una verdadera hermandad comportamental

Hacer de coach de otras personas puede ser una de las experiencias más gratificantes que un líder puede tener en su carrera profesional. El líder que sea un coach competente puede mejorar muchísimo el éxito de la organización; en cambio, el que no tome el proceso de coaching con seriedad puede perjudicarla. La mayoría de los directivos, gerentes y mandos intermedios están convencidos que hacen de coach con una frecuencia muy superior a la que piensan sus empleados, y se otorgan excelentes calificaciones en esta faceta: "Oh, sí, soy un gran coach". En mi experiencia, hay muchos líderes haciendo *elevator coaching*, es decir, "coaching de ascensor": en los minutos que dura un viaje de la planta baja al quinto piso del edificio (o en una caminata de una punta a la otra de la fábrica), lo que hacen es solo darles consejos a sus colaboradores. Eso no es coaching. Por eso, cuando se entrevista a los empleados, en general dicen que reciben un coaching escaso de sus líderes.

En primer lugar, debemos recordar que el estilo "líder-coach" es el que mayor cantidad de emociones o ambiente positivo genera. En segundo lugar, el feedback es parte del proceso de coaching. No me imagino un proceso de coaching sin feedback o, mejor dicho, es de alto impacto cuando el feedback se transforma en una conversación de coaching. ¿Existe una diferencia entre coaching y feedback? Claro, veamos algunos conceptos. Pasamos por el coaching cuando los colaboradores solicitan o necesitan apoyo para mantener o mejorar el desempeño. También cuando los empleados desean explorar nuevas opciones de trabajo u obtener nuevas oportunidades de crecimiento. Algunas veces es el colaborador que pide el coaching porque necesita entrenamiento. Podemos decir que en el coaching se destacan las preguntas y la estimulación de nuevas alternativas para hacer las cosas de manera diferente. Pasamos por el feedback cuando el líder tiene observaciones positivas o negativas para proporcionarle al colaborador. Se utiliza cuando se requiere una mejora del comportamiento o una forma nueva de gestión de su rendimiento. Otras veces es el colaborar que pide el feedback porque necesita mejorar su desempeño.

En este caso podemos decir que, en el feedback, se provee al colaborador de información y observaciones para dar a conocer la situación en la que está. A través de acciones de feedback, se fortalece y se nutre al coaching. Difícilmente se puedan separar estos dos procesos: son, diríamos, como competencias "parientes". No se puede hacer un buen coaching sin un feedback efectivo, y no se puede dar feedback efectivo sin competencias de un buen coach.

Para entender el gran aporte de "servicios" que el feedback le brinda al coaching, es menester definir qué es finalmente el coaching: una primera definición puede estar orientada a que el coaching es un programa de cambio, con interacciones orientadas a la acción, que ayudan a una persona a ampliar su conciencia de las cosas, a descubrir soluciones de nivel superior y a que se comprometa a tomar e implementar mejores decisiones. El coaching permite crecer al colaborador como resultado de dicho proceso. Una segunda enunciación puede aproximarse a que el coaching es una forma de entrenamiento individual y grupal con el cual se obtiene lo mejor de los colaboradores, haciendo que estos resuelvan los problemas por sí mismos y con niveles más altos de sofisticación, precisión y productividad. Una tercera opción para puntualizar podría ser que el coaching es un arte, una técnica, una disciplina o un estilo de gerenciamiento o liderazgo por el cual un colaborador atraviesa un proceso de aprendizaje y crecimiento.

Como estamos observando en las tres definiciones pasadas, el coaching es una clara invitación a ampliar o salir de la zona de confort para cuestionar y cuestionarse el modo de pensar, de comunicarse, de observar, de actuar, para aprender nuevas respuestas ante los viejos y los nuevos desafíos. El coaching, según el profesor Leonardo Wolk, "*es un proceso para diseñar el futuro y cambiar el presente*". Es imposible este abordaje sin feedback continuo. Por eso, tanto el coaching como el feedback no implican decirles a los colaboradores cómo tienen que hacer las cosas, sino ayudarlos a que ellos lo descubran y dejarlos hacer la tarea por sí mismos. Si examinamos finalmente cualquier definición de coaching, observamos que tiene que ver con que otras personas crezcan y se perfeccionen. Para poder crecer y perfeccionarse, la gente necesita pensar por sí misma y tomar decisiones cada vez más complejas. Si volviésemos por minutos al modelo "A CONFIAR", observaríamos que de esto se trata también el feedback. En el coaching también se escucha, se empatiza y se hacen preguntas poderosas, para que los mismos colaboradores tomen consciencia de la necesidad de cambio y "armen" sus propios planes de mejora y crecimiento.

Zenger y Stinnett, en *El coach extraordinario*, expresan que, si se lograse crear una cultura de coaching en su organización, estos son algunos de los resultados que se podrían obtener:

1. *Dar un nuevo sentido al trabajo. El coaching ofrece al líder una oportunidad perfecta para comunicar a cada persona el modo en que su trabajo contribuye a la misión global de la organización.*
2. *El nivel e involucración y compromiso de los empleados es un gran motor de la productividad. El coaching regular tiene un incalculable efecto en el output que la gente pase de la indiferencia a una auténtica pasión por la misión de la organización.*
3. *Cultura más fuerte. Los líderes influyen en la cultura de la organización a través del ejemplo que dan y del comportamiento que estimulan o frenan en sus conversaciones cotidianas con la gente. El ambiente y la cultura son moldados por los líderes durante el tiempo que dedican a hablar con sus colaboradores directos sobre su rendimiento y progreso profesional.*
4. *Vínculos más fuertes entre jefe y colaborador. Una relación fría, distante, entre el jefe y el empleado pocas veces tiene el fuerte impacto sobre el rendimiento que sí tiene una relación cálida y estrecha.*
5. *Individuos más sanos. Cuando los líderes inviertan en coaching, estarán aumentando en gran medida las probabilidades de que las personas que reciben el coaching se sientan mejor consigo mismas y con el rendimiento de su trabajo.*
6. *Mayor creatividad, nuevos enfoques y mayor asunción de riesgos. La conversación de coaching es el escenario perfecto para que el jefe transmita la expectativa y la esperanza de que cada persona que le reporta aborde los temas con sus propias ideas y enfoques innovadores, asumiendo riesgos calculados.*

Por favor, dime si estos seis puntos no fueron apareciendo a lo largo de este libro. Cada uno de estos seis puntos fue visto y trabajado en los diferentes capítulos. Existe un gran parentesco comportamental entre la preparación para ser un gran coach y la preparación para brindar un feedback consciente.

El impacto del coaching y del feedback es importante y puede medirse. El coaching y el feedback no es solo algo que "es bonito hacer", sino que es un imperativo de las organizaciones y para los líderes. Observemos el gráfico 17: los empleados que reciben coaching y feedback están más satisfechos de su grado de involucración en la organización.

Gráfico 17. Impacto de hacer coaching con feedback/El Coach Extraordinario, de John Zenger y Kathleen Stinnett

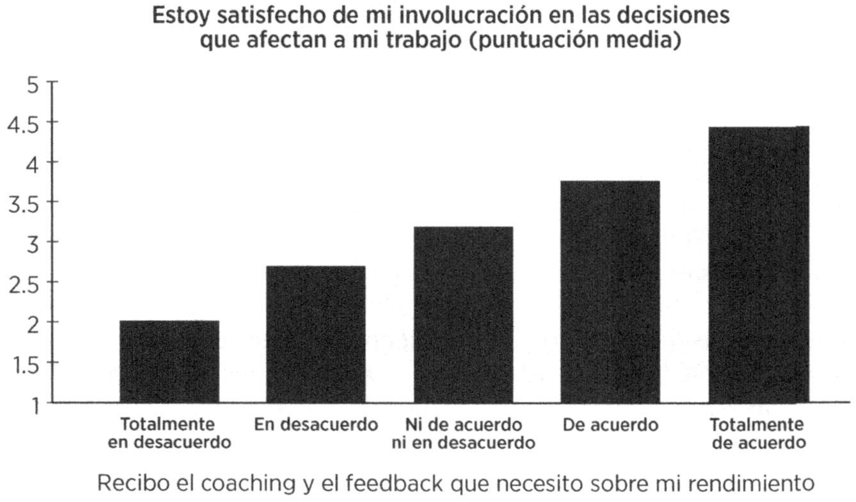


Imaginemos un KPI cualitativo de este tipo pasado a dimensiones cuantificables: mayor productividad y menor ausentismo, por solo nombrar dos ejemplos.

Hay cinco principios básicos de abordaje de coaching que también se solapan con el abordaje de un proceso de feedback:

1. La persona debe querer cambiar y estar comprometida con el cambio o, de lo contrario, perderemos tiempo.
2. Es esencial que involucremos al colaborador en la conversación y en el proceso. No podemos asumir que lo que nosotros queremos y deseamos siempre coincidirá con lo que dicha persona quiere y desea.
3. Como los colaboradores están más cerca del problema que nosotros, se encuentran en mejor posición para determinar cuál podría ser la solución.
4. Con todo, el líder debe tener su punto de vista formado y deberá introducirlo en la conversación.
5. Cuando tratamos de lograr un cambio de conducta en los colaboradores, los consejos no funcionan.

Los estudios de Zenger y Folkman en *El líder extraordinario* señalan que son cuatro las competencias que determinan con más fuerza la capacidad del líder para establecer unas relaciones de coaching sólidas, y "cualquier parecido con la realidad del feedback efectivo es mera casualidad". Veámoslas:

- Genera confianza: cumple con los compromisos, crea un entorno seguro, hace lo correcto independientemente del riesgo personal o de las consecuencias.
- Establece relaciones: comprende a los demás y se relaciona bien con interacciones periódicas.
- Fomenta la colaboración: ayuda a centrarse en la unificación de objetivos y a colaborar con los demás.
- Respalda personalmente el desarrollo de los demás: dedica tiempo y esfuerzo al perfeccionamiento del colaborador, ofrece guía y busca oportunidades para hacer crecer a los demás.

La transmisión de feedback es una de las tres competencias o habilidades de coaching que se debe dominar, además de la de hacer las preguntas adecuadas y la de saber escuchar. El feedback es información que nos ayuda a nosotros a conocer si nuestros actos van en la buena dirección, si nos estamos acercando o nos estamos alejando de nuestro objetivo. Los líderes debemos ser los primeros en hacer del coaching una cuestión bidireccional. Tenemos que estar abiertos no solo a dar un feedback constructivo, sino a recibirlo y hasta a solicitarlo a propósito. Los líderes mejoran sus competencias y habilidades de coaching cuando reciben feedback. Las fuentes más valiosas del feedback son los colaboradores, sin duda las personas que pueden ofrecerlo de forma precisa y constructiva. Al abrirse al feedback, tanto el líder como el colaborador están comunicando señales claves: "somos iguales, podemos aprender uno del otro". Y la mentalidad debe ir por delante del conjunto de competencias y habilidades. Si el líder no se decide conscientemente por el "liderazgo con coaching" y optar por dar un feedback efectivo, no podrá intervenir en el crecimiento de los otros a través de un proceso conversacional. El mayor de los éxitos se obtiene cuando podemos "sacar afuera" lo mejor de cada uno de los colaboradores y del equipo, aquello que muchas veces tenemos como talento o potencial escondido, y que podemos pasarnos la vida sin desarrollarlo.

El coaching es una de las prácticas del líder que "lubrica al sistema de liderazgo colaborativo". Por ello, llevar a cabo un proceso de coaching sin un buen proceso de feedback efectivo es una contradicción.

## Feedback versus feedforward: miradas diferentes

A algunos líderes no les resulta agradable sostener largas y polémicas charlas con colaboradores o jefes sobre cuestiones de desempeño. Ya hemos hablado que tampoco es placentero hacer retroalimentación con reiterados señalamientos sobre hechos pasados en los que se cometieron errores y hasta es desgastante a nivel de feedback de equipo conversar hasta el aburrimiento con recriminaciones sobre resultados desfavorables. ¿Qué nos plantean algunos autores al respecto? ¿Qué bocanada de aire fresco podemos empezar a complementar, para conversar sobre mejoras de desempeños sin incurrir solamente en estos procesos centrados en el pasado?

En primer lugar, citaremos al profesor Germán Retana del INCAE *Business School*, que expone en una de sus columnas semanales titulada "'Feedforward' para mejorar de inmediato": "*hay dos enfoques para analizar la ejecutoria individual o del equipo. El primero es el tradicional 'feedback' (retroalimentación), que consiste en identificar y hacer explícitas situaciones ya vividas, intentando obtener lecciones para mejorar. El segundo es el 'feedforward' el cual, se concentra en identificar conductas que deben observarse en lo sucesivo en las personas y organizaciones para asegurar su alineamiento con las metas y la cultura empresarial ideal. Ya hay líderes que se concentran más en el 'feedforward', pues pone a sus miembros a pensar más en lo que se necesita para concretar los objetivos, y no en escarbar situaciones pasadas que con solo recordarlas crean una atmósfera negativa. No es lo mismo, por ejemplo, recriminar a alguien por su impuntualidad en la semana anterior que hacerle notar la relevancia de su presencia en momentos específicos del próximo mes y lograr un renovado compromiso*". Sin ir más lejos, cuando vimos el "modelo de la hamburguesa" en el capítulo anterior, el "feedforward" estaba metido (sin un nombre específico) en el "pan de arriba", con el cual hablábamos de expectativas futuras y acordábamos un plan de acción centrado en el "cosas por hacer" en adelante. Siguiendo con el feedforward, y muy al estilo de Ronald Heifetz (con su tridente de preguntas sobre "mantener, sumar y desechar" para hacer cambios), otros autores nos invitan a una forma directa, precisa y efectiva de identificar áreas de mejora pensando en el futuro; muchas exitosas empresas usan el método conocido en inglés como "SKS: *Stop, Keep Doing, Start*". En español, sería: "detiene, mantiene, empieza". Sería excelente si, por lo menos una vez al año, equipos, jefes y colaboradores dialogaran con este método, guiados por algunas preguntas que sugerimos:

- **Detiene**: ¿Qué debemos dejar de hacer inmediatamente? ¿Qué está afectando el logro de metas? ¿Cuáles actitudes y relaciones son las que no conviene mantener? ¿Qué beneficios obtendremos al eliminar ciertos comportamientos? ¿Cómo nos sentiremos sin determinadas conductas y procesos? ¿Qué impacto tendrá en otros la erradicación de acciones que ya no les agregan valor?
- **Mantiene**: ¿Cómo estamos contribuyendo a los resultados y lo seguiremos haciendo igual? ¿Qué actitudes, relaciones y talentos están facilitando el desarrollo personal y de la empresa y, por lo tanto, es pertinente intensificar? ¿Qué nos distingue, nos hace especiales, relevantes y útiles para los clientes internos y externos? ¿Cuáles son nuestras fortalezas comparativas?
- **Empieza**: ¿Qué haremos nuevo y diferente? ¿Cuál será la forma de sorprender positivamente a clientes internos y externos? ¿Cuál será el nuevo modelo ideal del clima laboral y de las relaciones personales? ¿Qué es lo que no habíamos hecho nunca y que será crucial hacer a partir de ahora? ¿Qué oportunidades no dejaremos escapar?

La utilización del feedforward se está haciendo cada vez más popular porque genera decisiones proactivas, orientadas a soluciones y al mejoramiento específico e inmediato. Retana agrega que "*se pone el énfasis en el futuro, en lo que de ahora en adelante se necesita hacer y no hacer, se afirma el compromiso de asumir nuevas conductas hacia una refrescante visión de éxito y permiten reafirmar el sano orgullo ante lo que se ha convertido en fortalezas*". Como ya hemos señalado, mientras más exitosas son las personas, más refuerzos positivos reciben, y si a esto le agregamos planes de acción basados en el futuro, mejor desempeño y mayor potencial conseguiremos.

Así como lo hemos visto con feedback y coaching, el feedforward también "brinda un servicio" para ayudar a descubrir qué es lo que los colaboradores quieren cambiar y aprender a través de un proceso que les permita encontrar, facilitar y enriquecer ese cambio anhelado. Hay que enseñarles a los líderes a incorporar la metodología de feedforward para conversar acerca de qué pueden hacer sus colaboradores para ser mejores en el futuro.

¿Podemos ayudar a los empleados a cambiar solo centrándonos el futuro? Marshall Goldsmith –autor reconocido como uno de los diez pensadores de negocios más influyentes del mundo y uno de los inventores del concepto de feedforward junto a Jon Katzenbach– establece que "*es posible describir cómo podemos crear un mejor futuro a partir del trabajo que hacemos con las personas. La metodología del feedforward que hemos creado, es acerca de trabajar a través de inputs y sugerencias de cómo actuar en el futuro para ayudarlos a mejorar. Cuando ofrecemos a las personas ideas de cómo pueden ser mucho más exitosas, podemos aumentar sus oportunidades de lograr más éxitos en el futuro. El feedforward ayuda a las personas a visualizar y a enfocarse en un futuro promisorio, no en un pasado fallido. Usando el feedforward –y motivando a los demás a que lo usen– los líderes pueden mejorar dramáticamente la calidad de comunicación en su organización, asegurando que llegue el mensaje correcto y que quienes lo reciban lo hagan de la forma correcta. El resultado es una organización más abierta, en la que los empleados se enfocan en el futuro y no en vivir en los errores del pasado*". En el cuadro siguiente si bien se ilustran las diferencias que existen entre ambas prácticas, se establece también la gran complementariedad que promueven:

**Cuadro 12. 5 diferencias entre Feedback y Feedforward, de Daniel Colombo**

| <br>Feedback | <br>Feedforward |
|---|---|
| • Corregir<br>• Foco en el pasado, en algo que ocurrió<br>• Habla de experiencias<br>• Necesita conocer a la persona para entregarlo<br>• Escucha activa de quien lo recibe. Impulsa mejora inmediata | • Anticipar<br>• Foco en el futuro y en crear soluciones<br>• Habla de posibilidades y expectativas a lograr<br>• Necesita prospectar oportunidades hacia la meta<br>• Escucha aguda de quien lo da. Impulsa mejora futura |

Adhiero con mucho ahínco a los aportes de Retana y Goldsmith, pero es menester agregar, desde mi humilde punto de vista, que ambas miradas y formas de proceder que poseen el feedback y el feedforward deben ser trabajadas combinadamente. De la misma manera que no se puede estar todo el tiempo centrado en las fortalezas, olvidando hablar de algunas fallas fatales, o conversar centrados solo en debilidades y trabajar con "pequeñas dosis" de fortalezas, con el feedback y el feedforward estaría pasando lo mismo. Hay mucho más conocimientos y experiencia sobre feedback que sobre hacer feedforward. Trabajemos para aplicar este gran complemento formulando metas como ¿Qué queremos cambiar? ¿Cuándo debería estar cambiado? ¿Cómo se encuadra el cambio en los objetivos de la organización? Comprobemos el escenario con un ¿Qué está pasando? ¿Qué barreras encontramos a futuro? Exploremos opciones con preguntas como ¿Qué es lo mejor y lo peor que puede pasar? ¿Cabe posibilidad de no hacer nada al respecto? ¿Hay que consultarlo con alguien más? Y por supuesto, establezcamos un itinerario de acción con ¿Qué vamos a hacer? ¿Qué necesitamos para conseguirlo? ¿Cómo mediremos los resultados? Hagamos feedforward para alcanzar el potencial esperado, por lo que se requiere pedir sugerencias prácticas para mejorar el rendimiento y el comportamiento. Hagamos feedforward para mejorar continuamente, por lo que se requiere escuchar empáticamente y sin prejuicios, todas las ideas que nos plantean sin tumbarlas antes de que tomen forma. Utilicemos feedforward como práctica opcional para cocrear y no imponer ya que no estamos obligados a aplicar todas las ideas que se nos presentan. Mientras el feedback es tender puentes de entendimiento a base de explorar las experiencias pasadas y así mejorar el presente y el futuro, el feedforward es una "tendencia" en el coaching que mira más hacia el futuro para mejorar el presente.

El feedback se basa en la experiencia acumulada para aprender de ella; el feedforward se basa en las posibilidades reales y en las expectativas que se pueden lograr, por ejemplo, con nuevos recursos, con nuevos proyectos o con un nuevo *software*. El núcleo del feedback es la propia persona, de quien se emite un juicio de valor en torno a sus actuaciones o cualidades; el feedforward gira en torno al "prospecto" de oportunidades para llegar a una meta común. El feedback tienen como objeto a la persona que lo recibe, mientras que el feedforward es proyectado por quien lo da, sin centrarse en "quien" sino el "que", el "como" y el "cuando".

Insisto, es mi humilde punto de vista. Veremos en qué balance o proporciones deberíamos aplicarlos, pero siempre poniendo el acento en la complementariedad y el foco en qué es lo mejor para nuestros colaboradores y la organización. Más allá de esta aclaración personal, salgamos a "exprimir" las bondades del feedforward para aprovechar al máximo todos los aportes que nos puede brindar y mejorar, así, la calidad de nuestras conversaciones con nuestros colaboradores, pares y líderes. Jamás estará mal posicionarse en el futuro, para cambiar nuestro presente. Como podemos apreciar, el feedback y el feedforward se complementan para orientar los esfuerzos de comunicación hacia una meta concreta proyectada en el largo plazo.

## ¿Se utiliza el feedback en un proceso de *mentoring*?

De la misma manera que podemos indicar que muchas organizaciones están encarando, desde hace años, diferentes formas de procesos o programas de coaching, no son muchas las que están embarcadas en procesos de *mentoring*. También, la realidad nos dice que año a año certifican cientos y cientos de *coaches* en diferentes instituciones del mercado. ¿Quién ha escuchado últimamente un "me acabo de certificar como mentor"? ¿Cuál es la diferencia entre coaching y *mentoring*? ¿El coach no es un mentor? ¿Qué impactos producen unos y otros? ¿Qué "servicios" puede recibir el *mentoring* del feedback?

El *mentoring* es un proceso de desarrollo de personas en las organizaciones en general, a través del cual un directivo o líder con gran experiencia acompaña en el desarrollo de carrera a un colaborador con características específicas, como por ejemplo un joven de alto potencial, un nuevo manager, una mujer para un cargo directivo en una organización con poca diversidad de género, como así también personas pertenecientes a una minoría que demuestren una carrera promisoria y son vistas para mayores responsabilidades en un futuro. El autor David Clutterbuck, en su libro *Mentoring*, expresa que "*en la práctica, los mentores brindan un espectro de aprendizaje y apoyo a los comportamientos: desde desafiar, ser un aporte crítico, ser un ejemplo a seguir, ayudar a crear redes y desarrollar innovaciones o simplemente estar ahí para escuchar y ayudar a alguien a trabajar sobre lo que quiere conseguir en el futuro*". Cabe agregar que el mentor también juega de "patrocinador" o "padrino" y en ese acompañamiento, comparte y transmite su experiencia del negocio y de la cultura organizacional al colaborador, de manera que este pueda mejorar su desempeño, robustecer su potencial y, por tanto, progresar más rápidamente en el desarrollo de su carrera profesional.

Diríamos también que el mentor es un modelo, consejero, guía, fuente de inspiración, y para ello debe gozar de la admiración, el respeto y la credibilidad del resto de la organización. En esta especie de relación que se crea entre el mentor y el colaborador, este último debe tener la intención de seguir creciendo profesionalmente y desear la ayuda y soporte de un líder de reconocido prestigio y experiencia para que le oriente en los siguientes pasos a dar. Entonces, mientras que el coaching interviene para corregir comportamientos, mejorar el rendimiento y entrenar nuevas competencias que el empleado necesita para asumir nuevas responsabilidades o conseguir los objetivos, el *mentoring* da apoyo y guía personal al crecimiento del colaborador, y lo hace basándose en el aprendizaje reflexivo. La intervención de un mentor fortalece la relación, estimula, motiva, nutre, enseña y ayuda a encontrar un rumbo de índole vocacional o profesional. En un proceso de coaching, es el líder-coach quien dirige el aprendizaje. En un proceso de *mentoring*, es el colaborador quien tutela su aprendizaje.

Hasta aquí, ya empezamos a vislumbrar que no puede haber relación de *mentoring* efectiva si no se llevan conversaciones de ida y vuelta. Al igual que en el coaching, en el *mentoring* cobra mucho significado la relación personal que se promueve entre las partes, y ese proceso de intercambio de información y conocimientos debe basarse en la confianza, la veracidad y el apoyo mutuos. Los "mentores" son líderes que se comprometen en acciones deliberadas a promover el aprendizaje en sus colaboradores o "aprendices". Un mentor es un facilitador, un orientador confiable, que hace preguntas que generan desafíos y tiene escucha activa. Es un líder comprometido y responsable, que proporciona guía, brinda feedback y genera accesos a la información y los recursos. Se trata de un modelo de rol positivo, que ofrece ayuda a sus colaboradores para que logren ser lo que quieren ser, y ejemplo a seguir.

¿Qué beneficios traen los procesos de *mentoring*? Enunciemos algunos: acorta la curva de aprendizaje de los empleados, incrementa la productividad, aumenta la lealtad hacia la organización, reduce la rotación de personal de alto potencial, ayuda a la comunicación de valores corporativos, propicia un ambiente de innovación, mejora las habilidades de liderazgo y comunicación, fideliza a los empleados más valiosos, ayuda a transmitir el conocimiento tácito, favorece la transmisión de la cultura, crea una cantera de futuros profesionales para planes de sucesiones e incrementa el nivel de satisfacción y compromiso. Pero hay más. El experto en *mentoring* Luis María Gasparotto diría, en suma, que "*un proceso de mentoring contribuye decisivamente a la estrategia del negocio. Enunciémoslas:*

- *Posibilita a la organización ofrecer la ayuda de un mentor al grupo de potenciales colaboradores identificados como 'prioritarios para la estructura' y las competencias requeridas por el desarrollo actual o futuro del negocio.*
- *Mejora el clima de la organización al permitir que aflore lo mejor de las personas: la voluntad de ayudarse unos a otros, renovando el sentido y la pertenencia.*
- *Es un poderoso imán para atraer a personas talentosas que dan mucha importancia al desarrollo permanente.*

- *Logra una mayor efectividad de costos de entrenamiento pues el plan de desarrollo es personalizado y la práctica guiada se dirige a las necesidades específicas de cada persona.*
- *Es un medio para transmitir la visión, los valores, la experiencia, y el conocimiento de la organización a las generaciones de recambio.*
- *Acelera la integración y sinergia entre áreas o ya sea en una región, al conformar pares mentor-colaborador de las diferentes áreas o geografías.*
- *El colaborador enriquece su visión de la organización y aumenta su visibilidad, facilitando sus decisiones de crecimiento".*

Resumiendo, el *mentoring* colabora con la implementación del plan de RR.HH. para contar con la organización y las personas con la visión, competencias, motivación y valores necesarios en el momento oportuno.

¿Qué papel juega el feedback en todo esto? ¿Qué tipo de conversaciones se generan detrás de este tipo de procesos? ¿Cuál es el rol conversacional del mentor? Aquí también muchos de los caminos conducen a la utilización del feedback. En un proceso de *mentoring*:

- Necesitamos dar y recibir feedback para relevar las expectativas del colaborador, centrándonos en tomar nota de las inquietudes y visiones que él tiene respecto de su futuro, tanto al nivel laboral como al nivel personal.
- Necesitamos administrar una buena batería de preguntas poderosas, dando y recibiendo feedback sobre los pensamientos del colaborador y ayudarlo a definir su plan.
- Necesitamos escuchar activamente, tratando de limpiar las dudas o los puntos poco claros que desarrolla el colaborador, esto no es posible sin un feedback "circular".
- Necesitamos ofrecer aliento o feedback positivo en forma consistente.
- Necesitamos desarrollar la empatía y el *rapport* en las conversaciones con el colaborador, en donde el feedback con "cuerpo, lenguaje y emoción" se hace imprescindible.
- Necesitamos entender sus dudas, saber la historia personal y comprender de dónde viene y qué siente.
- Necesitamos armar un plan de acción, sin tratar de decir qué haríamos en su lugar, sino de cuáles son las posibilidades que los colaboradores pueden encontrar desde sí mismos.
- Necesitamos ayudarlos a clarificar expectativas sobre su futuro, dando y recibiendo feedback, ya que el líder mentor puede referir a sus propias experiencias como una ayuda para pensar.

En un proceso de *mentoring*, se maneja un fuerte intercambio de información y se definen metas, por lo tanto, no debe ser unidireccional si deseamos el compromiso de los colaboradores con su futuro y con la organización. La relación y la confianza entre el líder y el colaborador se profundizan y renace un nuevo e importante vínculo.

¿Cómo podemos potenciar un proceso de *mentoring*, ayudando a nuestros colaboradores desde una actitud permanente de dar y recibir feedback?:

- Animemos al colaborador a comentar sus metas.
- Ayudemos al colaborador a esclarecer formas de aprovechar al máximo la relación de *mentoring*.
- Enseñemos al colaborador a revisar periódicamente las metas como una forma de enfocarse en ellas y de medir el avance logrado.
- Auxiliemos al colaborador en lograr sus metas mediante conversaciones, compartiendo información, percepciones y sentimientos.
- Tengamos con el colaborador conversaciones significativas, con apertura y confianza.

No olvidemos que el *mentoring* tiene como objetivo el desarrollo, que conlleva un proceso puramente conversacional, de relaciones y de comunicación bidireccional. Aunque el formato más conocido sea el individual, es decir, entre un mentor y un colaborador, existen otras modalidades que permiten desarrollar el *mentoring* en diferentes contextos:

1. *Mentoring* múltiple: cuando un colaborador tiene varios mentores de referencia, lo que suele producirse en situaciones más informales.
2. *Team mentoring*: un mentor con un equipo de colaboradores.
3. *Reverse Mentoring*.

Nos detendremos en este último, ya que los dos primeros pueden cubrirse conceptualmente con lo visto hasta ahora y el último punto, relacionado con las nuevas generaciones y el uso de la tecnología.

¿Qué es el reverse *mentoring*? En plena revolución 4.0, en los comienzos de la era digital, y hablando de tecnología, los factores edad/habilidad invierten los términos de su relación: mayor edad no implica mayor pericia. Los jóvenes tienen que aprender a enseñar a sus jefes y compañeros, "adultos experimentados", una de las grandes tendencias empresariales del futuro inmediato. Esta figura consiste en que, al contrario de lo que es habitual, son los empleados más jóvenes los que guían y orientan a los más veteranos en determinadas disciplinas, como todas las relacionadas con la tecnología o las redes sociales. Es decir, de alguna forma, esta figura invierte el orden natural que ha seguido la relación maestro-discípulo a lo largo de la historia de la humanidad. Aquí se genera un gran valor añadido al unir generaciones, por eso no tiene que ver con la edad cronológica de sus protagonistas, sino con el tiempo que uno y otro lleven trabajando con esa disciplina. Para el caso de la tecnología, los más jóvenes llevan mayor experiencia en el tema.

El reverse *mentoring* ya fue implantado por Jack Welch en los años noventa como una de las dinámicas de aprendizaje de General Electric Company. En aquel momento, se utilizó para el aprendizaje de internet. Hoy, el hecho de que en las empresas convivan hasta cuatro generaciones distintas de trabajadores hace que esta técnica de acompañamiento sea especialmente indicada para lograr la mejora continua de las personas de la organización. Y es que prácticamente ya no hay proyecto o equipo en el que no convivan al menos un representante de las cuatro generaciones; con intereses, prioridades y formas de trabajar distintos, pero que, sin duda, tienen mucho que aportarse unas a otras. El reverse *mentoring* es una consecuencia lógica del incremento exponencial en la velocidad del cambio que ha traído esta nueva era digital. Resulta de gran utilidad para formar a las generaciones más analógicas en estas nuevas dinámicas digitales.

En este sentido, las más jóvenes incorporaciones a la compañía ya están ejerciendo como mentores de sus colegas mayores, ya que hay una gran urgencia por conocer nuevas funcionalidades, aplicaciones y dispositivos tecnológicos. Necesitan integrar cuanto antes todas esas novedades de forma transversal a lo largo y ancho de la organización si no quieren perder competitividad. Y en ese proceso de adaptación exprés, los más jóvenes tienen mucho que decir. Ellos son la puerta de entrada de los nuevos modelos generados por la transformación digital de la sociedad, y también los principales evangelizadores de sus ventajas. ¿Quién se iba a imaginar a un joven de 23 años sentado en el escritorio de un director que le duplica la edad, apoyándolo en el aprendizaje digital y brindándole el feedback necesario para ver si está bien encaminado? El gran valor añadido de esta herramienta es sin duda su capacidad para adiestrar, a través de la experiencia propia de los jóvenes, a las personas con menores competencias tecnológicas. Las empresas de mayor éxito en el mundo trabajan con *mentoring* inverso. Se trata, además, de un gran *driver* de gestión del cambio organizacional, ya que ayuda a la compañía a comprender mucho mejor las nuevas tendencias del mercado en lo que al componente digital se refiere.

En todas sus formas, el *mentoring* es aprendizaje a través de la experiencia compartida, y quienes intervienen como líderes mentores deberán convertirse en un soplo de aire fresco para el desarrollo de las personas. La necesidad de aprender y la necesidad de ayudar a otros a aprender son impulsos emocionales profundamente arraigados en el interior de la mayoría de las personas. Dijimos que el apoyo que brinda el *mentoring* está relacionado con el "aprendizaje reflexivo". Esto se hace imposible sin conversaciones de ida y vuelta: no se erija mentor si no está preparado para dar y recibir feedback.

## La presencia del feedback en el proceso de *counseling*

Hace unos años, y con el afán de conocer nuevos consultores para el equipo, tomé la decisión de dedicar un tiempo a realizar entrevistas pendientes a profesionales que se habían acercado a nuestra consultora para ofrecer sus servicios. Como sucede siempre en nuestro caso (no somos una consultora "de poner un aviso para reclutar"), los que se acercan son profesionales con los que nos hemos conocido en algún momento de nuestra vida laboral o nos hemos cruzado en algún proyecto empresarial. El grueso de los que entrevistados estaba conformado por los facilitadores y consultores que nos decían "estoy certificado en coaching y lo hice en tal o cual institución". Hasta que en algunas entrevistas me topé con profesionales que me dijeron otra cosa: "estoy certificado en *counseling* en tal o cual institución". Si bien en el mundo de la facilitación, uno más o menos conoce de qué se trata cada modelo de "intervención", no dudé en reforzar mis conocimientos con esta pregunta: "¿Y de qué se trata realmente esto?", consulté cada vez que pude. De ahí en más siempre relacioné *counseling* con feedback.

El *counseling* es una profesión de ayuda que tiene su origen en la psicología humanística y el *counselor* o "consejero" es, por lo tanto, un profesional que se dedica a ser un facilitador de las capacidades humanas, asesorando en la promoción de cambios y transformaciones que permitan la superación de los conflictos y un adecuado desarrollo de la persona. Sus funciones son acompañar emocionalmente, aconsejar, asesorar, asistir en procesos de cambio y desarrollo personal y facilitar el despliegue de potencialidades, tanto en situaciones organizacionales como en el ámbito personal.

El *counseling* toma a la persona de manera integral tratando de aunar los distintos aspectos de la personalidad, potenciando el autodesarrollo con un enfoque centrado en la persona. Como Maslow, Carl Rogers fue un psicólogo que puso mucha importancia en el desarrollo personal enunciando que "*los individuos tenemos una capacidad innata de autorregulación y esto puede definirse como una motivación innata presente en toda forma de vida di-*

*rigida a desarrollar sus potenciales hasta el mayor límite posible*". Es esta tendencia la que guía a la persona y sobre ella trabaja el *counselor*.

La conversación de un *counselor* no debe ser emparentada con la terapia ni el espacio de lo psicoterapéutico, sino con el desarrollo personal y humano. Más allá del marco teórico que el profesional implemente, sea este desde el enfoque humanístico o sistémico, su tarea de ayuda estará dirigida a personas que necesitan un momento de escucha y acompañamiento para comprender mejor sus problemas, tomar decisiones o realizar cambios en algunos aspectos de sus vidas. El *counseling* viene a llenar parte de un vacío sociocultural, como una oportunidad para el desarrollo de las potencialidades inherentes de la persona y para que estos puedan reconocer sus propios recursos internos. Si uno va hilvanando conceptos, podemos unirlos fácilmente a cuestiones ya vistas desde el mismo coaching o *mentoring*. De ahí que es fundamental el establecimiento de una relación de ayuda con el colaborador. En el proceso conversacional, el *counselor* generalmente utiliza en sus entrevistas distintos tipos de técnicas o una combinación de estas, siempre basadas en una forma de abordaje particular:

- Congruencia: ser genuino; ser honesto con el colaborador.
- Empatía: la habilidad de sentir lo que siente el colaborador.
- Respeto: aceptación positiva incondicional hacia el colaborador.

Estas tres competencias básicas ayudan a reforzar el vínculo *counselor*-colaborador para lograr una relación de confianza, de introspección personal y, como no podría ser de otra forma, centrado en la escucha activa y en la comunicación asertiva.

Consultando al profesor Roly Pereyra, un experimentado facilitador y *counselor* con el que compartimos algunos proyectos, me decía al respecto que "*las formas que tiene esta disciplina para utilizar el feedback son muy variadas. El principio fundamental es que primero está el vínculo y luego la tarea, es decir que con un buen vínculo la tarea se facilita y con un mal vínculo la tarea se dificulta. Y esto ocurre en cualquier ámbito más allá del counseling. Las técnicas que se utilizan en counseling para el feedback (intercambio de información y comunicación) comienzan básicamente por lo que llamamos el 'chequeo de percepción'. Este tiene dos finalidades, la primera es estar seguros que entendemos lo que el colaborador está queriendo decir, y la segunda es mostrarnos presentes en la entrevista proporcionando información clara de que estamos ahí, con él*". A simple vista, un proceso de feedback "del más puro".

Buscando y ahondando un poco más en este concepto, hemos hallado que el chequeo de percepción tiene algunos comportamientos observables: uno de ellos es devolverle al colaborador en forma de pregunta lo que el acaba de decir. Esto tiene la finalidad de que, al hacerlo, le abrimos un espacio para que reflexione sobre lo dicho. En segundo lugar, se pueden observar los reflejos emocionales que nos permiten empatizar con el colaborador acerca de lo que está sintiendo en ese instante o sintió cuando ocurrió algún suceso. En algunos momentos de la conversación, también se le facilitan al colaborador hipótesis en forma de pregunta con el fin de ofrecerle la alternativa de tomar o dejar dicha hipótesis. Expresado esto, podemos decir que la utilización del feedback a través de estas técnicas es permanente. Y no solo permanente, en el *counseling* también aparecen la escucha, la empatía, el *rapport*, las preguntas poderosas, el aseguramiento de que el otro está comprendiendo el objetivo de la conversación, cuáles son las expectativas de ambas partes y sobre qué cambios hay que hablar. Con el proceso de *counseling* –al igual que con el coaching y con el feedback– no se indica el camino, se ayuda a que el colaborador descubra dicho camino para lograr la toma de consciencia, la aceptación del cambio y la resolución de sus problemas.

El ingeniero Miguel Torcida, autor del libro *La calidad del ser persona*, en su obra tiene como propósito enseñarnos cómo desde el *counseling* se pueden formar "personas de buena calidad". Si observamos bien, tanto los procesos de feedback, coaching, como en el *mentoring*, "las propuestas" se dirigen hacia un cambio. En el *counseling*, también. Dice este autor: "*el resultado de una interacción de counseling tiene que desprender un 'efecto sinérgico' para el cambio, pues debe generarse una energía adicional en virtud de esa conversación. El colaborador debe percibir la necesidad de cambiar. Tomar firmemente la decisión de cambiar. Saber cómo cambiar. Y entrenar ese cambio*".

Cuántas cosas parecidas y cómo el feedback sigue siendo un hilo conductor del cambio en las personas. Decía Carl Rogers en una de sus famosas frases: "*la curiosa paradoja es que cuando me acepto tal cual soy, entonces, puedo cambiar*". Un feedback efectivo "en todas sus formas y en todos sus tamaños" sigue siendo una gran mirada al espejo.

## El feedback al servicio del negocio: la gestión del desempeño y la conversación de desarrollo

En el capítulo 10 hemos trabajado sobre el cuadro de mando integral como fuente para habilitar procesos de feedback. Será más que interesante, entonces, que esta y las tres secciones siguientes las dediquemos a profundizar en la intervención del feedback en cada una de esas cuatro dimensiones. Comenzaremos por la dimensión “negocio”.

¿Y por dónde empezar la presente sección? En primer lugar, debemos recordar que, en nuestra investigación, solo el 32% de los encuestados dijo tener dentro de sus organizaciones líderes preparados para dar este tipo de feedback. El 39% estuvo “algo de acuerdo”. El “rendimiento organizacional” depende del desempeño de todos los que colaboran en ella. En las organizaciones es importante evaluar a las personas y a los equipos de trabajo, debido a que el éxito de una organización está basado en gran parte en el desempeño de estos, y mientras este sea medido y monitoreado, será posible tomar decisiones y emprender acciones orientadas a obtener mejores resultados y mayor productividad. Ahora que cruzo los datos de la investigación con las definiciones dadas anteriormente, me viene a la memoria que a veces veo que en algunas empresas las cosas no van muy bien, pero eso sí, los resultados de las evaluaciones de desempeño de la gente están impecables. ¿Cómo puede ser posible? Y como este no es un libro destinado a trabajar o explicar las “variables duras” que hacen al desempeño de la rentabilidad, me voy a permitir aportar aquellas cuestiones que deberán tenerse en cuenta para que las conversaciones en la gestión del desempeño y del desarrollo puedan ser tomadas en cuenta por los líderes como algo mucho más importante que llenar formularios.

En principio, diré que me gusta mucho la distinción que realiza el doctor Luis María Cravino en su libro *Metáforas del desempeño*, en el que dedica un tiempo a comprender las diferencias entre evaluación del desempeño y la gestión del desempeño. Y no es un tema menor. Cravino habla de separar ambos conceptos: “*la evaluación del desempeño como herramienta del pasado y la gestión del desempeño como herramienta del futuro. La evaluación del desempeño es el paso final de la gestión del desempeño, que provee tanto la oportunidad de revisar lo que se ha hecho, como elaborar planes futuros. La gestión del desempeño es un proceso continuo de comunicación, comprometido en sociedad entre el empleado y su jefe para establecer metas, rendimiento esperado, mejoras que se puedan realizar y mediciones o calificaciones al respecto. La gestión del desempeño es un instrumento de comunicación que genera una comprensión compartida de lo que debe lograse y cómo debe lograrse, para que se cumplan las expectativas establecidas*".

Si recordamos los primeros capítulos, la evaluación del desempeño está mucho más emparentada con la "rueda de adelante" de nuestra bicicleta (fijar una dirección), ¿la recuerdan? Como ya se podrán imaginar, voy por el segundo concepto: el de gestión del desempeño, ya que se trata más de un proceso conversacional. Y en ese proceso de carácter comunicacional, entran en juego el "qué" se logró y el "cómo" se logró. En este sentido, estas conversaciones continuas son parte de la "rueda de atrás" de esa misma bicicleta (dar impulso). Evaluar es más del *management* y conversar es más del liderazgo.

Siguiendo a Cravino, esas conversaciones tienen un orden; veamos la ilustración 18:

**Ilustración 18: Flujo de la gestión del desempeño/*Metáforas del desempeño*, de Luis María Cravino**

Cabe agregar que "gestionar el desempeño" es más que una herramienta administrativa impulsada por RR.HH. una o dos veces al año. Se trata de un proceso para que los verdaderos líderes se adueñen de la gestión y el desarrollo de sus equipos.

Siempre estuvo en juego el cómo juegan los tiempos de este ciclo. ¿Cada cuánto tiempo? Esto ya lo hemos visto anteriormente cuando discutimos sobre la complementariedad entre los tiempos formales para las conversaciones de feedback de desempeño, y aquel espontáneo o informal y continuo, que podemos ir llevando a cabo en nuestro día a día.

También es muy significativo ver los cambios que se están produciendo con la incorporación de nueva tecnología a los procesos de gestión del desempeño. Hay organizaciones que ya cuentan con novedosos modelos de gestión de desempeño, que, como nos podemos imaginar, no es una tarea fácil. Ya se están llevando a cabo procesos más frecuentemente y con una plataforma digital detrás que los fortalece. Existen compañías internacionales de alto prestigio que consideran a la gestión del desempeño como una "potenciación del rendimiento" y han sabido adaptar sus modelos anteriores a sus objetivos. Deloitte transformó completamente su modelo de gestión del desempeño, aplicando estas ideas clave: enfocarse en reconocer un buen desempeño, el feedback del desempeño debe enfocarse en el futuro y las revisiones de dicho desempeño deberían priorizar los comentarios de los compañeros y supervisores directos del empleado. General Electric decidió "no más revisión anual", cuando anteriormente había sido una de las organizaciones defensoras de que los procesos de gestión del desempeño debían ser anuales. Para reemplazar ese antiguo sistema, la compañía devolvió el poder a sus gerentes. La nueva misión de los gerentes es apoyar de manera más orgánica a sus trabajadores sin utilizar un sistema de clasificación estrictamente definido. Los gerentes de General Electric ahora trabajan con sus colaboradores durante todo el año, modificando flexiblemente el enfoque de la fijación de metas y la orientación del desempeño cuando haga falta. Accenture decidió que un sistema de evaluación rígido no era adecuado para fomentar el alto desempeño de los empleados porque a menudo se recompensa a quienes son los mejores y se deja de lado a quienes tienen un menor rendimiento, lo que genera discordias y problemas internos entre los compañeros de trabajo. Para sobrellevar esta situación, la compañía pasó de la evaluación del desempeño al "desarrollo del desempeño". En un proceso multifacético, los colaboradores trabajan con sus superiores para establecer metas para ellos mismos. Luego, los empleados trabajan durante todo el año para alcanzar dichos objetivos, todo esto respaldado por mecanismos de feedback interno, como un *software* fácil de usar.

Todos estos modelos –desde los más clásicos hasta los más innovadores– carecen de sentido si no llevan consigo conversaciones de desempeño y de desarrollo. La gestión del desempeño no sirve sin las instancias de feedback. Tiene que haber un flujo permanente de conversaciones entre líderes y colaboradores. Todos los factores tienen su peso: fijar metas con el modelo SMART –por ejemplo– tiene su peso, y realizar las conversaciones de feedback en tiempo y forma tienen el suyo. Preparémonos en forma integral: para saber fijar metas, para poder hacer los seguimientos respectivos, para mantener las conversaciones necesarias y para armar planes futuros. Según Jack Welch, conversar sobre desempeño es prepararnos para trabajar en cuatro supuestos básicos: "*¿qué hacer con quienes no obtienen resultados ni demuestran las competencias requeridas? ¿Qué hacer con aquellas personas que no obtienen resultados, pero demuestran cierto grado de competencias? ¿Qué hacer con aquellas personas que obtienen resultados, pero no lo hacen con las competencias requeridas? Y finalmente ¿Qué hacer con las personas que obtienen resultados y demuestran las competencias?*". De una manera u otra, cada uno de "estos cuadrantes" impacta en el rendimiento organizacional. Y cada una de estas cuatro situaciones de desempeño necesita de distintos abordajes, distinta información, distinta preparación y distintas emociones al momento de conversar. Con modelos o sin modelo innovadores, estas cuatro situaciones seguirán apareciendo. Un cambio de proceso o el agregado de una nueva tecnología no nos salvará de la preparación necesaria para entablar estas conversaciones de desempeño.

Otra cuestión muy importante es reconocer qué se conversa con "desempeño" y qué se conversa con "desarrollo". No concibo estas dos conversaciones separadas. El momento para hablar de desempeño debe ser también el momento para hablar de desarrollo. Ambas dimensiones me permitirán como líder establecer objetivos reales y alcanzables, delegar con guía, dar retroalimentación sistemática, promover la autoestima, generar un contexto de seguridad y confianza con el colaborador, llevándolo a asumir responsabilidades, fijarse altos estándares, ser más proactivo y ensayar nuevas maneras de hacer su trabajo. Todo un círculo virtuoso.

Les sumo algunos datos de una investigación sobre liderazgo que hemos hecho hace unos años desde Umana sobre una base de 700 casos: "*solo el 45% de los líderes definen, comunican y clarifican las metas importantes a sus equipos de trabajo; solo el 26 % de los entrevistados cree que los líderes de las organizaciones son absolutamente honestos en las interacciones con los colaboradores al momento de hablar de desempeño; solo el 33% de los líderes brindan feedback regular sobre la marcha del equipo hacia el logro de las metas y solo el 38% de los líderes hacen que la medición del desempeño sea transparente, pueda recompensarse y mejorarse*". Déjenme hacerles una broma: estudiemos nuevamente los capítulos 10 y 11 del presente libro; los treinta posibles obstáculos en un proceso de feedback, feedback formal o feedback continuo, feedback positivo y feedback negativo, foco en fortalezas o foco en oportunidades de mejora, cuerpo, lenguaje y emoción, el "ascensor de las inferencias", los modelos "de la hamburguesa" y "A CONFIAR". Desde un feedback efectivo, tendremos una gran oportunidad de dar vuelta estas estadísticas y, por ende, ayudar a mejorar el rendimiento organizacional. Tenemos que gestionar desempeño, es un imperativo organizacional: analizarlo, evaluarlo, medirlo, conversarlo. Aunque sea a través de procesos simples, pero hacerlo. No podemos hablar de mejorar la productividad de la organización si antes no conversamos sobre desempeño. No podemos armar la futura generación de líderes si no hablamos de desarrollo. Por ello, en la gestión del desempeño no pueden faltar las conversaciones de desarrollo. En verdad, la experiencia nos dice que aquí se presenta un "efecto evasivo" por parte de los líderes, ya que en líneas generales la mayoría de ellos son renuentes a tratar este tipo de temas bajo la creencia de que al conversar sobre las expectativas de crecimiento o de carrera de las personas, se crea un compromiso del que tienen que dar una respuesta inmediata o hacerse cargo de lo que pueda pasar en el futuro. Algunos líderes piensan que el solo hecho de despertar expectativas en el colaborador deja expuesta a la organización a tener que ofrecer un plan de carrera. Esto no es así. Hay que tener conversaciones de desarrollo sin que signifique que por tenerlas le estamos asegurando una promoción o un cambio de puesto a alguien. Por lo visto, esta conversación lleva consigo un grado mayor de dificultad que hablar de desempeño. De la misma manera que no se puede gestionar el desempeño sin conversar, no se puede gestionar el desarrollo sin conversar. Si recuerdas, en el "modelo de la hamburguesa", el "pan de arriba" significaba una especie de consenso de expectativas a la luz de un plan de acción futuro. Es aquí donde debe "meterse" la conversación sobre el desarrollo: desarrollo de competencias, desarrollo de nuevos conocimientos, desarrollo de nuevas responsabilidades y desarrollo de carrera. Se trata de una conversación para escuchar, anotar, preguntar, indagar, repreguntar, chequear y volver a preguntar acerca de cómo el colaborador ve, piensa y hasta fantasea con el futuro dentro de la organización.

Una vez, hablando con el presidente de Delta Management, Claudio Nicolini, me hacía el siguiente comentario: "*ningún gerente está exento de que un colaborador le pregunte a boca de jarro ¿qué potencial crees que tengo? La respuesta clásica a esta pregunta es 'se trata de información confiden-*

*cial'. Y el empleado insiste con un 'no me importa lo que opina la empresa, al menos quiero saber lo que tú opinas"*. Tú puedes dar una cuidada opinión personal al respecto, pero no tienes por qué tomar un compromiso inmediato y menos hacerlo en nombre de la organización.

Que tema delicado es esto del feedback del o para el potencial, parecería un oxímoron. Por su misma contradicción de términos, el sentido de feedback de potencial, es algo que no puede existir. ¿Cómo dar retroalimentación de algo que no sabemos si puede pasar? La idea es que el colaborador acceda a la comprensión de su propio comportamiento, la mejora de sus capacidades o tener mayor consciencia de sí mismo. Es todo un desafío que esto se transforme en otra función del feedback. Quisiera sumar las ideas de Ricardo Czikk, psicólogo, consultor de empresas y especialista en desarrollo organizacional cuando nos dice *"si lo que uno quiere es ayudar para que el otro incremente su capacidad potencial, alcanza con darle feedback. Sólo que se debe aclarar el término: capacidad potencial se toma por analogía al concepto físico de capacidad que tiene un cuerpo de realizar trabajo. Estamos hablando de aquello que sucede en el aquí y ahora del sujeto trabajando, cuando es sometido a fuerzas orientadas a estimular o impedir la realización del trabajo. Un poco más: el trabajo no es la tarea, sino el esfuerzo de avanzar hacia la meta utilizando la capacidad para asegurar decisiones intencionadas. Todo feedback libera energía potencial, vale decir, facilita avanzar hacia la meta y que el trabajo se realice al máximo de esa capacidad potencial. Y acá viene el asunto, porque hay un segundo sentido, aquel al que seguramente nos referíamos a si alguien tiene potencial futuro. Porque en general cuando se habla de potencial se piensa en el futuro, en lo que "podría ser". En este segundo sentido, dar feedback sería sobre un comportamiento que no es actual sino sobre algo que podría suceder o no, en el futuro. Acá se arma el problema en la gestión de recursos humanos. Como nos daremos cuenta, estamos ante una contradicción lógica: ¿Cómo dar feedback sobre algo que no ha sucedido (pasado) ni está sucediendo (presente)? En todo caso, podría el evaluador tener alguna presunción válida acerca de la capacidad futura de la persona y que dado ella haga una orientación. Pero insisto, no estaríamos ya en el terreno del feedback, sino en el de una apuesta sobre el crecimiento de la capacidad potencial. Se trata más de una contribución para que la persona se vaya preparando progresivamente a nuevos desafíos. Por eso diría que es imposible un feedback del potencial, como si se tratara de una comunicación sobre el potencial, sino más una conversación para el potencial"*. Si bien esta "conversación para el potencial" se encuadra en una conversación de desarrollo, delicada, pero conversación de desarrollo al fin, muchas veces debe ser alimentada con *tests*, diagnósticos, evaluaciones y herramientas que permitan tener una orientación más cercana al potencial de las personas. Muchos líderes no están preparados para hacer este tipo de devoluciones por eso las áreas de RRHH hacen que los mismos especialistas que "tomaron" esas evaluaciones sean los que entreguen la información de potencial. Ojo con esto y desde mi punto de vista, todo lo que esté relacionado con "información de potencial" debe ser confidencial y de llevarse a cabo una devolución, deberá realizarse sólo con los aspectos relacionados a fortalezas y oportunidades de mejoras.

¿Recuerdas la metáfora de los vasos de vidrio? El empleado puede estar con el "vaso lleno" (conocimientos y habilidades), pero quizás no esté en condiciones de "agrandar su vaso" (inteligencia emocional, pensamiento estratégico y visión global del negocio). Tal vez esté bien donde está; sin embargo, no estará en condiciones de salir a tomar decisiones más importantes dentro de la organización. En términos automovilísticos, el desempeño lo provee el "espejo retrovisor", el desarrollo ya forma parte del "parabrisas". En el primero, tú tienes todo como para demostrar y describir; en el segundo, escucha, anota y antes de tomar algún compromiso, pide ayuda. Más allá de que tú puedas visualizar potencial a través de la autonomía que ejerce el empleado, quizás la organización te provea, desde el área de RR.HH., las herramientas que te posibiliten dar un feedback más certero al respecto (si es que forma parte de la política de la empresa). Las organizaciones maduras saben "dar señales" tanto a los líderes como a los empleados, como para poder conversar sobre el desarrollo o los planes de carrera de la gente. Volviendo a la investigación que presentamos al inicio del libro, algunos de los reclamos importantes de la gente pasaban por la falta de conversaciones de desarrollo.

Un gran escenario para fijar metas de desempeño de una forma mucho más organizada y razonable, es el modelo SMART. Su autor George T. Dorian en 1985, propuso una manera "inteligente" y que actúa como una gran base para dar y recibir feedback:

***Specific*** (Específicos): definir qué, cómo, cuándo y dónde.

***Measurable*** (Medibles): para saber si los estamos alcanzando. *KPI's*, por ejemplo.

***Achievable*** (Alcanzables): fijar metas que estén dentro de lo humanamente probable.

***Relevant*** (Relevantes): realistas con relación a recursos y medios disponibles.

***Timely*** (A tiempo): programarlos para cumplirlos en tu tiempo límite.

Complementando a la fijación de metas SMART también contamos con el método OKR (*Objectives and Key Results, término inglés que significa "objetivos y resultados clave"*) popularizado por Intel y Google. Se trata de un sistema para definir, revisar y actualizar los objetivos de manera periódica. Son sencillamente un protocolo de fijación de metas colaborativo diseñado para compañías, equipos o individuos. Se trata de una metodología que ayuda a asegurar que todos los esfuerzos a lo largo y ancho de una compañía se enfocan en los mismos puntos clave. Otra buena base para dar y recibir feedback en forma continua y planificada.

Por otro lado, el modelo GROW (John Whitmore–1992) es un gran disparador de conversaciones de desarrollo. Tú puedes establecer preguntas que te permitirán un "ida y vuelta" con el empleado. Miremos cómo las preguntas siguientes pueden despertar una conversación de ida y vuelta y provocar un alto impacto comunicacional:

- Con la "**G**": ¿Cuáles son sus expectativas acerca de su desarrollo en esta organización? ¿Hacia dónde le gustaría dirigir su desarrollo dentro de esta organización? ¿Qué está esperando de la organización?
- Con la "**R**": ¿Cuáles son sus fortalezas que pueden acompañar su desarrollo anhelado? ¿Cuáles son las oportunidades de mejora que pueden hacer más lento su desarrollo? ¿Con qué obstáculos se puede usted encontrar?
- Con la "**O**": ¿Con qué opciones cuenta usted para prepararse y conseguir sus objetivos de desarrollo? ¿Qué ayuda le pediría a la organización?
- Con la "**W**": ¿Con qué acciones de desarrollo concretas comenzará usted a trabajar a partir de ahora?

El GROW es una cantera de preguntas poderosas que uno puede ir armando para tener una óptima conversación de desarrollo, una vez realizada la conversación de desempeño.

Tengamos en cuenta también a una herramienta integral como la "retroalimentación de 360 grados" para provocar feedbacks de alto impacto. Si bien no debe contemplarse como una herramienta de desempeño, aporta mucho a la conversación de desarrollo. Alguna vez leí una frase que le es atribuida a Benjamin Franklin: "*hay tres cosas extremadamente duras: el acero, los diamantes y el conocerse a uno mismo*". La herramienta de 360 grados vino a cubrir un importante hueco en esto de "conocerse a uno mismo". No es un solo "juicio" que te devuelve tu espejo, son múltiples los "juicios" y provenientes de diferentes "direcciones" los que te entrega ese mismo espejo. Es uno contra las tantas opiniones y visiones sobre cómo está actuando a través de sus competencias. Repasemos entonces, ¿qué es la herramienta o el proceso de 360 grados? Consiste en una evaluación integral para medir las competencias de líderes y colaboradores de una organización. Esta evaluación se basa en las relaciones que tiene el empleado, de tal manera que la retroalimentación es un factor clave para evaluar a los colaboradores y los equipos de trabajo. A través de un "llenado confidencial y anónimo", se obtiene un reporte a partir de la evaluación o "mirada" que hacen de un líder o colaborador, sus compañeros, subordinados, supervisores, jefes directos, clientes internos y clientes externos. Se basa en los comportamientos y habilidades que tiene la persona en su entorno laboral. Es un "zoom" que permite identificar las fortalezas que presenta el evaluado al llevar a cabo sus actividades laborales para reforzarlas, y sus áreas de oportunidad para trabajar en ellas. Así, de esta manera, la persona evaluada puede elevar su grado de efectividad, productividad y empleabilidad interna.

¿Por qué tiene tanto impacto y es una excelente base para una conversación de desarrollo? Porque el feedback para el colaborador se nutre con diferentes puntos de vista y perspectivas, lo que hace que la retroalimentación cuente con un mayor nivel de objetividad. Asimismo, es importante recalcar que, de incluirse en este proceso, una autoevaluación por parte del evaluado permite una introspección y visualización de su desarrollo mucho más integral. La conversación que aquí se produce es aún de mayor impacto porque de esta manera, y al contar también con la propia perspectiva del evaluado, se logra mantener un equilibro a través de una "calibración" de expectativas. El 90% de las empresas que figuran en la lista de *Fortune* 500 aplican algún tipo de retroalimentación de 360 grados. Para el caso de nuestra región, los datos son menos alentadores. La consultora Whalecom sondeó a cientos de empresas y los resultados dicen que el 79% de los entrevistados tiene conversaciones de feedback en ciclos formales y fundamentalmente bajo el esquema clásico *top-down* con un 67%; entre jefes y pares, en un 19% y en esquemas de 360 grados, solo el 24%.

Más allá de estos números, hay expertos que se resisten y siguen apostando a esta herramienta. El especialista en desarrollo de talentos y director de *Profiles Group* para la Argentina, Diego Curutcchet, considera que "*el feedback de 360 grados es sumamente importante porque se puede obtener información sobre las opiniones de otras personas y esto es clave para poder aumentar el desempeño. Todos sabemos que los comportamientos que uno realiza los ve desde su propia perspectiva y poder tener información sobre lo que ve el otro siempre y cuando sea con un criterio de "conducta observable", precisa y basada en comportamientos específicos va a ayudar mucho al colaborador evaluado para poder ver las cosas desde otra perspectiva. Este tipo de feedback múltiple siempre tiene que ser sobre lo que hizo esa persona y no sobre lo que me parece que debería haber hecho. Si puedo obtener información sobre la opinión que tienen las personas que trabajan conmigo, voy a poder ajustar mejor mis comportamientos y mi productividad dentro del equipo. El feedback de 360 grados es clave para el desarrollo de cualquier líder o colaborador*".

Cuando tú recibes un "multifeedback de 360 grados", y lo haces con compromiso y humildad, le estás "anunciando" a la organización y a su equipo los esfuerzos que harás para mejorar porque las demás personas expresamente estarán viendo qué estarás haciendo tú para cambiar. En algunas organizaciones, y como parte de su política de RR.HH., la persona evaluada debe contar en público a su equipo cómo le dieron los resultados. Estas organizaciones –maduras, por cierto– ven a esto como la única forma honesta de saber cómo está progresando y trabajando en el cambio. Imagínate el nivel de apertura, consciencia, respeto y decisión de autocrítica que se necesita para llevarla a cabo. Se trata de un feedback "a corazón abierto".

Como podemos observar, la conversación y el feedback de desempeño actúan de lleno para mejorar los resultados del negocio en el corto plazo, mientras que la conversación y el feedback de desarrollo actúan para saber quiénes van a mejorar los resultados del negocio en el corto, mediano y largo plazo. Existen elementos fundamentales en el desarrollo del liderazgo para el feedback. El consultor Marcelo Bellinzona, experto en entrenamiento y facilitación en habilidades gerenciales, insiste en que "*hay que implicar a los niveles superiores de la organización. El feedback requiere que se trabaje de manera holística, involucrando a los distintos niveles de la organización en cascada. Se debería empezar por los transmisores y ejemplo de la cultura de la organización: los líderes. Hay que favorecer la introspección del líder. Los proyectos de feedback deben iniciarse con un diagnóstico que permita al directivo conocer sus tendencias de comportamiento en sus reuniones de feedback y qué implicaciones tienen en sus colaboradores. Hay que ser intensivo en entrenamiento. El reto del feedback para un líder es el desarrollo de sus habilidades y su puesta en práctica. Deberíamos diseñar programas en los que un 20% del tiempo se invierta en sensibilizar y conceptualizar, y el resto en entrenamiento, por lo que las metodologías de desarrollo deben dejar espacio para que el directivo pueda poner en práctica las estructuras establecidas para cada tipo de feedback*". Whalecom dice que "*solo una de cada dos personas se encuentra satisfecha con la cantidad y la calidad de las conversaciones*". Por lo que observamos, hay un gran trabajo por hacer;

tomemos las conversaciones de feedback como un proceso continuo de comunicación entre el líder y sus colaboradores y revirtamos, por favor, las cifras de este último sondeo. De no ser así, quedan sueltas muchas expectativas de la gente y recordemos a William Shakespeare: "la expectativa es la base de toda angustia".

## El feedback al servicio de la experiencia del cliente

Según algunas definiciones de expertos, la "experiencia del cliente", o *customer experience* (CX), es el producto de las percepciones de un cliente después de interactuar racional, física, emocional y/o psicológicamente con cualquier parte de una organización. Sí, como tú leíste, con cualquier parte de una organización. Venimos de hablar de organizaciones redárquicas, por lo que esta definición estaría totalmente emparentada con lo que hemos trabajado en el apartado anterior. Siguiendo con los conceptos, esta percepción –que no generan solamente las áreas de índole comercial– afecta comportamientos y genera recuerdos que impulsan la lealtad del cliente, lo que a su vez impacta en el valor económico que genera una organización. Parecería que, si tú deseas que las cosas funcionen afuera, en primer lugar, debes conseguir que funcionen dentro de la empresa. En el mismo sentido, podemos decir que no puedo ser responsable en materia de atención y calidad de servicio para afuera, si primero no somos responsables de la atención y calidad de servicio puertas adentro. Así es, la atención y calidad de servicio al cliente comienza dentro de la organización; en efecto, y según palabras de Dave Ulrich, "*sus líderes deben ser la clase de gente que personifique las promesas que su empresa hace a sus clientes*". Podemos concluir que el personal operativo no brinda el servicio. Lo brinda toda la organización.

Me gustaría acompañar esta introducción con una de las frases predilectas de la especialista Cecilia Hugony, titular de la consultora RealCX: *"Quien me conoce, me ha escuchado decirla mil veces. La experiencia, es lo que el cliente percibe en cada interacción, y esa percepción se forma del gap que existe entre la expectativa que tenía de lo iba a pasar versus lo que finalmente vivió. Es por esto mismo, que todo parte de la expectativa ¿Conoces la expectativa de tus clientes? ¿Y sabes lo que realmente viven cuando interactúan con tu empresa? En esencia, la 'experiencia del cliente' se basa en conceptos muy simples, y una vez entendidos, el impacto financiero que genera, es extraordinario. Es una forma diferente de entender el negocio y cambia el proceso de toma de decisiones en todos los niveles de la organi-*

*zación. El crecimiento y la supervivencia de una organización dependen en gran medida, de que un cliente los vuelva a elegir por sobre cualquier otra opción, y los recomiende a otros. Es por esto, que la empresa necesita al cliente, mucho más que lo que el cliente necesita a la empresa. La pregunta es: ¿qué hace que un cliente decida volver? ¿Y qué rol juega la experiencia en todo esto? La respuesta está, en entender que la experiencia es lo que el cliente percibe cada vez que interactúa con la empresa".* ¿Cómo comprender qué le pasó al cliente por la cabeza o por sus emociones si no le pedimos su feedback? Leí alguna vez que el camino correcto es evaluar y tener feedback de esa experiencia porque significa estar atento a lo que los clientes sienten y sugieren. Implica disponer de un proceso deliberado para medir y «escucharlos» por todos los medios posibles: las redes sociales, el contacto directo, las encuestas y el seguimiento riguroso a sus voces de advertencia.

Sin duda, esto les hará ruido a las empresas gestionadas con alta dosis de arrogancia. Tampoco se trata de efectuar cambios cada vez que un cliente se queje, sino de responder a sus requerimientos con inteligencia y determinación; el cliente debe ser un aliado para aprender y transformarse.

Para sumar un poco más al tema, podemos decir que en esta cuarta revolución son seis los niveles de transformación: modelo de negocio, liderazgo digital, cultura interna, organización y procesos, plataformas ágiles y la experiencia del cliente. Algo hemos hablado de cómo están cambiando los modelos de negocios y a qué tipo de organizaciones debemos mudar. Hemos tocado muy de costado el asunto de las organizaciones ágiles –volveremos sobre este tema más adelante–, no es objetivo de este libro profundizar en la gestión de procesos –salvo los ligados a las comunicaciones y relaciones–, y habrá un capítulo completo sobre cultura interna. Es nuestra intención poner bajo la lupa la citada experiencia del cliente, ya que, desde nuestro punto de vista, todo comienza por aquí. Las cosas se arman de afuera para adentro: si no escuchamos, respetamos, establecemos relaciones empáticas y no hay un feedback de ida y vuelta con nuestros clientes, no pretendamos que en el interior de la organización esté todo bonito. Recuerden: "Lo que es adentro se refleja afuera". En muchas empresas, la burocracia empieza a ganar terreno y los empleados pierden su sentido de perspectiva de calidad de servicio: los debates generales sobre cómo atender mejor a los clientes se convierten en luchas personales. Esto significa que un empleado o departamento tiene que "ganar" y el otro tiene que "perder". La escritora Nina Zipkin argumenta que, si las empresas desean persuadir a sus clientes, deben empezar por personalizar los contactos. Conocer y mejorar la experiencia del cliente para llegar a su mente, a su corazón y, desde ahí, avivar su deseo de repetirla: esa es tarea de toda persona en una organización, no es exclusiva de los jefes. Por otro lado, escuchar a los «embajadores de la empresa» (colaboradores) después de su interacción con los clientes aumentará su sentido de pertenencia y cultivará su empatía. Esos colaboradores, sin saberlo, le revelan al cliente su nivel de satisfacción en la empresa. Por otro lado, Guillermo Occhipinti, consultor en *management* y autor del libro *Zombie Part Time*, nos dice que para ser ágiles con los clientes *"debemos formar equipos de trabajo que brinden soluciones sistémicas, que no se cierren en sí mismos para lograr sus propios objetivos sin lograr impactar efectivamente en toda la organización. Las diferentes áreas deben estar involucradas a través de equipos con foco en los clientes. Que combatan la soberbia y la arrogancia de sus líneas ejecutivas narcisistas que se la saben todas. Es central una participación activa con los clientes reales"*.

Quisiera traer a continuación algo que leí en *La mentalidad de fundador*, de Chris Zook, cuando en uno de sus capítulos expresa: "*Las decisiones y los recursos de las organizaciones en procesos de crecimiento quedan atrapados en tres grandes dilemas: los 'atrapados en sus sillas' (líderes o personas que no salen a tomar contacto con la realidad operacional) los 'vampiros energéticos' (áreas o personas que ralentizan la toma de decisiones, plantean procesos innecesarios, o directamente presentan asuntos que no pueden resolverse) o los 'silos departamentales' (defendidos a menudo por áreas o personas que se han convertido en expertos supremos del juego interno)*". Deseo sumar un dato de una encuesta que hizo circular un experto en LinkedIn: "El 68% de los consumidores no volvería a comprar un producto o servicio si no ha recibido un buen trato por parte de los empleados de una organización".

Entonces, ¿cómo es un negocio centrado en el cliente? ¿Por qué incluir esto en el presente libro? En primer lugar, y así como se está gestando una nueva estructura dual en la cual jerarquías y redarquías convivirán, una nueva forma de hacer negocios se abre paso: aquellos que la han elegido trabajan duro para colocar a los clientes en el genuino centro de todo el negocio. Esta centralidad en el cliente es un enfoque holístico para ofrecer productos y servicios que busca una experiencia de primera clase antes, durante y después de la compra. Un negocio centrado en el cliente triunfa brindando mejores experiencias que sus competidores directos.

Daniel Cedeño, director comercial de WOW! *Customer Experience*, afirma que "*existen ciertos aspectos importantes que apuntan a la centralidad en el cliente: conocen a sus clientes, diseñan experiencias centradas en sus clientes, evalúan y siguen métricas enfocadas en sus clientes y empoderan al equipo para brindar una experiencia centrada en el cliente. Para cada uno de estos puntos se emplea la retroalimentación para optimizar de forma continua la experiencia. Esto permite ajustar con pasión cada detalle a partir del conocimiento de cuáles son sus deseos, hábitos, intereses y motivaciones. Para ello conocen en profundidad cuál es el recorrido que realiza el cliente en sus interacciones con la organización*". Como podemos imaginar, buscan con el feedback continuo entender cómo se percibe la relación con la empresa, y como resultado diseñan interacciones que sorprendan y fidelicen. Con conversaciones programadas, exploran con detalle cómo viven los clientes su relación con la organización, entendiendo la experiencia como un todo. Este nuevo vínculo que construyen los prepara para interpretar con regularidad las expectativas, preferencias y experiencias del cliente. Se construyen procesos a partir de múltiples iniciativas formales de escucha, consulta, interpretación y actuación sobre feedbacks recopilados a través de encuestas, reclamos, redes sociales, llamadas grabadas y otras fuentes de datos. Se trata de una "montaña" de feedbacks para la cual hay que armarse de coraje para "escalarla", o solo escuchamos lo que es funcional a posibles mejoras que la organización podría llevar adelante.

Cabe agregar que para trabajar tan fuertemente con "el afuera" de la organización hay que empoderar a los equipos para proporcionar una experiencia centrada en el cliente. Por ello, son parte clave las interacciones entre líderes y empleados y entre empleados y clientes. Los negocios con un enfoque centrado en el cliente tienen altas expectativas de sus colaboradores y les dan el poder para tomar decisiones que favorezcan la experiencia. Se toman tan en serio el feedback de sus empleados como lo hacen con el de sus clientes. Por ello fomentan el compromiso y la productividad, midiendo con regularidad las percepciones de sus colaboradores mediante actividades específicas. Hay un gran cambio de paradigma. Revisemos la ilustración 19, en la cual vemos cómo la estructura piramidal tradicional, por donde se baja línea para "que los de abajo" atiendan bien a sus clientes, muta a una pirámide invertida, donde el cliente está en lo más alto. En el primer paradigma, los empleados están al servicio de los mandos medios, y estos, al servicio de la alta gerencia. El cliente queda abajo esperando que lo escuchen o lo atiendan de acuerdo a los tiempos que la organización necesita para funcionar vertical y sectorialmente. En el segundo paradigma, el CEO se pone al servicio de sus directores, los directores al servicio de los gerentes, los gerentes al servicio de sus mandos medios y toda la masa de líderes intermedios se pone al servicio de los empleados. El cliente, allá arriba. No podemos tener un servicio de excelencia para nuestros clientes externos si primero no practicamos responsablemente la orientación al cliente interno.

**Ilustración 19. Modelo del nuevo paradigma del servicio / El cliente en lo más alto, de Robert Greenleaf**

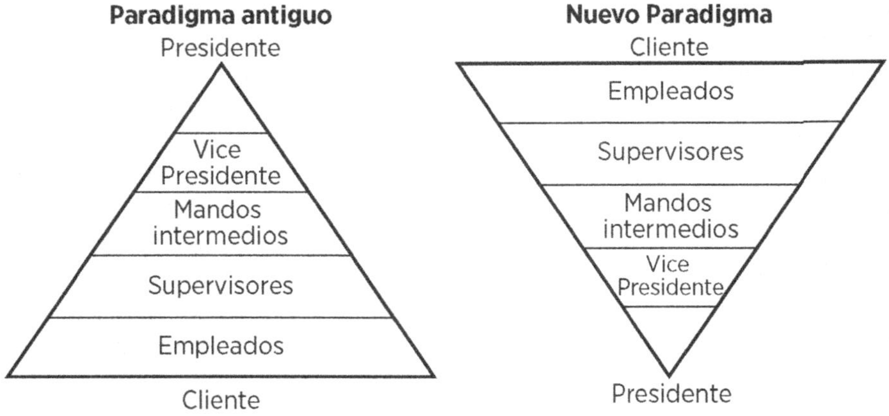


**Análisis La paradoja Un relato sobre la verdadera esencia del liderazgo**

Imaginemos con lo visto hasta ahora el "maridaje" de feedbacks que se deberá fortalecer o desarrollar: realimentación en todos los sentidos, retroalimentación invertida –es decir, entre todos los niveles de la organización, pero de abajo para arriba– y el feedback transversal en toda la cadena de valor, solo para empezar. El adentro debe estar condicionado más que nunca por las comunicaciones y relaciones que exige el afuera de la organización. Muchos piensan que el trabajo de la función de RR.HH. es interno, poner el foco en cómo tratar, motivar y retener a los empleados de la empresa. Según Dave Ulrich, en su obra *Leadership Code*, *"la creación de una estrategia centrada en el cliente debe llevar a la alta dirección a armar una 'marca de liderazgo' con enfoque hacia el exterior y que tendrá como objeto transmitir a los grupos de interés o stakeholders, especialmente a los clientes, confianza en el funcionamiento de los productos y servicios de la organización. El estilo de los líderes en las organizaciones debe proyectar comportamientos para incrementar la reputación en el mercado. En este sentido, si la empresa decide centrarse en el cliente se deberán desarrollar líderes centrados en el cliente y con valores que dirijan el comportamiento de los empleados hacia los factores que abordan las cuestiones que les importan a los clientes*". Si desde afuera el cliente pide transparencia, buen trato, comunicación fluida, feedback constante, adentro tiene que pasar esto primero.

Es por eso que algunas encuestas de clima laboral deberían completarse con los resultados del feedback de clientes (en nuestro caso, incluiría también proveedores y comunidad). Preguntar en el "afuera" y cruzar estos datos con lo que dio en el "adentro". ¿Cómo puede ser que nuestro clima laboral, nuestra motivación, la confianza que nos une, la fluidez de nuestra comunicación y el trato de los líderes con los empleados da arriba del 85% de satisfacción, pero resulta que el *Net Promoter Score* (NPS) –que es el indicador para medir la lealtad del cliente– da por debajo del 65%? La experiencia del cliente no debería distar mucho de la experiencia del empleado.

Finalmente, el autor Daniel Cedeño aporta que "*en este mundo nuevo solo ganarán los negocios que lo traten con respeto y que construyen con usted una relación a largo plazo. Al parecer triunfarán solo aquellos que sepan ponerse en sus zapatos*". En suma, los que ofrezcan una excelente experiencia.

## El feedback al servicio de los procesos y de la cadena de valor: el "*coaching by walking around*"

Una de las preguntas que hicimos en nuestra investigación estuvo relacionada con si entre áreas o entre colegas existían circuitos de feedback. Sin asombro, fuimos testigos de resultados bajos. Mi opinión posterior se basada en que "esto era moneda corriente" dentro de los comentarios que los participantes (de cualquier nivel jerárquico o sector) hacían en nuestros encuentros de capacitación o reuniones de mejoras. En verdad, todavía hay mucho trabajo por hacer, ya que como hemos visto en el apartado anterior, terminamos fragmentando el servicio o la experiencia del cliente. Al fin y al cabo, ellos son los grandes perdedores.

La idea de esta sección es concientizar sobre la importancia de trabajar con un entorno de "cadena de valor", promoviendo una actitud proactiva y de responsabilidad para que los líderes asuman el rol de arquitectos y dueños de sus procesos. Necesitamos sensibilizarnos aún más sobre la necesidad de superar los compartimentos estancos, desarrollando una mirada integral de la organización. Y aquí, el proceso de dar y recibir feedback cobra una dimensión crucial. Este paradigma de "mirar la organización a través de sus procesos" implica un cambio de actitud de los líderes y de los empleados en la forma de hacer y evaluar el trabajo del cual se es responsable. ¿Cuánto más hay que agregar que los clientes internos y externos son cada vez más demandantes y exigentes? ¿Cuántas veces más debemos reiterar que es necesario evolucionar –es una exigencia empresarial– desde la gestión tradicional hacia una gestión sistémica de procesos, sistemas y controles? ¿Por qué aquí juega un rol fundamental la cuestión comunicacional, conversacional?

Nos venimos comunicando "funcionalmente". De esa manera, el "qué y cómo hacer" lo define la estructura jerárquica, se distribuye el trabajo por áreas especializadas (e independientes unas de otras), se subdivide el trabajo por personas y se lo controla mediante un flujo de órdenes, decisiones, acciones e informaciones permanentes de doble sentido vertical. Este mundo jerárquico deviene en una estructura y dicha forma de organización trae aparejado un flujo de trabajo vertical, un conjunto de puestos de trabajo por funciones; el conocimiento se desdobla a través de dicha estructura, hay una "orientación hacia el adentro", se presentan procesos complejos y de poco valor agregado y así andamos por la vida organizacional tomando decisiones. En este tipo de estructuras funcionales, "las personas son el problema". Por supuesto, esto le da un marco o su propio sentido a los procesos de feedback. Cuando estamos en presencia de "trabajar o mirar la organización por procesos", pasan otras cosas: el trabajo se orienta básicamente hacia la satisfacción de las necesidades y expectativas del cliente y se diseñan procesos de alto valor agregado, lo que implica un cambio de paradigma y un cambio de actitud de las personas en la forma de hacer el trabajo. Y aquí el foco cambia: la estructura de la empresa es por procesos o por proyectos, se produce un flujo de trabajo horizontal, los puestos de trabajo son multifuncionales, se genera una integración del conocimiento y la orientación hacia el cliente es de alto valor agregado. De la misma manera que en el punto anterior hablamos de jerarquías, aquí recogeremos nuevamente el término de redarquías. Es decir, redes de trabajo enfocadas en procesos o proyectos clave, para dar servicios de calidad y con rapidez a nuestros clientes. En este tipo de estructuras, "el proceso es el problema". Aquí también se da un marco o cobra sentido otro tipo de feedback.

Una muy buena pregunta sería: ¿qué hay que hacer para ayudar a que las cosas sucedan? El feedback puede intervenir para conocer qué lugar ocupa tu trabajo dentro de todo el proceso, cómo evalúo ese proceso, que debemos saber para mejorar el proceso, ¿estamos todos en esto conjuntamente?, ¿qué permitió que el error se cometiera? Parece fácil, pero cuando observamos la evolución de los humanos, un aspecto que resalta es nuestra tendencia a construir grupos compactos, cerrados y claramente diferenciados de otros grupos. Cooperamos al interior de estos para protegernos y competir mejor "con los rivales". Configuramos "familias y clanes" porque necesitamos protección y requerimos un sentido de identidad y pertenencia. Cuando este "agrupamiento natural" ocurre al interior de una organización, entonces surgen paredes o divisiones que suelen conspirar contra el alcance de los objetivos organizacionales. Este fenómeno al interior de las empresas es lo que se conoce como el surgimiento de "silos" o compartimientos aislados. Son como "fronteras organizacionales": las hay "verticales" (fronteras entre distintas jerarquías), las hay "horizontales" (entre áreas funcionales), las hay "demográficas" (entre diferentes generaciones) y las hay "geográficas" (entre regiones o países).

¿Qué servicios nos puede brindar el feedback para bajar estas barreras? Nos puede ayudar a orientar las actividades hacia la satisfacción de los clientes internos y externos, a organizar y asignar responsabilidades en función de procesos y proyectos, a monitorear la gestión en base a indicadores de rendimiento y resultados de los procesos, a conseguir un mayor compromiso de los directivos y empleados, estableciendo políticas y habilitando recursos, reconociendo las buenas iniciativas y la participación, rompiendo las barreras entre los sectores y fomentando la creación de una visión compartida por todas las áreas.

El feedback puede dar ese servicio a través del "*coaching by walking around*". Entrenarnos mediante recorridas de coaching y feedback que tranquilamente puede formar parte de un estilo de gerenciamiento y liderazgo. Esta práctica, que implica mucho de sentido común, facilitará el hecho de que los líderes estén con su equipo y en todas las áreas para ver cara a cara a los colaboradores y saber cómo desarrollan las tareas y cómo se sienten en el trabajo diario. Se trata de una "herramienta" que tiene el líder para percibir cómo está funcionando el negocio, qué está pasando con el proyecto y cómo está el equipo. En su primer libro, Tom Peters nos introducía a un concepto muy parecido: el "*management by walking around*". Este autor lo expresa de la siguiente manera: "*resumiéndolo podríamos decir que el directivo, gerente o jefe invierte una cantidad significativa de su tiempo haciendo visitas informales por las áreas y escuchando a sus empleados y, en el caso particular de un hotel, a sus huéspedes. El objetivo es recoger la información de primera mano, escuchar quejas y sugerencias y estar al tanto del pulso de la empresa*". Asimismo, Tom Peters compartía un buen número de ejemplos de empresas tan importantes como Hewlett-Packard, General Electric, Pepsi, 3M, Disney o Wal-Mart que han llevado a cabo este sistema y que, obviamente, viene funcionando muy bien, tanto para esas como para otras empresas del mercado. Sigue Peters con: "*no significa que olvidemos nuestras responsabilidades mientras damos una vuelta por ahí. Incluso un recorrido por nuestra empresa puede hacer más daño que bien, si no se hace correctamente*".

La idea del "*coaching by walking around*" es incrementar la comunicación abierta y el feedback informal con los colaboradores, y ayudarlos a lograr resultados desarrollando sus puntos fuertes y sus habilidades, alentándolos y aumentando su confianza y corrigiendo sobre la marcha prácticas de trabajo incorrectas. El gerente, el jefe o el supervisor visita a los colaboradores en su sector y de otros sectores, y les presta atención a ellos y al trabajo que realizan. Este momento debe ser confortable e informal, para compartir información acerca del trabajo e, incluso, de cuestiones personales de los colaboradores.

Esto es más que interesante para barrer con el paradigma del "efecto funcional y jerárquico" que moldea hoy a las organizaciones. Para comunicar a los colaboradores lo bien o mal que están haciendo su trabajo y brindarles la oportunidad de tener un contacto directo con su líder (en este caso volvemos al "líder servicial"), hay que cambiar el chip. No veo mucha gente de marketing yendo a ver a la gente de logística. No veo mucha gente de ingeniería caminando las líneas de montaje; y más grave aún, no veo mucha gente de RR.HH. caminando la planta o el negocio.

Aquí, en esta experiencia, el feedback cobra un protagonismo muy importante, ya que esta herramienta puede transformarse en un arma de doble filo. Para conocer el clima de trabajo de los diferentes departamentos, para identificar dónde se hace el trabajo con calidad y dónde no, para conocer a colaboradores con potencial de otros sectores, para enterarse in situ de las deficiencias en el manejo de equipos de trabajo por parte de los jefes de otros departamentos, hay que estar preparado para dar y recibir feedback. ¿Por qué? Porque hay que saber escuchar, empatizar, compartir conocimientos, brindar soporte, dar seguimiento, hacer reconocimientos. ¿En qué puedo ayudar? ¿Cómo te sientes con respecto a tu trabajo y a tus compañeros? ¿Me podes explicar cómo realizar esta tarea? ¿Cuáles son las razones, según tu criterio, por las que esto no funciona como esperábamos? ¿Cuáles son los objetivos claves que estamos buscando? ¿Qué podemos cambiar para hacer mejor el trabajo? ¿Quieres compartir alguna propuesta para el sector o para la organización? Estas preguntas rompen fronteras, bajan barreras, hacen fluir de manera diferente a la "cadena de valor". Impactan directamente en la mejora continua de los procesos.

El "*coaching by walking around*" es una herramienta fundamental y necesaria para terminar con los "silos" o compartimientos estancos. Motiva a los colaboradores, obtiene feedback en tiempo real de los mismos y se comparte información operativa clave para efectuar una correcta toma de decisiones. Para que esto suceda, se tienen que cumplir algunas reglas:

- Debe hacerse para todos los líderes. El auténtico poder de este estilo de liderazgo está en el tiempo que compartimos con los que ocupan los niveles más bajos de nuestra y de otras áreas de responsabilidad.

- Conviene que nuestros recorridos los hagamos de un modo relajado y deben hacerse tan a menudo como sea posible, demostrando nuestro interés por los colaboradores y por su trabajo.
- Conocer de primera mano qué está pasando en nuestro sector, en los departamentos que son nuestros proveedores o clientes internos, en nuestra organización.
- Crear un ambiente y un diálogo honesto en las conversaciones que tengamos, demostrando un genuino compromiso personal con el "recorrido" que estamos haciendo.
- No saltarse o "puentear" a supervisores y jefes de nuestro o de otros departamentos (y si hay motivos para cuestionar algo de ese supervisor o ese jefe o de algún colaborador, habrá que hacerlo en privado).
- Cuantas más preguntas poderosas hagamos, mejor (vale la pena preguntar cómo están trabajando, cómo se sienten en el proyecto, indagar acerca de sus preocupaciones, pedir sugerencias). Hay que demostrar interés.
- Hay que estar preparado para recibir contestaciones y opiniones con las que no estaremos de acuerdo. El objetivo debe ser que el personal sepa que puede decirnos lo que considera que deben decirnos y no solo lo que crea que debe decirnos.
- Observar y escuchar lo que dicen nuestros colaboradores y el tono que utilizan, tanto cuando hablen con nosotros como cuando lo hagan entre ellos.

Aprenderemos mucho sobre qué los motiva y sus niveles de satisfacción.

- Compartamos nuestros proyectos con nuestro personal. Debemos hacerlos partícipes de cuál es la visión de la empresa para el futuro, y de cómo las distintas áreas y sectores serán parte de dicho futuro. Es muy importante que sepan cuáles son las metas y objetivos en las que queremos que nos ayuden a conseguir juntos como equipo.
- Seamos portadores de buenas noticias, esto permitirá aumentar la confianza de nuestros empleados. Muy a menudo, las únicas noticias que reciben de la empresa son malas.
- Felicitemos a alguien cuando haga algo bien teniendo siempre cuidado de no colocarlo en una situación embarazosa frente a sus compañeros y, por supuesto, no dejando de lado o sin mencionar a otros que igualmente merezcan nuestro reconocimiento.
- Ante un feedback positivo, premiemos las contribuciones valiosas de nuestros empleados de alguna manera.

- Si hay alguna crítica que sea constructiva: sinceridad, empatía y *rapport*. Corrijamos en el lugar lo que necesite ser corregido, pero esperemos a hablar con su supervisor o con su jefe para que se tomen acciones correctivas.

El "*coaching by walking around*" es pura conversación. Es un verdadero dar y recibir feedback en acción. Esto tiene un impacto tremendo en la fluidez de la cadena de valor y en la gestión de los procesos y proyectos. Esta manera de llevar a cabo las conversaciones integra a líderes y colaboradores, y a las diferentes áreas de la organización detrás de objetivos comunes, lo que impacta finalmente en la calidad de los servicios. ¿Dónde está fulanito? Está reunido. ¿Dónde está menganito? Está reunido. Hay muchos líderes ocupados en reuniones; las agendas están llenas de reuniones. No hay espacio en esas agendas para "caminar la organización" y ponernos en los zapatos del otro, como lo plantea el "*coaching by walking around*". ¿Estamos dispuestos a romper esas fronteras que nos restan la agilidad organizacional necesaria y la debida orientación a los clientes internos y externos? En la organización en la que estoy trabajando, ¿existe una clara intención de hacer funcionar los procesos? ¿La cultura, la estructura imperante y la preparación de los líderes están en condiciones de dar soporte a tamaña herramienta conversacional? Cuánta empatía perdida. Cuánto *rapport* derrochado. Cuánto empoderamiento y trabajo en equipo desperdiciado. ¿Estamos dispuestos a caminar, escuchar, preguntar, a dar y recibir feedback a lo largo y a lo ancho de la organización en honor a la mejora irrenunciable de los procesos? Con líderes cercanos, se hace posible; ¿lo recuerda?

## El feedback al servicio de la gente: del clima laboral a las comunicaciones internas

Con esta sección, nos estaríamos introduciendo en la última dimensión del cuadro de mando integral. Hemos integrado feedback a la dimensión *negocio*, lo hemos hecho con la dimensión *clientes* y recientemente, con la dimensión *procesos*. Ahora le toca el turno a la dimensión *gente*, y lo haremos con la importancia del feedback en las acciones de mejoramiento de clima laboral y con el aporte de las comunicaciones internas. Hemos elegido dos grandes "paraguas" a través de los cuales, con un feedback de alto impacto, se puede provocar una alta motivación en las personas.

Cuanto más grande sea la empresa, tendemos a pensar que más se deshumaniza todo. ¿Qué deberían hacer las grandes organizaciones para potenciar el talento de cada empleado y hacer que este se sienta con un alto grado de satisfacción laboral? ¿Cuánto más grande, más difícil que la empresa sea humana? Pero las hay grandes y humanas, son unas cuantas, y las que no lo son, creo que se debe básicamente a que no creen que cuidar a las personas sea rentable. El compromiso y la implicación de las personas se lo gana, se merece, no se exige. Tampoco surge por arte de magia. Los equipos lo darán si quieren y para ello tienen que admirar a los líderes y a la organización. Las organizaciones y los líderes tendrían que plantearse esta pregunta: "¿Nos admira nuestra gente?". A la organización no la van a admirar solo por el nivel de rentabilidad y calidad de sus servicios o productos. A los líderes no los van a admirar por tus *masters* o sus conocimientos técnicos; se admira a las organizaciones y a los líderes por "la manera de ser": se gusta de las buenas personas. Estamos tan obsesionados con el talento y la inteligencia que olvidamos la importancia de la calidad humana. Como regla de oro, como líder debemos siempre detenernos y asegurarnos que nuestros empleados estén bien. Estar bien no es solo que tengan las herramientas de trabajo necesarias, sino también que tengan la motivación y compromiso para lograr sus objetivos. Sacar tiempo al día para saber cómo están nuestros empleados, agradecerles y reconocerlos por su trabajo tendrá un efecto multiplicador en su compromiso y desempeño. Un empleado motivado es un empleado productivo.

Alguien me contó alguna vez que fue llamado por un alto directivo de una empresa y le solicitó hacer una encuesta para medir la satisfacción laboral de los empleados, pero le puso una condición: "*me entregas los informes con los resultados de la encuesta, pero no los compartiré con la gente. Yo pago la encuesta y los números serán solo vistos y analizados por mí*". Algunas organizaciones piensan y hacen lo mismo. Testean el clima laboral, el compromiso y la satisfacción de la gente en su ambiente de trabajo y luego no saben qué hacer con dichos resultados. Medir clima laboral nos hace estar en presencia de un proceso que permite conocer los distintos puntos de vista de los colaboradores que integran la organización acerca de su actual ámbito laboral y de la organización en general. Ayuda a identificar brechas entre la "sensación actual" del clima organizacional y los cambios que exige la realidad en que se vive. Medir clima laboral es una de las mejores instancias de feedback que existe entre la organización y sus empleados, ya que contribuye directamente a la mejora de los resultados, al desarrollo de metas, fomenta y desarrolla una comunicación abierta y fluida entre los miembros de la organización. Es el escenario ideal para dar y recibir feedback y tomar acciones que derivan en mejoras en el corto plazo. Mejorar clima laboral es uno de los intangibles que más rápidamente se ve reflejado en resultados. Para ello debemos hacer circular la información y la comunicación para que la gente se sienta parte de la mejora.

Para *Great Place to Work*, *"un excelente lugar para trabajar es aquel donde se logran los objetivos de la organización con personas que entregan lo mejor de sí mismas y trabajan como equipo; todo ello dentro de un ambiente de confianza"*. Entonces, ¿mediremos clima para una verdadera toma de conciencia y así fortalecer la cultura del talento y la productividad?, ¿o mediremos clima laboral como forma de cumplimiento de procesos internos para la corporación? Lo hemos visto en los primeros capítulos; el clima emocional da cuenta de entre el 20% y el 30% del rendimiento global. Un aumento del 1% en el clima emocional de los servicios va acompañado de un aumento del 2% en la rentabilidad. Por ello, no ha de extrañar que una variable "blanda" como la de gestionar adecuadamente los "recursos emocionales" acabe produciendo resultados "duros", como lo es el aumento de la rentabilidad. La instancia posterior a recibir y analizar los resultados de la encuesta de clima laboral es un momento ideal para dar y recibir feedback, por lo que debemos animarnos a descubrir nuestro propio ADN organizacional. Y a través de estas acciones, debemos ubicar en un lugar estratégico la cultura y el mejoramiento de clima organizacional. Junto con los resultados obtenidos y un planificado feedback de ida y vuelta, debemos diagnosticar nuestra salud organizacional y generar los planes de acción para las mejoras. Con este feedback entre los que informan los resultados y las personas que componen la organización, podemos ayudar a nuestros líderes organizacionales a que comprendan plenamente el valor de un clima laboral saludable y llevar a cabo todas las "conversaciones pendientes". Recordemos a Chris Argyris con su "teoría elegida" y su "teoría en uso". Esa brecha tiene que ser conversada, ya que las organizaciones comienzan a desarrollarse efectivamente cuando empiezan a comprender su verdadera realidad emocional, y esto sucede cuando los propios líderes comienzan a visualizar conscientemente el impacto que tienen sus acciones y decisiones en el resto de los empleados.

El clima laboral es un concepto determinado por muchas variables diferentes. Potenciar un buen clima laboral y optimizarlo supone ser conscientes de la necesidad de tomar una posición activa por parte de los líderes de las empresas, para mejorar la productividad de la compañía. Siempre con la vista puesta en el máximo compromiso de los colaboradores, mediante el fomento de relaciones laborales cada vez más estrechas y coordinadas. Para conseguir estos objetivos, es fundamental que los empleados se sientan implicados en los objetivos de la empresa. No solo son importantes los objetivos y los resultados, sino también la forma en que se consiguen. Las bases de la empresa están constituidas por valores humanos, y la motivación de los empleados es la clave para alcanzarlos. El buen clima laboral está considerado parte del salario emocional. Y, más importante, es uno de los principales factores de retención de los empleados. ¿Nos vamos a perder la oportunidad de medir clima laboral y no interactuar con nuestros colaboradores dando y recibiendo el feedback necesario para seguir mejorándolo?

Un feedback de ida y vuelta es un proceso irrenunciable al momento de presentar los resultados de una encuesta de clima laboral, ya que nos permitirá – solo por citar algunos– armar planes de acción destinados a:

- Mejorar la comunicación entre departamentos y empleados, que es uno de los factores que van a contribuir de una forma clara a la creación y mantenimiento del mejor entorno para conseguir más compromiso por parte de los empleados.
- Fortalecer la generación de una marca de empleadora adecuada, para que los mejores candidatos con talento se sientan atraídos hacia la organización.
- Crear un ambiente de confianza y de óptima relación entre el *management* y los colaboradores, y hacer que los empleados se sientan escuchados.
- Potenciar la formación y el entrenamiento en habilidades que impacten en la mejora de las relaciones laborales.
- Instaurar un entorno genuino de participación para empleados y equipos de trabajo, fomentando la mejora continua.
- Hacer que "lo que pase adentro se refleje afuera": un ambiente de comunicación abierta y de confianza nos permitirá atender mejor a nuestros clientes y proveedores.

Para informar cómo se está viviendo el clima laboral de la organización, hay que implicar a los líderes en un claro proceso de comunicación, y esta es una de las claves del éxito: feedback tanto de la empresa hacia los empleados como entre ellos mismos, es decir, de forma horizontal y vertical. Esta decisión de dar y recibir feedback hará que los líderes permanezcan receptivos en todo momento a las sugerencias, demandas y quejas de los empleados. Es labor de la organización que estos líderes tengan a su disposición los instrumentos comunicacionales adecuados para involucrar a los colaboradores en tan importante proceso organizacional. En esta instancia de feedback, los líderes deben tener la capacidad de escuchar a los empleados, motivarlos, ganarse su confianza, manejar situaciones de tensión de forma adecuada, fomentando el respeto y la armonía en las relaciones. Si, en el momento de feedback en el cual se están mostrando los resultados de la medición, los líderes no adoptan las actitudes para crear un buen clima laboral, es muy difícil que luego las practiquen los demás colaboradores. Escuchar, comprender, sincerarse, preguntar, empatizar, no enojarse, conseguir *rapport*, chequear expectativas, estar dispuesto a armar un plan conjunto de mejoras. Aquí también no olvides usar el "modelo de la hamburguesa".

Si la idea central de mejorar el clima laboral es la creación de un ambiente de confianza para conseguir la máxima implicación y efectividad de los empleados de la empresa, hay que conseguir que este ambiente esté presente en las reuniones de feedback entre los directivos y los empleados. Nos tenemos que asegurar que se genere un entorno de confianza entre los empleados y los directivos: o presentamos "números fríos", nos ponemos a la defensiva y estamos distantes porque no nos gusta lo que estamos escuchando, o envolvemos la reunión en un clima de sinceridad, transparencia, integridad, coherencia y comprensión. Los números están, no son ni buenos ni malos. Muestran una "realidad emocional" y debemos ver cómo mantenemos, mejoramos o superamos esos indicadores junto a la gente que allí está presente. Recuerdo haberme enojado más de una vez al ver y mostrar datos de clima laboral. Fue peor la reacción de la gente. Tenía que haber escuchado y anotado. Un feedback sobre los resultados del clima laboral tiene que ser claro, honesto y si hace falta "poner los elefantes sobre la mesa", hacerlo. De otra forma, si la información no es la "adecuada", comenzarán los rumores y las críticas, que generan un ambiente de desconfianza entre los empleados y los líderes y hacia la organización.

Siempre es bueno que el departamento de RR.HH. pueda establecer un calendario de reuniones grupales –en algunos casos, individuales– entre managers y colaboradores con una clara agenda de estas reuniones de feedback, e invitar de antemano a que todos se preparen para hablar de lo importante, se lleven pensadas sugerencias y mejoras y una actitud para poder consensuar los planes de acción necesarios. Tanto el área de RR.HH. como cada una de las áreas de la organización deben generar el clima laboral propicio como una de las claves para el correcto funcionamiento, progreso y logro de los objetivos empresariales de cualquier organización, tenga el tamaño que tenga. Un buen ambiente contribuye a una mayor productividad de los departamentos de la empresa, una mayor implicación de los empleados, y eso acaba repercutiendo en la satisfacción de los clientes y su fidelidad con la organización. Buen clima laboral equivale a salario emocional. Y, además, un importante factor de fidelización del talento.

La Country Manager de *Great Place to Work* Bolivia, Aldana Fernández de Córdoba, nos ayuda a resumir y concluir con una gran reflexión: *"medir el clima laboral genera expectativas. Si luego de aplicar una encuesta no pasa nada, es decir, no se realiza el feedback de los resultados ni se generan acciones de mejora, en la organización suceden cosas: primero; la gente cuestiona el para qué se pregunta la opinión del empleado si todo seguirá igual, segundo; los colaboradores pierden el interés en participar de otro proceso similar, tercero; especulan sobre los resultados, cuarto; tiene un impacto usualmente negativo en la motivación del colaborador y quinto; afecta en la percepción de apertura del líder. Este canal de comunicación es muy poderoso, por lo cual amerita saber aprovecharlo. La medición del ambiente laboral es tan necesario como hacernos un examen del estado de salud. De nada sirve si luego de obtener los resultados, no recurrimos al doctor para tener un diagnóstico certero y así poder acordar algún tratamiento, cambio de hábitos o continuar con el estilo de vida que llevamos. Ese espacio entre paciente y especialista se convierte en un momento de feedback relevante. Tampoco se tendrá ningún efecto positivo si después de esa valiosa instancia, el paciente no toma ninguna acción. El valor ocurre cuando aprovechamos lo rico del proceso para lograr mejoras. La sesión de Culture Coach es la instancia que tenemos para desde nuestra experiencia motivar y comprometer a los líderes a un camino de mejora continua centrado en el feedback del colaborador. Es allí donde se gesta un análisis profundo de la información, tratar de comprender las variables que determinan tanto las fortalezas como oportunidades de mejoras organizacionales y de liderazgo. Quien tiene esta información puede tomar decisiones más acertadas en cuanto a la gestión y el desarrollo de personas".*

Entonces, ¿cuáles son las características de un clima laboral productivo? Como hemos visto, el clima laboral se compone de un gran número de factores, tanto físicos como emocionales, que inciden en el comportamiento y desempeño de los integrantes del equipo de trabajo. Sin embargo, existen algunos aspectos claramente identificables que permiten aumentar la productividad. Para esta sección, quisiéramos detenernos en solo dos: la comunicación y la participación, con los cuales propiciamos el involucramiento activo de las personas en los proyectos de la organización. Dedicar tiempo para compartir con los colaboradores y hacerlos sentir parte importante del equipo provoca que, en tiempos buenos y malos, los colaboradores se centren en alcanzar los objetivos y resolver los problemas sabiendo que están respaldados y que hay sentido de pertenencia y orgullo por lo que se hace. Los colaboradores que actúan en un ambiente de cordialidad y honestidad saben que pueden expresar sus opiniones y comentarios con libertad y que la información que reciben es igualmente transparente. Esto genera un gran compromiso y satisfacción, pues todos tienen claro la misión, valores y metas que persigue la compañía, entienden cuál es su aporte para alcanzar esos objetivos y saben cómo alcanzar los propios.

Las comunicaciones internas son el pegamento ideal para lograr una fluida comunicación y participación de los colaboradores dentro de la organización. Hacer y no comunicar es lo mismo que no hacer. Las comunicaciones internas deben ser el soporte para dar y recibir feedback de los empleados y a través de esto, conocer todo lo que se hace. Hay gente que se entera del lanzamiento de un producto nuevo por televisión y no a través de su propia organización. Marco Arru, experto en comunicaciones internas y director de Comunix, dice con mucha claridad que "*la gestión profesional de la comunicación interna en una organización, esencialmente, debiera ser un feedback, una respuesta a medida. Es decir, que debe ser una respuesta a las necesidades de identificación y alineamiento del personal, con el objetivo de mejorar el desempeño colectivo y logro de los objetivos deseados. Pero para obrar a medida es necesario conocer al otro, escucharlo. Por eso indagar, caminar, conversar, relevar, investigar, recorrer, preguntar, observar y sondear el pulso de esa organización es condición primera para la gestión. Es escuchando que podemos luego servir, ser útiles a nuestra gente. Quien usa la comunicación con este enfoque estratégico tendrá mejores resultados. Desconocer con quién me comunicaré disminuye las posibilidades de hacer un trabajo profesional. Hay que prestar atención para recibirla*".

Cada organización es una pequeña comunidad, y conocer a su gente y sus circunstancias nos pone en mejores condiciones para transformar la realidad. Sigue Arru con otro comentario: "*hace algunos años aproveché una encuesta de clima en una organización de servicios para conocer cuántas personas habían recibido feedback luego de un proceso reciente de evaluación de desempeño, y para mi sorpresa descubrí que solo la mitad se había sentado con su jefe y hablado sobre su desempeño. Es decir, que una de cada dos personas no había recibido feedback, y por tanto no tenían idea de qué debían hacer para mejorar, lo que empobrece las posibilidades de alcanzar los objetivos organizacionales. Estas cosas hay que comunicarlas internamente para poder tomar consciencia y decisiones al respecto*". No se está aprovechando a la comunicación interna como un instrumento de feedback. La estrategia de comunicación debe ser siempre bidireccional; esto quiere decir entablar un constante diálogo y feedback entre colaboradores y superiores y no pensar que los primeros son simples sujetos que reciben órdenes o escuchan informaciones. Se necesita interacción constante y colaborativa entre los empleados y la dirección, y en esta retroalimentación constante se debe incluir, además, la divulgación y socialización de los resultados e indicadores de gestión y el establecimiento de canales para la resolución de problemas o situaciones que se presenten entre los colaboradores o con los líderes de las diferentes áreas.

Se dan pocos feedbacks sobre el avance del negocio, no se reciben feedbacks de cómo nos ven nuestros clientes, no se realizan feedbacks de cómo resultan algunas implementaciones de nuevos sistemas o procesos, no se brinda suficiente feedback al momento de una fusión o una adquisición. Y todo esto que no se hace se transforma en rumores, "fantasías" y la gente termina "completando" la información "*a gusto e piacere*". A veces se despide a personal que cometió graves errores de ética y no se le da feedback a la gente, y entonces se asiste a una división de opiniones: la mitad de la organización piensa que "ese gerente fue echado con una justa causa y era hora de que esto suceda" y la otra mitad dice que "este gerente fue echado injustamente". Estas son situaciones que afectan negativamente al clima laboral y se debe a los errores en los procesos de comunicación y a la falta de canales de divulgación internos, que provocan desconcierto y desinformación entre los empleados de la organización, lo cual repercute directamente en la productividad tanto individual como grupal. Yendo más allá, un proceso comunicativo adecuado debe abarcar la difusión de información exacta acerca de lo que está ocurriendo al interior de la compañía, para evitar los destructivos rumores externos que divulgan medios de comunicación o la competencia sobre asuntos como los recortes de personal, destitución de altos cargos, quiebras, ventas o alianzas de las empresas. Un feedback para "el afuera" es vital, sobre todo en este nuevo mundo de las redes sociales.

Por supuesto que la comunicación dentro de las empresas siempre ha estado presente, puesto que mediante ella circula la información y se relacionan los colaboradores, jefes y gerentes, pero no en todas las compañías se tiene conciencia de la necesidad de implantar una política sólida, continúa y dinámica de gestión de la información que involucre a todos los integrantes de la organización, como una respuesta estratégica a la complejidad de los cambios y desafíos que supone manejar una empresa, sea del tamaño que sea, en estos tiempo de altísima competitividad y crisis económicas que van y vienen y que no permiten errores de ese tipo.

¿Se acuerdan cuando afirmábamos que los valores de la organización traducidos en acciones son el mejor feedback que puede haber en ella? Las comunicaciones internas deben recoger la información clave –no necesariamente tiene que ser confidencial– y ponerla al servicio de todo el personal. Deben ser un canal de feedback permanente entre la organización y todos sus colaboradores. Los líderes deben estar preparados para apoyar esta iniciativa y transformarse en verdaderos portadores de comunicaciones internas. La comunicación interna es una herramienta estratégica clave en las organizaciones, puesto que mediante un buen empleo de la información corporativa podemos transmitir correctamente a los empleados los objetivos y valores estratégicos que promueve la organización, lo cual genera una cultura de apropiación, fidelidad y compromiso de los empleados. Bajando un poco más, el plan de comunicación interna es un instrumento que engloba el programa comunicativo de actuación (a corto, medio y largo plazo), y que recoge metas, estrategias, público objetivo, mensajes básicos, etc., por lo que, a través de este plan, deben "circular" de forma continua los procesos de feedback, dando y recibiendo información. Construimos confianza a través de una relación en la que ambas partes son importantes y conversan cotidianamente.

Comunicar representa un desafío y fundamentalmente, un compromiso; el beneficio reside en que facilita las condiciones para la constitución de efectivos y armónicos equipos de trabajo, ayudando al mejoramiento de la calidad de las relaciones. Uno de los grandes objetivos de cualquier gestión profesional de la comunicación interna en una organización será propiciar el diálogo saludable entre las partes, ya que la comunicación también es servicio. Y comunicar es hacer comunidad. El feedback alimenta a esa comunidad con un ida y vuelta permanente. Crea los momentos en los cuales podemos escucharnos, hablarnos y vernos, y se abren las posibilidades para construir relaciones de confianza y credibilidad.

Cuando no hay una buena comunicación interna, las relaciones se debilitan y los logros resultan esquivos. Muchas veces suceden cosas como en las películas de guerra: se desembarca a la madrugada, se ataca desde atrás de una colina, las emboscadas son con bruma. La idea es mantener desinformado al enemigo y desorientarlo. Las organizaciones se empecinan en no comunicar a sus empleados las cuestiones más importantes del negocio, de los clientes, de los procesos y de su gente, y los colaboradores son tratados como los bandos enemigos en las películas. Están desinformados y desorientados. Hace muy poco, viajé al interior del país para realizar una capacitación con gerentes de una empresa. Al momento de comenzar mi actividad, un helicóptero aterrizaba en la terraza de la planta con un reconocido CEO regional de una empresa multinacional. Los participantes entraron en pánico porque la noticia que corrió fue "*este CEO viene a comprar la empresa y nos despedirán a todos*". La realidad era que este CEO venía a interesarse por una nueva línea de producción que beneficiaría a ambas empresas. Nadie comunicó, y lo peor, nadie dio feedback a lo largo del resto de la jornada. Era solo hacer una comunicación interna de un tema más que importante.

Los colaboradores en las organizaciones están cambiando en todo el mundo por la renovación de las nuevas generaciones y la incorporación de nuevas tecnologías y redes sociales. Estas generaciones ya no son pasivas, meros receptores, sino que son activos interpretadores y divulgadores, por eso tenemos que cambiar a un modelo que reconozca la colaboración, el diálogo y apueste por las personas como motor de la transformación. No dar feedback organizacional a través de las comunicaciones en el mundo de hoy es un grave problema. Recordemos lo visto en el apartado de la tecnología aplicada a los procesos de feedback. Entramos en la era de las plataformas colaborativas que funcionan como canales de comunicación interna donde aparecen todas las conversaciones de la empresa, de la cual se puede extraer información a nivel de feedback. Insistimos, la comunicación interna está teniendo cambios revolucionarios, empezamos a gestionar la comunicación con una cantidad de información a la que nunca se había prestado atención. Veremos cómo los líderes se van subiendo a esta ola.

Los mejores resultados llegarán cuando se tengan en cuenta en las decisiones a los colaboradores, cuando sus contribuciones sean reconocidas y valoradas como una forma de hacerlos sentir parte de la organización. Tanto el manejo del feedback con posterioridad a las mediciones de clima laboral como así también el hecho de tomar a las comunicaciones internas como procesos de feedback per se permitirán la exploración y la construcción de caminos y alternativas para cimentar organizaciones cada vez más humanas. Volviendo al cuadro de mando integral: si la gente está preparada, motivada y lo hace en un inmejorable clima laboral, se mejorarán naturalmente los procesos. Si estos procesos son eficientes y permiten una ágil toma de decisiones, tendremos más y mejores clientes. Si todo esto sucede, apalancaremos el negocio. El feedback puede ser el "flujo sanguíneo" de esta "cascada inversa".

## De algunos feedbacks difíciles y finalmente ¿qué hacemos con "*The Working Dead*"?

Ya hemos visto y analizado el costo intelectual y emocional que conllevan las conversaciones y los feedbacks difíciles. Y también somos conscientes de que en la mayoría de las actividades que llevamos a cabo sobre liderazgo, comunicación y feedback, algunas de las preguntas más frecuentes vienen por el lado de ¿qué hacemos con la gente a la que le hemos perdido la confianza?,

¿Cómo manejamos un feedback con los empleados que están "abatidos" o "al borde del precipicio" ?, ¿y si tenemos que despedir a alguien?

En principio, hay que recordar que no debemos ir a ese tipo de conversaciones sin una preparación previa, que como ya sabemos, va desde la presentación de sólidos aspectos argumentativos hasta las emociones y sentimientos genuinos que estarán en juego y que debemos tratar de "manejar" o regular.

Quienes vieron la serie televisiva *The Walking Dead* (producida por Robert Kirkman y Frank Darabont) recordarán que la trama se sitúa en un mundo postapocalíptico en el cual un oficial de policía se despierta de un coma y se encuentra con que la civilización ha desaparecido debido a un inexplicable fenómeno que hace que las personas muertas se pongan en pie y ataquen a las personas vivas, transformándolas a su vez en "caminantes muertos" (*zombies*). La historia narra las vivencias de un grupo de personas que debe enfrentarse tanto a los caminantes muertos como a otros grupos de individuos vivos que también luchan por subsistir e imponer su poder. ¿Y qué tiene que ver esto con feedback? Es que en las organizaciones algunas veces encontramos a "*The Working Dead*": gente abatida, empleados que ya no quieren saber más nada de nada, colaboradores que hablaron formalmente con sus jefes y "quieren pasar a retiro" o quieren ser despedidos, personas que entraron a llevarse mal con todo el mundo, producto de su gran malestar con y para la organización. Personas a las que ya se ha rotado por varias áreas de la organización y su desempeño no mejora. Caminan como *zombies* por los pasillos de la empresa y nadie toma la decisión de hacer algo. Nadie "pone los elefantes sobre la mesa", nadie afronta la realidad de lo que esto provoca e impacta en otras personas, en los equipos y en la organización.

Esto no solo inhibe la concreción de tareas bien hechas, sino que estos malos desempeños ponen al líder en una situación muy complicada con los equipos. Los miembros del equipo observan cómo su líder termina invirtiendo tiempo y energía en estos personajes de mal desempeño, que están desenganchados, desmotivados con la organización. Los equipos sienten que estos colaboradores de malos desempeños o malas actitudes terminan siendo premiados, ya que la sobrecarga de trabajo recae sobre los empleados con excelentes desempeños. Hay que distribuir con otros el trabajo no hecho o mal hecho, y esta injusticia se paga caro. A veces se paga con la rotación del personal: los mejores se quieren ir del área o de la organización. Aquí el líder es observado a través de un microscopio. En su libro *El camino del líder,* Donald Krause toma esta problemática y la traduce en las siguientes frases: "*el líder debe actuar como maestro de su profesión. Un líder competente puede conseguir que los empleados de menor desempeño presten un servicio eficiente; por el contrario, un líder inepto es capaz de desmoralizar a los mejores. Una política de 'premios y castigos' significa recompensar el mérito y disuadir el mal desempeño. Recompensar el mérito fomenta los logros, disuadir el mal desempeño aparta la incompetencia. Si se recompensa sin motivo, los que trabajaron duro se desmotivarán. Si se castiga injustamente, la gente no confiará más. De la misma manera que hay que recompensar con fundamentos, hay que ver y reflexionar por qué se llegó a ese estado de mal desempeño y actuar en consecuencia*". Tenemos una gran oportunidad como líderes de hacernos cargo de este asunto, dar vuelta esta situación y evitar tanta sensación de injusticia laboral. Cuando no hay reglas claras, cuando no hay "premios y castigos", no hay trabajo en equipo que aguante.

Por otro lado, hay que ser honestos y conscientes de que muchas veces es la misma organización o son los mismos líderes quienes llevan a los "caminantes del mal desempeño" a estar donde están. Muy pocos líderes les hablaron formalmente a esos *zombies* sobre darles "una última oportunidad". Quizás no se les han asignado los recursos correspondientes, no se los ha capacitado para el puesto, se los ha liderado mal, se los ha tratado mal o con prejuicios, y hasta tal vez hubo promesas incumplidas en el pasado, solo por citar algunos ejemplos. Cuando hay "*working dead*" dando vueltas por la organización, no habla mal solamente de ellos, sino que habla mal también de los líderes y de RR.HH. ¿Qué hicimos hasta ahora que no hemos podido revertir esta situación a lo largo de los años? Hay gente a la que "no la quiere nadie", ¿cómo es posible? Debemos sentarnos con los empleados abatidos y asegurarnos de darles formalmente un feedback de "última oportunidad". Luego, si la organización por razones económicas y/o políticas no puede hacer nada, los líderes hicimos todo lo necesario. Dormimos tranquilos y el equipo de trabajo nos comprenderá un poco mejor.

Los líderes debemos trabajar para "recomponer" relaciones y desempeños. En Occidente, y en casi todo el mundo, hace ya mucho tiempo que estamos viviendo la cultura de lo desechable. Todo objeto tiene una vida útil con fecha de caducidad o hay tecnologías que solo duran por un período determinado, ya que, si se echan a perder, hay que encontrar un repuesto o alguien que lo repare porque o el producto ya está descontinuado o simplemente cuesta mucho más caro arreglarlo que comprar uno nuevo. Con las personas a veces pasa lo mismo: más vale maquillar, mejorar o sacarnos de encima cualquier tipo de "imperfección", ya sea psicológica, física, relacional o material. Yo recuerdo haber tenido como par a un director comercial que cuando no quería más a alguien en su equipo, me llamaba y me decía: "Te lo paso a disposición, no lo quiero ver más". Mi respuesta era siempre la misma: "¿Tu crees que yo tengo en mi oficina un ropero para almacenar empleados con malos desempeños?". En Oriente, la cultura es diferente. O al menos lo era hasta la llegada de la modernidad. Un ejemplo de esto es el *kintsugi*: un arte milenario japonés que consiste en restaurar una pieza que se ha roto, pintando incluso la fractura con oro, plata o platino para enaltecer las cicatrices. Y más allá de un arte, es una filosofía oriental. El *kintsugi* es el arte japonés que repara lo dañado enalteciendo las imperfecciones. Si se rompe un plato, una fuente o un jarro de cerámica, los japoneses, en lugar de botarlo a la basura, lo unen con esta técnica ancestral. Lo que logran es tan lindo como la filosofía que está detrás. Ahora bien, la realidad nos interpela con un ¿cómo hacemos *kintsugi* con gente que ya "tiró la toalla?".

Tenemos que tomar la decisión de hacer la conversación y prepararnos para este feedback difícil. Hay que convocar a esta reunión, por supuesto de carácter individual y muy confidencial, y prepararnos de la mejor manera posible. El colaborador en desagracia debe comprender que no somos su mejor amigo, sino que somos el único amigo que tiene. Lo está mirando la organización, lo están mirando desde otras áreas, lo están mirando los miembros del equipo y lo estás mirando tú. No hay mira telescópica que reúna tantas fuentes de información y confluya tan directamente a su desempeño como empleado. Tú eres el único amigo que tiene para ayudarlo y te tomarás el tiempo y harás todo lo necesario para sacarlo de esa situación. Ya no es un tema de salvar a la organización del pago de la indemnización por el despido. Tú te has tomado muy en serio como líder el poder dar esta última oportunidad y guiarlo a un nuevo y mejor desempeño. Dile que deseas volver a confiar en él.

Es muy bueno comprender cómo funciona el modelo de la "confianza inteligente" del autor Stephen R. Covey, en su obra "El factor confianza". Revisemos el siguiente cuadro:

Cuadro 13. La confianza inteligente/El factor confianza, de Stephen R. Covey

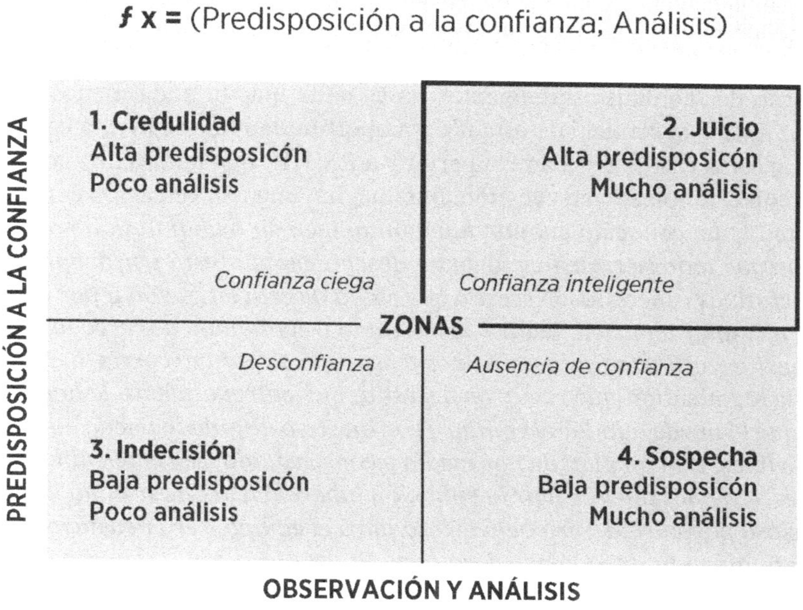


La base conceptual de todo este modelo es la relación entre volver a tener intenciones de confiar en la persona y poner el foco en las observaciones y análisis de cómo está haciendo el trabajo. Podemos tener una alta predisposición a volver a confiar en el colaborador, pero sin la intención de evaluar nada de su trabajo. Esto es simplemente credulidad y estas situaciones de "confianza ciega" no nos llevará a nada. Por el contrario, podemos ponerle un fuerte foco a una micro gestión, analizando y observando cada detalle de las tareas que nos entrega, pero sin una clara y fuerte predisposición a la confianza. Aquí estaremos trabajando bajo un ambiente de sospecha constante. No sacaremos nada bueno; al contrario, con esta "ausencia de confianza" meteremos más presión. Por supuesto que el hecho de demostrar una baja predisposición a confiar y un bajo nivel de observación y evaluación, sea por falta de voluntad o de tiempo, nos hundirá en la desconfianza y en la indecisión. Ya no queremos hacer nada con este empleado, ya no queremos tomar ningún tipo de decisión con el trabajo que nos provee. Tal como lo indica el gráfico anterior, debemos "mudar al nordeste" nuevamente. Debemos decirle al empleado abatido que aportaremos la energía y predisposición necesarias para volver a confiar en él; que el pasado es el pasado y que estamos apostando a una nueva realidad laboral. A un futuro cercano diferente. Pero que el "precio" de este "recomponer confianza y desempeño" nos tendrá muy atentos a la observación y al análisis de su tarea a lo largo de un tiempo. Un entorno de "confianza inteligente" no es nada más ni nada menos que un "sano juicio" al servicio de esta última oportunidad que se le está confiriendo. En estos casos, avisa a tu superior y a RR.HH. que tendrá una conversación con el empleado en cuestión. Me imagino una con versación con un "*yo a usted lo he conocido cuando hacía muy bien su trabajo. Algo pasó en el medio que todo se transformó en un desempeño que está por debajo de las expectativas esperadas. Necesito que salga de esta situación y por ello volveré a confiar en usted. Estaré observando y evaluando de cerca la calidad de sus tareas hasta tanto volvamos a estar en el camino correcto. Necesito que usted me diga qué recursos necesita, qué entrenamiento le hace falta, con qué lo puede ayudar el equipo y con qué tipo de guía lo puedo ayudar yo como líder. Con un plan de por medio y consensuado y en el término de tres meses, tenemos que revertir la situación laboral en la que se halla. Será beneficioso para usted, será beneficioso para el equipo, será beneficioso para mí y finalmente, será beneficioso para la organización. Lo invito a tomar conciencia nuevamente y a que se anime a realizar los cambios. Recuerde, no soy su mejor amigo, soy en este momento el único amigo que tiene dentro de la organización. Nadie más que yo está pensando en sacar lo mejor de usted*". Deje todo esto registrado en el legajo de la persona. Si trazáramos un plan de tres meses para este hipotético caso, el día 91 deberíamos realizar una evaluación integral, y ver qué decisión nos espera. Más allá del resultado, hicimos lo que hay que hacer.

John Maxwell, en su libro *Seamos personas de influencia*, expresa que "*para ayudar a las personas a creer que pueden alcanzar nuevamente el triunfo, póngalas a experimentar pequeños éxitos. Pero cuando los guíe en este nuevo camino, recuerde que ellos no pueden realizar todo el viaje en un solo día*".

Bien, pero ¿qué pasa si no hay otra salida y tenemos que afrontar una conversación para desvincular a un colaborador por un mal desempeño? ¿Qué aspectos hay que tener en cuenta ante un feedback difícil y, en algunos casos, traumático? No resulta posible encarar un proceso de desvinculación de un colaborador si no nos proponemos desarrollar una conducta empática durante el momento de esa difícil conversación. Este ejercicio del que ya hemos hablado es "ponerse en la piel del otro", "en los zapatos del otro". Aun en un momento crucial como anunciar un despido, debemos estar preparados mental, emocional y profesionalmente para hacerlo, privilegiando el respeto por el ser humano por sobre todas las cuestiones que pudieron dar origen a la determinación. El consultor en estrategia empresarial y experto en negociación avanzada, Enrique Mangiantini, nos asesora con: "*no debemos tener un discurso basado exclusivamente en conveniencias empresariales (que podrían existir), sino en la comprensión de la situación por la que en ese momento está atravesando quien a se está quedando sin trabajo. Aun en situaciones como esta, tenemos que hacer el anuncio de una manera que sea lo más aproximada posible a lo que nosotros mismos quisiéramos escuchar en las mismas circunstancias. Eso sí, hay que ser categórico en la determinación tomada (no admite retrocesos), especificando los motivos que dieron lugar a la medida, pero con actitud constructiva con respecto a la experiencia adquirida y a la posible reinserción del colaborador en el mercado laboral con vistas al futuro. Quien comunica el despido debe ser claro y debe dar lugar al diálogo. No debe desvalorizar al colaborador a partir de una reseña exagerada de debilidades o errores cometidos. No debe ofender la autoestima. No debe olvidar en ningún momento que quien recibe la información de la medida adoptada pasa automáticamente a un estado de fragilidad y si la situación lo amerita, es necesario ofrecerse a ser una referencia para el futuro*".

Asimismo, el líder debe notificar al equipo al que pertenecía el colaborador despedido sobre la medida adoptada: sus motivos, y generar de inmediato una reorganización consensuada de tareas e invitarlos a mirar el futuro con optimismo. Finalmente, deberá darse al equipo el feedback necesario a través de reuniones formales, un replanteamiento de objetivos, y fundamentalmente, un honesto pedido de profundización del trabajo de equipo. Ello le permitirá monitorear permanentemente la situación para adoptar las acciones que necesiten para que esta nueva etapa (ya sin el colaborador desvinculado) no solo no sea emocionalmente traumática, sino se transforme en un escenario desafiante.

Pero ¿qué pasa si nos preparamos también para comprender las razones que nos llevaron a esa decisión límite que, al fin y al cabo, son un fracaso de todos? Ya dimos a entender que cuando alguien deja la organización porque "ya no podemos hacer nada más", todos tenemos una cuota de responsabilidad: la organización, los líderes, el equipo y la persona en cuestión. ¿Y si analizamos el espectro de razones de un "fracaso"? La autora Amy C. Edmonson profesora en *Harvard Business School* a través de su libro *La organización sin miedo: crear seguridad psicológica en el lugar de trabajo para el apren-*

*dizaje, la innovación y el crecimiento*, nos detalla en un muy buen resumen, el origen de algunas situaciones que nos pueden llevar a malos desempeños y las que se suman a las ya vistas anteriormente:

- *Un desvío: un colaborador elige transgredir un proceso o práctica prescritos.*
- *Inatención: un colaborador se desvía inadvertidamente de las especificaciones.*
- *Falta de habilidad: un colaborador no tiene las habilidades, las condiciones o la capacitación para ejecutar un trabajo.*
- *Inadecuación del proceso: un individuo competente se adhiere a un proceso prescrito pero defectuoso o incompleto.*
- *Desafío de la tarea: un colaborador se enfrenta a una tarea demasiado difícil para ser ejecutada de manera confiable en todo momento.*
- *Complejidad del proceso: un proceso compuesto por muchos elementos se rompe cuando encuentra interacciones novedosas.*
- *Incertidumbre: la falta de claridad sobre objetivos futuros hace que los colaboradores tomen acciones aparentemente razonables que producen resultados no deseados.*
- *Prueba de hipótesis: un experimento realizado para demostrar que una idea o un diseño tendrá éxito, termina fracasando.*
- *Pruebas exploratorias: un experimento realizado para ampliar el conocimiento e investigar una posibilidad conduce a un resultado no deseado.*

Esta especialista nos dice que *"una vez que se ha detectado una falla y esta es sistemática, es esencial ir más allá de las razones obvias y superficiales para comprender las causas fundamentales. Esto requiere disciplina, mejor aún, entusiasmo, para utilizar un análisis inteligente para asegurar que se aprendan las lecciones correctas y se empleen los remedios correctos. El trabajo de los líderes es ver que sus organizaciones no solo sigan adelante después de un fracaso, sino que se detengan para indagar y descubrir la sabiduría que contiene"*. Una desvinculación o cada desvinculación tiene que ser un aprendizaje organizacional. Si necesitamos monitorear una "situación complicada" previo a una desvinculación, debemos adoptar como líderes un análisis inteligente para actuar con mayor objetividad y la conciencia tranquila. Lo escribí al principio de esta sección e insisto con esto: *"ser honestos y conscientes de que muchas veces es la organización o los mismos líderes quienes llevan a los 'caminantes del mal desempeño' a estar donde están"*.

En otro orden de cosas, no quisiera dejar de abordar cómo se presentan los procesos de feedback en la relación sindical o gremial. En esta relación, la acción sindical está siempre enmarcada en diferentes tipos de conversaciones y conflictos, como así también subordinada a factores de contexto político-económico y adhesiones ideológicas. Un escenario de feedback resulta muchas veces difícil y hasta desgastante cuando hay fuertes negociaciones en juego. Más allá de ello, siempre debemos tener las puertas abiertas para conversar y negociar con el sindicato y, por ende, con los representantes internos (delegados gremiales) de la organización. Cuando hice mis "primeras armas" en relaciones gremiales, alguien me enseñó con tamaña claridad que en la relación empresa-gremio hay que aprender a "manejar el pre-conflicto", es decir, construir proactivamente un inmejorable vínculo con los representantes sindicales a través de numerosas reuniones formales e informales. El líder debe ir continuamente a "tomar la temperatura de las cosas" que están sucediendo, meterse en las problemáticas que más aquejan al personal y si hace falta, "caminar juntos la planta" con los delegados para tener un diagnóstico lo más ajustado a la mirada gremial. Esto quizás no resuelva el conflicto, pero sí generará un *rapport* o sintonía oportuna al momento de encarar las futuras negociaciones. Dar y recibir feedback no solamente cuando los delegados gremiales vengan con el listado de reclamos y quejas, sino hacerlo antes.

Volviendo al consultor Enrique Mangiantini, nos explica que "cuando hablamos de feedback en lo atinente a reuniones sindicales debemos tener algunos aspectos en cuenta:

- *Contexto en el que se desarrolla la reunión, tanto en el plano interno de la organización como en el del país y la región.*
- *Qué expectativas mutuas generaron dicha reunión.*
- *Si dichas expectativas se perciben cumplidas por las partes o solo alguna de ellas.*
- *Y, fundamentalmente, tener presente el feedback que nos llegue de otros interlocutores confiables, como jefes, supervisores y hasta el mismo personal.*

*Sabemos que ambas partes estamos negociando por un tercero, el interlocutor organizacional, por la conducción de la empresa y los interlocutores gremiales, por sus compañeros, pero también por el sindicato a quien representan. Es vital dar feedback teniendo presente la estrategia de la organización, los valores en juego y los intereses que lleven a un acuerdo*". Desde mi punto de vista, agregaría que el resto de la organización nos está observando, por lo que no debemos mostrar fisuras ni contradicciones en la toma de decisiones que requiera la solución. Hoy estamos en presencia de mucha falta de alineamiento en cuanto al feedback que se da a los delegados gremiales. Por citar un ejemplo, mientras el área de producción es invitada por políticas internas a dar un feedback de una manera, el área de RR.HH. da una respuesta diferente que deja a toda la organización muy mal parada, y también suele pasar al revés.

Inevitablemente, debemos considerar que toda reunión o conversación empresarial/gremial está teñida por "un terreno de negociación" continuo, ya que se plantean constantemente reivindicaciones gremiales, por un lado, y exigencias organizacionales, por el otro. En este último caso, el feedback no solo debe venir del área de RR.HH. o relaciones laborales, sino que puede y debe venir por la línea de conducción de la empresa: gerentes y mandos medios deben aportar información que haya surgido de reuniones formales o informales con el gremio o con el mismo personal a quien el sindicato representa. Si los líderes logran cercanía con el personal agremiado desde una gestión compartida y el empoderamiento, será el mismo personal de inferior nivel, a través de actitudes, comentarios ocasionales, confidencias voluntarias y mecanismos de comunicación diversos, el que pueda brindarnos información sobre lo que está sucediendo en la organización y durante los conflictos. La falta de cercanía y de conversaciones se traduce en ausencia de liderazgo, y ese será un espacio ocupado por "otros representantes del personal". RR.HH. y las diferentes áreas de la organización deben trabajar consistentemente detrás de los mismos objetivos laborales: buen clima de trabajo, respeto por las personas, legalidad de las condiciones laborales, productividad, cuidado de las herramientas y recursos concedidos, buena relación con los otros sectores, compromiso con la calidad y responsabilidad para cumplir con la tarea asignada.

Es de destacar que dar y recibir feedback en este ámbito es una especie de termómetro de quien negocia, ya que lo debe tener siempre a mano para conocer cuál es la "temperatura del ambiente" laboral, a efectos de profundizar aspectos comunes para las sucesivas reuniones que se puedan originar. El diálogo tiene que obrar como pilar de la convivencia. Dialogar es una pasión de los grandes líderes. Como diría Machado, "verso a verso". Días pasados leí una nota en un periódico que contaba que cuando uno va a la Sorbona, al subir la escalera principal hay un fresco que muestra a dos personajes de túnica y allí se lee "*Pascal explica a Descartes su teoría sobre el peso del aire. Pascal creía que el aire era sólido y Descartes no. Sin embargo, intentaban entenderse para poder seguir adelante*".

En una entrevista que le hicieron a Hernán Scotti –actual director de RR.HH. de una importante empresa argentina de *retail*– en el ciclo "Reflexiones sobre RR.HH." y publicada en LinkedIn, definió con un claro pensamiento estratégico que "*cuando un conflicto gremial se pone 'muy pesado' y hay desgaste entre ambas partes, no hay que buscar sólo la solución, sino lo que importa es cómo sigue la relación y la vida laboral el día después*". Dialogar con las comisiones gremiales necesita no solo de buena voluntad –cosa difícil de comprar en el almacén–, sino de práctica, oficio, experiencia y habilidad. Dialogar, dar y recibir feedback, en este tipo de relaciones debería ser un hábito y no un último recurso. El autor de la nota que leí aquel día, Alberto Amato, nos envalentonaba con la siguiente frase: "*si vamos a consagrar el diálogo como pilar de la convivencia, empecemos pronto por incorporarlo como costumbre. No es difícil. Es cuestión de conversarlo*".

## Feedback y *change management*

Trabajar procesos de feedback en el medio de cambios organizacionales es algo problemático. ¿Qué decir frente a posibles cambios en la organización? Reorganización del negocio o en los objetivos estratégicos, reestructuración organizacional, *downsizing*, reingeniería de procesos, cambios en sistemas de fabricación o de los servicios, fusión o adquisición, cambio de cultura, implementación y certificación de normas internacionales de calidad, digitalización organizacional; solo por citar los más importantes. ¿A quiénes se les comunica y a quiénes no? ¿Qué riesgos se corren con la apertura de la información sensible de la organización? ¿Quién o quiénes le pondrán el cuerpo a las reuniones informativas y a contestar dudas? Estos son algunos de los retos que enfrentan los niveles directivos y gerenciales, y hasta los mandos intermedios, en etapas o momentos de transformación empresarial. El gran problema es que, si no sabemos utilizar la comunicación y el feedback, al menor peligro de filtración, se bloquea toda la información y comenzamos a carecer de credibilidad. Y a todo esto hay que sumarle un gran dilema: "solo el 20% de los líderes efectúa el 80% de los cambios". Alguien dijo alguna vez que si una empresa quiebra financieramente hoy, es porque ya quebró emocionalmente hace dos años atrás. La capacidad de liderazgo sigue siendo el gran motor emocional del cambio. Por ello, cuando una organización afronta tiempos difíciles, se enfrenta al reto de hacer cambios radicales en muchas de las prácticas y hábitos organizacionales. Esto requiere modificaciones, a veces profundas, en el comportamiento de muchas personas dentro de la organización. En esas circunstancias, el líder y todos los miembros de la organización compartirán un desafío que no se resuelve con prescripciones que no impliquen cambios en el comportamiento de las personas. En este caso, un primer reto para el líder es el de establecer qué es lo que está pasando, por qué pasa y qué podría pasar en el futuro si la organización no lleva adelante los cambios necesarios.

Los momentos de cambio son momentos críticos que forman parte de la vida de cualquier ser humano. Estas situaciones en sí mismas no son ni buenas ni malas; las que son buenas o malas son las actitudes y las acciones que tenemos las personas en el momento de resolverlas. Por eso es importante una completa dedicación y el entusiasmo de sus líderes para acompañar y ver qué le pasa a la gente. Aunque el convencimiento total es importante en todos los niveles de la empresa, resulta crítico en el nivel directivo más alto. La falta de convencimiento, entusiasmo y dedicación pueden impedir una transformación, retardándola y poniendo obstáculos para realizarla. Esto es crucial, ya que si la alta dirección, la gerencia intermedia y los mandos medios no están comprometidos con el cambio, se estará en graves problemas.

A veces los grandes obstáculos no se hallan en la "operación del cambio", sino en niveles gerenciales que lo bloquean consciente e inconscientemente.

¿Qué papel juegan los procesos de feedback en un proceso de cambio? Las transformaciones no solo se "traccionan" con *management*, sino que debe haber un acento puesto en el "liderazgo del cambio". Podemos planificar, organizar y controlar el cambio, pero si en la transformación no "acompañamos" a las personas que deben hacer ese cambio, no estaremos yendo por buen camino. John Kotter, en su libro *Al frente del cambio*, presenta una fórmula infalible: un 30% de "*management* del cambio" debe estar acompañado con un 70% de "liderazgo del cambio". Controlar que el cambio suceda y hacer que el cambio suceda; por ello, hay que estar con la gente, embarrarse, escuchar "qué dice el cambio" allá abajo. Tal como lo hemos revisado en las definiciones de cambios adaptativos, los líderes tienen que pasar más tiempo observando, diagnosticando, experimentando y aprendiendo. Un feedback de ida y vuelta en el lugar de los hechos. No se puede hacer una transformación responsable desde un escritorio y en un horario de 9 a 17 horas. Por eso algunos autores dan muchísima importancia a elegir al "líder del cambio" y a su equipo, ya que deben poseer habilidades tanto de gestión como de liderazgo. El líder del cambio, junto a su equipo, deben ser capaces de movilizar a toda la organización en torno al esfuerzo de transformación, deben tener una gran capacidad de comunicación para poder articular la necesidad de cambio, así como para crear y modelar un ambiente transparente y creíble de trabajo. En los procesos de cambio puede haber incertidumbre, lo que no puede haber son contradicciones. Para que esto se minimice, debe haber feedback en todos los sentidos y en forma permanente. Asimismo, es hora de comprender cabalmente la importancia de los mandos intermedios en el compromiso con el cambio. Una encuesta de la consultora internacional Prosci sobre 3400 líderes a cargo de procesos de cambio y en 65 países (es de 2013, pero desde mi punto de vista personal, estos números no se debieron haber modificado mucho) llegó a que "*en los procesos de cambio, aproximadamente el 37% de los mandos medios presenta un alto nivel de resistencia, seguido por un 23% de los empleados al frente de las operaciones. El 57% de los encuestados son escépticos con respecto a los cambios debido a los esfuerzos fallidos del pasado*". Si una masa crítica de mandos medios no ha interpretado, comprendido y "masticado" el objetivo de la transformación, estamos frente al fracaso del cambio. La especialista en agilidad y cambio cultural, Cecilia del Valle nos acerca un excelente y crudo comentario: "*se necesita un fuerte propósito para atravesar una transformación organizacional y si de cultura se trata, dicha transformación es una tarea ingrata. La transformación cultural es una tarea que nos demanda mucho esfuerzo mental, físico y energético. Los que tenemos esta ingrata pero bellísima tarea de acompañar a las organizaciones, nos convertimos en dadores de energía, en impulsores, en habilitadores. Tal vez por eso, muchas organizaciones optan por transformaciones superficiales. Porque una transformación profunda y honesta duele y demanda decisiones muy difíciles, de esas que nadie quiere tomar. Luchamos contra la ansiedad del cambio ("lo quiero para ayer"), contra barreras, presiones y egos enormes, contra fantasmas, miedos y peros, buscamos nuevas maneras de impulsar la transformación que cuiden a las personas, nos formamos, nos preocupamos, damos fuerza, motivamos, acompañamos, ayudamos*". Por eso los resultados de las encuestas de Prosci son tan duros.

No hay que olvidar que lo que caracteriza a un período de transformación es la incertidumbre de la gente porque la misma tiene un impacto directo en el desempeño y motivación de las personas afectadas y genera, como consecuencia primaria, reacciones de la más diversa magnitud, que, si no son escuchadas y acompañadas por los líderes a través de conversaciones permanentes, pueden dificultar de manera extrema el camino hacia el objetivo deseado. Según el profesor español Emilio Ronco, no hay que olvidar que "*cambio implementado no es sinónimo de cambio internalizado*". Tildamos los hitos en el calendario con un visto bueno, pero resulta que la gente todavía no hizo realmente los cambios en sus hábitos de trabajo. Esta resistencia al cambio de la que tanto se habla no existe. La gente se no resiste a cambiar, se resiste a perder. ¿Quién se resiste a ganar? Uno no se opone al cambio, se opone a perder algo en esa incertidumbre que le produce el cambio. El éxito de la transformación no depende del anuncio, sino del mensajero y en esto va el papel fundamental del liderazgo, a través de la confianza, de la credibilidad, del conocimiento experto y de las relaciones que se construyen a lo largo de la experiencia de cambio. No concebimos un proceso de transformación exitoso sin un seguimiento estricto desde el punto de vista conversacional. Debemos animarnos a dar y recibir feedback continuo, escuchar, preguntar y "poner la cara". Hay que estar recorriendo y caminando la organización para obtener información de primera mano.

En su libro *Acelerar: Cómo desarrollar agilidad estratégica en un mundo que se mueve cada vez más rápido*, el autor John Kotter va más allá, y establece una nueva necesidad en cuanto a quiénes deberían ayudar al equipo del cambio a llevar adelante la transformación. Parecería que no solo los líderes deben poner la cara ante el cambio. Kotter ya habla de armar un "ejército voluntario": *"Los miembros del ejército voluntario también ayudan a hacer que el negocio diario de la organización tararee; no son un grupo separado de consultores, nuevos contratados o nombrados por equipos de mejora. Tienen conocimiento organizacional, relaciones, credibilidad e influencia. Comprenden la necesidad del cambio, a menudo son los primeros en ver amenazas u oportunidades, y tienen el celo para implementarlo. En organizaciones donde el ejército voluntario realmente se ha apoderado, los individuos me han dicho que las recompensas son tremendas, aunque rara vez monetarias. Hablan de la satisfacción que obtienen al perseguir una misión en la que creen. Aprecian la oportunidad de colaborar con una gama más amplia de personas de la que nunca hubieran podido tener antes. Algunos de ellos dicen que su trabajo de estrategia condujo a una mayor visibilidad en toda la organización y a mayores puestos de trabajo en la jerarquía. Y sus gerentes aprecian cómo los voluntarios se desarrollan profesionalmente. Es vital que este ejército esté formado por individuos que aporten energía, compromiso y entusiasmo genuino. No son un grupo de gruñidos que llevan a cabo órdenes de la alta dirección. Más bien, son líderes del cambio. Estas organizaciones desarrollan colaboradores con un fuerte liderazgo personal"*. ¡Esto es más que interesante! El autor habla de un 10% de colaboradores que, sin estar en la jerarquía, sean personas que sepan construir "relaciones, credibilidad e influencia". Cualquier persona que lleve a cabo estos tres comportamientos no es ajena a saber dar y recibir feedback. Esto es un gran aporte no solo para fortalecer una transformación organizacional, sino que es un gran apoyo para mudar a una cultura de feedback. Bajamos dos pájaros de un solo tiro.

Un cambio personal es cualquier transformación en el comportamiento de un individuo que produce un impacto en sí mismo y en los demás. ¿Cómo no vamos a estar al lado de la gente conversando sobre cómo está viviendo el cambio? En segundo lugar, un cambio grupal es cualquier transformación en las pautas de funcionamiento de un equipo. ¿Cómo no vamos a estar cerca de los equipos de trabajo conversando acerca de qué necesitan para hacer el cambio y si están viendo los beneficios del mismo? Finalmente, un cambio organizacional es cualquier transformación en las pautas de comportamiento, cultura o modelo de gestión vigentes en una organización. ¿Por qué no vamos a estar explicándole al resto de la organización los avances del cambio? En qué cosas nos está yendo bien, en qué cuestiones hay que mejorar, qué se necesita de ellos, escucharlos y corregir sobre la marcha. La mejor forma de "imprimir un sentido de urgencia" a una transformación es estar con la gente hablando del cambio todo el tiempo; recordando la visión del mismo, reasignando recursos si hace falta, entrenando a los empleados si se hace necesario, reconociendo errores y volviendo a probar si es que se necesita hacerlo. Esto es puro dar y recibir feedback en toda y con toda la organización. Dar feedback fortaleciendo las reglas claras para el cambio reducen la incertidumbre, mientras que las decisiones alejadas, arbitrarias e injustas la amplían.

Un buen plan comunicacional para acompañar un proceso de cambio debe tener "calendarizadas" todas las instancias de feedback para con el resto de la organización, y esto es esencial para hacerle frente a dos grandes obstáculos con los que se enfrentan los empleados: o no están dispuestos (o no pueden) modificar las conductas arraigadas desde mucho tiempo atrás o el cambio suele durar poco tiempo, es decir, tras un breve período de intentar hacer las cosas de forma diferente, los individuos, a menudo, vuelven a sus patrones tradicionales de conducta. Kotter insiste con que "*los cambios importantes son imposibles de realizar a menos que la mayoría de los empleados estén dispuestos a colaborar, a menudo hasta el punto de tener que realizar sacrificios a corto plazo. Nadie hace sacrificios, aun estando descontento con el estado de cosas imperante, a no ser que encuentre atractivos los beneficios potenciales del cambio y que realmente crea que la transformación es posible. Sin una comunicación creíble y sin la ayuda de grandes cantidades de comunicación, capturar el corazón y la cabeza de los empleados se convierte en tarea imposible*".

Para establecer los cronogramas de conversaciones de cambio y feedback con el personal, no debemos olvidar que existen tres modelos generalizados de comunicación ineficaz, basados todos ellos en costumbres desarrolladas en épocas de mayor estabilidad. En el primero, un grupo desarrolla una visión de la transformación más que aceptable y la vende por medio de la celebración de unas cuantas reuniones y del envío de algunos e-mails.

Los miembros del equipo del cambio, después de haber utilizado únicamente una fracción mínima de la comunicación anual interna de la empresa, reaccionan con asombro al ver que la gente no comprende la nueva estrategia de cambio. En el segundo modelo, el líder del cambio dedica una cantidad considerable de tiempo a hacer discursos a grupos de empleados, pero los directivos y gerentes que tiene por debajo permanecen virtualmente en silencio. En este caso, la visión del cambio captura una cantidad más significativa de la comunicación anual total, pero el volumen sigue siendo deplorablemente inadecuado. En el tercer modelo, se concentra un gran esfuerzo en notas informativas y discursos, pero hay individuos claramente visibles dentro de la organización que siguen actuando con pautas de comportamiento contrarias a la visión de cambio comunicada, y el resultado final es un aumento del escepticismo entre los empleados y una pérdida de confianza en el nuevo mensaje. Tenemos que tratar de evitar estos errores y trabajar en función de un plan de comunicaciones mucho más integral y a lo largo del tiempo que exija la sensibilización y posterior internalización.

Debemos realizar la comunicación tanto por medio de palabras como de hechos. Y los hechos suelen ser el medio de comunicación más potente. Nada socava más el cambio que un comportamiento por parte de determinados individuos que sea incoherente con las palabras empleadas en el discurso. Por eso no hay que caer en el hecho de querer transformar organizaciones con autoritarismo y micro gestión. Cuando el objetivo es un cambio de comportamiento, y a menos que el líder sea una persona extremadamente poderosa, el mandato autoritario fracasa, incluso en las situaciones de cambio más sencillas. El autoritarismo y la "bajada de línea" en un proceso de cambio nunca conseguirán derribar todas las fuerzas de resistencia. La gente lo ignorará o fingirá cooperar, aunque a sus espaldas hará todo lo posible para socavar sus iniciativas. Por supuesto que habrá cuestiones innegociables –como lo pueden ser los valores–, pero el cambio "prende" mejor en la gente cuando se lo hace en forma participativa. La gente se siente parte del cambio y no "invitada coercitivamente a subirse al autobús".

Con un feedback claro, es posible identificar y cancelar los proyectos que resultan inadecuados, por mucho apoyo político que tengan. Un segundo objetivo esencial es proporcionar feedback para que se reconozcan los beneficios y la necesidad de realizar sacrificios, pero dejando claro que dichos sacrificios aportarán más beneficios y satisfacciones personales muy superiores a los que se perciben hoy, o se percibirán mañana. Un feedback oportuno puede proporcionar a la gente una causa atractiva por la que luchar en esta transformación. En tercer lugar, compartir continuamente la visión del cambio a través de conversaciones individuales y grupales ayuda a alinear a todo el mundo y, por lo tanto, a coordinar de una forma notablemente eficaz las acciones de individuos motivados y comprometidos con el cambio. Al proporcionar claridad y visión en forma constante, directivos, gerentes y empleados entienden por sí mismos lo que tienen que hacer sin necesidad de verificar constantemente sus actos con sus líderes o sus compañeros. Dar y recibir feedback en espacios acordados para revisar los avances del cambio provee una visión compartida, y todo el mundo trabaja con cierto nivel de autonomía durante dicha transformación.

Lamentablemente, todos los días asistimos a ver cómo los directivos comunican mal, y a menudo, con mucha frecuencia. O sin darse cuenta, transmiten mensajes incoherentes. En cualquier caso, el resultado final es el mismo: la transformación se estanca y la gente no sabe dónde está parada y qué es lo que hay que hacer. Para algunos líderes, la comunicación de la visión del cambio y su posterior seguimiento y rechequeo de si se está cumpliendo o no puede resultar una tarea especialmente complicada. Suelen sentirse más cómodos con la comunicación de hechos operativos e indicadores, pero no comunicando "sueños de futuro". Acompañar una transformación les exige a los integrantes de un equipo del cambio que dediquen unos cuantos centenares de horas a recopilar información, digerirla, plantearse alternativas, compartirlas, escuchar nuevas propuestas de los empleados y, finalmente, tomar decisiones. La curva de emociones que acompaña el cambio de hábitos de las personas involucradas en un proceso de transformación exige a los líderes responder a todas las preguntas que van surgiendo tanto de forma individual como grupal. Habrá empleados negados, escépticos, desorientados, enojados, temerosos, quejosos, desesperados y hasta culposos. Habrá que acercarse para volver a explicar las ventajas del cambio, clarificar y renegociar expectativas hasta tanto se sientan comprendidos y escuchados, pero, por otro lado, habrá que seguir proporcionando y dando sentido a la visión del cambio. El trabajo emocional siempre es el más duro. El tiempo y la energía necesarios para una comunicación efectiva de la visión del cambio están directamente relacionados con la claridad y la sencillez del mensaje. El reto de una comunicación directa y sencilla está en que requiere mucha claridad, además de mucha valentía. Sencillo significa, además, no pretender embaucar a nadie. Muchas veces el lenguaje técnico no es más que un escudo protector.

La comunicación de la visión del cambio será más efectiva cuantos más medios se utilicen para ello: reuniones grupales, *posteos* en la intranet, revistas digitales, cartelería, conversaciones individuales informales, información en plataformas colaborativas o redes sociales internas. Estos medios tienen que permitir un ida y vuelta. Todos los casos de cambios importantes realizados con éxito incluyen decenas de miles de comunicaciones que ayudan a los empleados a lidiar con temas complicados tanto a nivel intelectual como emocional. Sucede porque docenas de directivos, supervisores y empleados miran todas sus actividades diarias a través del objetivo de la visión de la transformación. Y cuando la gente trabaja así, encuentra fácilmente formas de hablar sobre la dirección del cambio, comunicaciones que siempre pueden hacerse a medida de la persona o grupo con quien se está hablando. No se puede dejar afuera la comunicación proveniente del "*sponsor* del cambio". Siguiendo la investigación de Prosci, *"el 85% de los procesos de cambio son llevados a cabo exitosamente con el respaldo de un 'sponsor' interno muy efectivo. Solo el 15% de estos proyectos llega a buen puerto con un 'sponsor' muy poco efectivo o ausente"*. Por ello, hay que prestar mucha atención a este punto, por más alto que sea ese directivo, tiene que ayudar a comunicar. A la gente le gusta ser visitada por esos altos directivos y que le expliquen el cambio con la información "de primera mano".

Recuerde que la "resistencia a perder cosas en el cambio" es un proceso emocional. Detrás de ello hay ciertos sentimientos. No podemos disuadir a la gente de sus sentimientos. A través de generar espacios de feedback, debemos ser capaces de pedir al otro que exprese sin rodeos lo que está experimentando con el cambio. Y la mejor forma de alentar a que esto suceda es que uno también actúe en forma auténtica con relación a sus propios sentimientos. Debemos fomentar a través de reuniones de feedback individual o grupal la expresión total de las preocupaciones para que pasen. Combatir el "miedo a perder" solo con argumentos y datos no da tan buenos resultados. Nuestra meta es ayudarlo con empatía a expresar directamente los sentimientos que el cambio le provoca y a dejar las evasivas. Cuando las preocupaciones se expresan directamente, uno sabe cuáles son los verdaderos problemas y puede responder con mayor eficacia.

Los procesos de cambio deben estar acompañados con procesos continuos de feedback. Dar, recibir y pedir feedback desde los comienzos de la transformación. Dar y pedir feedback cuando informamos quiénes serán parte del equipo del cambio. Dar y pedir feedback ni bien tengamos clara la visión del cambio, sus estrategias correspondientes, y estemos lanzando formalmente dicho cambio. Dar y pedir feedback cuando salgamos a comunicar a dónde queremos ir, con sus ventajas y desventajas. Dar y pedir feedback cuando estemos entrenando a todos los empleados para que puedan afrontar el cambio. Dar y pedir feedback ante la consecución de los primeros logros o "primeras victorias". Las personas involucradas en un proceso de transformación necesitan vivir "la transición" desde lo que se venía haciendo hacia el nuevo estado de las cosas. Y este es el proceso psicológico por el que los empleados deben pasar para encontrarse "en sintonía" con la nueva situación. En esta etapa, los colaboradores involucrados no ven totalmente claro el norte de la transformación y emergen las trabas, las dudas, los costos del cambio, las desventajas del mismo y los perjuicios personales que esta nueva situación les podría traer aparejado a cada uno: pérdida de poder, de estatus, duplicidad o sobrecarga de tareas, posibles nuevos jefes y asimismo, emergen autocuestionamientos acerca de su capacidad e interrogantes de lo más diversos (en muchos casos de justificada índole). El cambio no sucede sin este proceso de transición y es cuando los líderes debemos estar más cerca de la gente. Es ese momento intermedio entre la situación actual y la deseada durante el cual, por un lado, los empleados escucharán los beneficios que les genera trabajar de acuerdo a la situación deseada. Pero, por otro lado, una "voz interior" les indicará seguir atrapados en la "vieja forma de hacer las cosas" porque aún no cuentan con los medios, los procesos, las emociones, la información o la tecnología necesaria para operar de acuerdo a lo que exige la transformación.

Finalmente, recordemos que acompañar a la transformación no se trata solo de corregir los desvíos para mantener el cambio en la senda establecida, sino ir reconociendo a cada paso los esfuerzos, los sacrificios y los cambios que la gente va efectuando y que al fin y al cabo van contagiando a los demás. "El cambio es una puerta que solo tiene un picaporte del lado de adentro".

Hagamos que las personas lo vean.

Como te darás cuenta, hemos llegado al final de esta obra, si es que así se puede llamar. Restan solamente las conclusiones del presente libro, desenlace que como verás no estará en mis manos. No en vano he querido finalizar con un tema de cambio y transformación. Te invito ahora a que, con un esfuerzo extra, tú puedas recrear aquellos conceptos más salientes y contar con la valía de armar un plan de acción concreto y terrenal. Que el dar y recibir feedback forme parte consciente de tus habilidades de liderazgo. Tú puedes agregar un gran valor a la organización haciendo mejoras concretas en tu estilo comunicacional. Cambia tú primero, luego ayuda a cambiar a todo el equipo de líderes y finalmente sé parte importante de dotar a tu organización de una nueva capacidad de liderazgo. Recuerda que el liderazgo es la oportunidad de servir, no de lucirse.

Yo he puesto mi granito de arena, ahora tú pon el tuyo. Fue un gusto acompañarte en este nuevo aprendizaje.

# *Actuar y practicar el feedback*

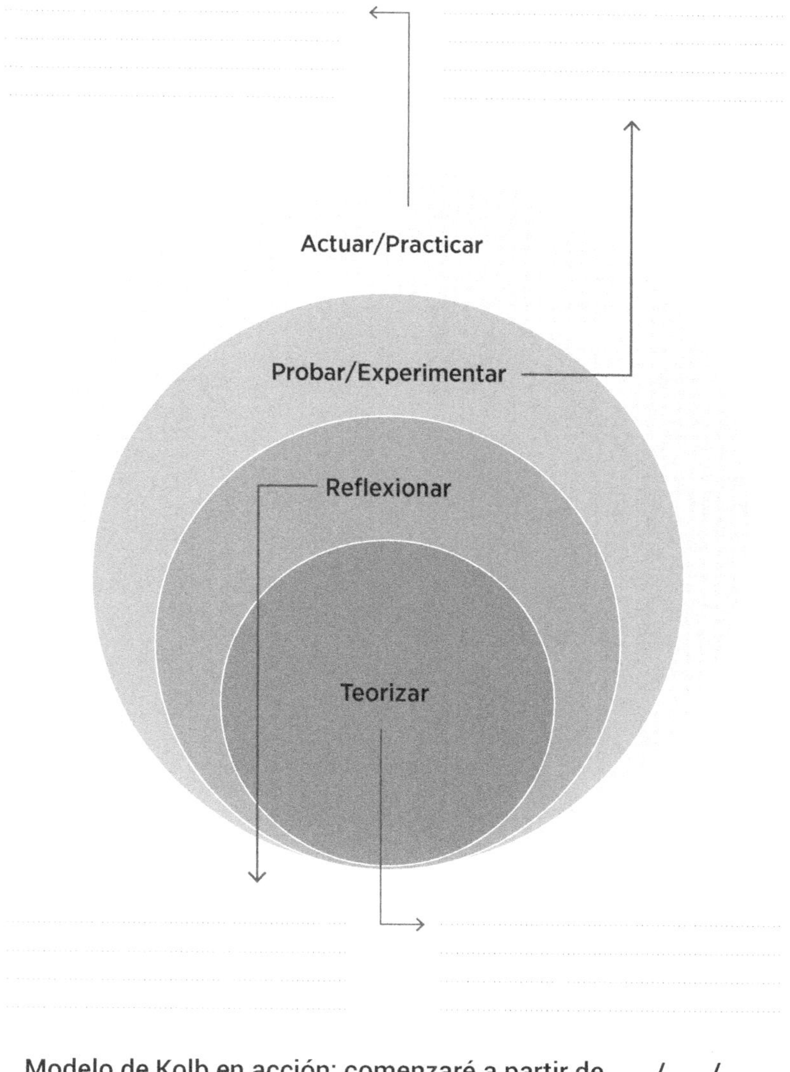


**Modelo de Kolb en acción: comenzaré a partir de ....../....../......**

# *La ilusión de una "Feedback Fest"*

Sentirte que formas parte de una comunidad. En este caso, la "Comunidad del Feedback Consciente".

Como nos indican Gary Hamel y Michele Zannini en su gran obra "Humanocracia", *como seres humanos estamos programados para funcionar en comunidad. A pesar de que los primates y otros animales también se agrupan, ninguna otra especie demuestra el tipo de colaboración intencional e íntima tan fundamental de la vida humana. Algunos investigadores consideran que el pensamiento consciente, que es el rasgo que diferencia a los seres humanos de los demás, surgió principalmente como una herramienta de interacción social. Nuestro cerebro está programado para la comunidad. Abraham Maslow clasificó la necesidad de afiliación justo por encima de la necesidad de seguridad, e innumerables estudios han confirmado el vínculo entre la conexión social y el bienestar. Un estudio de 2015 descubrió que la soledad es tan peligrosa para la salud. Para resolver problemas inéditos, las personas han de superar obstáculos imprevistos y sobrepasar las fronteras del conocimiento humano. Y eso lo consigue mejor una comunidad: un conjunto de personas físicamente y emocionalmente cercanas que confían entre sí, que son mutuamente responsables y que están unidos por un objetivo común. La tierra húmeda y rica de la comunidad produce una cosecha de compromiso, capacidad e innovación. Por eso, las comunidades orientadas al mejor desempeño son la piedra angular de la humanocracia. Una comunidad es algo más que un equipo de trabajo; una comunidad es una red de relaciones de confianza entre varias personas que están abriendo nuevos caminos y que comparten su pasión por mejorar las cosas.* Vayamos por esa Comunidad de Feedback Consciente.

Deseo comenzar el armado de esta comunidad invitándote a una fiesta. Todavía no está totalmente diseñada y organizada, y no sé cuál será el valor monetario de la entrada. Es una ilusión que quiero compartir: llenar un teatro con líderes que vengan a contar lo bien que les fue con la experiencia consciente de dar y recibir feedback. También dejaremos entrar a la gente que se sintió beneficiada con esa experiencia; en este último caso, ingresarán gratis. Un brindis de honor y luego, a bailar.

Pero sí sé que el valor simbólico de la entrada para los líderes será el correspondiente a sacar cuatro grandes conclusiones de este libro y al armado de tu plan de acción personal a través del "modelo de los cinco descubrimientos" del autor Richard Boyatzis.

De hacerse la "Feedback *Fest*", tu solo deberás presentar este trabajo terminado y habrá consultores especializados o "patovicas del aprendizaje" que analizarán tu posible ingreso al predio.

Sí, claro, tú te administrarás un "auto-feedback" sobre todo lo leído y sacarás las conclusiones. Yo he trabajado mucho hasta aquí y aparte tengo la misión de empoderarlos:

### De las cuatro grandes conclusiones

Vuelve a revisar algunos conceptos que hayas resaltado o subrayado y regresa a la finalización de cada una de las partes del presente libro donde ya has trabajado con el modelo de aprendizaje de David Kolb.

**Tus conclusiones sobre la primera parte: tomar conciencia de la importancia del feedback**

______________________________________________

______________________________________________

______________________________________________

______________________________________________

______________________________________________

______________________________________________

______________________________________________

**Tus conclusiones sobre la segunda parte:**
**Pensar acerca del feedback**

______________________________________________

______________________________________________

______________________________________________

______________________________________________

______________________________________________

______________________________________________

______________________________________________

**Tus conclusiones sobre la tercera parte:**
**Conversar sobre feedback**

**Tus conclusiones sobre la cuarta parte:**
**Actuar y practicar el feedback**

## Siguiendo al modelo de los cinco descubrimientos

Ilustración 20. El modelo de los cinco descubrimientos/*El líder resonante: crea más*, de Daniel Goleman y Richard Boyatzis

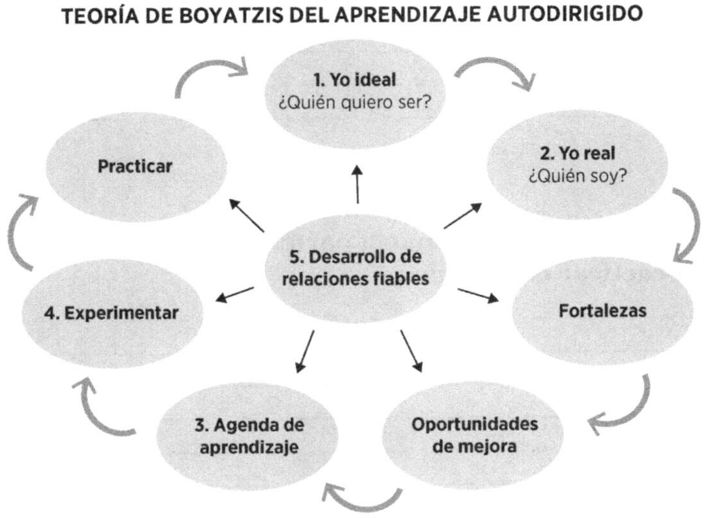


Primer *descubrimiento*: Yo ideal (¿quién quiero ser dando, recibiendo y pidiendo feedback?)

Segundo *descubrimiento*: Yo real (¿quién soy dando, recibiendo y pidiendo feedback?, ¿cuáles son mis fortalezas y oportunidades de mejora?).

Tercer *descubrimiento*: Mi agenda de aprendizaje (¿cómo puedo desarrollar mis fortalezas al tiempo que corregir mis debilidades al momento de dar, recibir y pedir feedback?).

Cuarto *descubrimiento*: Experimentar procesos integrales de feedback y practicar las nuevas conductas, pensamientos, sentimientos y habilidades hasta llegar a dominarlos.

Quinto *descubrimiento*: Desarrollar relaciones de apoyo y confianza que posibiliten el cambio. ¿A quiénes les puedo pedir ayuda para que me hagan de "espejo" y me retroalimenten responsablemente durante todo este plan de acción?

Si tú has completado todo este apartado, ¡ya tienes tu entrada emitida! Éxitos y hasta una nueva experiencia.

# APÉNDICE

## Certificación en Feedback Consciente

El dicho "la frutilla del postre" o "la aceituna de la pizza" suele utilizarse cuando hablamos de cerrar a lo grande algo que ya venía siendo placentero. Bueno, en este caso *il mettere un'oliva sulla pizza* es que Feedback consciente ya tiene su formato de "certificación universitaria" de seis meses de duración, con una carga horaria total de 90 horas y distribuidas en 48 horas de clases más 42 horas de trabajos prácticos en comunidades de prácticas y aprendizaje. ¡Se aprueba con una tesina final!

## Un Feedback con amor de Madre

¡Mi mamá Nina era una fenómena dando feedbacks de mejora! Aprendí que podemos ser sinceros sin necesidad de ser crueles. Así es, sinceridad sin empatía es crueldad. ¡¡Nina... era todo lo contrario a esta última frase!!

Ayer fue el día de la Madre en Argentina y quiero recordarla con su dulce forma de comunicarse. La recordé mucho con esta cartita que les comparto. Yo venía de un desempleo de 6 meses y ese fin de año encontré esta nota al pie del árbol de Navidad: *"Gaby, querido hijo, que tengas un feliz y próspero 1993, que la Navidad te bendiga y calme todas tus tristezas, te ama, Mamá"*

Te pongo en contexto: mi vieja tuvo su infancia en un pueblito de Italia y en el medio de la segunda guerra mundial. Sirenas de bombardeos, ataque de aviones, nada para comer en los refugios subterráneos y perdió a su madre... todo esto siendo una niña.

Apenas tenía los conocimientos de una escuela primaria y un castellano aprendido a los ponchazos como operaria en la fábrica textil San Marco de Villa Martelli... cuando llegó a la Argentina tenía 15 años.

Pero Nina tenía sabiduría. Esto lo digo con orgullo y el pecho inflado.

- Siempre vio en mí, las cosas buenas que yo hacía.
- Jamás levantó la voz para decirme lo que yo debía tomar en cuenta para mejorar o cambiar.
- ¡Mi vieja siempre usó el "feedback de la hamburguesa"! Primero te reforzaba lo bueno y hacía toda una introducción de las cosas que veía bien.

- A continuación, venía su "muletilla infaltable". Nina nunca usaba el "pero" para nada, ella te decía: *"Gaby hace tiempo que te tengo que decir algo..."* cuando venía esa frase, llegaba la propuesta de mejora: *"Gaby hace tiempo que te tengo que decir algo, me duele a veces como le decís las cosas a tu hermana. También me llamaron del colegio por unas notas bajas y el otro día viniste a jugar con tus amigos y dejaron el patio hecho un desastre. ¿Qué te está pasando hijo?"*.
- Y cerraba "sus sesiones de feedback": *"vos sos un buen hijo ¿Me prometes que no lo vas a hacer más?"*.

¡Vieja! Vos, sin saberlo, me dejaste una lección que hasta tuve la oportunidad de comentarla en mi libro:

Que "existen tres tipos de conversaciones fundamentales" en un momento de feedback: la conversación de los hechos, acerca de lo que pasó, quién tiene la responsabilidad, etc.; la conversación de los sentimientos, acerca de la forma de manejar los sentimientos, saber si son válidos esos sentimientos, cómo manejar los sentimientos de los otros, etc.; y la conversación de la identidad, acerca de la forma en que queda mi autoestima y mi imagen, si nos vemos como competentes o incompetentes, como buenos o como malos, etc.

Paradójicamente, mi vieja falleció en una de las clínicas privadas más importantes de la Ciudad de Buenos Aires... por un mal manejo de los feedbacks por parte de los médicos intervinientes y más aún, por una ausencia de feedback por parte de la empresa de medicina prepaga de la cual era asociada desde hacía 25 años. Todavía me retumba la sirena de la ambulancia en mi cabeza.

(Giovanna Amato 9/5/35 Colletorto – Italia / 27/1/2022 Buenos Aires, Argentina)

## La Mirada de mi Viejo, el mejor de los Feedback

Las zapatillas *All Star* que mi Papá no me pudo comprar (¡¡va un recuerdo, a 4 años de tu fallecimiento Miguel!!)

La mirada es el espejo del alma... y la mirada del otro te completa.

Recuerdo que tenía 15 o 16 años. Se habían puesto de moda las zapatillas *All Star*. Había de todos los colores. No cualquiera podía comprárselas y a mí me encantaban las botitas azules y rojas. Una tarde apareció mi amigo *Osky* regresando de su trabajo y en sus pies... tenía puestas unas de color violeta.

Él tenía 17 años y ya trabajaba... en Radio del Plata, en el Centro de la ciudad. En la ciudad de Ramos Mejía los chicos jugábamos al fútbol en la calle. ¡Ese día nos amontonamos todos alrededor de él para ver esas zapatillas de cerca! En el barrio los que íbamos al colegio y no teníamos un peso, esos calzados eran inalcanzables. Pero *Osky* trabajaba durante el día y a la noche estudiaba el colegio secundario, de esa forma ayudaba a sus viejos en su casa y aparte se podía dar esos gustos.

Entonces una noche de mucho calor esperé que Miguel termine de cenar y pasó esto:

- *Papi, ¿Vamos a la terraza?*

- *¡Estoy cansado Gaby! ¡Hoy fue un día de mucho trabajo!*

- *Es que te tengo que decir y pedir algo.*

- *¿Qué pasa Gaby?*

- *Papi, hay unas zapatillas que me gustan y quiero saber si me las puedes comprar, se llaman All Star y hay de muchos colores. A mí me gustan las botitas azules o rojas.*

- *Uy Gaby, pero no sé si puedo, no me está yendo bien en el local, ¿Cuánto cuestan?*

- *¡¡Unos $$$, Papi!! (le dije un precio que hoy no recuerdo, era el año 1980, pero eran costosas)*

Me miró sostenidamente. Apenado y con impotencia "su rostro cansado habló"; sí, "su mirada y su cara hablaron": *"no Gaby, es imposible, no puedo comprártelas".*

- *Está bien, Papi, te entiendo* (le respondí triste pero muy consciente de que no podía).

Y también comprendí la frase que siempre decía mi Papá: "de tres palabras, sobran dos". Mi Papá te miraba y te decía todo con los ojos. Porque la mirada es el espejo del alma. Porque la mirada del otro te completa. Una mirada, el mejor de los feedback.

¡Querido Viejo! ¡Querido Tano Miguel! ¡¡¡Me las compré de grande al final, jaja!!! ¡En tu honor... y también porque me siguen gustando!

(Michele Gabriele Paradiso (14/5/1929 Colletorto, Italia – 28/7/2020 Buenos Aires, Argentina)

## El Reggae del Feedback: "DAME FEEDBACK"

(Año 2023) "DAME FEEDBACK" ¡en Spotify y YouTube! ¡¡Lo estabas esperando!! ¡Este reggae ya está disponible! ¡¡Esta idea no es más que un canto a una necesidad de dar, recibir y pedir feedback consciente y continuo!! ¡No deja de ser otro nuevo espacio de aprendizaje!
¡Canción rítmicamente pegadiza y contagiosa, con una letra buenísima y una producción musical cuidada! Dale..."Dame Feedback". ¡Y dan ganas de bailarlo! ¡¡¡No olvides de enviar a alguien este espectacular *hitazo*!!!

Créditos:
Compositores: Gabriel Paradiso / Gianluca Paradiso / Ricardo Fernández
Interprete: SOLO ASÍ
Voz y coros: Ricardo Fernández / Fernando Cornejo
Producción Musical: Ricardo Fernández / Fernando Cornejo
Grabado en Estudios Brixton (Martínez)
Portada: Equipo Back Office Umana
Letra:

Dame Feedback
Dame Feedback por favor
Que sea Consciente
Así Será mucho Mejor

Dame Feedback
Dame Feedback por favor
Que sea Consciente
Así Será mucho Mejor

Ya lleva 6 meses que en tu mente está
hablarle francamente es tu oportunidad
Darle ese Feedback que pendiente está
Es que ya no sabe ni qué pensar

Saber de tu opinión es la Necesidad
Y no lo hagas, por una Reacción
Saber sus fortalezas lo que importa Hoy
Tan solo recibir una Devolución

Pensar en Mejorar esa es la opción
Trabajo Responsable con orientación
Entregando "milla extra"
Que nadie agradeció

Dame Feedback
Dame Feedback por favor
Que sea Consciente
Así Será mucho Mejor

El feedback continuo le sienta Bien
A toda esa gente que quiere Crecer
Porque otra mirada lo completa más
Consiguiendo todo lo que puede dar

Cruzar expectativas con la realidad
Y si en este espacio se conversa más
El feedback refuerza Lo que hacemos Bien
Y no dejar de lado hablar de Mejorar

**RECITADO VOZ EN OFF**

*"Ser un líder que inspire a través del feedback es una decisión, porque un líder posee un poder tremendo para hacer que la vida de alguien sea dichosa o miserable.*
*El feedback Consciente es un tema de franqueza, de valentía y de transparencia. Es enfrentar "verdades" sobre el desempeño de las personas. Con el feedback se puede agradecer, ayudar a cambiar, a mejorar y a crecer. ¡El feedback es algo serio!"*

Dame Feedback
Dame Feedback Por favor
Que sea Consciente
Así Será mucho Mejor

Miremos adelante hacia lo que vendrá
Cuidarnos y expresarnos nos ayudará
Con este Liderazgo, un plan se acordará
Que nos Inspire para ir por mas

Dame Feedback
Dame Feedback Por favor
Que sea Consciente
Así Será mucho Mejor

Dame Feedback
Dame Feedback Por favor
Que sea Consciente
Así será mucho Mejor

Link de Spotify: https://lnkd.in/dyvtEMPr
Link de YouTube: https://lnkd.in/d4Y4PUuq

# BIBLIOGRAFÍA


Albrecht, Karl; Inteligencia social, Buenos Aires, Vergara, 2006.

Ambrad Chalela, Alejandro; El secreto de la innovación, Bogotá, Mentes a la Carta Ediciones, 2019.

Blanchard, Ken; Empowerment, Bogotá, Norma, 2007.

Blanchard, Ken; Administración por valores, Bogotá, Norma, 2008.

Borrajo, Virginia, HrMakers, Buenos Aires, Temas, 2020.

Braun, Eduardo; Las personas primero: Chief Emotions Officers, Buenos Aires, Conecta, 2016.

Brown, Brené, El poder de ser vulnerable, Barcelona, Ediciones Urano, 2016.

Cardogna, José M.; Liderazgo y gestión por 8 hábitos, Madrid, Díaz de Santos, 2006.

Buckingham, Marcus y Clifton, Donald; Ahora, descubra sus fortalezas, Bogotá, Norma, 2006.

Bush, Michael; Un great place to work for all, Buenos Aires, Temas, 2019.

Chatterjee, Debashis; El liderazgo consciente, Barcelona, Granica, 1998.

Clark, Timothy R., The 4 Stages of Psychological Safety, Oxford, ReadHowYouWant, 2020.

Clutterbuck, David; Mentoring, Barcelona, PROFIT, 2013.

Collins, Jim; Empresas que sobresalen, Barcelona, Gestión, 2006.

Covey, Stephen R.; El 8° hábito, Barcelona, Paidós Empresa, 2005.

Covey, Stephen R.; El factor confianza, Barcelona, Paidós Empresa, 2006.

Covey, Stephen R.; Resultados predecibles en tiempos impredecibles, México, Paidós, 2012.Cravino, Luis María; Metáforas del desempeño, Buenos Aires, Temas, 2017.

Dalton, Gene y Thompson, Paul; Strategies for Career Management, Boston, Novation Group, 1993.

David, Susan; Agilidad emocional, Málaga, Editorial Sirio, 2016.

Edmonson Amy, La organización sin miedo, New Jersey, Wiley, 2018.

Fernández Belda, Jorge; La empresa emergente, Buenos Aires, Ugerman Editor, 2015.

Flaherty James; Coaching, Nueva York, Butterworth-Heinemann, 1998.

Gladwell, Malcolm; Outliers, Boston, Little Brown & Company, 2009.

Goleman, Daniel; Liderazgo: el poder de la inteligencia emocional, Barcelona, Ediciones B, 2013.

Goleman, Daniel y Boyatzis, Richard; El líder resonante: crea más, Buenos Aires, Plaza & Janés, 2002.

Greenleaf, Robert K.; Servant Leadership, Mahwah, Paulist Pr, 2000.

Guz, Claudio; ¿Jugamos? Transformando empresas a través del juego, Buenos Aires, Temas, 2024.

Hamel, Gary y Zaninini, Michele; Humanocracia, Boston, Harvard Business Review Press, 2022.

Heath, Chip y Heath, Dan; Cambia el chip, Barcelona, Gestión, 2000.

Heifetz, Ronald; La práctica del liderazgo adaptativo, Barcelona, Paidós Empresa, 2012.

Jajamovich, Melina; Agilidad en 4 estaciones, Buenos Aires, Temas, 2019.

Kaplan, Robert y Norton, David; El cuadro de mando integral, Barcelona, Gestión, 2000.

Gore, Ernesto; La vida en las organizaciones, Buenos Aires, Granica, 2020.

Kotter, John; Al frente del cambio, Barcelona, Empresa Activa, 2007.

Kotter, John; ¡Acelera!, Buenos Aires, Conecta, 2015.

Krause, Donald; El camino del líder, Madrid, Edad, 1997.

Lencioni, Patrick; Las cinco disfunciones de los equipos, Barcelona, Empresa Activa, 2003.

Lennick, Doug; Inteligencia moral, Buenos Aires, Aguilar, 2006.

Lucas, Juan Carlos; Líderes despiertos, Buenos Aires, Temas, 2020.

Maglio, Paco; Los pacientes me enseñan, Buenos Aires, Libros del zorzal, 2011.

Mascó, Alejandro; IDEA: inclusión, diversidad, equidad, accesibilidad, Buenos Aires, Temas, 2022.

Maxwell, John; Las 21 leyes irrefutables del liderazgo, Nashville, Líder Latino, 2006.

Maxwell, John; Líder de 360º, Nashville, Líder Latino, 2006.

Maxwell, John; Las 17 leyes incuestionables del trabajo en equipo, Nashville, Líder Latino, 2006.